高职高专电子商务类专业系列教材——电子商务系列

商务数据分析基础

（第2版）

主　编　焦世奇　姜　蕾
副主编　周　科　何　华　李玉梅　朱　莹
参　编　李　定　顾慧聆　李　宝
主　审　张宏彬

电子工业出版社
Publishing House of Electronics Industry
北京·BEIJING

内 容 简 介

商务数据分析被广泛地应用于电子商务、财务管理、市场营销、行政管理和协同办公等事务中,基于这个现状,本教材采集企业实际应用案例与数据,根据不同的应用目标,划分为两部分:技术篇和应用篇。技术篇侧重于介绍数据分析的基本技术,培养学生的基本技能;应用篇则以具体的应用案例为任务,介绍商务数据的分析与应用,提高学生的应用能力。本教材共 70 个子任务,采用任务驱动的方式,引导学生学习收集、清洗和处理商务数据的方法,以及使用各种数据分析方法和工具辅助决策。另外,本教材还将介绍如何运用数据分析结果来支持商务决策和解决实际业务问题。通过学习本教材,学生将掌握基本的商务数据分析技能,并能够应用这些技能来应对商业挑战和提升商业绩效。

本教材配有对应的示例数据,并建有在线开放课程,读者可以花费一本书的价钱获得两种学习资源,寓教于乐、物超所值!

本教材可供广大 Excel 办公从业人员,如文秘、行政、财务、人事、营销、技术人员,用作提高办公技能的参考书,还可供培训班用作 Excel 的培训教材。

未经许可,不得以任何方式复制或抄袭本书之部分或全部内容。
版权所有,侵权必究。

图书在版编目(CIP)数据

商务数据分析基础 / 焦世奇,姜蕾主编. —2 版. —北京:电子工业出版社,2024.2
ISBN 978-7-121-47329-6

Ⅰ.①商… Ⅱ.①焦… ②姜… Ⅲ.①商业统计－统计数据－统计分析－高等学校－教材 Ⅳ.①F712.3

中国国家版本馆 CIP 数据核字(2024)第 042235 号

责任编辑:贺志洪　　　　　　特约编辑:田学清
印　　刷:三河市良远印务有限公司
装　　订:三河市良远印务有限公司
出版发行:电子工业出版社
　　　　　北京市海淀区万寿路 173 信箱　　邮编:100036
开　　本:787×1092　1/16　　印张:18.5　　字数:439 千字
版　　次:2020 年 6 月第 1 版
　　　　　2024 年 2 月第 2 版
印　　次:2025 年 8 月第 3 次印刷
定　　价:54.00 元

凡所购买电子工业出版社图书有缺损问题,请向购买书店调换。若书店售缺,请与本社发行部联系,联系及邮购电话:(010)88254888,88258888。
质量投诉请发邮件至 zlts@phei.com.cn,盗版侵权举报请发邮件至 dbqq@phei.com.cn。
本书咨询联系方式:(010)88254609,hzh@phei.com.cn。

第二版前言

PREFACE

第一版教材受到了广大读者的喜爱，不少读者对编者提出了一些建议和意见。在收集了相关建议和意见后，结合商务数据分析的发展趋势，我们对本教材进行了改版。在此感谢广大读者的关心与支持。

目前，大数据的应用越来越广泛，特别是在以下几个方面。

（1）提供决策支持：通过对大量数据的分析和挖掘，可以为决策者提供更准确、全面的决策支持。通过对各类数据的收集、整合和分析，可以发现隐藏在数据中的规律和趋势，为决策者提供更科学、更可靠的决策依据，减少决策的盲目性和风险。

（2）优化业务流程：通过对各个环节的业务流程进行全面监测和分析，可以发现流程中的瓶颈和问题，并提出相应的优化方案。通过对数据进行实时分析和反馈，可以及时发现异常情况并进行处理，提高业务流程的效率和质量。

（3）提升用户服务：通过对用户数据的分析和挖掘，可以深入了解用户的需求和偏好，从而提供个性化的产品和服务。通过对用户数据进行智能分析和预测，可以提前发现用户的需求和行为，为用户提供更精准、更便捷的服务，提升用户的满意度和忠诚度。

（4）创新产品和服务：通过对各类数据的分析和挖掘，可以发现新的商机和创新点，为企业提供新产品和服务的思路与方案。通过对市场和用户的数据进行分析，可以及时发现市场和用户需求的变化，为企业的创新提供有力的支持。

综上所述，大数据在提供决策支持、优化业务流程、提升用户服务及创新产品和服务方面都发挥着重要作用，对企业的发展和竞争力具有重要影响。随着技术的不断进步和数据的不断增长，大数据的应用前景将更加广阔。

总的来说，大数据的意义在于通过对海量数据的分析和挖掘，为企业提供决策支持，提升效率、优化服务、推动创新和发展竞争优势，实现企业的可持续发展。

为了应对大数据时代的变迁，本教材进行了改版，主要体现在以下几个方面。

（1）适应时代发展：随着社会的不断变革和科技的快速发展，数据分析教育领域也需要不断跟进和适应变化。新版教材及时更新和完善了数据分析相关内容，使其适应时代发展，更符合学生的需求和现实情况。

（2）提高教育质量：教材是教学的重要工具，教材的质量是影响教育质量的关键因素。通过对第一版教材的内容、结构、教学方法等方面进行优化和改进，新版教材更加全面、准确和科学地分析数据、绘制图表，可以进一步提高学生的学习效果和数据分析水平。

（3）推动教育改革：教材改版是教育改革的重要一环，可以调整和优化教学内容与方法，引入新的教育理念和思维方式，推动教育教学改革，提高教学效果和学生综合素质。

（4）促进教师专业发展：教材改版不仅对学生有着积极的影响，还对教师的教学能力和专业发展提出了更高的要求。教材改版促使教师更新知识、提升教学技能，激发教师的创新思维和教学热情。

（5）增强教育公平：教材改版可以减少教育资源的差距。例如，可以减少教材内容的偏颇和不平衡，使教育资源更加均衡和公平，提供给每个学生相同的学习机会和条件。

综上所述，本教材改版具有重要的意义和价值，对于提高教育质量、推动教育改革和促进学生全面发展具有积极的影响。

本教材的子任务1至子任务7由常州工程职业技术学院的周科编写；子任务8至子任务13由西安职业技术学院的何华编写；子任务14至子任务23由河南工业贸易职业学院的李玉梅编写；子任务24至子任务44由钟山职业技术学院的姜蕾编写；子任务45至子任务70由扬州工业职业技术学院的焦世奇编写；扬州市职业大学的朱莹负责操作验证；江苏笛莎公主文化创意产业有限公司的李定、扬州慧仕健康科技有限公司的顾慧聆、江苏飞鹰教育科技有限公司的李宝为本教材提供了数据和应用场景。

扬州工业职业技术学院的张宏彬教授详细、认真地审阅了本教材的初稿，并提出了许多宝贵的意见。在此，对所有帮助过我们的同志表示衷心的感谢！

限于编者水平，本教材在内容编写方面难免存在不妥之处，敬请读者批评指正。

第一版前言
PREFACE

在"大数据"的背景下，我们经常能听到"数据分析"这个词，那么，究竟什么是数据分析呢？通俗地讲，数据分析就是数据加分析。第一层含义是数据收集，通过不同渠道收集数据，并进行初始加工；第二层含义是对收集来的大量数据进行技术分析，以求最大化地开发数据资料的功能，发挥数据的作用。

在这个网络发达的时代，要想更好地发展企业，就必须通过各种渠道收集行业相关数据，整体把握行业现状，并且对企业自身的各种数据进行科学和严谨的分析，通过可靠的分析结果制订切实可行的运营计划。因此，未来企业争夺的能源就是数据。由此可见，数据分析在企业经营管理中的重要性。

正因如此，做好数据分析是每个从事数据分析工作的人必须认真对待的事情。尤其对初涉数据分析行业的新人而言，更应该打下坚实的基础。为了帮助更多的人了解商业数据分析，并掌握最常用的数据分析工具——Excel，我们编写了本教材。

本教材以江苏笛莎公主文化创意产业有限公司、扬州慧仕健康科技有限公司、扬州乔布谷网络科技有限公司、扬州市百分百电子商务创意产业园的运营管理实践为出发点，介绍在不同商务领域收集、分析数据的方法，尤其是在数据分析、绘图等方面。本教材引入商务领域实际的应用案例和任务，以电子商务平台大数据为背景，以商务经济管理活动中的问题为对象，综合运用统计学、应用数学、管理科学（运筹学）、计算机软件应用和编程、数据挖掘、机器学习等学科知识，对商务经营管理活动中的数据进行处理，以实现数量化认知、预测分析和优化决策的目的。

读者对象

本教材面向的读者是需要对商务数据进行分析的人士、大中专院校学生。无论是初学者、中高级用户，还是IT技术人员，都可以从本教材中找到值得学习的内容。当然，阅读本教材的读者至少需要对计算机软/硬件、Windows操作系统有一定的了解，能够熟练地掌握鼠标、键盘的使用，并能够至少掌握一种中文输入方法。

约定

在正式阅读本教材之前，建议读者花费几分钟的时间来了解一下本教材在编写和组织上使用的一些惯例，这会对读者的阅读有很大帮助。

（1）软件版本。本教材的编写基于 Windows 11 专业版操作系统上的 Excel 2016 中文版。因此本教材中的内容可能不适用于早期版本的 Excel 软件，但可以适用于后续发行的 Excel 版本。本教材介绍的大部分操作在 WPS 软件上也可以实现。

（2）菜单按钮。本教材在描述过程中用到的菜单（即功能区）操作都会被描述为单击"插入"→（"表格"）→"数据透视表"按钮，其中（"表格"）表示功能区的选项组的组名。

（3）按钮。本教材中的按钮操作表述为"按钮名"。

（4）键盘与鼠标操作。"Ctrl+1"组合键表示按下"Ctrl"键不放，再按"1"键，然后一起松开；"Ctrl+Shift+Enter"组合键则表示同时按住"Ctrl"和"Shift"键，再按下"Enter"键，然后一起松开。读者需要理解单击、双击、右击等这些操作表示的意思，拖曳是指按住鼠标左键不放，拖动鼠标到某个位置，再松开鼠标左键。

（5）公式与函数。本教材中讲解的函数与公式中的字符都不区分大小写，但是引号、逗号必须是"半角英文"状态的，引号内的字符则根据实际情况输入。

教材中的加框文字图标如下。

基础	表示这部分内容是数据分析的基础理论或基本方法。
注意	表示这部分内容需要引起注意和重视，在操作时要注意方法或顺序。
技巧	表示这部分内容是操作或应用技巧，掌握该技巧可以让读者提高效率。
提高	表示这部分内容是高级应用的内容，相对基础部分，这部分内容有一定难度。

阅读技巧

不同水平的读者可以使用不同的方式来阅读本教材，以求在不同的时间内获得最大的收获。

Excel 初级用户可以从头开始阅读，因为本教材基本上是按照从易到难的顺序和从基础应用到高级应用的顺序来编写的。

Excel 中高级用户可以挑选自己感兴趣的主题来有侧重地学习，虽然知识点之间有联系，但是只要具备基础的应用知识，这些联系都可以越过，不构成任何阅读障碍。

另外，本教材配有示例文件，文件中有"原始数据（未操作）"工作表以供读者练习；另外，还有已操作完成的数据供读者研究。

教学资源

  本教材配套数据和作业,可以从出版社网站下载。读者可到智慧职教平台网络营销与直播电商专业教学资源库中观看课程教学视频,也可以参与互动教学。

  本教材配套有操作视频,读者可以下载观看学习。

  本教材配套有短视频教学,抖音教学频道为1159952158。

目 录
CONTENTS

第一部分 技术篇

任务 1 商务数据的收集 2
- 子任务 1 安装 Excel 3
- 子任务 2 认识功能区 7
- 子任务 3 设置 Excel 功能和参数 10
- 子任务 4 熟悉 Excel 工作窗口 14
- 子任务 5 通过调查问卷收集数据 16
- 子任务 6 设计电子调查问卷 22
- 子任务 7 从平台收集数据 27

任务 2 创建职工数据工作簿 36
- 子任务 8 创建工作表 37
- 子任务 9 手动输入商品信息 39
- 子任务 10 使用填充功能生成数据 43
- 子任务 11 使用序列功能生成数据 46
- 子任务 12 使用记录单功能输入数据 49
- 子任务 13 使用数据验证功能提高数据输入的准确性 52

任务 3 编辑与修饰工作表 56
- 子任务 14 选取工作表的行与列 56
- 子任务 15 通过区域名称分析数据 61
- 子任务 16 修饰工作表 65
- 子任务 17 浏览工作表内容 68
- 子任务 18 分类着色工作表内容 73
- 子任务 19 打印工作表 79

任务 4　计算与分析销售数据 86

子任务 20　提取商务信息 87
子任务 21　计算工资数据 90
子任务 22　计算销售数据 95
子任务 23　分析网店销售数据 98
子任务 24　分析客服数据 103
子任务 25　分级和合并计算工资 107
子任务 26　使用表格功能计算销售数据 110

任务 5　查找销售数据 114

子任务 27　查找和替换商务数据 114
子任务 28　查找商务数据 118
子任务 29　动态查找商务数据 121
子任务 30　筛选销售数据 125
子任务 31　高级筛选销售数据 128
子任务 32　计算条件筛选销售数据 131

任务 6　统计销售数据 135

子任务 33　销售数据排序 135
子任务 34　用户自定义销售数据排序 140
子任务 35　销售数据的模糊统计和频率统计 143
子任务 36　分类汇总销售数据 147
子任务 37　多重汇总销售数据 151
子任务 38　分类统计产品销量 154
子任务 39　预测销售数据 157

任务 7　商务数据的初步图表分析 161

子任务 40　通过迷你图概览销售数据 161
子任务 41　通过柱形图对比月份销量 164
子任务 42　通过饼图分析店铺销售占比情况 170
子任务 43　通过折线图分析销量变化 173
子任务 44　通过面积图对比分析市场占有率 179

第二部分　应用篇

任务 8　商务数据的清洗 184

子任务 45　商务数据的快速清洗 185

子任务 46　使用条件格式功能清洗数据 189
　　子任务 47　使用 Power Query 编辑器清洗数据 191
　　子任务 48　多表合并清洗 196

任务 9　商务数据的透视分析 201
　　子任务 49　透视分析网点数据 202
　　子任务 50　优化数据透视分析 204
　　子任务 51　透视分析中增加计算 209
　　子任务 52　动态透视分析销售数据 214
　　子任务 53　透视图分析销售数据 218
　　子任务 54　带条件格式的透视分析 222
　　子任务 55　带迷你图的透视分析 224

任务 10　商务数据的可视化分析 227
　　子任务 56　制作产品销售动态折线图 227
　　子任务 57　饼环图分析细分市场 231
　　子任务 58　工程进度推进分析图 234
　　子任务 59　销售数据可视化分析 237
　　子任务 60　销售利润可视化分析 244

任务 11　营销数据分析与应用 247
　　子任务 61　人口结构对销售量的影响分析 247
　　子任务 62　广告对销售额的影响分析 250
　　子任务 63　根据销售额细分市场 254
　　子任务 64　多因素细分市场 257
　　子任务 65　根据市场调查图细分市场 262

任务 12　生产管理数据分析与应用 267
　　子任务 66　企业投资决策分析 268
　　子任务 67　企业利润分析 270
　　子任务 68　企业投资风险分析 272
　　子任务 69　生产优化分析 275
　　子任务 70　运输问题分析 279

参考文献 283

第一部分

技术篇

在当今的商务领域，数据分析技术已经成为企业决策和战略规划的关键要素之一。Excel 是一款功能强大的数据分析软件，被广泛应用于商业、教育、科研等领域。Excel 具有直观的界面、丰富的功能和灵活的数据处理能力，为用户提供了便捷、高效的数据分析和处理功能。借助 Excel 的强大功能，商务人员不需要深入学习复杂的编程语言，或者使用专业的数据分析工具，就能够进行高效的数据分析和可视化展示。

Excel 的主要功能包括数据输入、数据处理、数据分析和数据可视化。通过使用 Excel，用户可以轻松地输入和管理大量的数据，并使用各种内置的函数和工具对数据进行处理与分析。同时，Excel 还提供了丰富的图表和图形功能，可以将数据以直观、易于理解的方式呈现出来。除了基本的数据处理和分析功能，Excel 还具有一些其他的高级功能，如数据透视表、宏和 VBA 编程。数据透视表可以帮助用户对大量数据进行透视分析，使用户快速地了解数据的关联关系和趋势；宏和 VBA 编程可以帮助用户实现自动化的数据处理和分析过程，提高工作效率。

在本篇中，将以 Excel 为数据分析工具，侧重介绍 Excel 的各种功能和用法，包括数据输入和格式化、公式和函数、数据排序和筛选、图表和图形等，帮助学生掌握 Excel 数据分析的基本技术和技巧。

本篇中介绍的分析操作、函数和分析方法，也可以在 WPS 软件中实现。

本篇要求学生实现以下知识和技能目标。

1. 熟悉 Excel 的基本功能和操作，包括数据导入、格式化、查找、替换、排序、筛选等
2. 学会使用 Excel 进行数据清洗、数据转换，以及使用公式、函数的技巧
3. 掌握常见的商务数据分析方法，如分类汇总、图表分析等

任务 1

商务数据的收集

任务说明

商务数据的收集是指根据特定的任务需求，搜集和整理有关商业运营、市场趋势、消费者行为等方面的数据。在进行商务数据的收集之前，需要明确任务的目标和要求，确定所需收集的数据类型和指标，以及选择相应的数据收集方法和工具。

商务数据的收集任务通常包括以下几个步骤。

（1）确定数据需求：首先，需要明确任务的目标和需求，确定需要收集的数据及需要获取的数据指标。例如，如果要分析产品的销售情况，则可能需要收集产品的销售额、销售量、销售渠道等相关数据。

（2）选择数据来源：根据数据需求，选择合适的数据来源。数据来源包括企业内部的数据库、企业合作伙伴的数据库、第三方数据提供商的数据库等。此外，社交媒体、市场调研报告、行业研究等也可以作为数据的来源。

（3）确定数据的收集方法：根据数据来源的特点和可信度，确定数据的收集方法。数据的收集方法包括在线调查、采访访谈、观察记录、实地调研、网络爬虫等。根据任务需求，选择最适合的数据收集方法。

（4）收集数据：根据选择的数据收集方法，开始收集数据。根据任务需求，可能需要设计调查问卷、设置观察指标、准备采访问题等。在收集数据的过程中，需要确保数据的准确性和完整性，遵守数据保护和隐私保护的相关法律法规。

（5）整理和存储数据：在完成数据的收集后，需要对收集的数据进行整理和存储。可以使用 Excel、数据库软件等工具对数据进行整理和存储，从而确保数据的可查阅性和可分析性。

商务数据的收集是商务数据分析的重要前提和基础，只有通过有效的数据收集，才能得到准确可靠的数据，支持后续的数据分析和决策制定。因此，在进行商务数据的收集任务时，需要仔细地规划和执行，从而确保数据的质量和可用性。

本次任务需要设计调查问卷来收集数据，并将数据整理、输入到 Excel 工作簿中，形成一个完整的数据文件。数据整理最常用的软件是微软公司的 Excel、中国金山公司的 WPS，使用这些软件可以实现商务数据分析的大部分任务。

子任务 1　安装 Excel[①]

Microsoft Office 是微软公司推出的新一代办公软件，Excel 2010 的开发代号为 Office 14，它实际上是第 12 个发行版本。该软件共有 6 个版本，分别是初级版、家庭及学生版、家庭及商业版、标准版、专业版、专业高级版。此外，微软公司还推出了 Office 2010 的免费版本，其中仅包括 Word 和 Excel 应用。除了完整版本，微软公司还发布了针对 Office 2007 的升级版 Office 2010。Office 2010 支持 32 位和 64 位 Vista 及 Windows 7 系统，支持 32 位的 Windows XP 系统，不支持 64 位的 Windows XP 系统。

Office 是一款功能强大的办公软件，Excel 2010 是 Office 2010 家族的成员之一，它是一种电子表格软件，具有强大的数据分析、预测和图表制作功能，在数据统计及经济管理中的应用尤其广泛。

在使用 Excel 之前，必须先购买并安装 Excel，如果已经正确安装好 Excel，则此子任务可以跳过。

步骤 1：安装 Office 软件。

用户将 Office 软件的安装光盘插入光盘驱动器后，计算机会自动运行安装向导，界面如图 1.1 所示。用户也可以手动运行安装包中的安装程序"Setup.exe"，即双击"Setup.exe"文件运行安装程序。用户只需按照系统提示，即可完成安装。

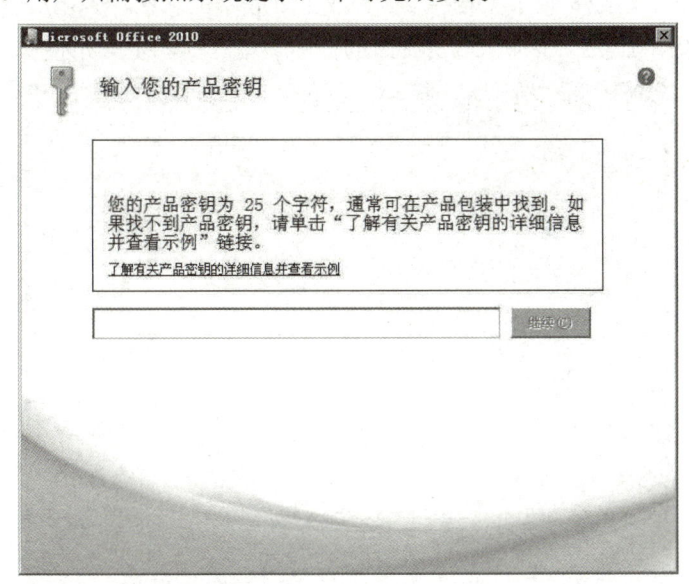

图 1.1　Office 软件安装界面

[①] 以安装 Excel 2010 为例，其他版本软件的安装与此类似。

一般，用户采用典型安装方式，系统会自动将常用的功能模块安装到计算机上。安装条款如图 1.2 所示。

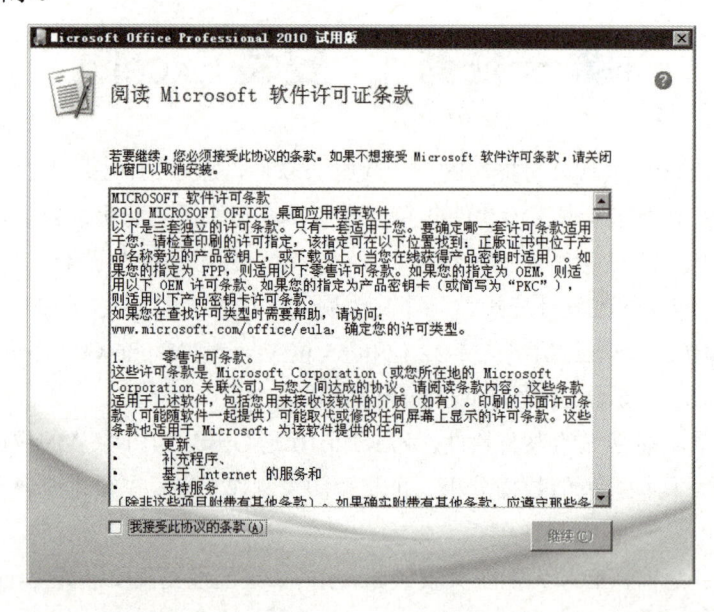

图 1.2　安装条款

在安装 Office 软件的过程中需要用户输入产品密钥，即一串由 25 个字符和数字组成的字符串，通常印在安装光盘的外壳上，在用户正确输入产品密钥后方可继续安装。软件的序列号与产品一一对应，是正版软件的重要特征。

如果在计算机中已经安装了 Office 2007 或更早版本的软件，则当运行安装程序时，安装向导会提示选择"升级"还是"自定义"的安装类型，如图 1.3 所示。

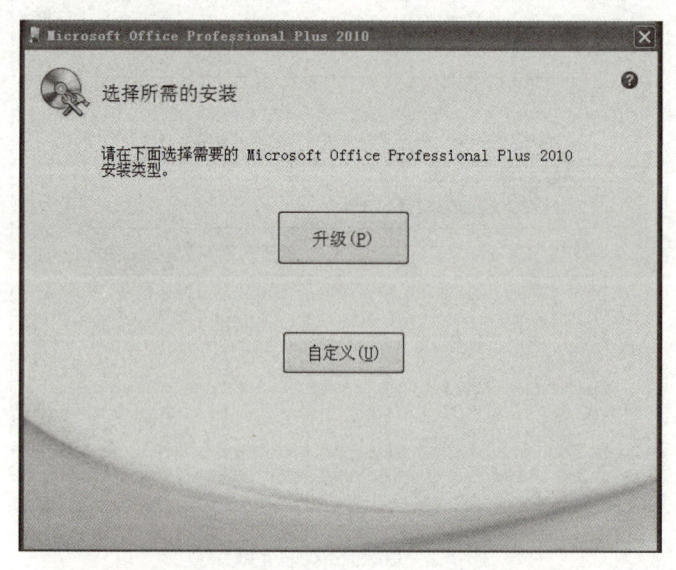

图 1.3　选择所需的安装类型

如果选择"升级"的安装类型，则有更多的升级安装选项，如图 1.4 所示。

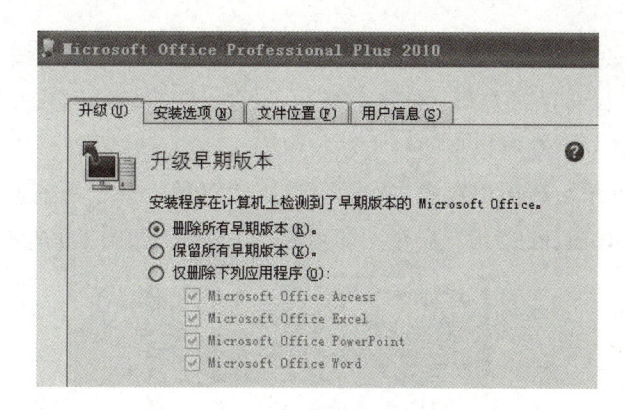

图 1.4　升级安装选项

如果选中"删除所有早期版本"单选按钮，则安装程序会先卸载计算机中低版本的 Office 软件，再进行升级。

如果选中"保留所有早期版本"单选按钮，则会安装新版本的 Office 软件，同时保留原版本的 Office 软件。

如果选中"仅删除下列应用程序"单选按钮，则会有选择地删除部分 Office 组件，再进行升级。

注意

（1）在采用典型安装方式时，某些组件可能不会被默认安装，如公式编辑器、分析工具库等，这点在安装低版本的 Office 软件上体现得尤为突出。如果需要安装这些组件，请在安装程序时，选择"自定义"的安装类型。在"自定义 Microsoft Office 程序的运行方式"区域，单击所需组件前的下拉按钮，如图 1.5 所示。例如，在弹出的下拉列表中选择"从本机运行"选项。

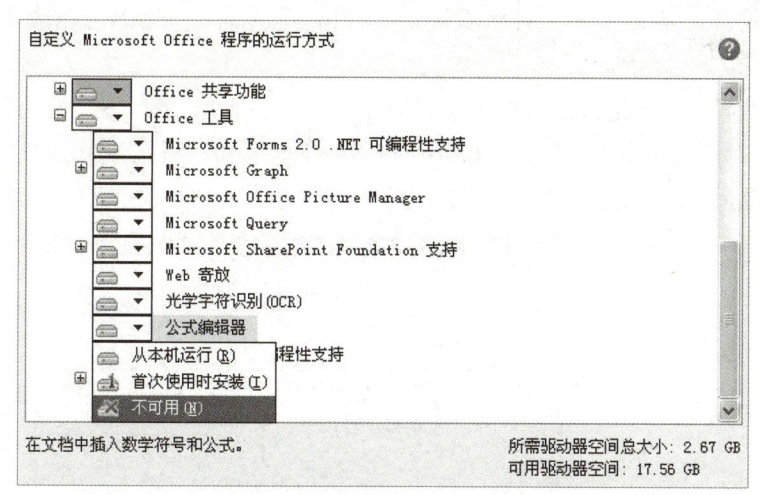

图 1.5　选择安装所需的 Office 组件

（2）用户也可以在安装好 Office 软件后补安装这些组件，但会用到 Office 软件的安装光盘（或安装源）。

（3）请使用正版软件。

步骤 2：启动 Excel。

刚安装好 Office 软件的计算机，默认重新启动。在计算机重新启动后，用户就可以正式使用 Excel 了。Excel 的启动有以下四种方法。

第一种方法：在开始菜单中启动 Excel。选择"开始"→"所有程序"→"Microsoft Office"→"Microsoft Excel 2010"命令，即可启动 Excel，如图 1.6 所示。

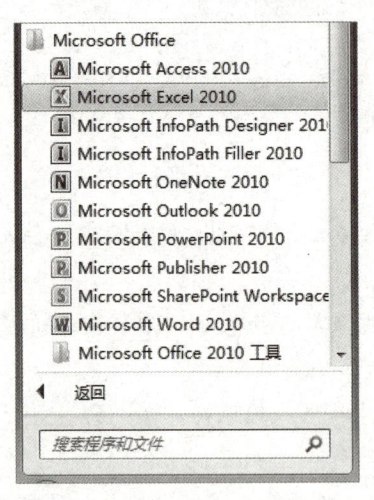

图 1.6　从开始菜单中启动 Excel

第二种方法：双击桌面上的快捷方式启动 Excel。在桌面上双击 Excel 的快捷图标，即可启动 Excel，并且默认新建一个工作簿，文件名为"工作簿 1"。

第三种方法：双击任意一个 Excel 文件，即可启动 Excel，并使该文件处于被编辑的状态。例如，双击"期刊目录表.xls"文件，即可启动 Excel，并使该文件处于被编辑的状态。

第四种方法：通过运行的方式启动 Excel。选择"开始"→"运行"命令，先在打开的"运行"对话框中单击"打开"输入框右侧的下拉按钮，再在弹出的下拉列表中选择"浏览"选项，找到并选择 Excel 安装的位置，单击"确定"按钮即可启动 Excel，如图 1.7 所示。

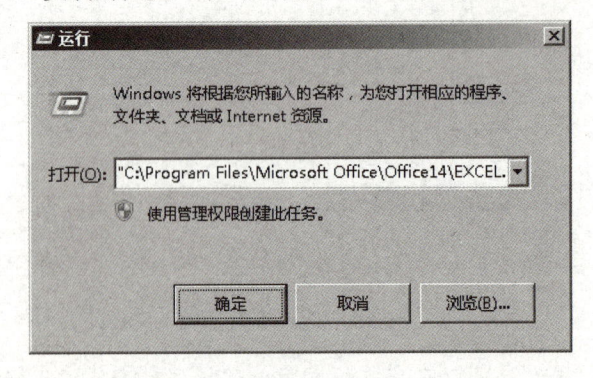

图 1.7　通过运行的方式启动 Excel

步骤 3：退出 Excel，即终止计算机中 Excel 的运行。

在 Windows 操作系统中退出软件的方法大多是一样的，而且多种方法"殊途同归"。

第一种方法：选择 Excel 窗口菜单中的"文件"→"退出"命令。

第二种方法：单击 Excel 窗口右上角的"关闭"按钮（ ）。

第三种方法：双击 Excel 窗口左上角的控制菜单图标（ ），或者单击控制菜单图标按钮（ ），在弹出的快捷菜单中选择"关闭"命令，如图 1.8 所示。从此操作可以看出，按"Alt+F4"组合键也可退出 Excel。

第四种方法：右击任务栏上 Excel 对应的区域，在弹出的快捷菜单中选择"关闭窗口"命令，如图 1.9 所示。

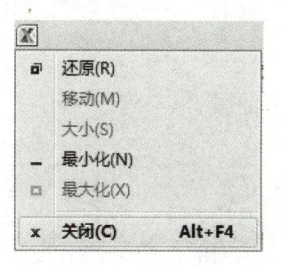

图 1.8　通过控制菜单退出 Excel 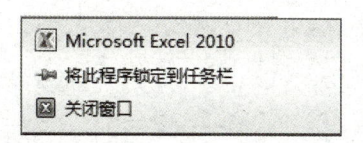　　　　图 1.9　通过任务栏退出 Excel

当然，也可以通过任务管理器结束当前的 Excel 进程以退出 Excel。读者可以自行尝试。

子任务 2　认识功能区

Excel 2010（包括以后的版本）使用了与 Excel 2007 相同的用户界面，但其与 Excel 2003 及更早的版本有很大的区别，以功能区（Ribbon）代替了传统的菜单。Excel 2010 窗口上方其实是功能区的选项卡名称，当单击这些选项卡名称时并不会打开菜单，而是切换到与之对应的功能区。每个功能区根据功能的不同又被分为若干个选项组。

Excel 的基本功能都可以在功能区中实现，常用的功能区有"开始"、"插入"、"页面布局"、"公式"、"数据"、"审阅"和"视图"。用户可以自定义功能区，更合理地组织出个性化的工作环境。

如果功能区中某个选项组的右下角有展开标记按钮（ ）时，则表示该选项组还有更多的操作选项。

1. "开始"功能区

"开始"功能区中包括"剪贴板"、"字体"、"对齐方式"、"数字"、"样式"、"单元格"和"编辑"七个选项组，对应 Excel 2003"编辑"和"格式"菜单中的部分命令，主要用于帮助用户对 Excel 表格进行文字编辑和单元格的格式设置，是用户最常用的功能区，如图 2.1 所示。

图 2.1 "开始"功能区

2."插入"功能区

"插入"功能区包括"表格"、"插图"、"图表"、"迷你图"、"筛选器"、"链接"、"文本"和"符号"八个选项组，对应 Excel 2003"插入"菜单中的部分命令，主要用于帮助用户在 Excel 表格中插入各种对象，如数据透视表、各种图表、文本框、页眉页脚等。Excel 新增的"切片器""迷你图"功能也在这个功能区中，如图 2.2 所示。

图 2.2 "插入"功能区

3."页面布局"功能区

"页面布局"功能区包括"主题"、"页面设置"、"调整为合适大小"、"工作表选项"和"排列"五个选项组，对应 Excel 2003"页面设置"菜单中的部分命令和"格式"菜单中的部分命令，主要用于帮助用户设置 Excel 表格的页面样式，如图 2.3 所示。

图 2.3 "页面布局"功能区

4."公式"功能区

"公式"功能区包括"函数库"、"定义的名称"、"公式审核"和"计算"四个选项组，主要用于帮助用户实现在 Excel 表格中的各种数据的计算、区域名称的定义与管理，如图 2.4 所示。

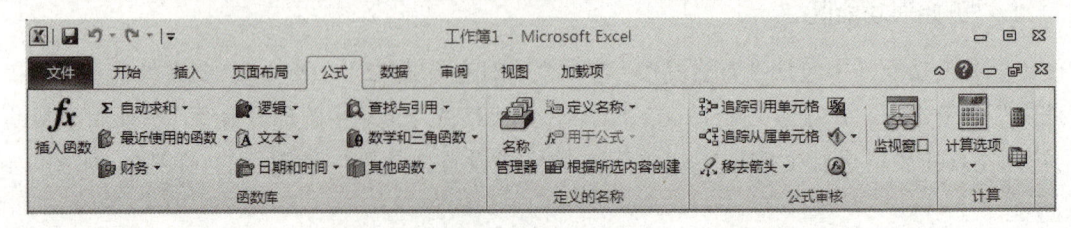

图 2.4 "公式"功能区

5. "数据"功能区

"数据"功能区包括"获取外部数据"、"连接"、"排序和筛选"、"数据工具"和"分级显示"五个选项组,主要用于帮助用户在 Excel 表格中进行数据处理相关的操作,如排序、数据有效性、模拟分析、分类汇总等,这些功能在数据分析中十分重要,如图 2.5 所示。

图 2.5 "数据"功能区

6. "审阅"功能区

"审阅"功能区包括"校对"、"中文简繁转换"、"语言"、"批注"和"更改"五个选项组,主要用于帮助用户对 Excel 表格进行校对和修订等操作,适用于多人协作处理 Excel 工作表数据,如保护工作表、工作簿等,如图 2.6 所示。

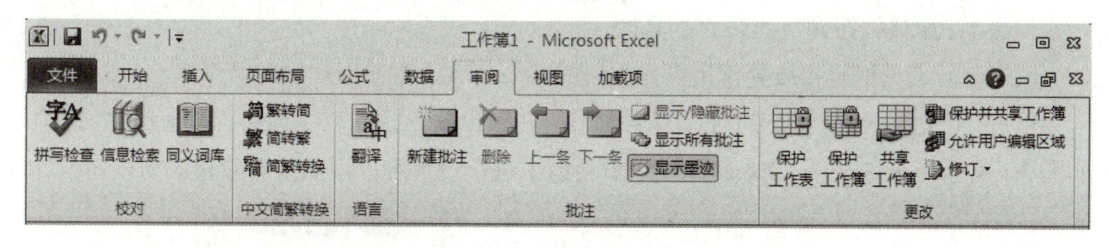

图 2.6 "审阅"功能区

7. "视图"功能区

"视图"功能区包括"工作簿视图"、"显示"、"显示比例"、"窗口"和"宏"五个选项组,主要用于帮助用户设置 Excel 表格窗口的视图类型、显示比例、窗口切换等,其中宏操作是 Excel 实现自动化操作的重要途径,如图 2.7 所示。

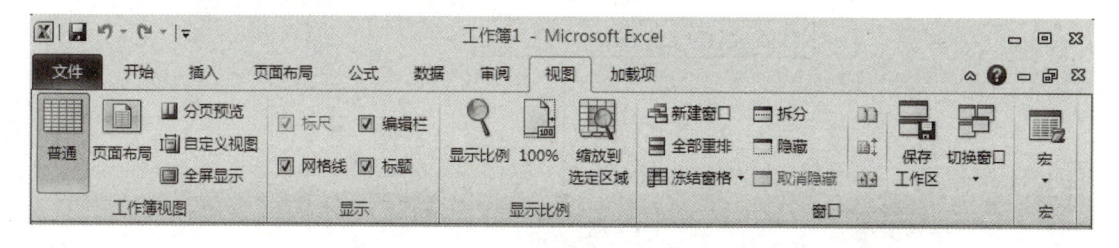

图 2.7 "视图"功能区

> **提高** 在 Excel 中还有一种上下文选项卡,只有在进行某些特定操作或选中特定对象时才会出现,如创建图表或数据透视图时,会多出来一些选项卡,这些选项卡被称为"上下文选项卡",如图 2.8 所示。

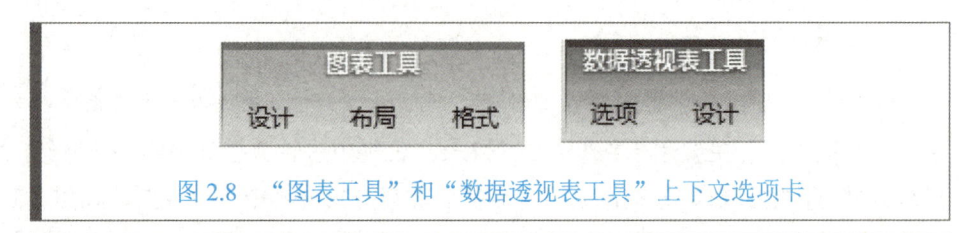

图 2.8 "图表工具"和"数据透视表工具"上下文选项卡

> 作业：请同学们打开 Excel，熟悉功能区的功能。

子任务 3　设置 Excel 功能和参数

Excel[①]像"汽车"一样，有很多设置选项，不同的用户有不同的设置需求。Excel 的设置非常人性化，用户根据自己的需求设置软件，操作十分方便。在安装完成后，可以对 Excel 进行简单的设置。

步骤 1：添加按钮到快速访问工具栏。

快速访问工具栏是指放置常用操作按钮的某个区域，方便用户快速操作。

单击"自定义快速访问工具栏"下拉按钮，在弹出的下拉列表中选择"其他命令"选项，如图 3.1 所示。在打开的"Excel 选项"对话框中进行设置可以添加或删除相应的按钮。

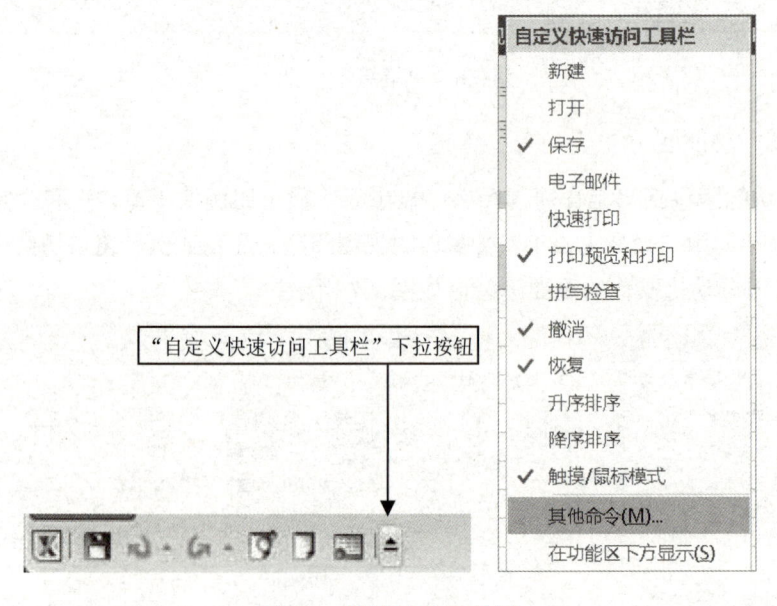

图 3.1　快速访问工具栏

[①] 在本教材后面的任务中不再强调 Excel 的版本，Excel 2010 及以后版本的相关操作差别很小，WPS 的操作也与 Excel 类似。

快速访问工具栏默认位于功能区的上方，也可以将其调整到功能区的下方。单击"自定义快速访问工具栏"下拉按钮，在弹出的下拉列表中选择"在功能区下方显示"选项，则可以将快速访问工具栏调整到功能区的下方；反之，可以按同样的操作将快速访问工具栏调整到功能区的上方。用户可以根据使用习惯进行设置。

步骤2：选择"文件"→"选项"命令，在打开的"Excel 选项"对话框左侧区域中选择"快速访问工具栏"选项。在对话框右侧区域中选中"常用命令"列表框中的某个命令，并单击"添加"按钮，即可将该命令按钮添加到快速访问工具栏中，如图 3.2 所示。

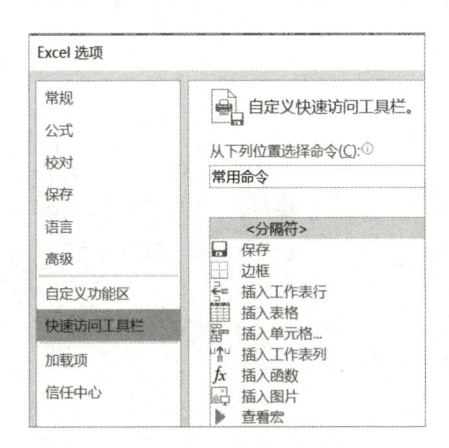

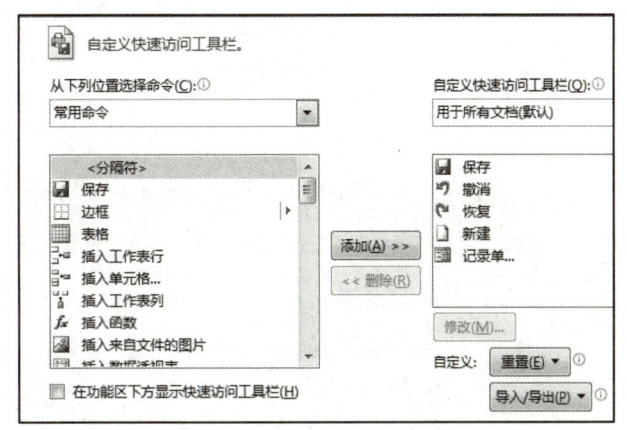

图 3.2　自定义快速访问工具栏（1）

勾选"在功能区下方显示快速访问工具栏"复选框，则快速访问工具栏不会在标题栏的左侧显示，而是在功能区下方显示。

下面添加几个非常有用的操作按钮到快速访问工具栏中。

在"从下列位置选择命令"下拉列表中选择"不在功能区中的命令"选项，在下面的列表框中找到"记录单"选项并选中，单击"添加"按钮，将"记录单"命令按钮添加到快速访问工具栏中。执行同样的操作，将"照相机"命令按钮添加到快速访问工具栏中，单击"确定"按钮完成设置。这时，在快速访问工具栏中就会出现刚添加的命令按钮"▦"和"◉"。

如果已经设置了快速访问工具栏，还可以恢复默认设置。选择"文件"→"选项"命令，在打开的"Excel 选项"对话框左侧区域中，选择"快速访问工具栏"选项，单击对话框右侧"自定义"后面的"重置"按钮，在弹出的下拉列表中选择"重置所有自定义项"选项，如图 3.3 所示。

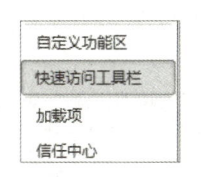

图 3.3　自定义快速访问工具栏（2）

步骤3：综合设置包括默认工作表数量、自动保存时间、行标列标样式、自定义序列等内容。

选择"文件"→"选项"命令，打开"Excel 选项"对话框。选择对话框左侧区域中的"常规"选项，并在对话框右侧区域中进行设置。单击"字号"下拉按钮，可以设置新建工作簿时默认的字号大小；将"包含的工作表数"数字框中的数值设置为 3，则新建工作簿时，默认包含的工作表数量为 3，如图 3.4 所示。

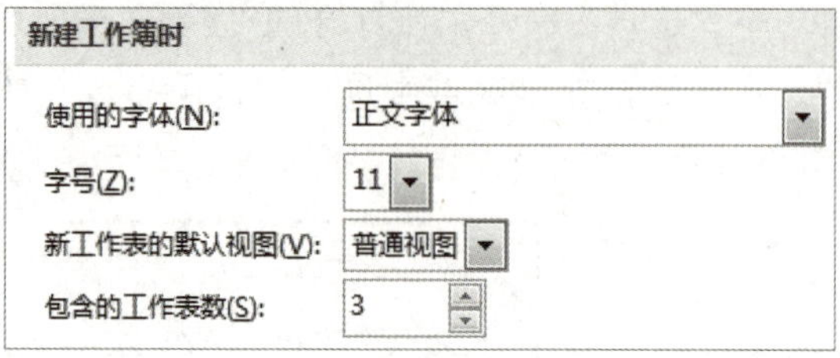

图 3.4　常规设置

选择对话框左侧区域中的"保存"选项，在对话框右侧区域中通过"将文件保存为此格式"下拉列表更改文件保存的格式，用户可以选择任意 Excel 支持的保存格式，如图 3.5 所示。

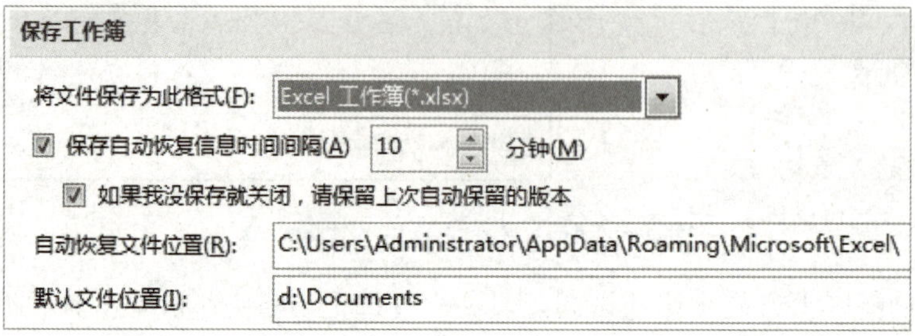

图 3.5　保存格式设置

在勾选"保存自动恢复信息时间间隔"复选框后，可以设置自动保存文档的时间间隔，以防断电等意外导致信息丢失，系统默认时间间隔是 10 分钟。在"默认文件位置"输入框中，可以设置文件默认存放在计算机中的位置。

选择对话框左侧区域的"高级"选项，在对话框右侧区域中勾选"按 Enter 键后移动所选内容"复选框，并单击"方向"下拉按钮，可以设置按"Enter"键后鼠标指针默认的移动方向；勾选"自动插入小数点"复选框，调整"位数"数值框中的数值，可以设置插入的数值的小数位数，如图 3.6 所示。

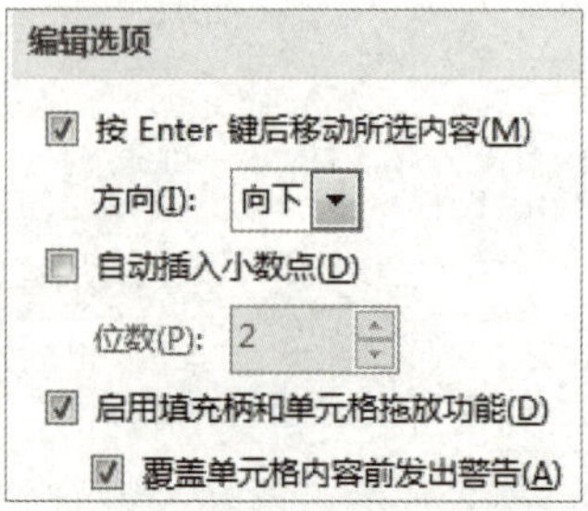

图 3.6　"编辑选项"区域

> **注意**
>
> 在勾选"自动插入小数点"复选框后，任意输入的数字都将被设置为带有小数的格式。例如，设置位数为 2，输入数字"12345"，则显示为"123.45"，原始数字被自动设置为两位小数；如果输入数字"3"，则显示为"0.03"。但是，如果输入的任意数字中带有小数点，则此设置失效，如输入数字"12.3"或"12."（仅带有小数点，没有小数位数）时的显示结果不变；此设置在输入固定位数的数字时十分有用。

勾选"启用填充柄和单元格拖放功能"复选框，其作用是在使用序列时，可以拖曳填充柄生成序列。

如图 3.7 所示，在"显示"区域中，可以设置标尺单位，单击"标尺单位"下拉按钮可以选择 Excel 中使用的标尺单位，可供选择的有英寸、厘米和毫米。

勾选"在任务栏中显示所有窗口"复选框，所有打开的工作簿在任务栏中可见，否则只出现当前工作簿窗口，仅当当前工作簿最小化后，可以出现最小化的工作簿窗口，单击最小化的工作簿窗口后可以还原。

勾选"显示编辑栏"复选框，在工作簿窗口中出现编辑栏，编辑栏位于功能区的下方，包括"名称框"和"编辑栏"两部分，编辑栏对 Excel 的操作来说十分重要，一般默认设置为显示编辑栏。

选择"Excel 选项"对话框左侧区域中的"自定义功能区"选项，可以设置功能区的内容，还可以设置某些功能是否出现在功能区中，如图 3.8 所示。勾选"开发工具"复选框，单击"确定"按钮，"开发工具"选项卡将出现在功能区中。

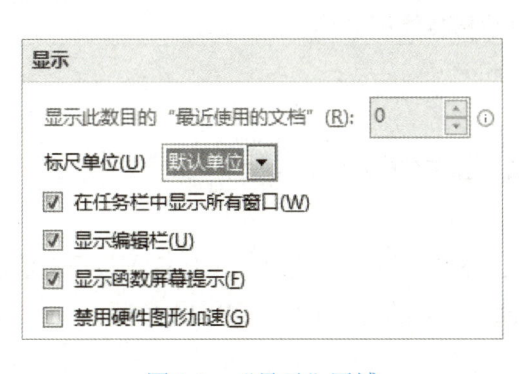

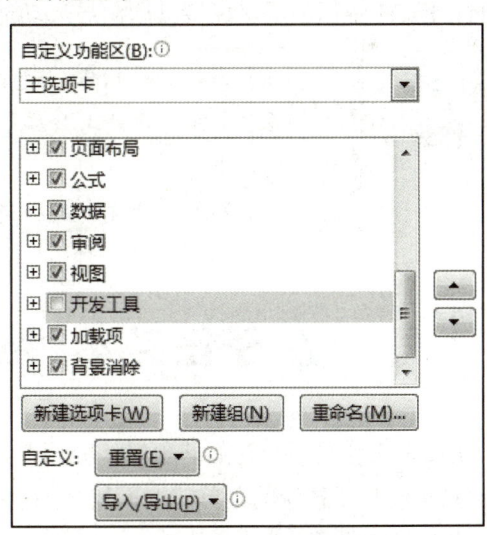

图 3.7 "显示"区域

图 3.8 自定义功能区

选择对话框左侧区域中的"加载项"选项，在对话框右侧区域中出现当前的加载项内容，可以管理加载项，如图 3.9 所示。单击"转到"按钮，可以打开"加载宏"对话框。

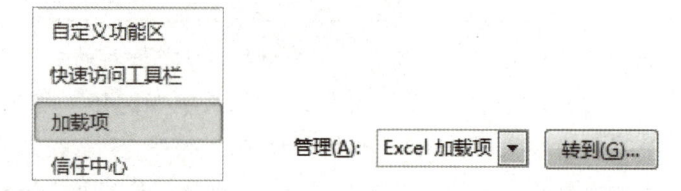

图 3.9　管理加载项

> **提高**
> （1）加载宏是一段特殊的程序代码，被勾选的加载宏会随着 Excel 的启动而启动。
> （2）加载宏是基于 Excel 自身数据分析和处理的一些功能模块，启动这些功能模块之后，会有相应功能类别下的功能，用于解决某个方面或领域的问题。

在打开的"加载宏"对话框中，会出现可用的加载宏和已被加载的宏，如图 3.10 所示。

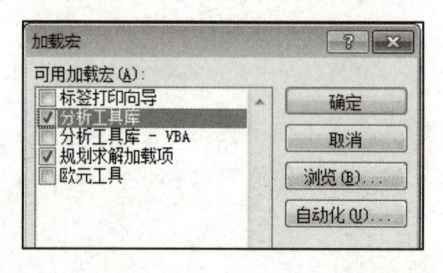

图 3.10　"加载宏"对话框

勾选要使用的宏的复选框。例如，勾选"标签打印向导"复选框，单击"确定"按钮。这时，Excel 中添加了"标签打印向导"功能，用户可以方便地打印标签。

> **作业**
> （1）添加"照相机"命令按钮到快速访问工具栏中。
> （2）添加"分析工具库""分析工具库-VBA""规划求解加载项"功能到加载宏中。
> （3）添加"开发工具"选项卡到功能区中。

子任务 4　熟悉 Excel 工作窗口

Excel 工作窗口与普通的窗口十分相似，包含控制菜单、标题栏、窗口控制按钮、边框等，只是没有了传统的菜单，取而代之的是功能区。启动 Excel 后，就出现了 Excel 工作窗口，如图 4.1 所示。

1. 功能区

功能区包括选项卡和选项组。单击功能区右上方的"折叠"按钮（▲），可以将功能区隐藏。当选中某个选项卡时，该功能区才全部显示；在功能区隐藏状态下，单击"折叠"按钮，或者按"Ctrl+F1"组合键，完全显示功能区。

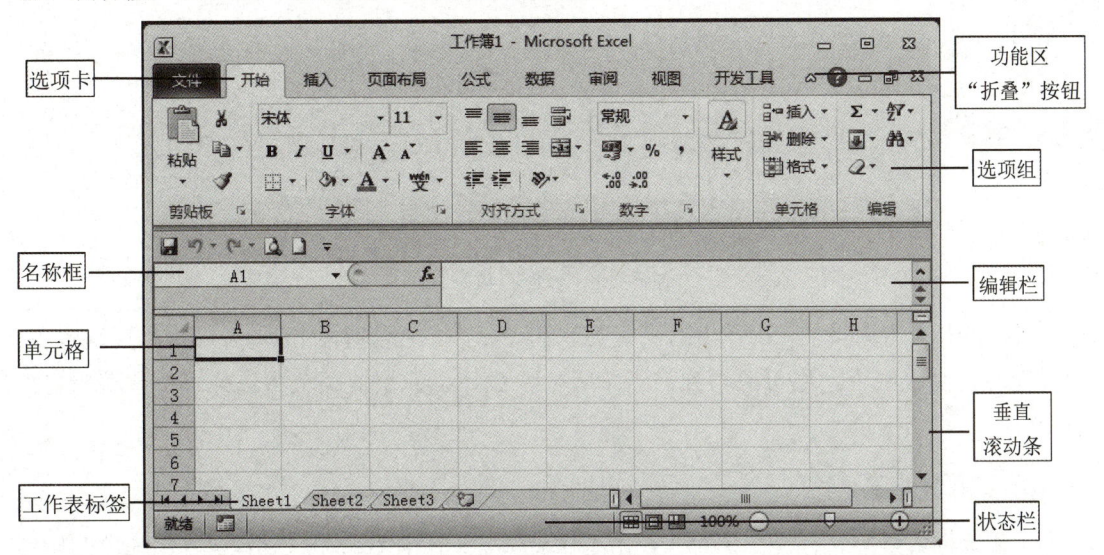

图 4.1　Excel 工作窗口

2．选项卡

选项卡是 Excel 工作窗口的一个重要组成部分。选项卡中包含了多个选项组，每个选项组中包含了多个甚至多级子菜单，用户可以在使用过程中自定义选项卡和选项组。

3．选项组

选项组由一些操作命令按钮组成，这些命令按钮可以是图标，也可以是文字。有的按钮其实就是菜单中的某个级联菜单项，但是将其添加到选项组中，操作起来会更方便快捷。

4．名称框

Excel 工作窗口中的名称框位于编辑栏左端的下拉列表框中，主要用于指示当前选定的单元格、图表项或绘图对象。灵活运用名称框，有助于提高 Excel 的使用效率。

5．编辑栏

在 Excel 工作表中选中某个单元格后，单元格中的文本或公式内容会显示在编辑栏中。当选中的单元格内容超出一行时，编辑栏仍然显示为一行，这时可以通过多种方法来调整编辑栏的高度。

方法一：单击编辑栏右侧的上下箭头逐行阅读。

方法二：按"Ctrl+Shift+U"组合键扩展或折叠编辑栏。

方法三：将鼠标指针放到行标题和编辑栏之间，当鼠标指针变成上下箭头形状时，可以通过双击将编辑栏调整到最适合的高度，或者通过上、下拖曳鼠标调整编辑栏高度，如图 4.2 所示。

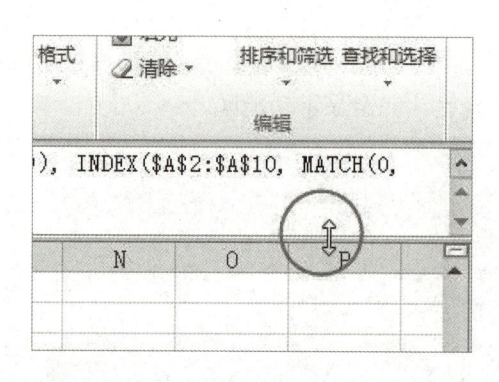

图 4.2　调整编辑栏

方法四：右击编辑栏，在弹出的快捷菜单中选择"扩充编辑栏"命令，即可扩展编辑栏。如果需要折叠编辑栏，则可以再次右击编辑栏，在弹出的快捷菜单中选择"折叠编辑栏"命令。

6．工作表标签

工作表标签就是工作表的名称。双击工作表标签，或者右击工作表标签，在弹出的快捷菜单中选择"重命名"命令，可以更改工作表名称。右击工作表标签，在弹出的快捷菜单中选择"工作表标签颜色"命令，可以更改标签颜色。右击工作表标签，在弹出的快捷菜单中选择"隐藏"或"取消隐藏"命令，可以隐藏工作表，或者取消隐藏工作表。

> **作业**　熟悉 Excel 工作窗口和工作表的组成。

子任务 5　通过调查问卷收集数据

对产品的市场情况进行市场调查，是一项策划前期准备的重要工作，只有以深入、彻底的市场调查为前提，营销策划和市场操作才有章可循，也只有这样才有可能获得成功。

在问卷调查中，问卷设计是非常重要的一个环节，甚至决定着市场调查的成功与否。本任务主要介绍调查问卷的设计步骤，以及使用 Excel 工作表收集问卷调查的结果。

调查问卷又称调查表或询问表，是以书面问题的形式向调查对象收集信息的一种形式。问卷可以是表格式、卡片式或簿记式的。设计问卷是询问调查的关键。完美的调查问卷必须具备两个功能，即能将问题传达给被调查者，并使被调查者乐于回答。要实现这两个功能，在设计问卷时，应该遵循一定的原则和步骤，并运用一定的技巧。

设计调查问卷的原则有以下几点。

原则 1：题目由易到难。这样被调查者会觉得题目回答起来很轻松；题目不可以涉及个人隐私。

原则 2：题目数量不要过多。这样被调查者在回答时不会太累，乐于接受调查。被调查者一般能在三到五分钟内完成答题，花费太长时间答题会引起被调查者的不满，从而影响问卷答案的可信度。

原则 3：题目描述要准确。这样更方便被调查者阅读与理解题目，使回答更准确。

原则 4：题目的答案尽量是有层次的、可量化的。有层次的答案更容易统计，可量化的答案更方便调查者回答。

根据上述原则，可以着手设计一个调查问卷。例如，为眼镜销售公司设计一个关于眼镜用户的调查问卷，调查对象是在校大学生。

关于眼镜的调查问卷

亲爱的大学生朋友：

您好，为了更好地了解大学生的视力状况，以及大学生眼镜市场，我们正在进行一项有关大学生近视情况的调查，请您准确回答。您的资料我们会为您保密，请您放心填写。希望得到您的配合。谢谢！

Q1：单选 您的性别
 A. 男
 B. 女

Q2：单选 您戴眼镜多久了？
 A. 一年
 B. 两年
 C. 三年
 D. 四年
 E. 四年以上

Q3：单选 您的月生活费
 A. 800 元以下
 B. 800～1500 元
 C. 1500～2200 元
 D. 2200 元以上

Q4：多选 您获取眼镜信息的渠道
 A. 互联网（不包括手机端）
 B. 手机 App 广告
 C. 广播、电视
 D. 宣传单
 E. 家人、朋友介绍
 F. 其他

Q5：单选 您一般在哪里购买眼镜？

　A. 眼镜店

　B. 超市/商场

　C. 网上商店

　D. 其他

Q6：单选 您愿意购买什么价格的眼镜？

　A. 300以下

　B. 300~800元

　C. 800~1300元

　D. 1300以上

Q7：单选 您一般多长时间更换眼镜？

　A. 半年

　B. 半年到一年

　C. 一年到两年

　D. 两年以上

　E. 无固定时间

Q8：多选 您更换眼镜的原因是什么？

　A. 眼镜损坏

　B. 近视度数上升

　C. 看到自己喜欢的产品

　D. 店铺有促销

　E. 其他

Q9：单选 您比较喜欢哪种材质的镜片？

　A. 玻璃

　B. 树脂

　C. PC镜片

　D. 其他

感谢您抽空接受我们的问卷调查！请爱护您的眼睛，祝您学业有成！

调查问卷设计好后，可以印刷或打印，通过人工发放并回收，再进行统计（也可以通过问卷星等网络平台发放，平台自动回收调查结果，这里不再讨论）。收集有效的调查问卷后，将得到的数据输入Excel中。工作簿是用户进行操作的主要对象和载体。用户使用Excel创建数据表格，在表格中进行编辑，以及操作完成后进行保存等一系列操作，大都是在工作簿这个对象上完成的。打开一个Excel工作窗口，里面默认就有一个工作簿[①]。

启动Excel后，系统将自动创建一个工作簿，并将其命名为"工作簿1.xlsx"。

[①] Excel 2010及以后版本的Excel的工作窗口中可以没有工作簿，但是可以新建工作簿。

步骤 1：创建空白工作簿①。创建空白工作簿有四种方法。

第一种方法：双击桌面的"Microsoft Office Excel"快捷方式图标，可以在打开的 Excel 工作窗口中创建空白工作簿。这也是启动 Excel 最常用的一种方法。

第二种方法：选择"开始"→"所有程序"→"Microsoft Office"→"Microsoft Office Excel"命令②。

第三种方法：在桌面空白处右击，在弹出的快捷菜单中选择"新建"→"Microsoft Excel 工作表"命令，这样可以新建一个 Excel 工作簿③，如图 5.1 所示。

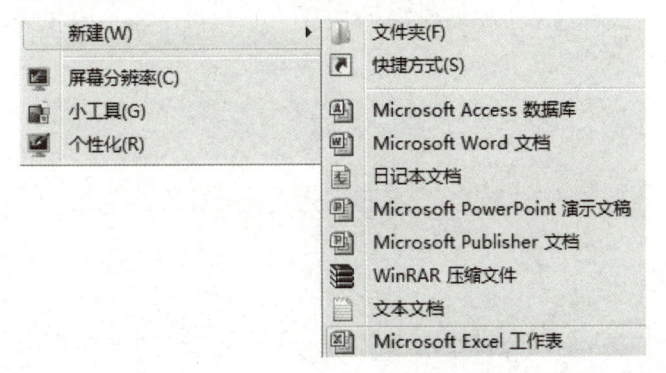

图 5.1　新建 Excel 工作簿

双击新建的 Excel 工作簿，可以启动 Excel。与此类似的方法是双击现成的 Excel 工作簿，即可启动软件，并编辑此工作簿。这是打开工作簿最常用的方法，对有数据的工作簿进行编辑修改，也使用这种方法。

第四种方法：选择"开始"→"运行"命令，在打开的"运行"对话框中设置 Excel 程序文件的存放路径"C:\Program Files\Microsoft Office\OFFICE14\Excel.exe"，单击"确定"按钮，系统就会启动 Excel，并在启动软件的同时创建空白工作簿。

在创建工作簿文件的同时，也创建了工作表，因为工作表只能保存在工作簿文件中。较早版本的 Excel 创建的一个工作簿默认包含三张工作表，分别是 Sheet1、Sheet2 和 Sheet3。在 Excel 2016 及以上版本创建的工作簿中，默认包含一张工作表。

注意

（1）在保存新建的工作簿时，会打开"另存为"对话框。

（2）如果正在编辑的文件没有被保存，则在关闭或退出 Excel 时，Excel 会提示用户保存。

（3）仅对正在编辑的文档而言，选择"文件"→"关闭"命令，可以关闭正在编辑的文档，但 Excel 仍处于运行状态。

---

① 这里启动 Excel 的同时，也就打开了一个空白工作簿。
② 因操作系统的不同，"开始"菜单的内容略有不同。
③ 为了与工作表（Sheet）区别，新建的工作表文件一般被称为"工作簿"。

> **提高**
>
> 从 Microsoft Office 2007 开始，引入了 Open XML 格式，文件的扩展名默认加上了"X"后缀，这类文件不能包含 VBA 宏和 Active X 控件，安全风险大大降低。在扩展名加上了"M"后缀的文件中，可以包含 VBA 宏和 Active X 控件。

步骤 2：更改工作表名。

将鼠标指针移至窗口左下角的工作表标签"Sheet1"上并右击，在弹出的快捷菜单中选择"重命名"命令（或者双击工作表标签"Sheet1"直接重命名），将其重命名为"调查问卷数据"，按"Enter"键，更改工作表名如图 5.2 所示。

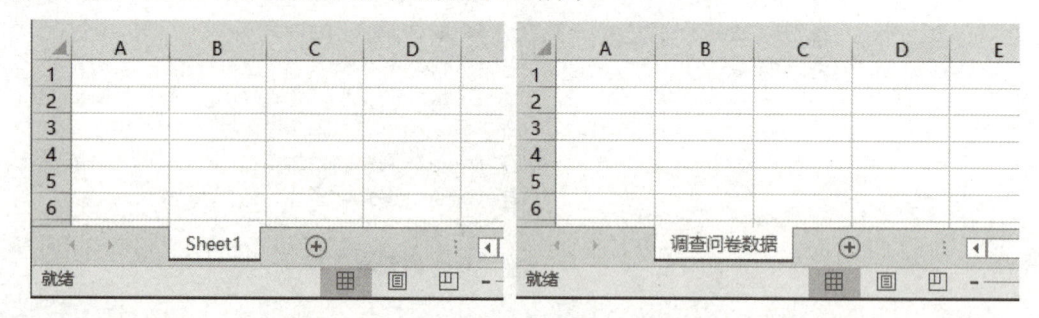

图 5.2　更改工作表名

> **技巧**
>
> （1）在工作表标签上右击，在弹出的快捷菜单中选择"工作表标签颜色"命令，可以更改工作表标签的颜色，如图 5.3 所示。 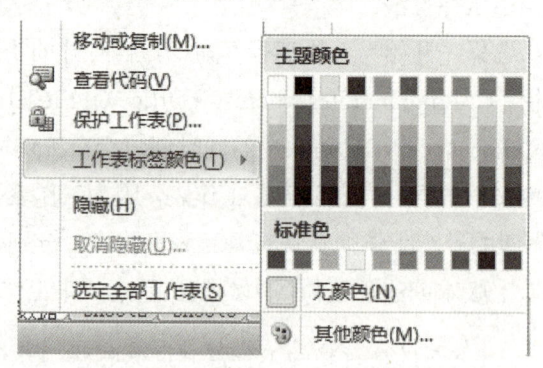
>
> 图 5.3　更改工作表标签的颜色
>
> （2）在工作表标签上右击，在弹出的快捷菜单中选择"隐藏"命令，可以隐藏整张工作表；右击未被隐藏的工作表标签，在弹出的快捷菜单中选择"取消隐藏"命令，在打开的对话框中设置取消隐藏的工作表，则可以显示被隐藏的工作表。

步骤 3：将调查问卷汇总信息输入工作表中。在 B1 和 C1 单元格中分别输入"男"和"女"；在 A2 单元格中输入"性别"；并在 B2 和 C2 单元格中输入汇总数据，如图 5.4 所示。

	A	B	C
1		男	女
2	性别		
3			

	A	B	C
1		男	女
2	性别	349	462
3			

图 5.4　输入性别数据

剩余的问卷调查的内容，可以在同一个工作表中输入，也可以在不同工作表中输入。

基础

（1）在输入内容的过程中，如果需要修改单元格内容，则可以先选中该单元格，再按"F2"键，进入内容编辑状态，编辑单元格内容；也可以通过双击该单元格编辑单元格内容。

（2）如果选中某个单元格并直接输入数据（不是内容编辑状态），则新内容会替换原单元格中的内容。

（3）在 Excel 中，即使已经保存了工作表文件，仍然可以使用"撤销"功能，将工作表恢复到上一编辑状态。

步骤 4：输入调查问卷中佩戴眼镜时间的数据。

选中 B4 单元格，输入"一年"；选中 C4 单元格，输入"二年"；选中 D4 单元格，输入"三年"；选中 E4 单元格，输入"四年"；选中 F4 单元格，输入"四年以上"；选中 A5 单元格，输入"戴眼镜时间"，如图 5.5 所示。

	A	B	C	D	E	F
1		男	女			
2	性别	349	462			
3						
4		一年	二年	三年	四年	四年以上
5	戴眼镜时间	33	86	148	256	288
6						

图 5.5　输入调查问卷中佩戴眼镜时间的数据

基础

（1）在数据输入的过程中，如果需要切换中英文输入法，则可以按"Ctrl+空格"组合键切换中文/英文的输入；还可以按"Ctrl+Shift"组合键，在多个中文输入法中切换。

（2）在中文输入状态下，可以按"Shift+空格"组合键，切换全角/半角的输入状态。"全角"字符外观上一个字符占一个汉字的宽度，使用 2 字节编码；而"半角"字符外观上一个字符占半个汉字的宽度，使用 1 字节编码；"全角/半角"仅针对字母、数字和符号，所有汉字都是"全角"字符。

步骤 5：输入其他的调查问卷数据，可以参考步骤 4 和步骤 5，完成全部数据的输入，如图 5.6 所示。

步骤 6：保存工作簿。

方法一：单击快速访问工具栏中的"保存"按钮（🖫）。

方法二：选择"文件"→"保存"命令。

在打开的"另存为"对话框中,选择"工具"→"常规选项"选项,如图5.7所示,可以对文件设置"打开权限密码"和"修改权限密码",如图5.8所示。在设置完成后,再次打开文件,Excel会提示用户输入密码,否则不能打开该文件。

	A	B	C	D	E	F	G
1		男	女				
2	性别	349	462				
3							
4		一年	二年	三年	四年	四年以上	
5	戴眼镜时间	33	86	148	256	288	
6							
7		800以下	800-1500元	1500-2200元	2200元以上		
8	月生活费	392	264	122	33		
9							
10		互联网	手机App广告	广播、电视	宣传单	家人、朋友	其他
11	获取眼镜信息的渠道	562	384	156	87	82	165
12							
13		眼镜店	超市商场	网上商店	其他		
14	在哪里购买眼镜	122	46	607	36		
15							
16		300元下	300-800元	800-1300元	1300元以上		
17	愿意购买眼镜的价格	213	462	104	32		
18							
19		半年	半年到一年	一年到两年	两年以上	无固定时间	
20	多长时间更换眼镜	31	89	125	204	362	
21							
22		眼镜损坏	近视度数上升	看到自己喜欢的	店铺有促销	其他	
23	更换眼镜的原因	152	204	336	216	34	
24							
25		玻璃	树脂	PC镜片	其他		
26	喜欢哪种材质的镜	35	259	508	9		

图5.6 调查问卷数据

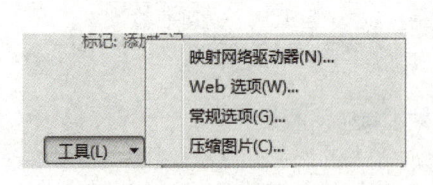

图5.7 选择"常规选项"选项

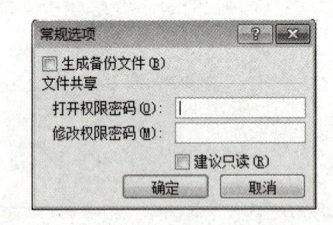

图5.8 设置文件密码

作业:在作业工作簿文件中,输入如图5.6所示的全部调查问卷数据。

子任务6 设计电子调查问卷

在子任务5中,调查问卷的印刷、发放、收集、统计都是由人工完成的,没有发挥信息技术应有的作用。本任务主要利用Excel来设计调查问卷,并通过电子邮件、网络等技术手段来发放调查问卷,通过Excel来收集所有的调查问卷结果。

步骤1：更改工作表显示效果，不显示工作表中的网格线。

新建一个工作簿，在 Excel 工作窗口"视图"功能区的"显示"选项组中，取消勾选"网格线"复选框。

> **注意**
> （1）在默认工作表中有网格线的显示，但是打印时是没有网格线的。如果需要打印网格线，则需要设置边框。
> （2）虽然网格线没有显示，但工作表中的网格线仍然是存在的。
> （3）工作表的操作，与是否显示网格线没有关系。

步骤2：增加"开发工具"选项卡。

选择"文件"→"选项"命令，打开"Excel 选项"对话框。选择对话框左侧区域的"自定义功能区"选项，勾选右侧区域的"主选项卡"中的"开发工具"复选框，如图 6.1 所示。

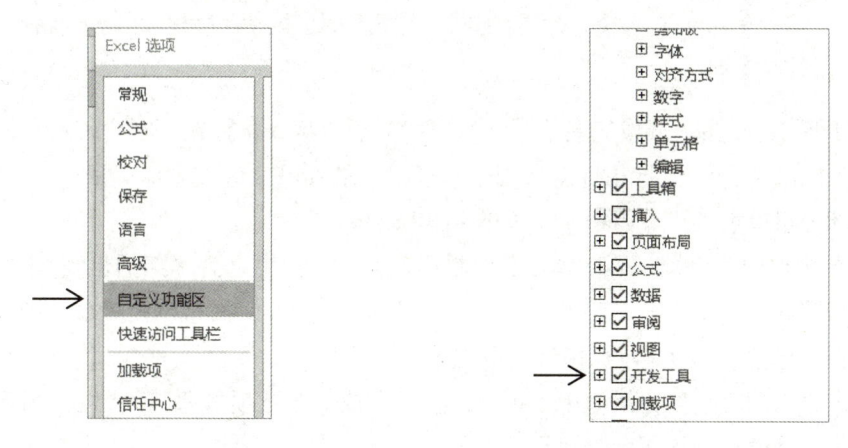

图 6.1 增加"开发工具"选项卡

勾选"开发工具"复选框后，单击"确定"按钮，完成操作。这时，在功能区中会增加"开发工具"选项卡[①]。

步骤3：选中 A1:G1 区域，单击"开始"→（"对齐方式"）→"合并后居中"按钮，在该区域中输入"关于眼镜的调查问卷"。

步骤4：选中 A2:G2 区域，单击"开始"→（"对齐方式"）→"合并后居中"按钮，在该区域中输入"亲爱的大学生朋友："。按"Alt+Enter"组合键，在单元格内换行，继续输入"您好，为了更好地了解大学生的视力状况，以及大学生眼镜市场，我们正在进行一项有关大学生近视情况的调查，请您准确回答。您的资料我们会为您保密，请您放心填写。希望得到您的配合。谢谢！"。

选中 A2 单元格，单击左对齐按钮（ ），将鼠标指针移至行号 2 与 3 之间并双击，调整至最合适的行高，调查问卷开始部分的最终效果如图 6.2 所示。

---

① 默认"开发工具"选项卡不显示在功能区中，勾选后可以始终显示在功能区中。

	A	B	C	D	E	F	G
1	关于眼镜的调查问卷							
2	亲爱的大学生朋友： 您好，为了更好地了解大学生的视力状况，以及大学生眼镜市场，我们正在进行一项有关大学生近视情况的调查，请您准确回答，您的资料我们会为您保密，请您放心填写。希望得到您的配合。谢谢！						
3								

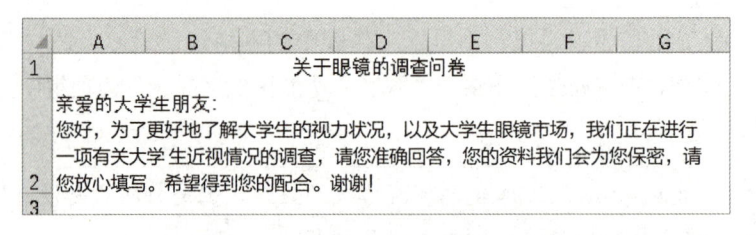

图 6.2　调查问卷开始部分的最终效果

技巧

（1）将鼠标指针移至行号（即行号 1、2、3）之间（或列号之间）的位置时，鼠标指针会变成上下方向（或左右方向）的双向箭头，即"上下调整"形状（或"左右调整"形状），可以通过拖曳鼠标改变行高（或列宽），也可以通过双击鼠标，调整到最合适的行高（或列宽）。

（2）可以单击"开始"→（"单元格"）→"格式"按钮，在弹出的下拉列表中选择"行高"（或"列宽"）选项，输入相应数值，精确设置行高（或列宽）。

步骤 5：单击"开发工具"→（"控件"）→"插入"按钮，在"表单控件"中单击"分组框"按钮（ ），鼠标指针变成细十字形状，在 A4:B8 区域中拖曳鼠标，生成一个分组框，默认的分组框名为"分组框 1"，如图 6.3 所示。

单击选中分组框，再次单击分组框名，修改分组框名为"您的性别"，如图 6.4 所示。

步骤 6：单击"开发工具"→（"控件"）→"插入"按钮，在"表单控件"中单击"选项按钮"选项（ ），鼠标指针变成细十字形状。

在"您的性别"分组框中，拖曳鼠标，生成一个选项按钮，如图 6.5 所示。在选项按钮上右击，修改选项按钮名为"男"。

使用同样的方法，增加一个选项按钮，并修改该选项按钮名为"女"，如图 6.6 所示。

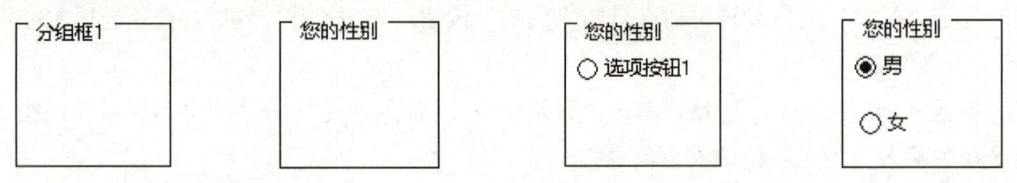

图 6.3　分组框　　图 6.4　性别分组框　　图 6.5　增加选项按钮　　图 6.6　设置性别选项

步骤 7：将按钮结果链接至某个单元格。

在选项按钮"男"上右击，在弹出的快捷菜单中选择"设置控件格式"命令，如图 6.7 所示。

在打开的"设置控件格式"对话框中，选择"控制"选项卡，在"值"区域中选中"未选择"单选按钮[①]，如图 6.8 所示。单击"单元格链接"框右侧的按钮，并直接选中 Sheet2 工作表的 A2 单元格，如图 6.9 所示。

---

① 不可以有默认值，以防问卷调查的结果有偏差。

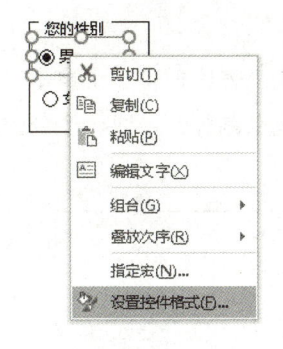

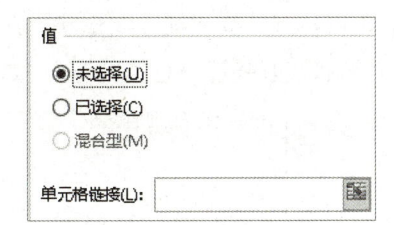

图 6.7　设置控件格式　　　　　　　　　图 6.8　设置值

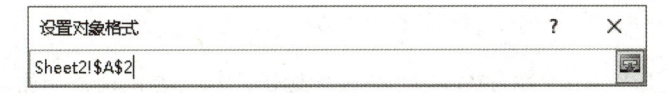

图 6.9　链接单元格

返回"设置对象格式"对话框[①]，并单击"确定"按钮。

> （1）在"您的性别"分组框中，两个选项按钮只能被选中一个，即"男"或"女"，如果选中"男"选项按钮，则在 Sheet2 的 A2 单元格中自动生成数值 1；如果选中"女"选项按钮，则自动生成数值 2。
> （2）如果重复添加某个控件，则先选中该控件，再按"Ctrl"键，拖曳鼠标，就可以实现控件的复制了。

调查问卷中的第 2 个问题"您戴眼镜多久了？"和第 3 个问题"您的月生活费"，都可以使用步骤 5 至步骤 7 中介绍的方法来实现，将第 2 个问题和第 3 个问题的结果分别链接至 Sheet2 的 B2、C2 单元格，问卷调查的前三题如图 6.10 所示。

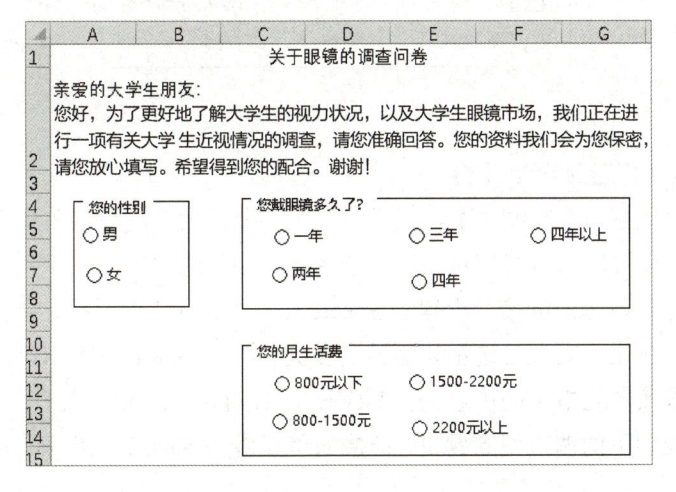

图 6.10　问卷调查的前三题

[①] 此时，返回对话框的名称应与跳转前一样，应该是"设置控件格式"对话框。在实际操作中，返回对话框的名称是"设置对象格式"，但内容是一样的。

步骤8：设置多选题。

单击"开发工具"→（"控件"）→"插入"按钮，在"表单控件"中单击"分组框"按钮（ ），鼠标指针变成细十字形状，在A17:G22区域拖曳鼠标，生成一个分组框，修改分组框名为"您获取眼镜信息的渠道"，如图6.11所示。

图6.11　设置获取信息的渠道分组框

单击"开发工具"→（"控件"）→"插入"按钮，在"表单控件"中单击"复选框"按钮（ ），鼠标指针变成细十字形状，在"您获取眼镜信息的渠道"分组框中拖曳鼠标，生成一个复选框，如图6.12所示，修改复选框名为"互联网（不包括手机端）"，如图6.13所示。

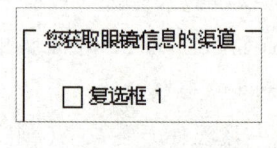

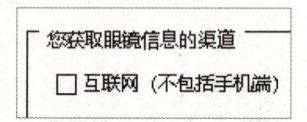

图6.12　生成复选框　　　　　　图6.13　修改第一个复选框名

用同样的方法生成其他五个复选框，如图6.14所示。

图6.14　获取信息渠道复选框

步骤9：将复选框链接至单元格。

右击第一个复选框"互联网（不包括手机端）"，在弹出的快捷菜单中选择"设置控件格式"命令。打开"设置控件格式"对话框，选择"控制"选项卡，在"值"区域选中"未选择"单选按钮，将"单元格链接"设置为Sheet2工作表的D2单元格，如图6.15所示。

使用同样的方法设置其他复选框，链接的单元格分别为E2、F2、G2、H2、I2。如果复选框被选中，则链接单元格中的内容为"TRUE"，否则为"FALSE"。

步骤10：完成剩下的调查问卷题目。链接的单元格为Sheet2工作表，从J2单元格开始，依次往右。

步骤11：设计完成的调查问卷可以发放给调查对象进行填写，发放的途径有电子邮件、QQ、微信、微博、网站等。回收调查问卷后，在Sheet2工作表中就有调查问卷的结果数据，如图6.16所示。

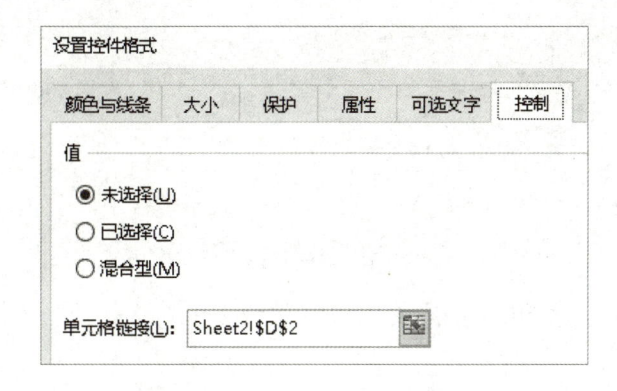

图 6.15　设置链接单元格

图 6.16　调查问卷的结果数据（部分）

进行下列操作，以完善数据。

（1）增加标题，否则无法阅读。

（2）数据清洗，去除一些非法数据、无效数据、空白数据。

（3）替换相关信息。例如，将 D 列单元格中的"TRUE"替换为获取眼镜信息的渠道是"互联网（不包括手机端）"。

（4）汇总问卷调查数据。

步骤 12：汇总数据。只需将 Sheet2 工作表中的数据汇总，复制并粘贴到另一个工作表中即可。

> **作业**　参照子任务 6，设计一个有关眼镜市场的电子调查问卷，分发填写问卷，回收问卷后获取数据。

子任务 7　从平台收集数据

电子商务平台会监测、记录本平台的运营数据。电子商务平台会记录消费者的数据，如消费者性别、年龄、购买商品的种类、金额、频率等；还会记录入驻商家的信息，如商家经营范围，以及销售商品的类目、数量、价格等。在每年的"双 11""双 12"时期，电子商务平台还会实时公布这些数据，使用数据来吸引消费者眼球。

以淘宝网的 C2C 为例，登录平台的后台，可以导出本店铺的后台运营数据，如图 7.1 所示。（表中买家应付货款、买家应付邮费、总金额、买家实际支付金额等数据的单位为"元"，本子任务的表格中不再标注。）

	A	B	C	D	E	F	G	H	I	J	K
1	订单编号	买家会员名	买家支付宝账号	支付单号	支付详情	买家应付货款	买家应付邮费	买家支付积分	总金额	返点积分	买家实际支付金额
2	18309155	兜兜娄	1.6E+10	20180625	支付宝: 5	56	0	0	56	0	56
3	16648187	长腿儿小	1.9E+10	20180624	支付宝: 2	26	0	0	26	0	26
4	16625061	最初你的	49418707	20180623	支付宝: 1	112	0	0	112	0	112
5	18232535	ysx52530	ysx52530	20180623	支付宝: 1	112	0	0	112	0	112

图 7.1　导出后台运营数据（部分）

将后台运营数据全部导出，生成的表格中有 56 列，在进行数据分析前，先将有用（有效）的数据复制出来。

步骤 1：单击列号“K”后，“买家实际支付金额”所在的 K 列单元格被选中，按住“Ctrl”键，再依次单击列号“U”、列号“AH”，分别选中“订单付款时间”“是否手机订单”所在列的单元格。

步骤 2：松开“Ctrl”键，右击被选中的区域，在弹出的快捷菜单中选择“复制”命令，或者直接按“Ctrl+C”组合键，复制选中列。单击工作表标签栏中的“新建工作表”按钮（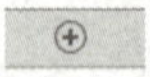），新建一个工作表。选中新建工作表中的 A1 单元格，按“Ctrl+V”组合键进行粘贴，如图 7.2 所示。

	A	B	C
1	买家实际支付金额	订单付款时间	是否手机订单
2	56	2018/6/25 8:46	手机订单
3	26	2018/6/24 15:45	手机订单
4	112	2018/6/23 23:20	手机订单
5	112	2018/6/23 16:39	手机订单
6	118	2018/6/23 9:21	
7	59	2018/6/21 23:03	手机订单
8	118	2018/6/21 22:45	手机订单

图 7.2　新建工作表并粘贴数据

步骤 3：选中 C 列单元格并右击，在弹出的快捷菜单中选择“插入”命令，插入空白列，如图 7.3 所示。

	A	B	C	D
1	买家实际支付金额	订单付款时间		是否手机订单
2	56	2018/6/25 8:46		手机订单
3	26	2018/6/24 15:45		手机订单
4	112	2018/6/23 23:20		手机订单
5	112	2018/6/23 16:39		手机订单
6	118	2018/6/23 9:21		

图 7.3　插入空白列

插入的空白列用于存放订单付款时间数据中的时间部分。

步骤 4：选中 B 列单元格，单击“数据”→“分列”按钮，打开“文本分列向导”对话框。在对话框中，选中“固定宽度”单选按钮，如图 7.4 所示。单击“下一步”按钮。

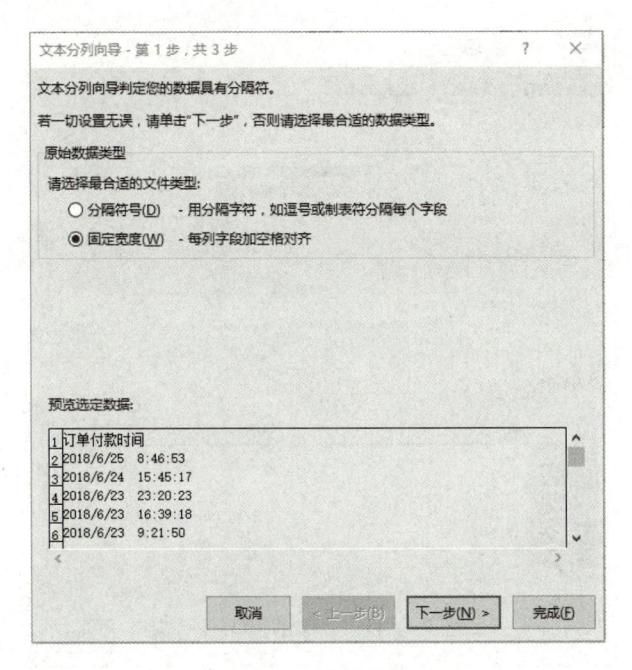

图 7.4　设置分列

单击"数据预览"区域的标尺，将分隔线放在订单付款时间数据的日期部分与时间部分中间，如图 7.5 所示。单击"下一步"按钮。

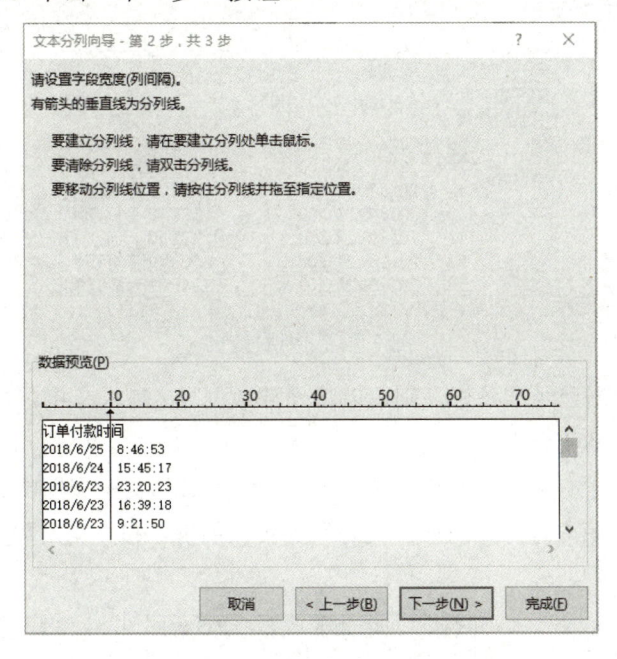

图 7.5　分隔日期与时间

在弹出的第 3 步对话框中，先单击"数据预览"区域中的第一部分，即日期部分，再选中"列数据格式"区域中的"日期"单选按钮，单击"完成"按钮，如图 7.6 所示，完成此步骤的操作。

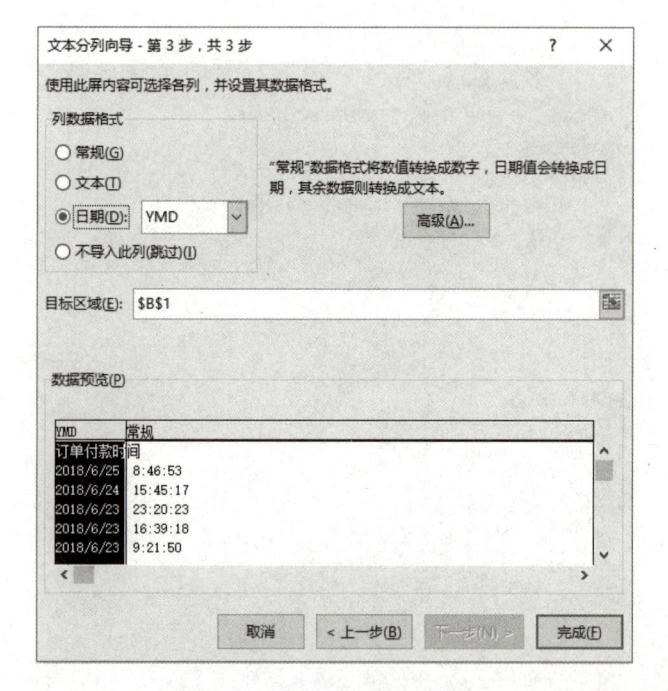

图 7.6　设置分列后数据格式

在数据分列后，得到订单付款时间数据中日期部分与时间部分的分列数据，以便进一步分析数据，如图 7.7 所示。

图 7.7　分列后数据

步骤 5：如果数据已经准备好，则可以将外部数据导入 Excel 中，以文本文件为例，将文本文件中的数据导入 Excel 中。

双击文本文件"子任务 7（购买记录）.txt"，可以看到文本文件中的数据。文本数据的第一行为标题行，从第二行开始对应"代码"、"买入单价"和"买入数量"三列的数据，如图 7.8 所示。

图 7.8　"子任务 7（购买记录）.txt"文本文件中的数据

关闭该文本文件，继续操作。

单击工作表标签区域的"新建工作表"按钮，选择"文件"→"打开"命令，在文件类型框中选择"子任务 7（购买记录）.txt"选项，如图 7.9 所示。

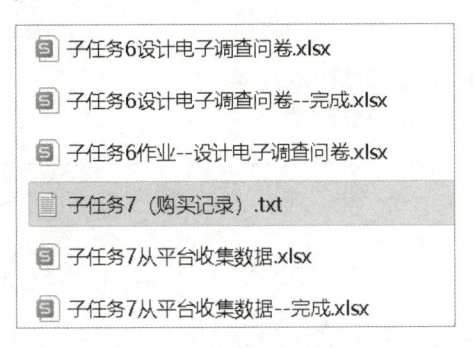

图 7.9　打开文本文件

选择文本文件后，单击"打开"按钮，打开"文本导入向导"对话框，如图 7.10 所示。

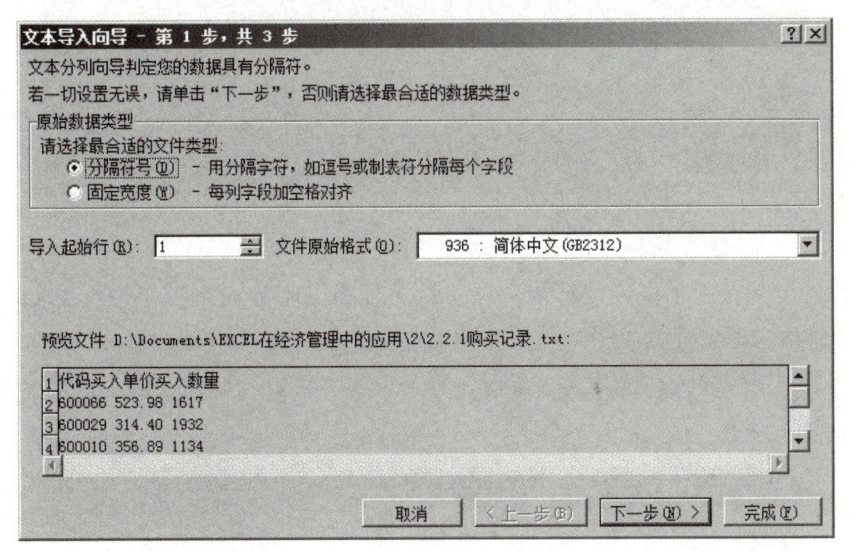

图 7.10　"文本导入向导"对话框

步骤 6：文本转换设置。

因为原始数据为文本，当将其导入 Excel 中时，Excel 需要识别原文件是以什么符号来分隔数据列的，或者是以什么固定宽度来区别数据列的。

> **注意**
>
> （1）在文本文件中使用的分隔符号可以是空格、Tab 键、短线（-）、顿号或特定的某个符号，通过这些分隔符号 Excel 可以很有规律地区分文本。
>
> （2）导入 Excel 中的文本文件的内容在排列上一定要有规律，这样才能被正确地导入。

在打开的"文本导入向导"对话框中，进行操作。

首先，根据内容选中"分隔符号"单选按钮，即文本内容是通过符号来分隔文本的。

设置导入起始行为 1，即将从第 1 行导入数据，单击"下一步"按钮，将出现第 2 步对话框。

然后，在第 2 步对话框的"分隔符号"区域中勾选"Tab 键"复选框，如图 7.11 所示。分隔符号可以是 Tab 键、分号、逗号或空格等。Tab 键是一个制表位，相当于一个较大的空格。如果在文本文件中以固定的符号作为分隔符号，则可以勾选"其他"复选框，并在"其他"后面的输入框中输入该固定的分隔符。

图 7.11　进一步导入文本文件

如果在文本文件中出现连续分隔符号，则可以将多个分隔符号作为一个分隔符进行处理，勾选"连续分隔符号视为单个处理"复选框。

单击"下一步"按钮，打开第 3 步对话框，选中"常规"单选按钮，完成导入文本文件如图 7.12 所示。

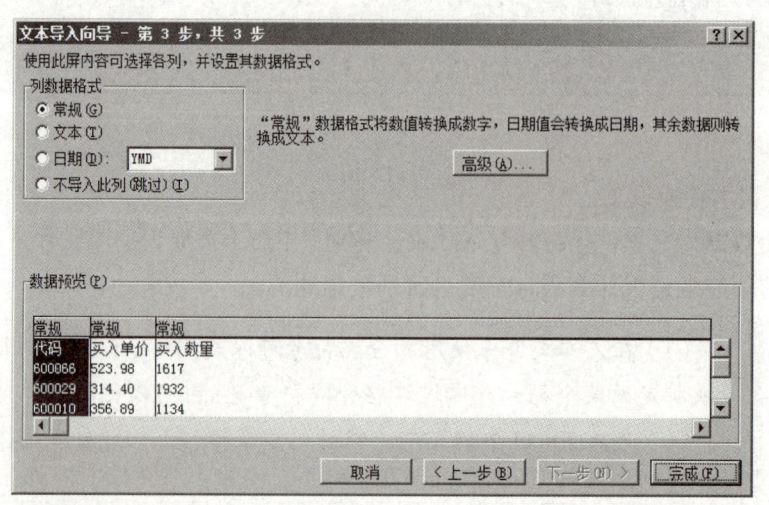

图 7.12　完成导入文本文件

对导入的数据格式进行设置。如果选中的是"文本"或"日期"单选按钮，则将导入数据中的数值转换为文本或日期。如果选中的是"常规"单选按钮，则将导入数据中的数值转换成数字，日期值转换成日期，其余数据转换成文本。单击"完成"按钮。这时文本文件中的数据被导入 Excel 中并生成数据清单，导入后的数据如图 7.13 所示。

代码	买入单价	买入数量
600066	523.98	1617
600029	314.4	1932
600010	356.89	1134
600013	466.05	1266
600073	418.44	1056
600058	363.85	1299

图 7.13　导入后的数据

提高

（1）在 Visual FoxPro 中，首先打开相应的数据库文件（扩展名为".dbc"）或数据表文件（扩展名为".dbf"），然后返回命令窗口，输入命令"Copy to <文件名> type xls"则可以将原文件转换成一个 Excel 工作簿。

（2）在 Visual FoxPro 中，也可以选择"文件"→"导出"命令，打开"导出"对话框，在"类型"下拉列表中选择"Microsoft Excel 5.0 (XLS)"选项，输入文件名，单击"确定"按钮，即可完成转换。

（3）在低版本 Excel 的"文件打开"对话框中选择 dBASE 文件，也可以打开上述数据库文件。

数据转换是计算机领域的一个重要话题，不同软件的数据是如何相互转换的，一直是困扰用户的难题。有的软件有转换工具，有的软件则需要由第三方软件提供转换功能。

技巧

（1）一般的数据库软件都支持与 Excel 的数据交换，或者在数据保存时，选择"另存为"命令，在打开的对话框中设置数据保存为 Excel 文件。

（2）在"Excel 打开"对话框中，可以选择以不同的文件类型打开相应的文件，这样就能避免格式转换的麻烦。

步骤 7：使用八爪鱼软件收集数据。

八爪鱼软件是一个数据收集工具，可以帮助用户自动从网页上收集数据。使用八爪鱼软件收集数据的步骤如下。

（1）下载并安装八爪鱼软件：八爪鱼软件提供了对应 Windows 和 Mac 版本的软件，用户可以根据操作系统选择合适的版本进行下载和安装。

（2）打开八爪鱼软件：安装完成后，打开八爪鱼软件。首次打开软件时，需要进行注册和登录。

（3）创建一个采集任务：在八爪鱼软件界面中，单击界面左上角的"新建项目"按钮，在弹出的快捷菜单中选择"采集任务"命令来创建一个新的采集任务。

（4）配置采集参数：在采集任务中，用户可以设置需要采集的网站 URL、选择要采集的数据字段、设置采集规则等。八爪鱼软件提供了丰富的参数配置选项，可以根据具体的需求进行设置。

（5）启动采集任务：确认配置无误后，单击采集任务页面右上角的"开始采集"按钮，即可启动采集任务。八爪鱼软件将自动按照设定的规则从网页上收集数据。

（6）查看采集结果：在采集任务完成后，八爪鱼软件自动将收集数据的结果保存在软件的"任务结果"栏目中。用户可以单击"任务结果"按钮来查看收集的数据，并进行进一步处理。

需要注意的是，在使用八爪鱼软件进行数据收集时，需要遵守相关的法律法规和网站规定，尊重网站隐私和数据安全。在使用八爪鱼软件进行数据收集前，应该仔细地了解相关的法律法规和网站规定，避免违反相关规定而引发法律纠纷。

步骤8：使用火车软件收集数据。

使用火车软件进行数据收集可以帮助用户获取火车的相关信息，如车次、时刻表、票价等。

以下是一个使用Python编写的示例程序，通过调用火车软件提供的接口来收集火车的相关数据。

```python
import requests
# 设置请求参数
url = 'https://api.train.com/traindata'
params = {
    'from_station': '北京',
    'to_station': '上海',
    'date': '2022-01-01'
}
# 发送请求并获取响应
response = requests.get(url, params=params)
data = response.json()
# 处理响应数据
for train in data['trains']:
    train_num = train['train_number']
    departure_time = train['departure_time']
    arrival_time = train['arrival_time']
    ticket_price = train['ticket_price']

    print(f'车次：{train_num}')
    print(f'出发时间：{departure_time}')
    print(f'到达时间：{arrival_time}')
    print(f'票价：{ticket_price}')
```

在上面的代码中，首先设置了请求参数，包括出发站点、到达站点和日期；然后使用requests库的get()方法发送请求，并将响应数据转换为JSON格式；最后遍历响应数据中的火车信息，收集车次、出发时间、到达时间和票价等数据，并打印出来。

需要注意的是，在实际使用中，需要根据具体的火车软件接口文档来设置请求参数和解析响应数据。此外，为确保数据收集的合法性，我们还需要遵守相关的法律法规和数据使用政策。

步骤 9：通过生意参谋网站获取数据。

要通过生意参谋网站获取数据，可以按照以下步骤进行操作。

（1）打开生意参谋网站：在浏览器中输入"生意参谋"，并进入生意参谋网站。

（2）登录账号：如果已经有账号，则可以直接使用账号登录。如果没有账号，则可以注册一个新账号。

（3）选择数据类型：生意参谋网站提供了多种类型的数据，如行业数据、竞争对手分析、供应链数据等，用户可以根据需要选择相应的数据类型。

（4）检索数据：在选择了数据类型之后，可以使用搜索功能检索相关的数据，用户可以根据关键词、行业、竞争对手等进行检索。

（5）查看数据报告：根据检索结果，可以选择并查看具体的数据报告。数据报告通常包括数据图表、统计分析等内容。

（6）导出数据：如果需要将数据保存到本地，则可以选择导出数据。生意参谋网站通常提供将数据导出为工作簿或 CSV 格式的功能。

请注意，生意参谋网站是一个付费的数据分析平台，获取数据的具体方式和操作可能会因订阅计划和权限的差异而有所不同。建议在使用生意参谋网站获取数据之前，先联系生意参谋网站的客服，或者查阅相关的使用手册，以了解具体的操作流程和使用要求。

> 尝试从不同平台收集数据，并存放到 Excel 工作簿中。

任务 2

创建职工数据工作簿

任务说明

本任务主要是将文字数据电子化，即将各种类型的数据输入 Excel 中，形成电子表格，这也是电子化工作的第一步，在有了电子数据后才可以进行数据的处理和分析。在输入不同类型的数据时需要有一定的方法和技巧，输入 Excel 工作簿中的数据需要有一定的逻辑性，即将相关的数据输入一个 Excel 工作簿中，形成一个"二维表"。

由于各种原因，用户输入的数据可能会发生错误或偏差，特别是将大批量数据输入 Excel 中时，必须校验数据，从源头上防止错误。因此，需要使用各种方法来提高数据输入的速度和准确性。

在通常情况下，Excel 文件就是指 Excel 工作簿文件，如果把 Excel 工作簿比作书本，那么工作表就是书本中的书页，工作表是工作簿的组成部分。在英文中，工作簿被称为 "Workbook"，而工作表被称为 "Worksheet"，即表达了书本和书页的含义。

Excel 工作簿文件的扩展名为 "xlsx"（Excel 97～Excel 2000 版本默认的扩展名为 "xls"），这是新版本（Excel 2007 以后的版本）中最基础的电子表格文件类型。

启用宏文件（扩展名为 "xlsm"）。启用宏的工作簿文件是自 Excel 2007 版本起特有的，是基于 XML 和启用宏的文件格式，用于存储 VBA 宏代码或 Excel 4.0 宏工作表，这也是基于安全考虑，普通工作簿文件无法存储宏代码，而保存为这种类型的工作簿文件则可以保留其中的宏代码。

加载宏文件（扩展名为 "xlam"）。加载宏的工作簿文件是一些包含了 Excel 扩展功能的程序文件，其中既包括 Excel 自带的加载宏程序（如分析工具库、规划求解等），也包括用户或第三方软件厂商创建的加载宏程序（如自定义函数、命令等）。加载宏文件就是包含了这些程序的文件，通过复制加载宏文件，用户可以在不同的计算机上使用所需功能的加载宏程序。

工作区文件（扩展名为 "xlw"）。当用户处理一些较复杂的 Excel 工作时，通常会用到多个 Excel 工作簿文件，用户通过工作区文件的功能可以很方便地处理工作。

子任务 8　创建工作表

工作簿文件是用户进行 Excel 操作的主要对象和载体，一个工作簿中有若干张工作表。用户使用 Excel 创建数据表格、在表格中进行编辑和操作，以及完成后进行保存等一系列操作的过程，大都是在工作簿这个对象中完成的。默认打开一个 Excel 工作窗口，里面有一个工作簿[①]。

启动 Excel 后，系统将自动创建一个工作簿，默认名称为"工作簿 1.xlsx"，工作簿中至少有一张工作表（Sheet1）。

步骤 1：双击桌面的"Microsoft Office Excel 2010"快捷方式图标，启动 Excel 2010 软件。启动软件，将自动新建一个工作簿，这个工作簿中自带一张工作表 Sheet1。

步骤 2：选择"开始"→"所有程序"→"Microsoft Office"→"Microsoft Office Excel 2010"命令。在安装 Office 时，会自动在"开始"菜单中增加"Microsoft Office"程序组；当需要启动程序组中的组件时，可以从"开始"菜单中找到并选择该组件。

步骤 3：右击桌面，在弹出的快捷菜单中选择"新建"→"Microsoft Excel 工作表"命令，这样可以在桌面新建一个空白 Excel 工作簿[②]，如图 8.1 所示。

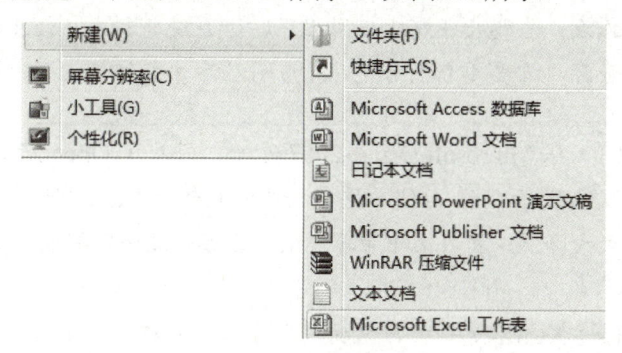

图 8.1　新建 Microsoft Excel 工作表

双击此工作簿即可启动 Excel，编辑工作簿中的工作表。

与此类似的方法是，双击现有的 Excel 工作簿文件，就可以启动软件，并编辑工作簿中的工作表。这是编辑工作簿时最常用的方法。对有数据的工作表进行编辑和修改，也可以使用这种方法。

步骤 4：选择"开始"→"运行"命令，或者按"Win+R"组合键，打开"运行"窗口，单击"浏览"按钮，在浏览窗口中找到 Excel 应用程序文件所在位置，一般的存放路径为"C:\Program Files\Microsoft Office\OFFICE14\Excel.exe"。单击"确定"按钮，启动 Excel。

在新建工作簿的同时，也新建了工作表，因为工作表只能存在于工作簿中。一个工作簿默认包含三张工作表，名称分别为"Sheet1"、"Sheet2"和"Sheet3"。

[①] Excel 2010 工作窗口没有工作簿，通过"新建工作簿"命令可以进行创建。
[②] 在菜单中显示为"Microsoft Excel 工作表"命令，可以理解为先新建空白工作簿，然后在新建的工作簿中新建了工作表。

工作簿中默认工作表的数量设置参见子任务 3。

步骤 5：关闭和退出。

选择"文件"→"关闭"命令，或者按"Ctrl+F4"组合键，则关闭当前工作簿，即退出编辑状态；如果工作簿未保存，则提示是否保存。

单击窗口右上角"关闭"按钮，或者按"Alt+F4"组合键，则关闭（即退出）当前 Excel 应用程序，如果有工作簿处于打开状态，则一并关闭。

> **注意**
>
> （1）在保存新建工作簿时，会打开"另存为"对话框。
>
> （2）如果正在编辑的文件没有保存，则在关闭或退出软件时 Excel 会提醒保存。
>
> （3）选择"文件"→"关闭"命令，仅对正在编辑的文档而言，会结束正在编辑的文档，但是 Excel 仍处于运行状态。
>
> 关闭：关闭是指关闭一个打开的 Excel 工作簿，但 Excel 应用程序仍然处于打开状态。当关闭工作簿时，可以保存未被保存的更改，或者不保存更改并关闭。关闭一个工作簿后，可以打开其他的工作簿继续操作。
>
> 退出：退出是指关闭整个 Excel 应用程序，这将关闭所有打开的工作簿和工作表。当退出 Excel 应用程序时，系统将释放 Excel 应用程序占用的内存和资源，需要重新打开 Excel 应用程序才能继续使用。

> **提高**
>
> （1）从 Microsoft Office 2007 开始，引入了 Open XML 格式，文件的扩展名默认带有"X"后缀，这类文件不能包含 VBA 宏和 Active X 控件，安全风险大大降低。扩展名中带有"M"后缀的文件能够包含 VBA 宏与 Active X 控件。
>
> （2）XLSX 是一种常见的电子表格文件格式，具有以下特点。
>
> - 使用 XML 格式存储数据：XLSX 文件可以采用 XML（Extensible Markup Language）格式来存储电子表格数据。这种格式的文件具有良好的可读性和可扩展性，可以方便用户进行数据处理和分析。
> - 支持多种数据类型：XLSX 文件支持多种数据类型，包括文本、数字、日期、公式等。这种灵活性使用户可以在 XLSX 文件中进行复杂的计算和数据处理操作。
> - 可以包含多个工作表：XLSX 文件可以包含多个工作表，每个工作表可以独立地存储和管理数据。这种分组管理的方式可以使数据组织更加清晰和方便。
> - 支持单元格格式设置：XLSX 文件允许用户对单元格进行格式设置，包括字体、颜色、边框、对齐方式等。这种格式设置可以提高数据的可读性和可视化效果。
> - 支持图表和图形：XLSX 文件支持在电子表格中插入图表和图形，可

以通过图表和图形直观地展示数据和趋势。这种可视化的方式有助于用户更好地理解和分析数据。
- 兼容性强：XLSX 文件具有较好的兼容性，可以在各种电子表格软件中打开和编辑。这样用户可以方便地与他人共享和交换数据。

作业

尝试使用多种方法创建空白工作簿。

子任务 9　手动输入商品信息

电商进货渠道通常分为线上、线下两种方式。线上是卖家直接在网站平台上进行下单，实现网上批发进货；线下是卖家从商品批发市场、实体店或生产厂家进货，从中选择适合自己商铺的优质商品进行网上销售。通过对线下供货商的信息进行有效管理和深入分析，卖家可以从中找到理想的商品进行销售，这是实现科学化、合理化、准时化采购的重要保证，从而打造电商平台的"爆款商品""流量商品"。

步骤 1：单击"自定义快速访问工具栏"中的"新建"按钮（ ），或者选择"文件"→"新建"命令，在弹出的"可用模板"列表中选择"空白工作簿"选项，如图 9.1 所示。

步骤 2：将鼠标指针移至窗口左下角的工作表标签"Sheet1"上并右击，在弹出的快捷菜单中选择"重命名"命令，将其重命名为"商品信息"，按"Enter"键确认完成，如图 9.2 所示。

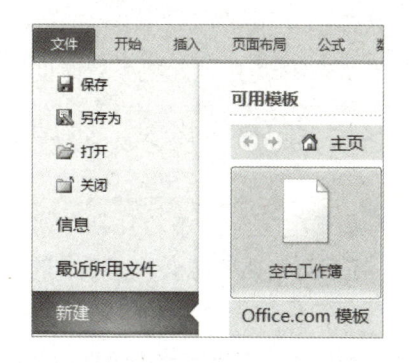

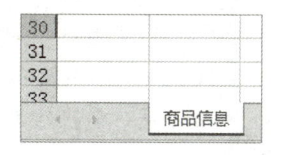

图 9.1　新建空白工作簿　　　　　图 9.2　创建商品信息工作簿

技巧

（1）在工作表标签区域右击，在弹出的快捷菜单中选择"工作表标签颜色"命令，可以更改工作表标签的颜色，如图 9.3 所示。

（2）在工作表标签区域右击，在弹出的快捷菜单中选择"隐藏"命令，可以将整张工作表隐藏。右击未被隐藏的工作表标签，在弹出的快捷菜单中选择"取消隐藏"命令，在打开的"取消隐藏"对话框中选中被隐藏的工作表并单击"确定"按钮,则可以显示被隐藏的工作表。

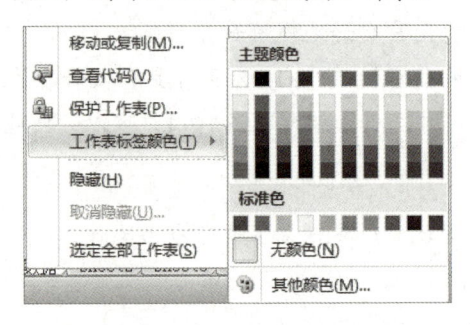

图9.3　更改工作表标签的颜色

步骤3:在A1~H1单元格中分别输入"产品编码""产品名称""进货价""进货数量""供应商""联系人姓名""联系人电话"。可以看出,上述输入的内容是一个表格的第一行,在数据库管理中,被称为"字段"或"属性"。

> **基础**
>
> (1)在输入内容的过程中,如果需要修改单元格中的内容,可以先选中该单元格,再按"F2"键,进入内容编辑状态,进行内容的编辑;也可以双击该单元格进行内容的编辑。
>
> (2)如果选中某个单元格并直接输入数据(该单元格不是内容编辑的状态),则输入的新内容会替换单元格的原内容。
>
> (3)在Excel中,即使保存工作簿后,仍可以对其使用"撤销"功能,将工作表恢复到上一编辑状态。

步骤4:输入日期。

选中A2单元格,输入"2019-9-1";也可以输入短日期"19-9-1"。

如果输入"9-1",则可以被识别为"9月1日",但是年份是由计算机系统时间决定的。

> **基础**
>
> (1)在Excel中,输入当前日期可以按"Ctrl+;"组合键,输入当前时间可以按"Ctrl+Shift+;"组合键。
>
> (2)在单元格中,输入NOW()函数可以得到当前的日期时间,输入TODAY()函数可以得到当前的日期;这两个函数属于易失性函数,随工作簿的打开而更新结果。
>
> (3)Excel有强大的自动识别技术,如输入"2/28"会被识别为"2月28日",而输入"2/31",则会被识别为字符串。

步骤5:输入产品编码。

选中B2单元格,输入"G12-1",按"Enter"键;选中B3单元格,输入"G12-2",并按"Enter"键;依次输入数据。选中B2:B3区域,拖动填充柄,可以生成一系列数据,如图9.4所示。

步骤6:输入产品名称。

选中 C2 单元格，输入"男式黄膜黑框圆片太阳镜"；选中 C3 单元格，输入"女式黑框树脂圆片 200 度近视镜"；选中 C4 单元格，输入"女式黑框玻片平光镜"；将鼠标指针移至列号 C 与 D 之间并双击，调整至最合适的列宽，如图 9.5 所示。

图 9.4　快速生成数据

图 9.5　输入产品名称并调整列宽

步骤 7：为产品名称增加图片批注。

选中 C2 单元格并右击，在弹出的快捷菜单中选择"插入批注"命令，在该单元格处会生成一个空白批注，可以直接输入需要批注的内容，如图 9.6 所示。

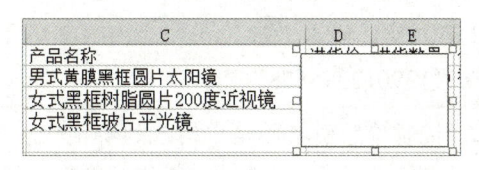

图 9.6　插入批注

如果不输入任何内容，则可以使用退格键（按"Backspace"键）删除作者信息。

> **注意**
> （1）在添加批注后，单击任意单元格，则该批注消失；当鼠标指针移至该单元格上时，则该批注显示。
> （2）如果单元格中有批注，单元格的右上角会有批注标志（红色三角）。
> （3）选中单元格并右击，可以在弹出的快捷菜单中选择"编辑批注"、"删除批注"或"显示/隐藏批注"命令。

在编辑批注状态下，右击标注的边框，在弹出的快捷菜单中选择"设置批注格式"命令，打开"设置批注格式"对话框，选择"颜色与线条"选项卡，单击"填充"栏中的"颜色"下拉按钮，在弹出的下拉列表中选择"填充效果"选项可以设置批注的填充效果，如图 9.7 所示。

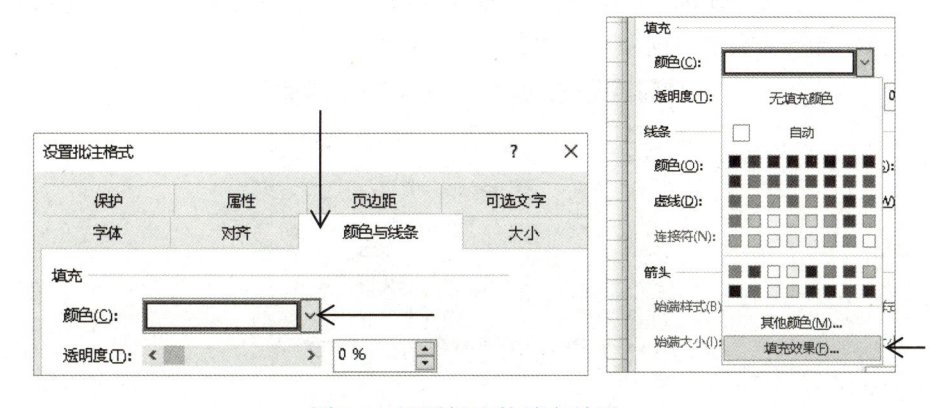

图 9.7　设置批注的填充效果

在打开的"填充效果"对话框中,选择"图片"选项卡,单击"选择图片"按钮,选择相应的图片,并单击"插入"按钮,在返回的对话框中单击"确定"按钮,最终,将鼠标指针移至单元格上时,会显示产品图片,图片批注效果如图 9.8 所示。其他产品的图片批注可以执行同样操作来设置。

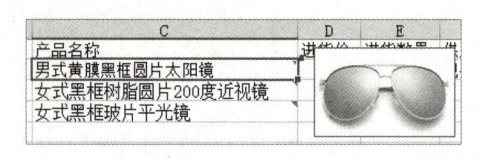

图 9.8　图片批注效果

步骤 8:输入价格与数量信息。

选中 D2 单元格,输入"160.5";选中 E2 单元格,输入"800";选中 F2 单元格,输入"视界眼镜公司";选中 G2 单元格,输入"张经理";选中 H2 单元格,先输入半角英文状态的"'",即单引号,再输入"139012345678"。

> **提高**
>
> (1)在"进货价"列单元格中输入的都是代表数量的数据(工资数据也可以被设置为货币形式),如成绩、产值、身高、体重、温度等。数值型数据可以是正值,也可以是负值,这些值都可以参与计算,如加、减、乘、除、求和、求平均等。
>
> (2)在 Excel 中,一些特殊符号也被理解为 Excel 数值,如百分号(%)、货币符号(¥)、千分号(,)及科学计数符号(E)。
>
> (3)在"联系人电话"列单元格中的内容为电话号码,这类数据不代表数量,不需要参与数值计算,因此可以将电话号码当作文本来处理。除了电话号码、身份证号、股票代码、工号等都属于文本型数值。
>
> (4)在输入文本型数值时,为了与数值型的数据区别,先输入前导控制符"'"(英文单引号),该单元格左上角会有个绿色标记。

步骤 9:新输入数据行。

在 Excel 中,默认当按"Enter"键时,鼠标指针向下移动。如果想要更改该设置,则选择"文件"→"选项"命令,在打开的"Excel 选项"对话框中选择"高级"选项,在对话框右侧区域中选择需要的方向即可,如图 9.9 所示。

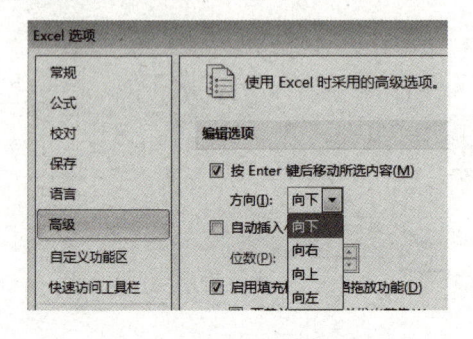

图 9.9　更改鼠标指针移动方向

技巧

（1）在输入产品编码或产品名称时，如果输入该列的重复值，则可以按"Alt+↓"组合键，在弹出的下拉列表中进行选择。使用此方法时，上下数据之间不可以有空白行。

（2）在单元格内输入文本数据时，如果需要换行输入文本，则可以手动换行，也可以按"Alt+Enter"组合键。

提高

（1）在 Excel 中，一个单元格中的数字的有效位数总和最大为 15 位。如果整数部分的位数超过 15 位，则显示为 0；如果小数部分的位数超过 15 位，则截去超出部分。

（2）在 Excel 中，时间与日期是以 1900 年 1 月 0 日 0 时为基准的（这个日期不存在），此后每过一天，计数加 1，以此类推，"32"则为 1900 年 2 月 1 日，"1/24"则为 1 小时。一个数字，如 20.5，根据用户的设置，可以显示出不同的形式。如果将其设置为数值，则显示为"20.5"；如果将其设置为日期，则显示为"1900 年 1 月 20 日 12 时"。

（3）一个单元格中的内容是日期，将其中的内容删除并输入一个数值，则 Excel 会自动将数字格式改为日期形式，这被称为"格式保留"。如果需要改变保留设置，可以先删除该单元格再输入数值，也可以清空格式，即单击"开始"→（"编辑"）→"清除"按钮，在弹出的下拉列表中选择"清除格式"选项；也可以更改单元格格式设置，在"开始"选项卡的"数字"选项组的"格式"列表框中进行设置。

作业

访问 www.autohome.com.cn 网站，记录 10 种车型信息，分别记录每种车型的"厂商名""型号""零售价""上市日期""最大功率""最大扭矩""车长""车宽""车高"等信息，并保存在工作簿中。

子任务 10　使用填充功能生成数据

如果用户输入的数据带有某些"规律"，如连续的数字"1""2""3"等，又如具有相同间隔的日期"1 月 5 日""1 月 10 日""1 月 15 日"等，则可以使用 Excel 提供的填充功能，实现快速生成。

填充一般是用户先在前几个单元格中输入数据，为 Excel 提供识别的内容及顺序信息，再使用 Excel 自动填充功能，自动按照序列中的元素、间隔顺序依次填充。

在使用填充功能时，首先要确保"单元格拖放"功能被启用，操作方式见子任务 3。

步骤 1：选中工作表标签进行填充。

选中 A1 单元格，输入"1"；选中 A2 单元格，输入"2"。

步骤2：选中A1:A2区域，将鼠标指针移至选中区域的右下角，当鼠标指针变成黑色实心十字形状（填充柄）时，按住鼠标左键，将其向下拖曳至A10单元格。这时，在A3～A10单元格中会出现"3"～"10"的数字。

步骤3：选中B1单元格，输入"2"。

步骤4：选中B2单元格，输入"4"。

步骤5：选中B1:B2区域，将鼠标指针移至选中区域的右下角，当鼠标指针变成填充柄时，双击完成填充。

步骤6：选中C1单元格，输入"1月"。

步骤7：将鼠标指针移至C1单元格的右下角，当鼠标指针变成填充柄时，双击完成填充，整个单元格中的数据为"1月"至"10月"。

步骤8：选中D1单元格，输入"1/1"，Excel将其转换为"2016年1月1日"[①]。

步骤9：将鼠标指针移至D1单元格的右下角，当鼠标指针变成填充柄时，双击完成填充，整个单元格中的数据为"1月1日"至"1月10日"。

步骤10：选中E1单元格，输入"1/31"，Excel将其转换为"1月31日"；选中E2单元格，输入"2/29"，Excel将其转换为"2月29日"。

步骤11：选中E1:E2区域，将鼠标指针移至选中区域的右下角，当鼠标指针变成填充柄时，双击完成填充，单元格中的数据为每月的最后一天[②]，如图10.1所示。

	A	B	C	D	E
1	1	2	1月	1月1日	1月31日
2	2	4	2月	1月2日	2月29日
3	3	6	3月	1月3日	3月31日
4	4	8	4月	1月4日	4月30日
5	5	10	5月	1月5日	5月31日
6	6	12	6月	1月6日	6月30日
7	7	14	7月	1月7日	7月31日
8	8	16	8月	1月8日	8月31日
9	9	18	9月	1月9日	9月30日
10	10	20	10月	1月10日	10月31日

图10.1 填充

提高

（1）不同的数据，在使用填充柄拖放填充时，数据处理的方式不一样。将单个数值型数据处理为复制填充；将两个及两个以上的数据区域处理为等差填充；将纯文本型数据（包括数值型文本）处理为复制填充；将日期型数据处理为顺序填充。

（2）如果按住"Ctrl"键进行拖放填充，则上述默认的处理方式会发生逆转，由复制变为填充，或者由填充变为复制。

步骤12：选中F1单元格，输入"1"；选中F2单元格，输入"3"。

步骤13：选中F1、F2单元格，拖放填充柄至F10单元格，默认填充等差的数据。

---

① 根据操作日期不同，年份会不同。
② 在本例中年份为2016年，为闰年，故2月的最后一天为29日；如果年份为非闰年，则2月的最后一天为28日。

步骤 14：单击"开始"→（"编辑"）→"填充"按钮，在弹出的下拉列表中选择"序列"选项，如图 10.2 所示。在打开的"序列"对话框中，选中"类型"区域的"等比序列"单选按钮，设置"步长值"为"3"，如图 10.3 所示。单击"确定"按钮，则在相应区域产生一个以 3 为公比的等比数列。

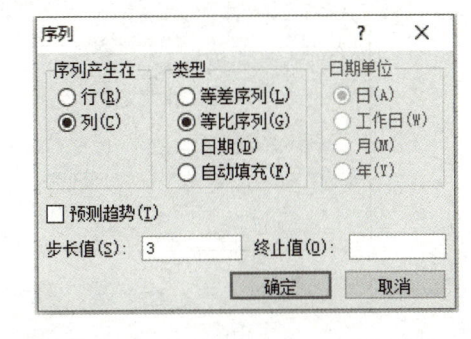

图 10.2　序列操作

图 10.3　设置等比序列及步长值

步骤 15：选中工作表标签进行"带 Ctrl 的填充"；在 A1、B1 单元格中分别输入"1"。

步骤 16：拖放 A1 单元格的填充柄至 A10 单元格，在单元格内自动填充数据"1"。

步骤 17：选中 B1 单元格，先按住"Ctrl"键，再拖放 B1 单元格的填充柄至 B10 单元格，自动填充数据"1"～"10"。

步骤 18：在 C1、C2 单元格分别输入"第 1""第 2"；在 D1、D2 单元格分别输入"第 1""第 2"。

步骤 19：选中 C1 和 C2 单元格，拖放填充柄至 C10 单元格，自动填充数据"第 1""第 2"……"第 10"。

步骤 20：选中 D1 和 D2 单元格，按住"Ctrl"键拖放填充柄至 D10 单元格，则自动填充数据"第 1""第 2""第 1""第 2"等，如图 10.4 所示。

图 10.4　带 Ctrl 的填充

步骤 21：工作日填充。

选中 E1 单元格，输入日期"2017/1/1"，拖放 B1 单元格的填充柄至 B10 单元格，Excel 自动以"日"为单位填充，最后的日期为"2017/1/10"，单击"开始"→（"编辑"）→"填充"按钮，在弹出的下拉列表中选择"序列"选项，打开"序列"对话框。在"类型"区域中选中"日期"单选按钮,在"日期单位"区域中选中"工作日"单选按钮,单击"确定"按钮。生成的日期数据序列中没有双休日数据,如图 10.5 所示。此步骤也可以通过单击"填充"按钮,在弹出的下拉列表中选择"以工作日填充"选项来实现,如图 10.6 所示。

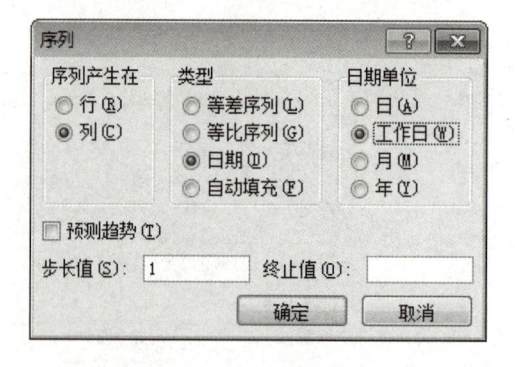

图 10.5　生成工作日的序列

图 10.6　"以工作日填充"选项

> 作业
>
> 使用数据填充的功能,生成不同类型的数据。

子任务 11　使用序列功能生成数据

用户可以将带有规律的数据"告诉"Excel,当用户再次使用这些数据时,Excel 可以快速地按照用户"预定"的内容自动生成,这些存储在计算机中的数据被称为"序列"。

填充与序列的最大区别在于:填充是由 Excel 自动生成的,不同版本的 Excel 都可以使用填充方式生成数据;而序列则需要用户事先在 Excel 中设定,而且不同计算机中的序列不同,因此在某台计算机中的 Excel 中可以生成某个序列,换另一台计算机则可能不能生成相同的序列[①]。

[①] 在安装 Excel 时,默认安装了常用的一些序列。

在 Excel 中默认已经存储了一部分序列值，用户可以直接使用；用户也可以自定义序列值，并将其存储在 Excel 中，在数据输入、排序等方面十分有用。

步骤 1：单击工作表标签"序列"，选中 A1 单元格，输入"星期一"；拖放 A1 单元格的填充柄至 A10 单元格，系统自动生成星期序列值[①]，如图 11.1 所示。

步骤 2：选中 B1 单元格，输入"周一"；双击 B1 单元格的填充柄，系统将自动生成星期序列值（如果此步骤不能完成，则请参照步骤 4）。

步骤 3：选中 C1 单元格，输入"jan"；双击 C1 单元格的填充柄，系统将自动生成月份简写的序列值。生成的序列值如图 11.1 所示。

步骤 4：用户自定义序列。

选择"文件"→"选项"命令，在打开的"Excel 选项"对话框中选择"高级"选项，在"常规"区域中单击"编辑自定义列表"按钮，打开"自定义序列"对话框，如图 11.2 所示。

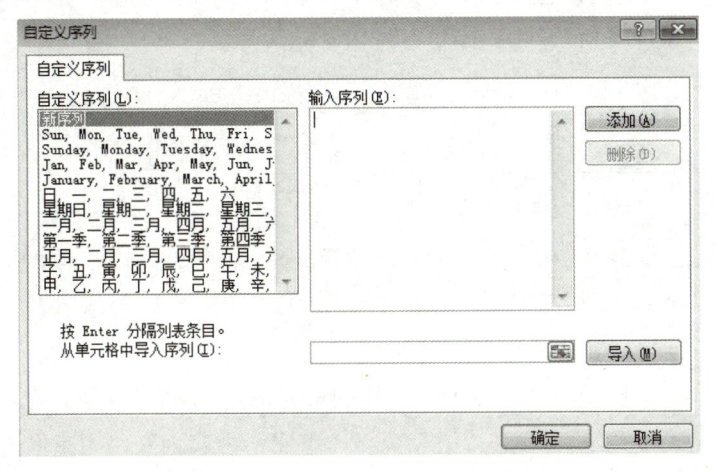

图 11.1　生成的星期序列值　　　　　图 11.2　"自定义序列"对话框

由图 11.2 可见，在 Excel 中已经设置了一些序列值，在"自定义序列"框中选择"新序列"选项，在"输入序列"框中输入"周日""周一""周二""周三""周四""周五""周六"，每个数值各占一行并且不要带任何标点符号，如图 11.3 所示。

先单击"确定"按钮返回，再单击"确定"按钮退出选项设置；设置完成后，可以在工作簿文件中使用该序列生成数值。

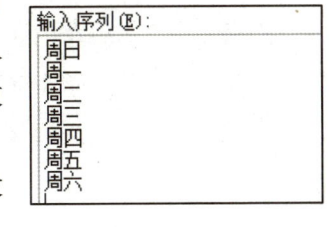

图 11.3　自定义序列

技巧

（1）序列填充的使用方式相当灵活，不一定从序列的第一个值开始填充，可以从任意值开始填充。

（2）当填充到序列值的尾部时，下一组数据将从序列的第一个值开始循环填充。

---

① 如果没有定义序列，则会产生一个重复的填充。

步骤5：选中 D1 单元格，输入"江苏"；选中 D2、D3 单元格，分别输入"浙江""上海"。

步骤6：选择"文件"→"选项"命令，在打开的"Excel 选项"对话框中选择"高级"选项，单击"常规"区域的"编辑自定义列表"按钮，在打开的"自定义序列"对话框中单击"导入"按钮左侧的按钮，如图 11.4 所示。

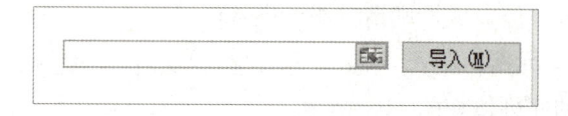

图 11.4　单击"导入"按钮左侧的按钮

先拖曳鼠标选中 D1:D3 区域，再单击"自定义序列"对话框右侧的按钮。

步骤7：在返回的对话框中，单击"导入"按钮，将三个数值导入自定义序列中。

步骤8：单击"确定"按钮，完成导入。

> **注意**
> （1）将自定义序列数值保存在 Excel 中，而不是保存在工作簿文件中。
> （2）当用户在不同的计算机中编辑同一个工作簿时，原先可以通过序列生成的数值，在其他计算机中不一定能生成。

步骤9：单击工作表标签"填充选项"，选中 A1 单元格，输入"甲"；单击"开始"→（"字体"）→ B 按钮，设置内容为加粗格式；再单击 A 按钮，在颜色列表中选择红色，最终单元格内容变为红色加粗格式。

步骤10：拖放 A1 单元格的填充柄至 A10 单元格，在所选区域内按软件设定的序列填充"甲""乙"……"壬""癸"，单元格内容为红色加粗格式。

步骤11：自动填充完成后，填充区域的右下方显示"填充选项"按钮，单击该按钮弹出下拉列表，如图 11.5 所示，选中"复制单元格"单选按钮，则 A1～A10 单元格填充为"甲"。

如果选中"仅填充格式"单选按钮，则单元格的格式被复制到后面区域，相当于"格式刷"功能，而后面区域的数值没有任何变化。

如果选中"不带格式填充"单选按钮，则单元格的内容被复制到后面区域，但原单元格的格式不被复制，如图 11.6 所示。填充后，A2:A10 区域的内容没有被设置为红色加粗格式。

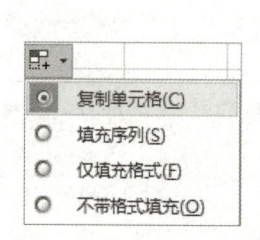

图 11.5　"填充选项"的下拉列表 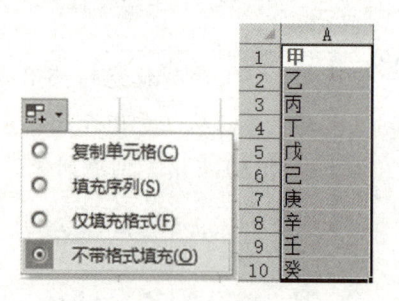　　　　图 11.6　不带格式填充的效果

步骤 12：选中 B1 单元格，输入"星期一"；选中 B2 单元格，输入"星期二"。

步骤 13：选中 B1:B2 区域，双击填充柄，由于系统中存在星期序列，因此系统自动以序列方式将数据填充到 B10 单元格中。

步骤 14：单击"填充选项"按钮，在弹出的下拉列表中选择"复制单元格"选项，则在 B3～B10 单元格中，循环填入"星期一""星期二"，如图 11.7 所示，相当于按"Ctrl"键拖放填充柄。

图 11.7 在序列中使用复制

> **作业**：使用数据序列功能，生成不同类型的数据。

子任务 12 使用记录单功能输入数据

当需要在 Excel 工作表中输入海量数据时，一般会逐行或逐列地进行输入，Excel 提供了一种被称为"记录单"的输入功能，类似 Visual FoxPro 或 Access 的数据录入功能，即将数据标题与数据内容对照起来进行输入。Excel 本身提供的记录单功能不仅可以提供上述数据快速输入的功能，还可以设置浏览条件查看数据。如果需要使用记录单功能，一般先将"记录单"命令按钮添加至快速访问工具栏。

步骤 1：选择"文件"→"选项"命令，在打开的"Excel 选项"对话框中选择"快速访问工具栏"选项。

步骤 2：在"从下列位置选择命令"下拉列表中选择"不在功能区中的命令"选项，随后选择"记录单…"选项，如图 12.1 所示。

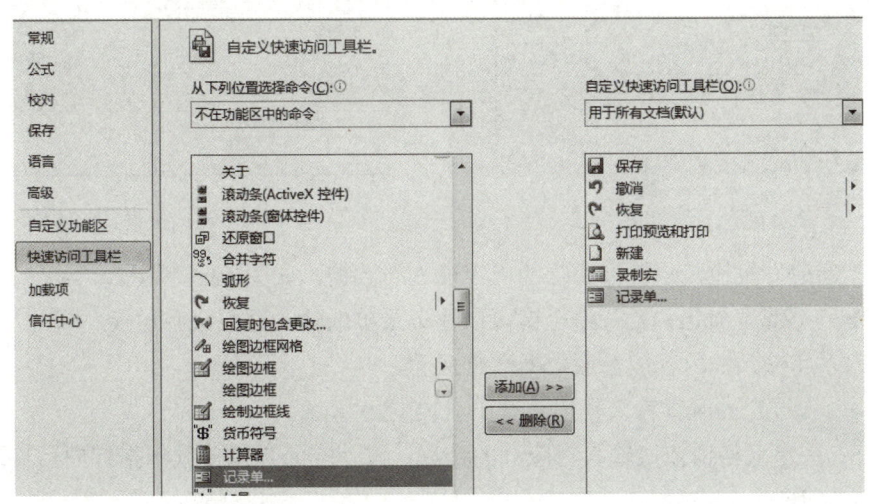

图 12.1 将"记录单"命令按钮添加至快速访问工具栏

单击"添加"按钮,将其添加到快速访问工具栏中,此时就可以在快速访问工具栏中找到"记录单"命令按钮( ),单击"确定"按钮。

> **注意**
> （1）在使用记录单输入数据时,数据清单中的第一行一定为标题,否则Excel 会提示记录单出错,如图 12.2 所示。 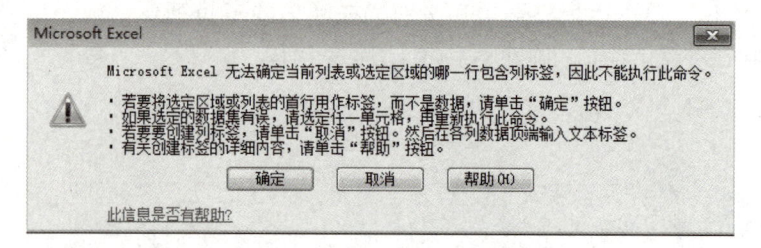
>
> 图 12.2　提示记录单出错
>
> （2）在 Excel 中,很多的数据处理都规定数据区域要有标题行,如"表格""数据透视表"等。

步骤 3：单击工作表标签"职工基本数据",选中工作表中数据区域的任意单元格,如 A2 单元格,单击快速访问工具栏的"记录单"命令按钮,打开记录单窗口,如图 12.3 所示。

单击"上一条"或"下一条"按钮,可以查看已输入的数据。

单击"条件"按钮,打开"条件"对话框,在对话框的"性别"输入框中,输入"男",如图 12.4 所示,再单击"表单"按钮,则在窗口中只能浏览显示性别为"男"的记录。

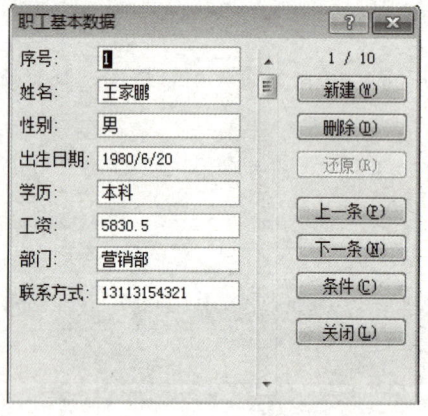

图 12.3　记录单窗口 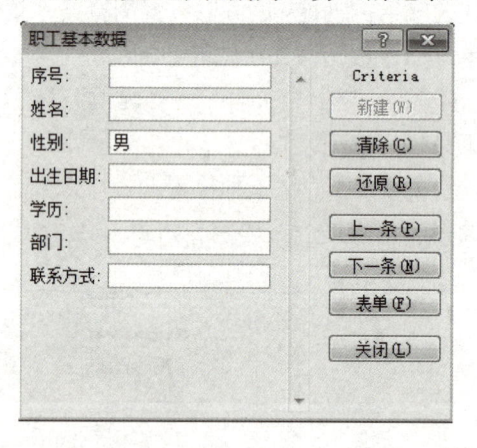　　　　　　　　图 12.4　输入条件的记录单

单击"新建"按钮,则按标题行的内容输入新数据,如图 12.5 所示。

按"Tab"键或"Shift+Tab"组合键可以在记录单的输入框中来回切换；单击"关闭"按钮结束输入,将输入的内容放在原数据清单后面。

步骤 4：在选定的区域输入数据。选中 A12:H20 区域。

步骤 5：在单元格内依次输入对应列的数据,按"Enter"键使鼠标指针向后移动至下一列,如图 12.6 所示。

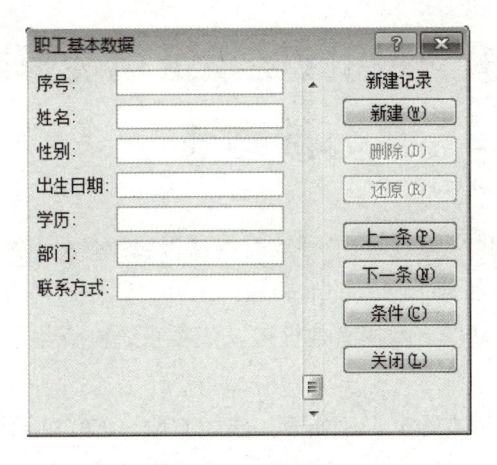

图 12.5　使用记录单功能输入数据

图 12.6　在选定区域输入数据

当鼠标指针移动至选定区域的最后一列，再按"Enter"键时，将鼠标指针移动至第二行的首列（而不是向右移动）。

> **提高**
>
> （1）根据需要，步骤 5 还可以变化为列方式输入，首先将鼠标指针移动方向改为"向下"，方法参见子任务 6；然后选择数据区域，输入数据，如图 12.7 所示。单元格数据输入完成后，按"Enter"键使鼠标指针向后移动至下一列单元格中继续输入。如果输入到最后一行，则折回到下一列的第一行输入；按"Shift+Enter"组合键则可以反向移动鼠标指针。
>
> 图 12.7　列方式输入数据
>
> （2）用户可以根据需要选择快捷的输入方式。

> **作业**
>
> 将记录单功能添加到快速访问工具栏，并使用记录单功能输入数据。

子任务 13　使用数据验证功能提高数据输入的准确性

数据验证，即输入的数据必须是"有效的数据"，是对单元格或单元格区域中输入的数据进行限制，这样可以提高数据输入的准确性。这种"限制"可以是关于内容的数据范围、数据长度，也可以是输入法等。数据有效性可以依靠系统检查数据的正确有效性，避免错误的数据录入。

步骤 1：打开"职工基本数据"工作表，选中 C12~C20 单元格。

步骤 2：单击"数据"→（"数据工具"）→"数据验证"按钮，在打开的"数据验证"对话框中选择"设置"选项卡，在"允许"下拉列表中，选择"序列"选项，在"来源"输入框中直接输入序列值"男,女"（中间的逗号为半角英文格式；内容也可以通过单击来源框右侧的 按钮，从已有的数据中获取序列值）；保持勾选"忽略空值""提供下拉箭头"复选框，如图 13.1 所示，单击"确定"按钮。

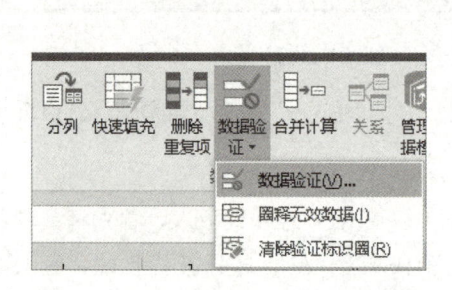

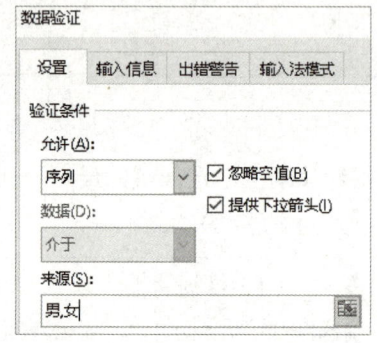

图 13.1　创建数据验证

> **注意**
> （1）在"来源"输入框中输入数据时，一定要使用逗号分隔，逗号为半角英文格式。
> （2）在 Excel 中，可以为已经存在的数据设置数据有效性，而且允许"非有效"数据的存在，而在之前的 Excel 版本中不允许这样操作。

步骤 3：选中 C12 单元格，在单元格右侧出现下拉按钮。通过单击下拉按钮，在下拉列表中选择"男"或"女"选项，从而输入有效数据，如图 13.2 所示。

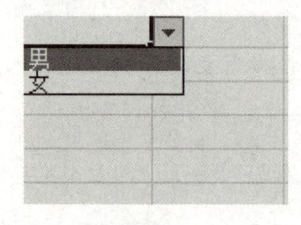

图 13.2　通过下拉按钮输入有效数据

步骤 4：使用数据有效性功能验证输入数据。

通过数据验证，设置将要输入数据的区域，当输入不符合有效性要求的数据时，系统会提示用户，且不可以输入。

步骤 5：选中 D12～D20 单元格，单击"数据"→（"数据工具"）→"数据验证"按钮，在打开的"数据验证"对话框中选择"设置"选项卡，在"允许"下拉列表中选择"日期"选项，在"数据"下拉列表中选择"介于"选项，在开始日期和结束日期中分别输入"1975/1/1"和"1985/1/1"，如图 13.3 所示。

图 13.3　日期的数据验证

选择"输入信息"选项卡，勾选"选定单元格时显示输入信息"复选框，在"输入信息"输入框中，输入"出生日期在 1975 至 1985 之间。"，如图 13.4 所示，最后单击"确定"按钮。

图 13.4　设置输入信息

步骤 6：选中 D12 单元格，出现输入提示信息，输入日期"1970/1/1"，按"Enter"键将提示错误信息，如图 13.5 所示。

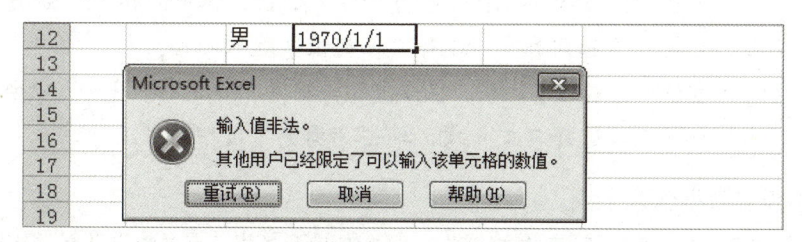

图 13.5　输入日期数据的错误信息

此时，输入数据不满足数据验证的要求，系统提示出错，只能单击"取消"按钮重新输入，这样输入的正确性大大提高了。

步骤 7：设置数据验证的出错警告。

选中 D12～D20 单元格，单击"数据"→（"数据工具"）→"数据验证"按钮，在打开的"数据验证"对话框中选择"出错警告"选项卡，在"标题"输入框中输入"出生日期输入错误"，在"错误信息"输入框中输入"出生日期介于 1975 年至 1985 年之间，请重输！"，如图 13.6 所示，设置完成后单击"确定"按钮。

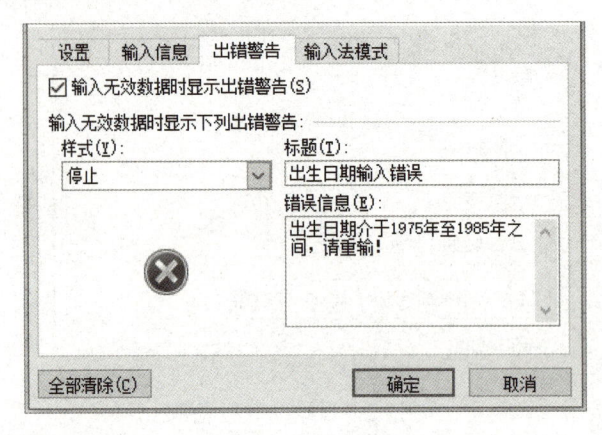

图 13.6　设置出错警告

步骤 8：在"出生日期"列已经设置数据验证的区域内，输入不在范围内的出生日期，则会提示错误信息，如图 13.7 所示。

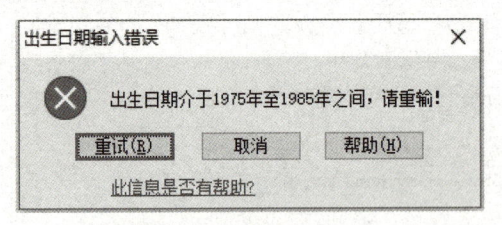

图 13.7　出生日期数据验证错误信息

如果单击"重试"按钮，则返回修改原数据；如果单击"取消"按钮，则返回重新输入。

> **提高**
>
> 如果要取消某个单元格的数据验证，有两种方法。
>
> 方法一：选中单元格，打开"设置数据验证"对话框，如图 13.3 所示，在"允许"下拉列表中，选择"任何值"选项即可。
>
> 方法二：右击单元格，在弹出的快捷菜单中选择"删除"命令，打开"删除"对话框，选择其中一项，单击"确定"按钮即可。

步骤 9：设置数据输入范围。

选中 F12～F20 单元格，单击"数据"→（"数据工具"）→"数据验证"按钮，在打开的"数据验证"对话框中选择"设置"选项卡，在"允许"下拉列表中选择"整数"选项；

在"数据"下拉列表中选择"介于"选项，在"最小值"输入框中输入"2300"，在"最大值"输入框中输入"6500"，如图 13.8 所示，设置完成后单击"确定"按钮。

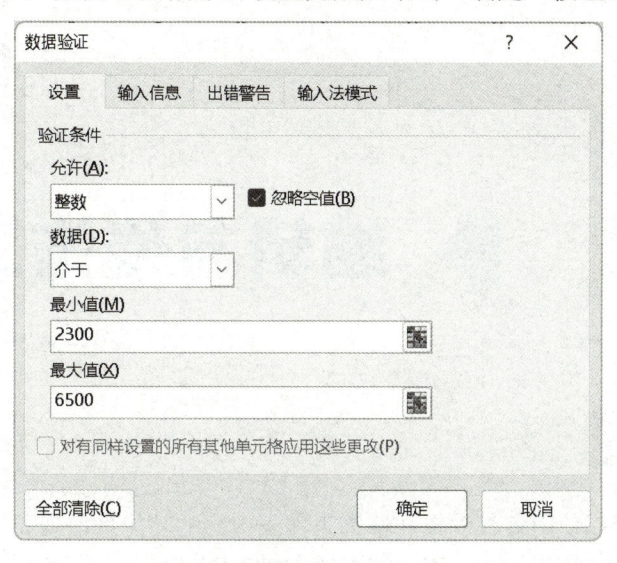

图 13.8　限定工资范围

步骤 10：在 F12～F20 单元格中输入工资数据时，只能输入 2300～6500 元的数据。如果输入的数据不在这个范围，则会提示错误信息，如图 13.9 所示。

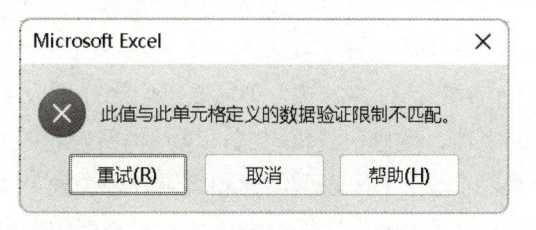

图 13.9　非法工资数据验证错误信息

提高　可以通过数据验证来设置不同区的不同中文输入法。选择需要设置输入法的单元格，在"数据验证"对话框中选择"输入法模式"选项，设置模式为"打开"。设置成功后，当鼠标指针移动至设置区域时，将自动打开中文输入法，从而减少频繁切换的操作。

作业　在输入数据时，验证文本、数值、日期，并提示错误信息。

任务 3

编辑与修饰工作表

任务说明

在 Excel 中，可以使用各种编辑和修饰工作表内容的功能来增强和优化工作表的外观和功能。下面是一些常见的编辑和修饰工作表内容的方法。

（1）插入与删除单元格、行或列。可以通过选择要插入或要删除的单元格、行、列，在右键快捷菜单中选择相应的命令来插入或删除它们。插入与删除单元格、行、列可以改变工作表的布局和结构。

（2）格式化工作表。可以通过选择工作表上的单元格、行、列或整个表格，在"开始"功能区的"单元格样式""字体""对齐方式"等功能组中选择相应的格式化命令来格式化工作表。可以改变单元格的字体、颜色、边框样式，以及调整内容的对齐方式和格式。

（3）添加和编辑图表。可以在工作表上创建和编辑各种图表，以可视化的方式来呈现数据。可以在"插入"功能区的"图表"功能组中选择不同类型的图表，并根据需要调整图表的参数和样式。

（4）使用条件格式进行设置。可以通过使用条件格式，设置特定的条件格式化工作表中的数据。可以在"开始"功能区的"条件格式"选项组中选择不同的条件格式，如颜色标度、数据条或图标集，从而突出显示或标识符合特定条件的数据。

通过以上提到的编辑与修饰工作表内容的方法，可以根据需要调整和优化 Excel 工作表的外观与功能，从而提高用户的工作效率和表的可读性。

本任务主要对工作表进行编辑与修饰，如字体、字号、单元格的边框、颜色、底纹等，这些属于普通的编辑工作；在修饰完成后，可以将工作表打印出来。

子任务 14　选取工作表的行与列

Excel 工作表就是由许多横线与竖线交叉而成的一排排格子。每行有一个行号，使用数字表示；每列有一个列号，使用字母表示，行列交叉就构成一张二维表格，行列交叉形成的格子被称为"单元格"，行号与列号构成了单元格的"名字"。

> **注意**
> 在 Excel 中，工作表有 1 048 576 行、16 384 列（最后一列为 XFD 列）。早期的工作表中没有这么多行与列（Excel 2003 工作表中仅有 65 536 行、256 列，最后一列为 IV 列）。单元格的数量决定了工作表能够处理数据的最大数量。

在 Excel 中，每个单元格都有一个"名字"，这个"名字"被称为"地址"，单元格的地址由列号和行号构成。例如，选中 A1 单元格，如图 14.1 所示。当选中某个单元格时，该单元格的行号与列号会被加亮显示。

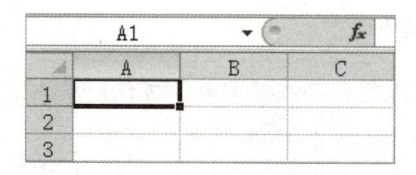

图 14.1 选中 A1 单元格

当选中某个单元格时，在名称框中就会显示该单元格的地址。在 Excel 中，如果需要使用某个单元格内容，则输入该单元格的地址即可。

> **提高**
> 在 Excel 中，还有一种单元格地址的表示方法，被称为"R1C1"方式，即"行号列号"引用样式。选择"文件"→"选项"命令，在打开的"Excel 选项"对话框中，选择左侧区域的"公式"选项，勾选右侧区域中的"R1C1 引用样式"复选框就可以将地址的使用方式设置为 R1C1 引用样式，如图 14.2 所示。

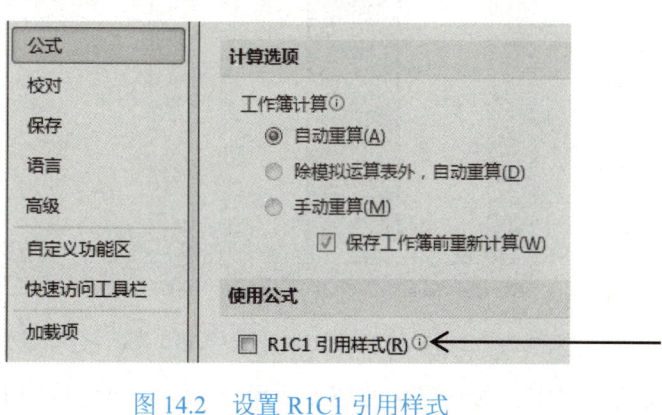

图 14.2 设置 R1C1 引用样式

通过键盘与鼠标结合的方式可以选中工作表、工作表的某个区域、多个工作表连续区域或不连续区域，以及给工作表区域命名。

步骤 1：选中一个连续区域。

拖曳鼠标可以选中多个单元格，通常可以选中一个矩形区域。如图 14.3 所示，单击 A1 单元格，按住鼠标不放并拖曳至 C6 单元格，就选中了 A1 至 C6 区域。通常，表示这个区域的方法是"A1:C6"。

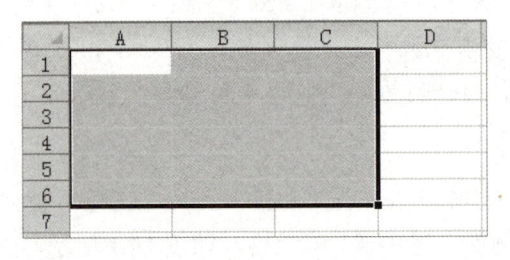

图 14.3　选中一个矩形区域

步骤 2：选中整行或整列单元格。

> **技巧**
> （1）整行或整列单元格的表示方法：第 1 行单元格表示为"1:1"；A 列单元格表示为"A:A"；以此类推。
> （2）如果需要表示连续多行单元格，如第 3 行至第 5 行单元格，则表示为"3:5"；C 列至 F 列单元格，表示为"C:F"。

单击某个行号或列号，即可选中整行或整列单元格。当选中某行单元格后，此行的行号会改变颜色，所有的列号会加亮显示，此行的所有单元格也会加亮显示，表示此行单元格当前为被选中状态。单击列号"B"，或者单击行号"3"，如图 14.4 所示。

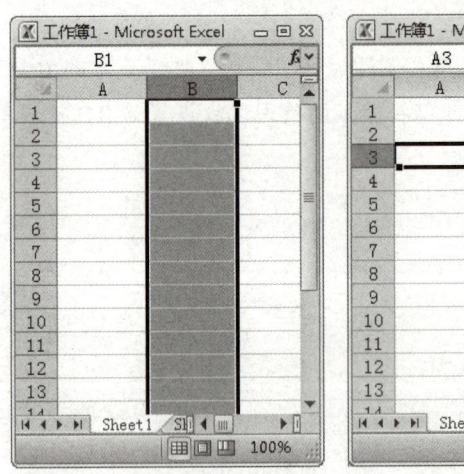

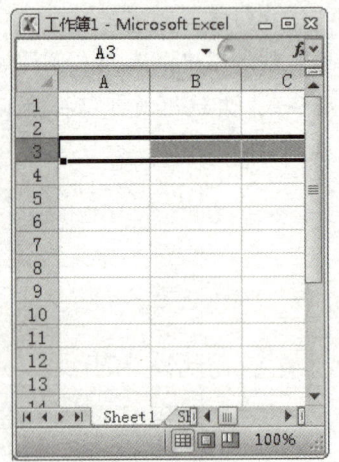

图 14.4　选中一列单元格和选中一行单元格

单击列号"B"，按住鼠标并拖曳至列号"D"，这时选中 B 列至 D 列的三列单元格。
单击行号"3"，按住鼠标并拖曳至行号"5"，这时选中第 3 行至第 5 行的三行单元格。

步骤 3：选中不连续的单元格、行或列。

先选中任意单元格，如 A1 单元格，按住"Ctrl"键不放，再选中其他任意单元格，如 B4、C5、D3 单元格，则选中了这些不连续的单元格。

拖曳鼠标选中任意一个区域，如 A1:B2 区域，按住"Ctrl"键不放并拖曳鼠标选中其他区域，如 C4:D5 区域，这样就选中了两个不连续区域。

以此类推，可以选中不连续的行、列，如图 14.5 所示。

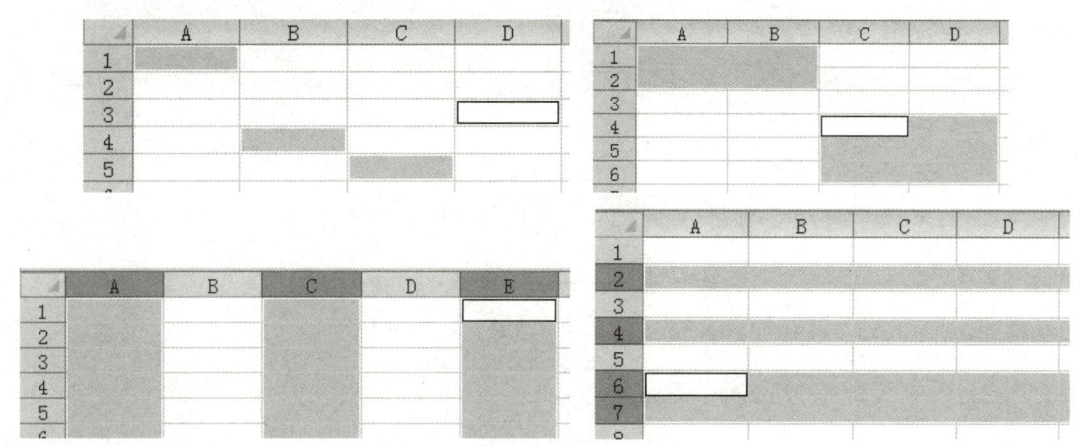

图 14.5　选中不连续的单元格、区域、列或行

步骤 4：在名称框中输入单元格地址，如图 14.6 所示。

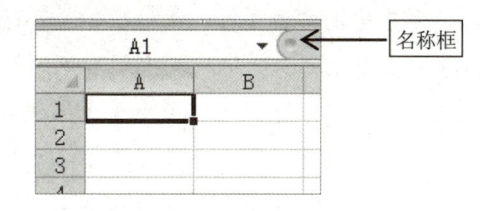

图 14.6　在名称框中输入单元格地址

步骤 5：在名称框中输入想要选中的单元格地址或区域地址，如"B3"，输入完成后，按"Enter"键，则选中 B3 单元格。

步骤 6：在名称框中可以输入多个单元格地址或区域地址。再次单击名称框，在其中输入"A2,B4,C3:D4"，则对应的两个单元格和一个单元格区域被选中，如图 14.7 所示。

图 14.7　通过名称框选择多个区域

步骤 7：选中整行、整列单元格。再次单击名称框，在其中输入"B:B,2:4"，则 B 列单元格、第 2 行至第 4 行单元格被选中，如图 14.8 所示。

步骤 8：交叉选择。再次单击名称框，在其中输入"A1:C5　B3:D8"，注意两个区域之间是空格，按"Enter"键后则两个区域的交叉区域 B3:C5 被选中，如图 14.9 所示。

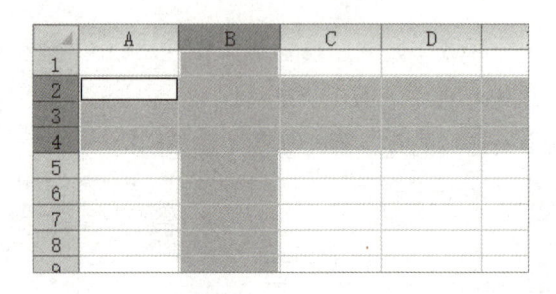

图 14.8　整行整列选择

图 14.9　交叉选择

提高

（1）在 Excel 中，逗号、冒号、空格是三个区域运算符。

（2）逗号是枚举运算符，也称联合运算符，可以将单元格分别列出；冒号是区域运算符，可以选中从左上到右下的矩形区域内的单元格；空格最特别，是交叉运算符，可以选中两个多个区域公共部分内的单元格。

步骤 9：单击"开始"→（"单元格"）→"格式"按钮，在弹出的下拉列表中选择"行高"选项，在打开的"行高"对话框中输入需要设定的行高值。单击"开始"→（"单元格"）→"格式"按钮，在弹出的下拉列表中选择"列宽"选项，在打开的"列宽"对话框中，输入需要设定的列宽值，如图 14.10 所示。

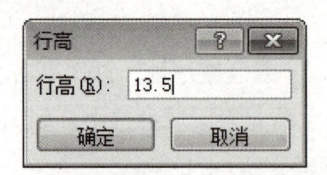

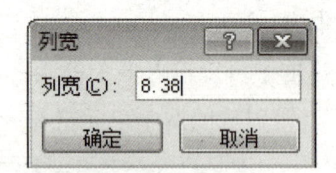

图 14.10　设置单元格的行高与列宽

在不知道具体行高与列宽时，可以选择下拉列表中的"自动调整行高"和"自动调整列宽"选项。

步骤 10：将鼠标指针移至两个行号或两个列号中间，鼠标指针会变成"上下调整"或"左右调整"形状，按住鼠标左键并拖曳，可以手动调整行高或列宽；或者在鼠标指针变成"上下调整"或"左右调整"形状时双击，可以实现自动调整行高或列宽。

提高

（1）行高的单位是磅（Piont）。这里的磅不是重量单位，而是印刷行业用来描述印刷字体大小的专用尺度，是英文 Piont 的音译，又被称为点制、点数制，1 磅约等于 0.352 78 毫米。

（2）列宽的单位是字符。列宽的数值是指适用于单元格的"标准字体"的数字 0～9 的平均值。"标准字体"可以在"Excel 选项"对话框的"常规"选项卡中的"新建工作簿"区域的"标准字体"处进行设置，包括字体及字号。

作业

在工作表中，选中单个、连续的或不连续的单元格、区域、整行或整列。

子任务 15　通过区域名称分析数据

区域是多个单元格组成的群组，是单元格概念的延伸。构成区域的多个单元格可以是连续的，也可以是非连续的。最小的区域就是一个单元格，最大的区域就是整个工作表。习惯上，直接使用行号或列号表示整行或整列的区域，如第 5 行单元格表示为"5:5"，F 列单元格表示为"F:F"。

步骤 1：单击工作表标签"区域命名 1"，选中 A1 单元格，拖曳鼠标指针至 D4 单元格，选中 A1:D4 区域。

注意

（1）当 Excel 中鼠标指针为空心十字形状时，该单元格处于正常的选择状态，可以选定单元格或区域，被选中的单元格或区域加黑色边框显示。

（2）双击某单元格，当鼠标指针变成闪烁的竖线时，该单元格处于编辑状态。

步骤 2：在选中的区域内右击，在弹出的快捷菜单中选择"定义名称"命令，在打开的"新建名称"对话框中，定义区域名称为"data"，如图 15.1 所示。

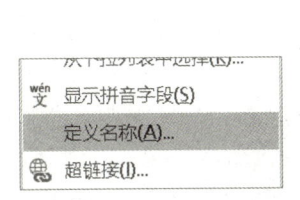

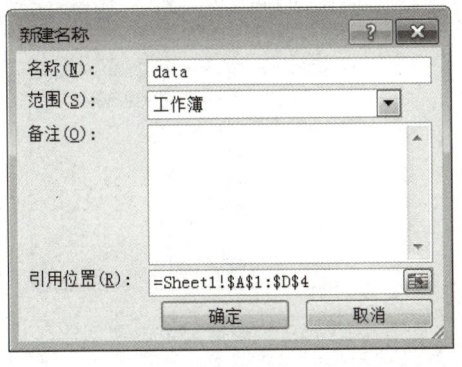

图 15.1　区域命名

这样，在以后使用到这个区域时，就可以使用刚才定义的名称，更加方便、直观。当再次选中 A1:D4 区域时，在名称框中会出现区域名称"data"。

单击名称框旁的下拉按钮，可以看到当前工作簿里定义的所有区域的名称，单击某个区域名称，则该名称对应的区域被选中。

> **技巧**
> （1）当命名区域时，名称要以字母或下画线开头，名称中不能有空格，不能与现在的命名或其他单元格名称重复；区域名不区分字母的大小写。
> （2）同一个区域可以有多个名称；但同一个名称不可以对应多个区域。

步骤 3：区域命名的第二种方法。

单击工作表标签"区域命名 2"，选中 A2:A13 区域；在名称框中输入"城市"，按"Enter"键，如图 15.2 所示。

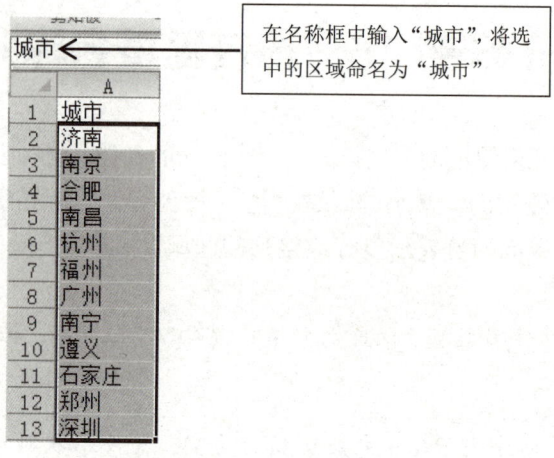

图 15.2　选中区域后命名

这时，选中的 A2:A13 区域被命名为"城市"。这种方法在区域命名中最常用。

步骤 4：区域命名的第三种方法。

单击工作表标签"快速命名"，选中 A2:D13 区域，单击"公式"→（"定义的名称"）→"根据所选内容创建"按钮，打开"以选定区域创建名称"对话框，取消勾选"首行"复选框，勾选"最左列"复选框，单击"确定"按钮，如图 15.3 所示。

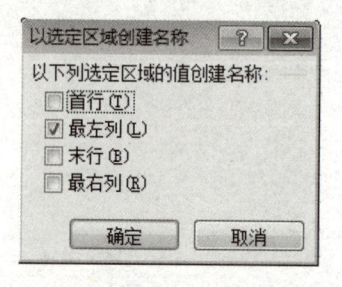

图 15.3　根据选定内容创建名称

这样，B2:D13 区域就被命名为 A2:A13 区域中相应的名称（按行划分不同区域）；如 B2:D2 区域就被命名为 A2 单元格中的内容，即"济南"。

步骤 5：管理工作簿中定义的名称。

单击"公式"→（"定义的名称"）→"名称管理器"按钮，打开"名称管理器"对话框，如图 15.4 所示。

图 15.4　"名称管理器"对话框

在"名称管理器"对话框中可以查看工作簿中已定义的名称、数值、引用位置等信息，单击"新建"按钮可以定义新的区域名称；单击"编辑"按钮可以修改当前名称的设置和引用位置；单击"删除"按钮可以删除对应的名称。单击"关闭"按钮，关闭"名称管理器"对话框。

步骤 6：单击工作表标签"区域命名 1"，在 A1 至 D4 区域中任意输入一些数字。

选中 A5 单元格，输入公式"=SUM(data)"，按"Enter"键，出现结果"136"。

SUM()是 Excel 的求和函数，求和的对象是 data 区域的引用位置，最后得到 data 区域中所有单元格数据之和，如图 15.5 所示。

图 15.5　使用区域名称求和

步骤 7：区域命名的综合应用。

单击工作表标签"区域命名 3"，选中 A1:G3 区域，单击"公式"→（"定义的名称"）→"根据所选内容创建"按钮，在打开的"以选定区域创建名称"对话框中勾选"首行"复选框，单击"确定"按钮，如图 15.6 所示。

步骤 8：构建查询。

选中 A8 单元格，输入"省"；选中 B8 单元格，输入"市"；选中 C8 单元格，输入"县区"。

步骤9：选中 A9 单元格，单击"数据"→（"数据工具"）→"数据验证"按钮，在打开的"数据有效性"对话框的"设置"选项卡中，设置"允许"为"序列"，"来源"为"A2:A3"区域，或者直接在"来源"输入框中输入"=省"；单击"确定"按钮，如图 15.7 所示。

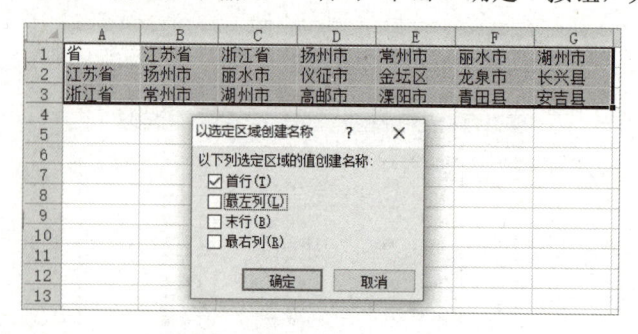

图 15.6　快速定义名称

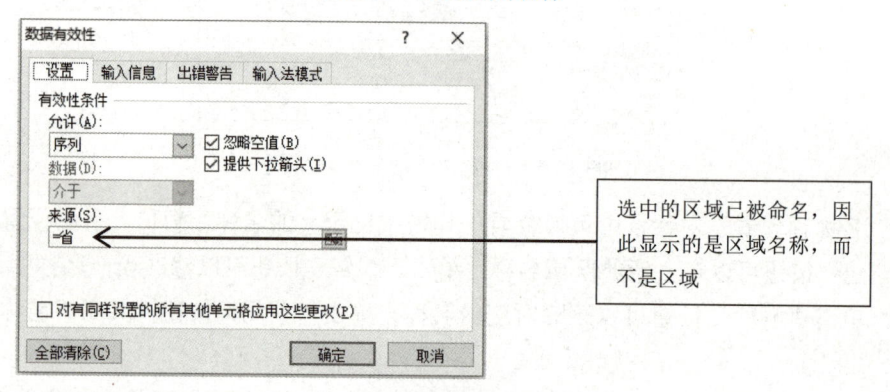

图 15.7　设置选择省名的数据验证

单击 A9 单元格的下拉按钮，在弹出的下拉列表中可以选择省名，先选择一个省，如"浙江省"[1]。

步骤10：选中 B9 单元格，单击"数据"→（"数据工具"）→"数据验证"按钮，在打开的"数据有效性"对话框的"设置"选项卡中，设置"允许"为"序列"，"来源"为"=INDIRECT(A9)"，最后单击"确定"按钮。

> **提高**
>
> （1）INDIRECT()函数用于返回文本字符串指定的引用，格式为"INDIRECT(引用名称,[引用类型])"，返回名称指引的区域。
>
> （2）区域名称可以跨工作表，即在一个工作表中可以引用此工作簿中定义的其他工作表的名称。
>
> （3）如果跨工作簿引用命名，则需要加上工作簿名称。例如，在工作簿"ABC.xlsx"中有个区域被命名为"myname"，在当前工作簿引用这个区域进行数据验证时，则写成"=INDIRECT("'ABC.xlsx'!myname")"，其中引号和感叹号是英文格式的。

---

[1] 此处先选择一个省，是为了避免后面操作时出现错误信息；如果不选择，则保留空白。

在 B9 单元格中出现下拉按钮，单击下拉按钮，弹出的下拉列表的选项是对应省的城市名，A9 单元格的内容为"浙江省"，对应 B9 单元格中可供选择的选项是"湖州市"和"丽水市"，如图 15.8 所示。

步骤 11：重复步骤 10，在"来源"输入框中输入公式"=INDIRECT(B9)"，即将 B9 单元格的内容作为区域名称，通过 INDIRECT()函数转换成相应区域后，作为 C9 单元格数据验证的数据来源，如图 15.9 所示。

图 15.8　二级数据验证选择

图 15.9　三级数据验证选择

步骤 12：更新选择省名，则右侧单元格中相应市、县区的下拉列表会相应变化。这种方法可以用于不同的场合。

作业：完成区域命名，并进行数据分析。

子任务 16　修饰工作表

Excel 对工作表的修饰相当于 Word 对文档的编辑，主要修饰内容包括字体字号、单元格设置、工作表设置等。对于有数据的工作表，可以通过简单的修饰，得到一张漂亮的工作表，使之易于阅读，便于打印。

步骤 1：单击工作表标签"工作表修饰"，选中 A1:H1 区域，单击"开始"→（"对齐方式"）→"合并后居中"按钮。

单击"开始"功能区中字号右侧的下拉按钮，在下拉列表中设置字号为"12"；再单击"加粗"按钮，如图 16.1 所示。

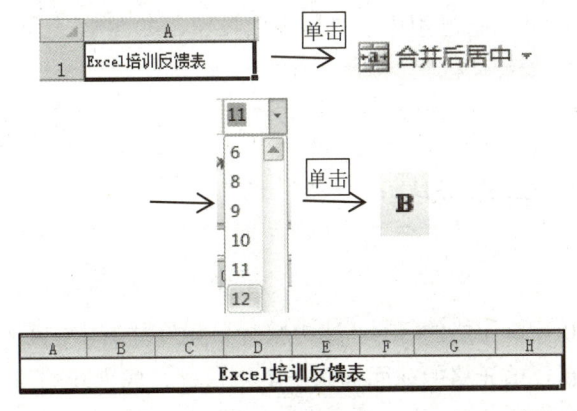

图 16.1　字体与字号的修饰

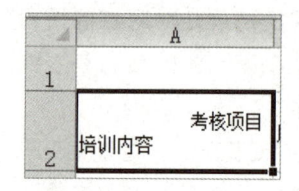

图 16.2　手动换行

步骤 2：双击 A2 单元格，进行编辑，将鼠标指针移至"培训内容"前，按"Alt+ Enter"组合键，手动换行；还可以通过添加空格的方法，使两行内容错开，如图 16.2 所示。

步骤 3：右击 A2 单元格，在弹出的快捷菜单中选择"设置单元格格式"命令，打开"设置单元格格式"对话框，或者按"Ctrl+1"组合键直接打开"设置单元格格式"对话框，在"边框"选项卡中单击"右斜线"按钮，给单元格加斜线，如图 16.3 所示。

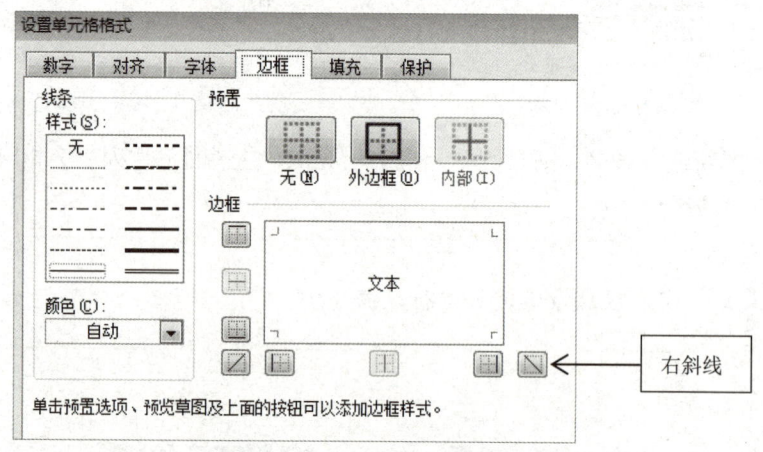

图 16.3　给单元格加斜线

以同样的方法为 G12 单元格添加斜线，效果如图 16.4 所示。（此表格是系统导出的，与标准有出入，本教材保持原作，不做修改。）

图 16.4　添加斜线后的单元格效果

步骤 4：选中 A2:H12 区域，单击"开始"→（"字体"）→"边框"下拉按钮，在弹出的下拉列表中选择"所有框线"选项。单击"字号"下拉按钮，在弹出的下拉列表中设置字号为"12"；单击"对齐方式"选项组中的"居中"按钮，如图 16.5 所示。

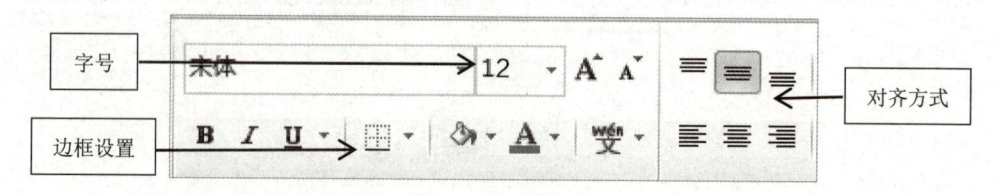

图 16.5　设置边框、字号、对齐方式

步骤 5：单击第 10 行单元格的行号，选中整行单元格并右击，在弹出的快捷菜单中选择"插入"命令，在第 10 行单元格的前面插入一个空白行，成为新的第 10 行单元格，原来从当前行向下的所有行都下移一行。

另一种操作方法：选中第 10 行的任意单元格并右击，在弹出的快捷菜单中选择"插入"命令，打开"插入"对话框，如图 16.6 所示，选中"整行"单选按钮。

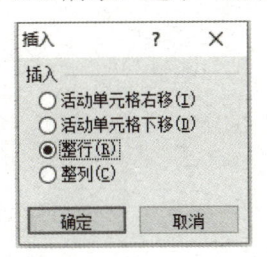

图 16.6 整行插入

步骤 6：单击 B10 单元格，输入"专业知识"。

> **技巧**
> （1）在 Excel 中插入整行与整列需要遵循"左上原则"，即插入的整行或整列位于当前行、列的左侧或上侧。
> （2）如果插入多行（列），可以从当前行（列）向下（右）选中多行（列）并右击，在弹出的快捷菜单中选择"插入"命令，插入的行（列）数与选择的行（列）数一样多。

步骤 7：选中 A3:A5 区域，选择"开始"→"合并后居中"选项，以同样的方式设置 A6:A8 区域、A9:A11 区域。

步骤 8：选中 A2:H2 区域，按"Ctrl+1"组合键，选择"填充"选项卡，设置背景色为棕色。

步骤 9：按"Ctrl+A"组合键选中整张工作表，选择"开始"→（"单元格"）→"格式"→"自动调整行高"选项和"自动调整列宽"选项，最终效果如图 16.7 所示。

图 16.7 最终修饰的工作表效果

步骤 10：单击工作表标签"格式复制"，选中 A4 单元格，选择"开始"→（"单元格"）→"格式"→"设置单元格格式"选项，打开"设置单元格格式"对话框。

在"设置单元格格式"对话框的"对齐"选项卡中，设置文字为垂直方向，如图 16.8 所示。

单击"确定"按钮，垂直的文字方向效果如图 16.9 所示。

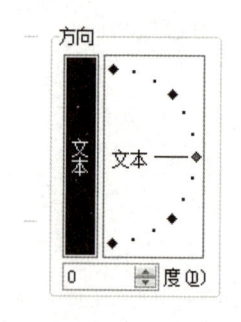

图 16.8　设置文字垂直方向　　　　　　图 16.9　垂直的文字方向效果

步骤 11：选中 A4 单元格，先单击"开始"→（"剪贴板"）→"格式刷"按钮（ 格式刷 ），再分别选中 A5 和 A6 单元格，两个单元格的格式变得与 A4 单元格一样。

单击"开始"→（"剪贴板"）→"格式刷"按钮，或者按"Esc"键，取消格式刷功能。

步骤 12：将鼠标指针移至 C 列与 D 列的中间，当鼠标指针变成"左右调整"形状时双击，C 列会自动调整为最合适的列宽。

步骤 13：选中 A1 单元格，并按住鼠标左键拖曳至 F6 单元格，选中 A1:F6 区域。

步骤 14：单击"开始"→（"剪贴板"）→"格式刷"按钮。

拖曳鼠标选中 A10:F15 区域。这时，A10:F15 区域的对应单元格格式与 A1:F6 区域完全一样。这种方式被称为"对应区域格式刷"，即目标区域与源区域的大小一致，格式也一样。

> **技巧**
>
> （1）在使用格式刷功能时，单击"格式刷"按钮，则可以使用一次格式刷功能；双击"格式刷"按钮，则可以使用多次格式刷功能，用完需要退出格式刷模式。
>
> （2）在使用格式刷进行区域格式复制时，两个区域的大小不要求完全一样，但被应用格式刷的区域会变得与原区域的格式一致，尽管不同的单元格格式可能不一致。
>
> （3）双击行号或列号的中间，行高与列宽设置为"自动调整行高（列宽）"。

> **作业**
>
> 按要求修饰工作表。

子任务 17　浏览工作表内容

当工作表中的内容较多，显示屏幕不能完整显示时，就需要用到水平滚动条和垂直滚动条来调整内容的显示区域。此外，Excel 还提供了多种视图来查看工作表内容。通过工作表视图，用户可以查看和编辑电子表格中的数据，进行数据排序和筛选、单元格格式设置、函数和公式运行等。工作表视图通常是 Excel 中常用的功能之一，因为它提供了直观和交互式的界面来处理数据。

步骤 1：单击工作表标签"浏览数据"。拖曳水平滚动条和垂直滚动条来浏览整个工作表数据。调节窗口右下角的显示比例，以浏览工作表的内容。

步骤 2：选择"视图"→（"窗口"）→"冻结窗格"→"冻结首行"选项，如图 17.1 所示。

这时，数据区域的标题行就会被固定在第一行，无论怎样拖曳垂直滚动条，第一行始终在顶端。

选择"视图"→（"窗口"）→"冻结窗格"→"取消冻结窗格"选项，则可以取消冻结窗格。

如果选择"冻结首列"选项，则数据区域的第一列被固定，移动水平滚动条将对第一列不产生的作用。

步骤 3：选中第 10 行单元格，选择"视图"→（"窗口"）→"冻结窗格"→"冻结拆分窗格"选项，如图 17.2 所示。

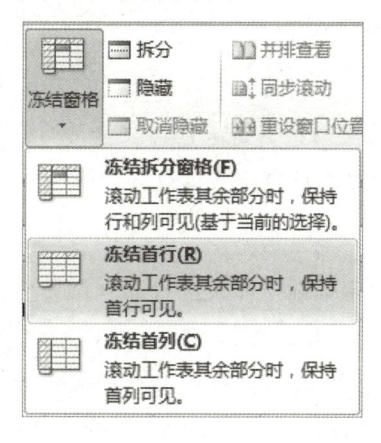

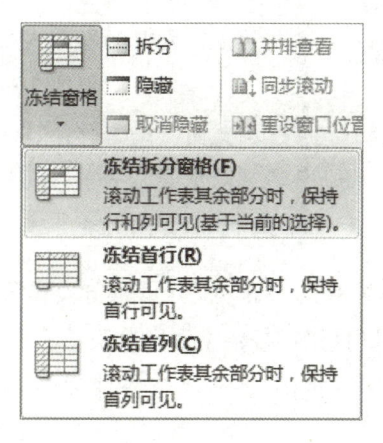

图 17.1　冻结首行　　　　　　　　　　图 17.2　冻结拆分窗格

这时，前 10 行单元格中的数据被冻结，拖曳垂直滚动条不会影响被冻住的数据区域。

选择"视图"→（"窗口"）→"冻结窗格"→"取消冻结窗格"选项，则可以取消冻结窗口。

步骤 4：选中 C 列单元格，选择"视图"→（"窗口"）→"冻结窗格"→"冻结拆分窗格"选项。这时，A 列和 B 列单元格中的数据被冻结，水平滚动条的滚动将不会影响到被冻住的数据列。选择"视图"→（"窗口"）→"冻结窗格"→"取消冻结窗格"选项，则可以取消冻结窗格。

步骤 5：选中数据区域的任意单元格，如 D5 单元格，单击"视图"→（"窗口"）→"拆分"按钮，则窗口分成四个小窗格，每个小窗格都可以独立浏览整个数据区域。

步骤 6：选中数据区域的一整行或一整列，如第 5 行或 G 列单元格，单击"视图"→（"窗口"）→"拆分"按钮，则窗口分为水平或垂直的两个窗格，每个窗格都可以显示整个数据区域。

步骤 7：如果是 Excel 2010 或更早的版本，则可以完成此步骤。

单击工作表窗口的"水平拆分"按钮（ ），可以将窗口水平拆分为上下两个窗格，上下两个窗格中的数据一样，分别可以浏览不同的数据。

单击工作表窗口右下角的"垂直拆分"按钮（ ），可以将窗口垂直拆分为左右两个窗格，左右两个窗格中的数据一样，分别可以浏览不同的数据，如图17.3所示。

图17.3　水平和垂直拆分窗格

> **技巧**
>
> （1）拆分窗格、冻结拆分窗格操作都遵循"左上原则"，即从当前行、列的上、左开始拆分或冻结。
> （2）单击"视图"→（"窗口"）→"新建窗口"按钮，可以在两个窗口中浏览同一个工作簿，这与在操作系统中两次双击工作簿文件不同（实际也不可以重复打开），一般应用于多显示器的场合，当修改其中一个副本时，另一副本会同时变化。

步骤 8：分页预览。分页预览模式可以很方便地显示当前工作表的打印区域及分页设置，并且可以直接在视图中调整分页。

单击"视图"→（"工作簿视图"）→"分页预览"按钮，分页预览的提示如图17.4所示。

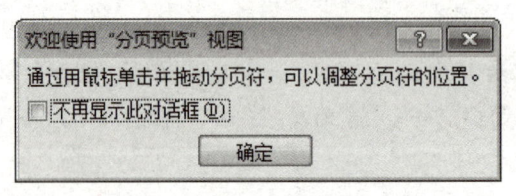

图17.4　分页预览的提示

单击"确定"按钮，进入分页预览模式，如图17.5所示。在分页预览的模式下，蓝色的边框线就是分页的边界线，虚蓝线为自动分页线，实蓝线为手动分页线。可以通过拖曳鼠标调整页面，也可以手动插入分页。

> **注意**
>
> （1）必须在操作系统中安装打印机驱动，即使没有物理打印机。
> （2）页面显示效果根据打印机和纸张的不同而不同。

图 17.5　分页预览效果图

步骤 9：选择"页面布局"→（"页面设置"）→"分隔符"→"插入分页符"选项，可以插入一个水平分页符，如图 17.6 所示。在页面中插入一条蓝色水平分页符。

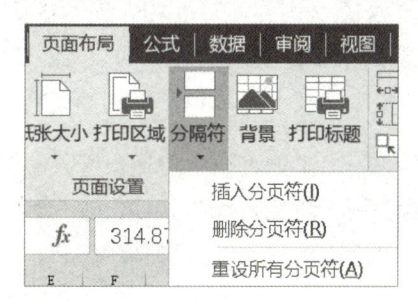

图 17.6　插入分页符

提高

（1）自动分页符为蓝色虚线，手动分页符为蓝色实线。

（2）可以通过拖曳蓝色的分页线调整页面。

（3）如果调整的页面大小大于实际页面，则打印时会缩小内容以适应页面。

（4）选择"页面布局"→（"页面设置"）→"分隔符"→"插入分页符"选项可以手动分页。选择"删除分页符"选项也可以删除分页，分页符的插入遵循"左上原则"。

步骤 10：单击"视图"→（"工作簿视图"）→"页面布局"按钮，显示整个页局布局，包括页眉、页脚、标尺、页面间距等，如图 17.7 所示。

图 17.7 页面布局视图

> **基础**
> （1）在页面布局视图中，用户可以看到工作表的整体布局，包括页眉、页脚、边距等。
> （2）用户可以通过拖曳页面边界线来调整页面大小，也可以通过拖曳页眉和页脚的边界线来调整页眉和页脚的位置。还有一些工具和选项，如缩放工具、"页面设置"选项等，可以帮助用户进行更细致的调整和设置。

步骤11：单击"页面布局"→"添加页眉"按钮，进入编辑状态，并输入"交易记录"。

步骤12：单击"页面布局"→"添加页脚"按钮，进入编辑状态。在"上下文"功能区中单击"页眉和页脚工具"→"设计"→（"页眉和页脚元素"）→"页码"按钮，再输入斜杠"/"；再次单击"页眉和页脚工具"→"设计"→（"页眉和页脚元素"）→"页数"按钮；单击页脚右侧区域，进入编辑状态，单击"页眉和页脚工具"→"设计"→（"页眉和页脚元素"）→"当前日期"按钮，单击工作表的任意单元格，完成输入，效果如图17.8所示。

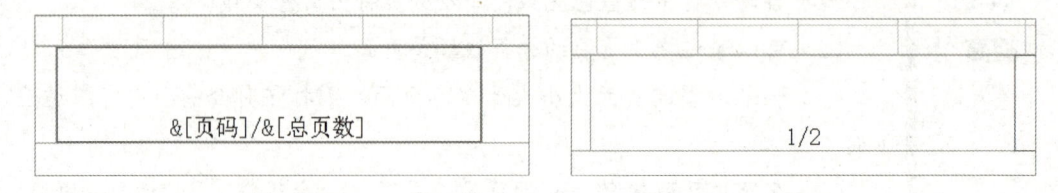

图 17.8 通过页面布局视图插入页脚的效果

> **提高**
> （1）在页脚中插入的页码和页数是"域代码"，域代码是用于在文档中插入动态信息的特殊代码，代码的结果会随着工作簿文档的变化而变化。
> （2）将域代码"PAGE"插入当前页的页码。域代码"NUMPAGES"是总页数。

步骤 13：选择"文件"→"打印"命令，在打印预览中，可以查看打印效果，如图 17.9 所示。

```
                            交易记录

    日期      代码    买入单价  买入数量  卖出单价  卖出数量  剩余数量   平衡现值    买入单价
  2012/1/1  600066   523.98    1617    540.21    1602      15    18146.4794   523.98
  2012/1/2  600029   314.40    1932    358.57    1309     623    -138052.81   314.40
  2012/1/3  600010   356.89    1134    398.96     143     991    -347661.51   356.89
  2012/1/4  600013   466.05    1266    504.36     387     879    -394836.37   466.05
  2012/1/5  600073   418.44    1056    432.85     182     874    -363098.27   418.44
  2012/1/6  600058   363.85    1299    352.95     584     715    -266513.35   363.85
  2012/1/7  600100   375.10    1222    394.35    1149      73    -5266.5719   375.10

   245.42    669     624    -137792.81   233.55
   411.51    920     415    -111337.29   366.99
   269.80   1575      89     10194.2483  249.24




      1/2                                                 2023/7/23
```

图 17.9　打印效果

按要求浏览工作表。

子任务 18　分类着色工作表内容

数据条是 Excel 新增的功能之一，用户使用该功能可以非常直观地查看区域中数值的大小。在较新版本的 Excel 中，数据条的长度表示更准确，增添了负值的数据条表示，并且当数据区域包含错误值时，仍然可以显示数据条。

数据条是在单元格内，将数据图形转化为一个带有颜色的横条，如果是一个区域，则根据数据的大小决定颜色条的长度。在 Excel 中，广义的数据条还包括色阶、图标集。

步骤 1：单击工作表标签"股票"，选中整个 D 列单元格。

步骤 2：选择"开始"→（"样式"）→"条件格式"→"数据条"→（"渐变填充"）→"蓝色数据条"选项，如图 18.1 所示。

在整个数据列区域的每一个单元格底部都附加了一条蓝色的"进度条"，这条"进度条"被称为"数据条"，效果如图 18.2 所示。（本子任务中"卖出单价"的单位为"元"。）

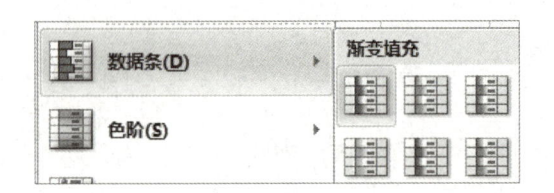

图 18.1　选择"蓝色数据条"选项　　　　　图 18.2　蓝色数据条效果

提高　（1）数据条的长短与单元格数值的大小有关。在区域中，最大数值的数据条长度占满单元格，其他单元格的数据条长度根据其数值比例来显示。
（2）如果区域中有负值，则数据条向正、负两个方向绘制，以示区别。

步骤 3：单击 F 列标签，选中 F 列单元格。

步骤 4：单击"开始"→（"样式"）→"条件格式"→"色阶"→"绿黄红色阶"按钮，如图 18.3 所示。

在一个单元格区域中，显示双色渐变或三色渐变，在本例中，数值最大者显示为绿色，其次为黄色、红色，如图 18.4 所示。

图 18.3　选择色阶　　　　　图 18.4　色阶显示结果

步骤 5：单击 G 列标签，选中 G 列单元格。

步骤 6：单击"开始"→（"样式"）→"条件格式"→"图标集"→（"方向"）→"三向箭头（彩色）"按钮，如图 18.5 所示。

图 18.5　选择三向箭头和结果

步骤 7：编辑规则。单击 G 列标签，选中 G 列单元格。

选择"开始"→（"样式"）→"条件格式"→"管理规则"选项，在打开的"条件格式规则管理器"对话框中先选中"图标集"的格式样式，再单击"编辑规则"按钮，打开"编辑规则说明"对话框进行规则编辑，如图 18.6 所示。

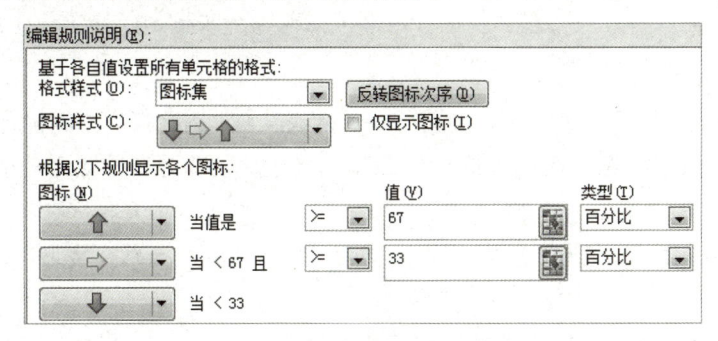

图 18.6 "编辑规则说明"对话框

> **注意**
> （1）在编辑规则时，首先需要确定的是"类型"，然后是图标类型、比值关系等。
> （2）规则适用的数据区域是固定的，如果增加数据，则新的数据区域没有条件格式。
> （3）条件格式效果可以打印。

步骤 8：单击工作表标签"温度"，选中 B 列的 B2:B13 区域。

步骤 9：选择"开始"→（"样式"）→"条件格式"→"数据条"→（"实心填充"）→"绿色数据条"选项。在本例中，正负数表示为不同方向的数据条；最大值在单元格中的数据条显示为最长，其他数据的数据条按比例显示。带有负数的数据条如图 18.7 所示。（本子任务中"平均气温"单位为"℃"。）

步骤 10：清除规则。

选择"开始"→（"样式"）→"条件格式"→"清除规则"→"清除整个工作表的规则"选项，如图 18.8 所示。

图 18.7 带有负数的数据条

图 18.8 清除整个工作表的规则

步骤11：假设平均气温10℃～20℃为适宜温度，用绿色标记，低于10℃时用黄色标记，高于20℃时用红色标记。

单击B列标签，选中B列单元格。选择"开始"→（"样式"）→"条件格式"→"新建规则"选项，打开"新建格式规则"对话框。

步骤12：在"新建格式规则"对话框中的"选择规则类型"区域中，选择"基于各自值设置所有单元格的格式"选项。

在"编辑规则说明"对话框中，设置"格式样式"为"图标集"，"图标样式"暂不选择。

在"图标"区域中，第一个图标选择"红色圆，带边框"选项，设置比较运算方式为">"，"类型"为"数字"，"值"为"20"。

第二个图标选择"绿色圆"选项，设置比较运算方式为">="，"类型"为"数字"，"值"为"10"。

第三个图标选择"黄色圆"选项。编辑规则如图18.9所示。

图18.9 编辑规则

步骤13：在"编辑规则说明"对话框中，单击"确定"按钮，生成的自定义规则结果如图18.10所示。不同气温范围显示为不同的颜色，一目了然。

步骤14：单击工作表标签"销售记录"，选中B2:B13区域；按"Ctrl+Q"组合键，打开"快速分析"菜单，如图18.11所示。

图18.10 自定义规则结果

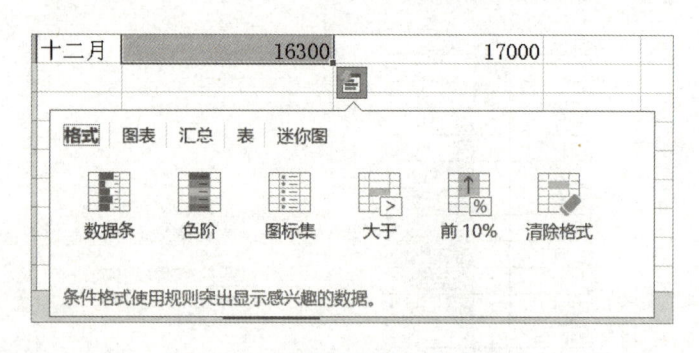

图18.11 "快速分析"菜单（1）

在"快速分析"菜单中，选择"前10%"选项。

步骤 15：选中的区域中有 12 个数据，前 10%的数据有 1 个，B5 单元格的底色变为红色。

保持选中 B2:B13 区域，选择"开始"→（"样式"）→"条件格式"→"管理规则"选项，打开"条件格式规则管理器"对话框，如图 18.12 所示。

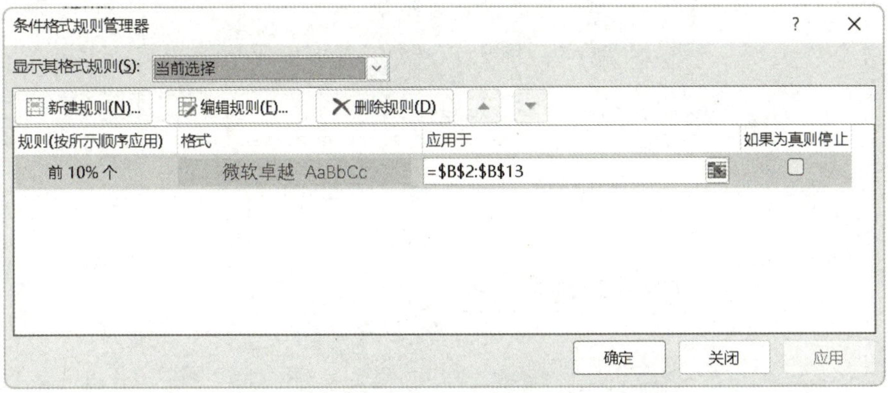

图 18.12 "条件格式规则管理器"对话框

步骤 16：双击当前规则，打开"编辑格式规则"对话框，如图 18.13 所示，修改"为以下排名内的值设置格式"为"前 25"，即突出显示前 25%的单元格区域。单击"确定"按钮，在返回的"条件格式规则管理器"对话框中再次单击"确定"按钮。新的格式效果如图 18.14 所示。

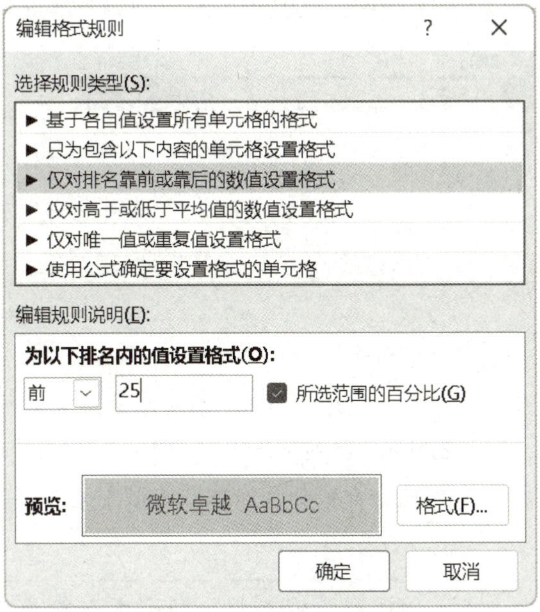

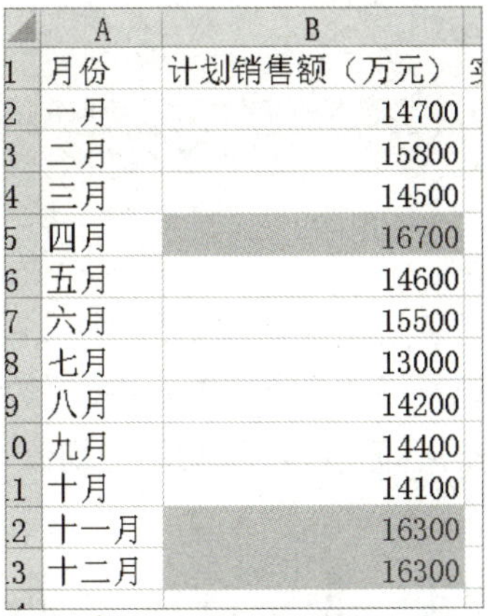

	A	B
1	月份	计划销售额（万元）
2	一月	14700
3	二月	15800
4	三月	14500
5	四月	16700
6	五月	14600
7	六月	15500
8	七月	13000
9	八月	14200
10	九月	14400
11	十月	14100
12	十一月	16300
13	十二月	16200

图 18.13 "编辑格式规则"对话框（1） 　　图 18.14 新的格式效果

步骤 17：选中 C2:C13 区域；按"Ctrl+Q"组合键，打开"快速分析"菜单，如图 18.15 所示。在"快速分析"菜单中，选择"大于"选项。

步骤 18：默认"为大于以下值的单元格设置格式"为"14500"，设置为"浅红填充色深红色文本",如图 18.16 所示。最后单击"确定"按钮。

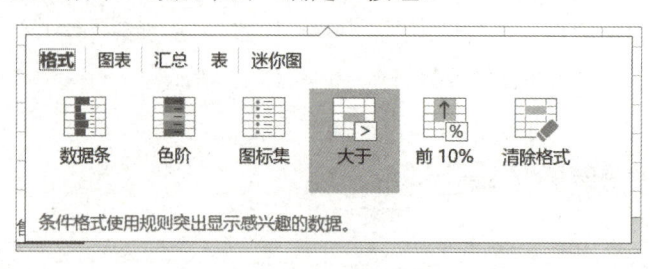

图 18.15　"快速分析"菜单（2）

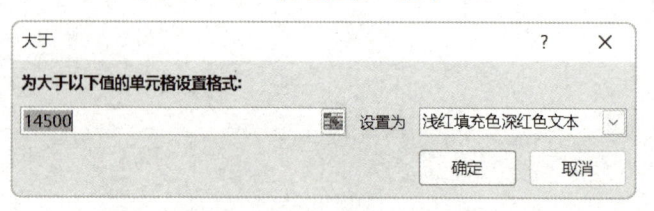

图 18.16　默认的条件格式

步骤 19：保持选中 C2:C13 区域，选择"开始"→（"样式"）→"条件格式"→"管理规则"选项，在打开的"条件格式规则管理器"对话框中查看条件格式规则，如图 18.17 所示。

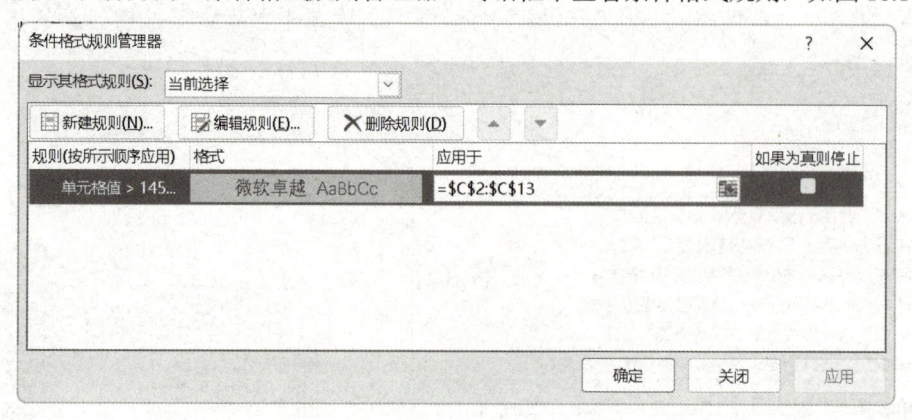

图 18.17　查看条件格式规则

步骤 20：双击当前规则，打开"编辑格式规则"对话框，设置"只为满足以下条件的单元格设置格式"为"单元格值""大于""=AVERAGE($C$2:$C$13)"，如图 18.18 所示，公式计算结果即实际销售额的平均值，单击"确定"按钮，在返回的对话框中再次单击"确定"按钮。

注意

（1）在引用单元格或区域时，"规则"输入框中的公式一般为绝对引用。

（2）如果格式规则的公式引用的是对比区域，则一般是绝对引用；如果格式规则的公式引用的是对比单元格，则一般是相对引用。

（3）在操作时，可以拖曳鼠标，生成绝对引用格式。

在 C 列，数值大于实际销售额的单元格将突出显示，最终的条件格式如图 18.19 所示。

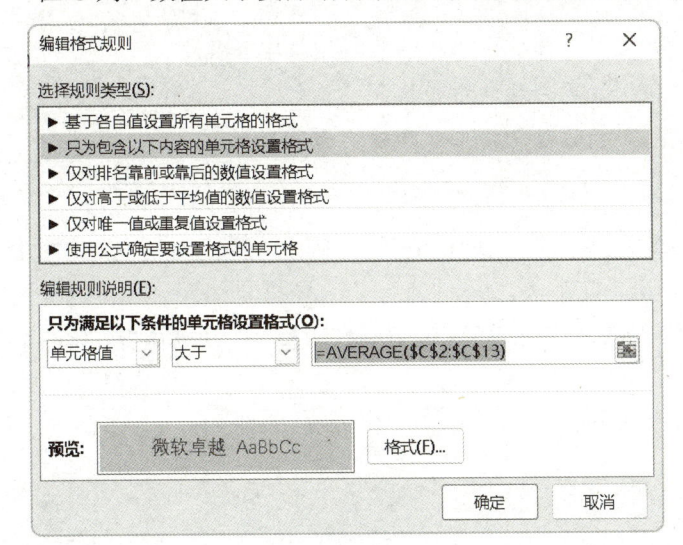

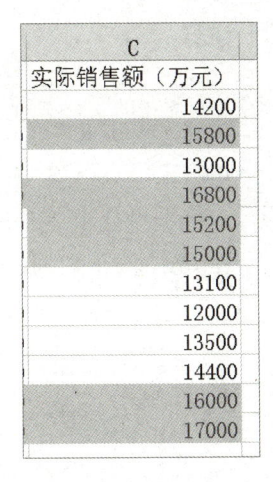

图 18.18 "编辑格式规则"对话框（2）

图 18.19 最终的条件格式

> 作业：完成分类着色浏览数据的操作。

子任务 19　打印工作表

打印工作表功能是 Excel 的常用功能之一，Excel 可以进行页面设置，方便地将内容打印出来。

Excel 常用的功能是快速打印。快速打印指的是不需要用户进一步确认，就可以直接打印。如果当前工作表没有进行任何有关打印选项的设置，Excel 则会自动以默认的打印方式对其进行设置，默认的内容如下。

打印内容：打印当前选定的工作表中所有包含数据或设置格式的区域，包括图形、图表，但不包括单元格批注。

打印份数：1 份。

打印范围：整个工作表中包含数据和设置格式的区域。

打印方向：纵向。

打印顺序：从上至下，再从左到右。

打印缩放：无缩放。

页边距：上、下页边距为 1.91 厘米，左、右页边距为 1.78 厘米，页眉、页脚边距为 0.76 厘米。

页眉页脚：无。

打印标题：无标题。

> **注意**
> （1）打印前，必须在计算机中正确安装打印机驱动程序。
> （2）必须将打印机设置为默认打印机。
> （3）可以通过打印的方式，将工作表转换为 PDF 文件。

步骤1：打印当前工作表。

单击工作表标签"打印"，选择"文件"→"打印"命令，打开"打印"对话框，如图 19.1 所示。单击"打印"按钮，则打印当前工作表。

在"设置"下拉列表中选择"打印整个工作簿"选项，则打印整个工作簿内容，如图 19.2 所示。

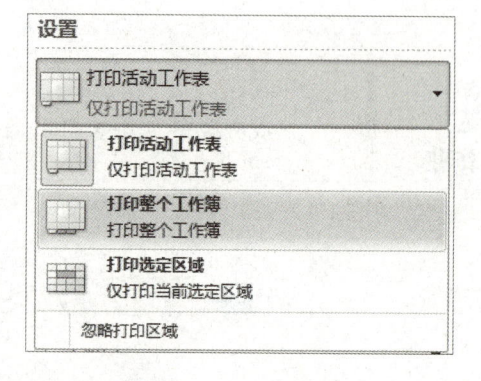

图 19.1　"打印"对话框　　　　　　　　　图 19.2　设置打印对象

步骤2：打印选中区域。

方法一：选中 A1:G10 区域，选择"文件"→"打印"命令，在打开的"打印"对话框的"设置"下拉列表中选择"打印选定区域"选项；再单击"打印"按钮。

方法二：选中 A1:G10 区域，选择"页面布局"→（"页面设置"）→"打印区域"→"设置打印区域"选项，如图 19.3 所示。这时该区域被系统自动命名为"Print_Area"，在默认情况下，单击"打印"按钮即可打印这个区域。在名称管理器中可以对"Print_Area"进行编辑，参见子任务15。（该子任务的表格中金额等数据的单位为"元"，本子任务的表格中不再标注。）

> **注意**
> （1）只有在工作簿中的多个工作表都有数据时，打印整个工作簿才有效。
> （2）只有设置了打印区域后，选择"设置"下拉列表中的"忽略打印区域"选项才有效。
> （3）只有在工作表中选定了打印区域后，选择"设置"下拉列表中的"打印选定区域"选项才有效。

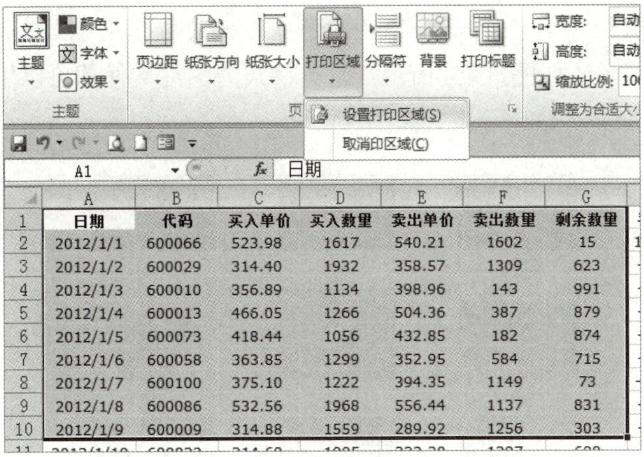

任务 3　编辑与修饰工作表

图 19.3　设置打印区域

单击"页面布局"→("页面设置")→"打印标题"按钮，在打开的"页面设置"对话框中选择"工作表"选项卡，在"打印区域"输入框中出现默认的打印区域，单击右侧的"扩展选项"按钮可以更改打印区域。

步骤 3：设置打印标题。

许多数据表格都包含标题行或标题列。在数据内容较多且需要多页打印时，Excel 可以将标题行或标题列重复打印在每个页面上。

单击"页面布局"→("页面设置")→"打印标题"按钮，在打开的"页面设置"对话框中选择"工作表"选项卡，在"顶端标题行"输入框中，输入"$1:$1"，或者单击"扩展选项"按钮，在工作表中选择第一行单元格，如图 19.4 所示。这样，在每页的数据前就会加上标题行。

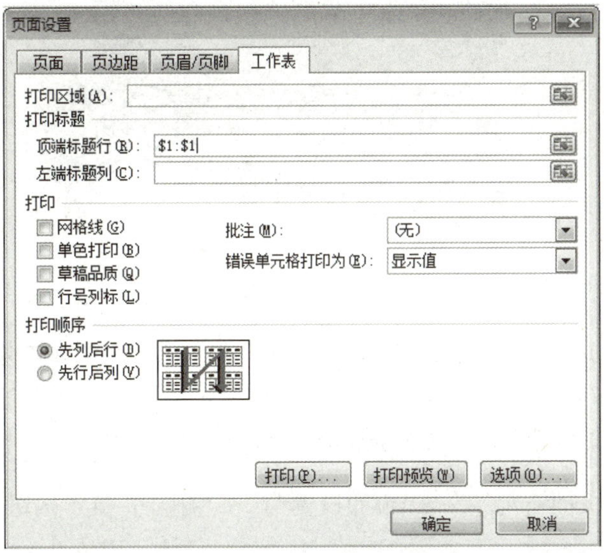

图 19.4　设置打印标题

步骤 4：设置工作表背景。

81

单击"页面布局"→("页面设置")→"背景"按钮,打开"工作表背景"对话框。在对话框中选择背景图片,如图 19.5 所示,常见格式的图片文件都可以用于工作表背景,如 JPG、BMP、TIF、EMF、GIF 等格式的图片文件。

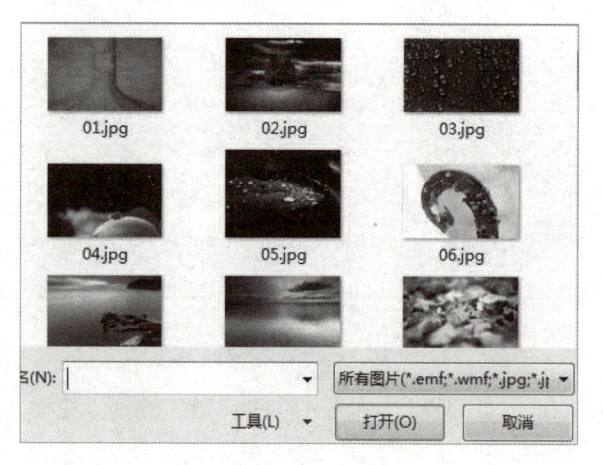

图 19.5　选择背景图片

例如,选择 crab.jpg 文件,单击"打开"按钮,设置工作表背景后的效果如图 19.6 所示。

图 19.6　设置工作表背景后的效果

> **注意**
> (1)设置的背景图片以"平铺"的形式"铺"在工作表中,如果图片比工作表小,则"重复"显示,"铺满"工作表。
> (2)设置的背景不会被打印。

步骤 5:单击"页面布局"→("页面设置")→"删除背景"按钮,可以删除已经设置的背景。

步骤 6:设置可以打印的背景。

单击工作表标签"打印",选中数据区域的任意单元格,如 D5 单元格;先按"Ctrl+A"

组合键，选中全部数据部分；再按"Ctrl+C"组合键，复制内容。

步骤 7：单击"新建工作表"标签（　　），新建一个工作表。在任意单元格上右击，在弹出的快捷菜单中选择"选择性粘贴"→（"其他粘贴选项"）→"图片"命令，如图 19.7 所示。

粘贴后的效果如图 19.8 所示。

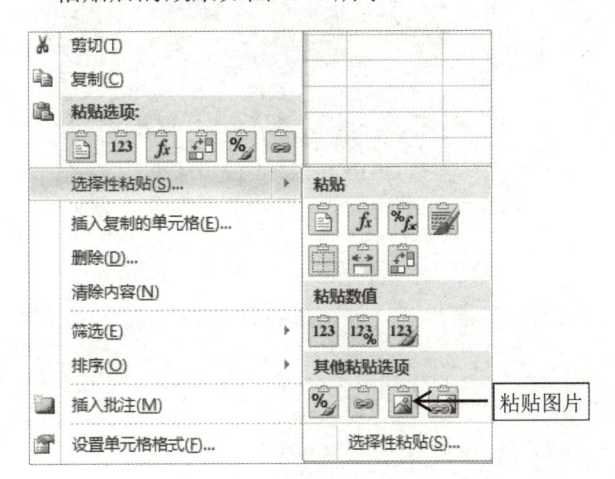

图 19.7　粘贴图片

图 19.8　粘贴后的效果

步骤 8：单击"插入"→（"插图"）→"图片"按钮（　　），在打开的"插入图片"对话框中，选择 crab.jpg 文件，单击"插入"按钮，将图片插入工作表中。这时，插入的图片浮于最上层，效果如图 19.9 所示。

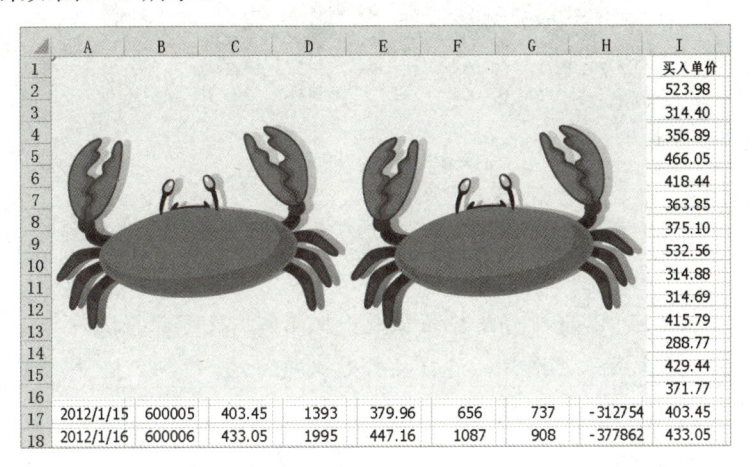

图 19.9　插入图片的效果

步骤 9：通过拖曳图片边框来调整图片的大小，还可以通过按"Ctrl"键并拖曳图片来复制多张图片。

按住"Ctrl"键不放，分别单击所有图片，选中所有图片；松开"Ctrl"键并右击，在弹出的快捷菜单中选择"组合"→"组合"命令，如图 19.10 所示，将多幅图片组合为一幅图片。

步骤 10：右击图片，在弹出的快捷菜单中选择"置于底层"→"置于底层"命令，将图片置于文字下方，效果如图 19.11 所示。

83

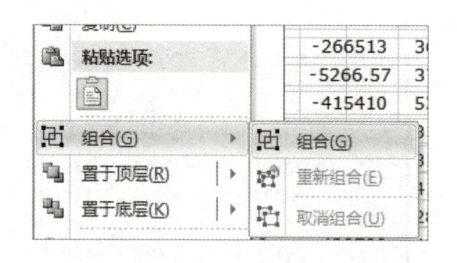

图 19.10　组合图片

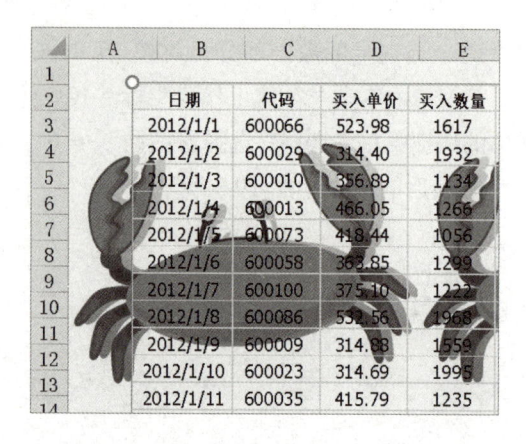

图 19.11　将图片置于文字下方的效果

步骤 11：调整表层文字（其实是粘贴的图片）的位置，就可以打印带背景图片的表格，打印效果如图 19.12 所示。

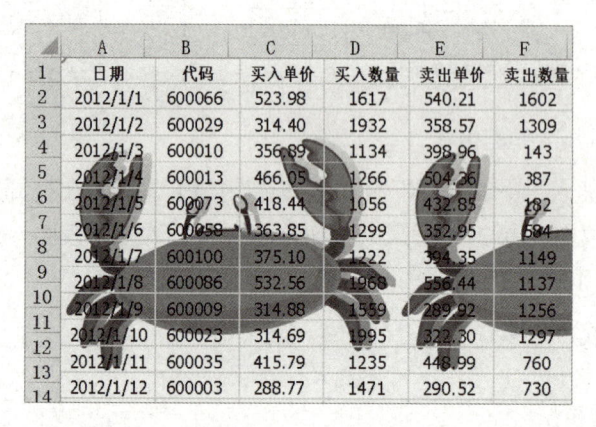

图 19.12　打印效果

技巧

（1）插入的背景图片可以"复制平铺"或"单张拉伸"，最终与文字区域一样大小。

（2）可以将所有图片组合成一幅图片；也可以将图片与文字（其实是图片）组合成一幅图片，这样操作起来更方便。

步骤 12：设置页眉页脚。

单击"页面布局"→（"页面设置"）→按钮，打开"页面设置"对话框。

在打开的"页面设置"对话框中，选择"页眉/页脚"选项卡，单击"页眉"下拉按钮，在弹出的下拉列表中选择页眉模板，如图 19.13 所示。

选择"自定义页眉"选项，打开"页眉"对话框，在"中"输入框中，输入"股票买卖一览表"，最后单击"确定"按钮，此时页眉设置完成，如图 19.14 所示。

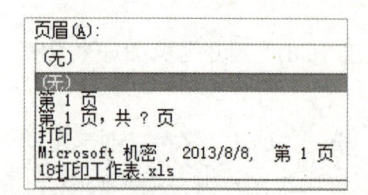

图 19.13　页眉模板

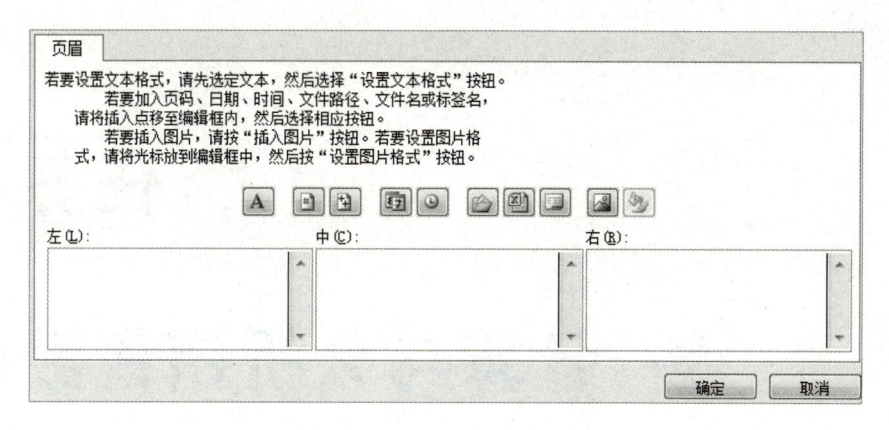

图 19.14　设置自定义页眉

可以使用相同方式设置页脚。

> **提高**
> （1）在页眉、页脚中，可以插入下列对象：插入页码，插入页数，插入日期，插入时间，插入图片。
> （2）设置完页眉和页脚后，只有在打印预览或打印时，才能看到效果。

> **作业**
> 完成工作表的打印设置，并打印工作表。

任务 4

计算与分析销售数据

任务说明

Excel 提供了丰富的计算功能，用于处理和分析数据。计算在 Excel 中是一个宽泛的概念，不仅包括加、减、乘、除等算术运算，还包括文本、财务、统计等领域的特殊运算。下面是 Excel 的一些常见计算功能介绍。

（1）基本数学运算：Excel 可以执行基本的数学运算，如加法、减法、乘法和除法。通过在公式栏中输入相应的数学运算符和单元格引用，可以进行数值计算。

（2）函数：Excel 提供了各种函数，可以用于执行复杂的数学和统计计算。例如，SUM()函数可以用于计算一系列数值的总和，AVERAGE()函数可以用于计算一系列数值的平均值，MAX()函数可以用于找到一系列数值中的最大值等。

（3）公式：Excel 可以使用公式进行数据计算和处理。用户在单元格中输入公式，使用单元格引用和函数来执行复杂的计算任务。可以通过填充、复制和粘贴等方式将公式应用到其他单元格中。

这些是 Excel 的一些常见计算功能。通过使用这些功能，用户可以快速、准确地处理和分析数据，实现各种复杂的计算任务。

本任务主要通过 Excel 的函数计算相关数据。Excel 本身具有十分强大的计算功能，这些计算功能通过公式与函数来实现。公式（Formula）是以"＝"为引导，通过运算符号按照一定顺序组合来进行数据运算处理的等式；函数是按特定算法执行计算，从而生成一个或一组结果的预定义特殊公式。在经济领域中，Excel 的计算功能显得特别重要。在完成任务的过程中，同学们应学习 Excel 常用函数的用法，掌握如何构造方案，并通过函数来实现方案。

子任务 20　提取商务信息

商务信息中确实包含很多有用的数据。无论是销售数据、财务数据、客户数据还是市场数据，商务信息可以为企业提供运营和发展的重要指导与决策支持。

通过提取商务信息，企业可以评估自身的运营状况，了解市场趋势，掌握客户需求，优化销售策略，提高盈利能力等。

步骤 1：单击工作表标签"提取商品信息"，在 A 列单元格中收集某店的水果单价，在 B 列单元格中提取水果名称，在 C 列单元格中提取单价信息。

步骤 2：选中 B2 单元格，输入公式"=LEFT(A2,2)"，得到结果"苹果"。

步骤 3：选中 B3 单元格，输入公式"=LEFT(A3,3)"，得到结果"火龙果"，如图 20.1 所示。

图 20.1　提取名称信息

注意

（1）在 Excel 中，所有的函数相关的符号（包括函数前面的等号、函数里面的括号、逗号等）必须是半角英文符号，否则会出错。函数名称不区分大小写。

（2）LEFT()函数与 RIGHT()函数是获取字符串的函数。LEFT()函数从左起获取字符串，RIGHT()函数从右起获取字符串。格式为 LEFT(字符串,位数)、RIGHT(字符串,位数)。

（3）与上面对应的还有 LEFTB()函数和 RIGHTB()函数，二者用法与上面函数的用法相同。LEFTB()函数与 LEFT()函数的区别在于，LEFT()函数只能处理单字节字符，而 LEFTB()函数可以处理双字节字符，如中文字符。

步骤 4：选中 C2 单元格，输入公式"=RIGHT(A2,6)"，得到结果"4.9 元/斤"。

步骤 5：选中 C3 单元格，输入公式"=RIGHT(A3,7)"，得到结果"15.5 元/斤"，如图 20.2 所示。

图 20.2　提取水果的价格信息

步骤 6：选中 D2 单元格，输入"4.9"。

步骤 7：选中 D2:D11 区域，按"Ctrl+E"组合键，在 D3:D11 区域中自动提取价格的数字信息，如图 20.3 所示。

图 20.3　自动提取价格的数字信息

> **提高**
>
> （1）按"Ctrl+E"组合键可以快速填充连续的数值或公式。
> （2）Excel 可以自动填充该单元格的列或行，直到遇到空单元格为止。填充的数值或公式将与基准单元格的相关性保持一致。
> （3）如果要将数据填充到指定范围内，可以首先在选中基准单元格的同时，按住"Shift"键并拖曳鼠标，扩大选取的范围，然后按"Ctrl+E"组合键进行填充。

步骤 8：单击工作表标签"提取职工信息"。B2:B5 区域中的数据为职工的身份证号码，其中有两种版本，一种是十五位身份证号，另一种是十八位身份证号；十五位身份证号的出生年份是两位，而十八位身份证号的出生年份有四位。

步骤 9：选中 C2 单元格，输入公式"=MID(B2,7,8)"，得到结果为"20220101"。

> **基础**
>
> （1）MID()函数的作用是摘取字符串中的部分字符；函数的格式是 MID(字符串,起始位置,长度)，函数返回摘取的字串。
> （2）LEN()函数的作用是返回字符串的长度；函数的格式是 LEN(字符串)，函数返回字符串的长度值，即字符个数值。
> （3）IF()函数的作用是判断并返回结果；函数的格式是 IF(逻辑判断,逻辑判断为真时的返回值,逻辑判断为假时的返回值)。
> （4）"&"用于字符的连结，相当于函数 CONCATENATE()。

步骤 10：选中 C3 单元格，输入公式"=MID(B3,7,6)"，得到结果为"991231"；由于日期结果不满 8 位，可以更改公式，使日期符合八位格式，新公式为"="19"&MID(B3,7,6)"。

步骤 11：可以通过 IF()函数将两个函数合二为一。

选中 C4 单元格，输入公式"=IF(LEN(B4)=15,"19"&MID(B4,7,6),MID(B4,7,8))"。

复制 C4 单元格到 C5 单元格，同样可以得到正确结果，如图 20.4 所示。

图 20.4　通过身份证号获取出生日期

> **注意**
> （1）相同任务可以通过不同的公式来完成，这也是 Excel 公式与函数的魅力所在。
> （2）公式与函数的优化也是 Excel 的魅力所在。可以进一步优化步骤 11 中的公式，写为 "= IF(LEN(B4)=15,19,"")&MID(B4,7,6+(LEN(B4)= 18)*2)"。

步骤 12：根据出生日期计算年龄。

选中 D2 单元格，输入公式 "=DATEDIF(TEXT(C2,"0000-00-00"),TODAY(),"Y")"，得到周岁值为 "1"。拖放 D2 单元格的填充柄至 D5 单元格，得到所有人员的年龄，如图 20.5 所示。

在 D3 单元格中没有显示正确结果，因为 C3 单元格中的出生日期格式是六位的，而 D3 单元格中的出生日期格式是八位的。

图 20.5　计算职工年龄

步骤 13：根据身份证号得到性别信息。十五位格式身份证号的最后一位与十八位格式身份证号的倒数第二位代表性别信息，偶数为女性，奇数为男性。

选中 E2 单元格，输入公式 "=IF(MOD(RIGHT(LEFT(B2,17),1),2),"男","女")"。

解释：通过 LEFT()函数获取身份证号的左边十七位数值，如果身份证号不足十七位，则先全部取出，再通过 RIGHT()函数获取最后一位数值，再与 2 模除（MOD）。如果结果为 1，则为奇数，在 Excel 中 "1" 被认为逻辑值 "真"，返回 IF()函数的第二个参数为 "男"；否则返回参数为 "女"。

拖放 E2 单元格的填充柄至 E5 单元格，得到所有人员的性别信息。

步骤 14：分列操作。

单击工作表标签 "分列操作"，单击 A 列标签，选中 A 列单元格。

步骤 15：单击 "数据" →（"数据工具"）→ "分列" 按钮，打开 "文本分列向导" 对话框。在对话框中选中 "分隔符号" 单选按钮，如图 20.6 所示，单击 "下一步" 按钮。

步骤 16：在 "文本分列向导" 对话框中，勾选 "分隔符号" 区域中的 "其他" 复选框，并设置分隔符为 "—"，如图 20.7 所示，单击 "下一步" 按钮。

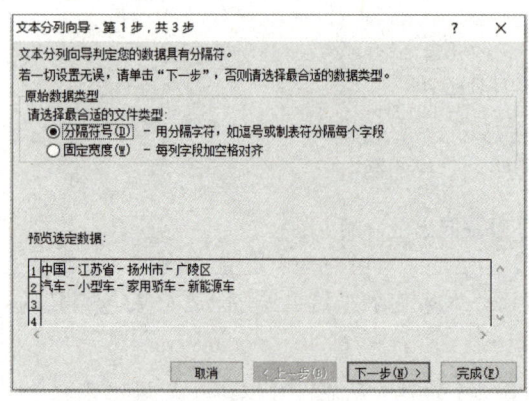

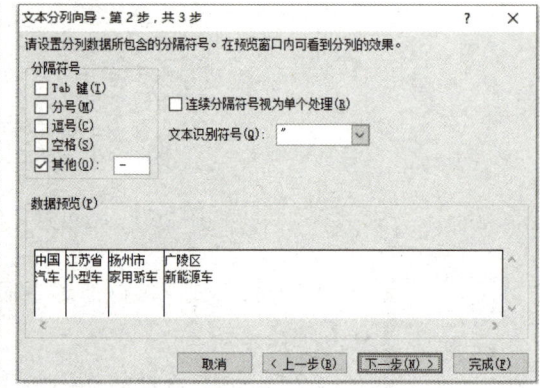

图 20.6 文本分列（1）　　　　　　　　图 20.7 文本分列（2）

步骤 17：在"文本分列向导"对话框中，勾选"列数据格式"区域中的"文本"复选框，单击"完成"按钮，将原单元格数据分列在同行的不同列中，效果如图 20.8 所示。

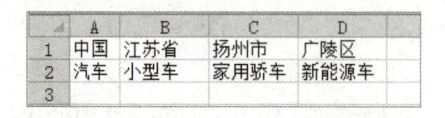

	A	B	C	D
1	中国	江苏省	扬州市	广陵区
2	汽车	小型车	家用轿车	新能源车
3				

图 20.8 文本分列后的效果

作业：完成数据提取工作。

子任务 21　计算工资数据

个人工资有很多项目，有增加项目、扣款项目，还有个人所得税，而且这些数据经常变动，将这些项目作为模板输入 Excel 中，这样只需要改动数据，最终结果会随之变化。

步骤 1：单击工作表标签"计发工资"，选中 J2 单元格，计算"计发工资"字段，输入公式"＝G2+H2+I2"，或者输入公式"＝SUM(G2,H2,I2)"，又或者输入公式"＝SUM(G2:I2)"；按"Enter"键结束输入，如图 21.1 所示。（本子任务中表格数据的单位为"元"。）

G	H	I	J
基本工资	加班费	餐补	计发工资
5830.5	800	120	=SUM(G2:I2)

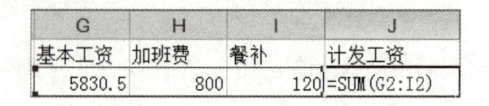

图 21.1 计算"计发工资"

提高：表示单元格区域的符号有三个：逗号、冒号和空格。逗号为"枚举运算符"，也称联合运算符，即多个单元格或区域的罗列，所有对象是并列的关系；冒号为"区域运算符"，冒号连接的两个单元格地址为一个矩形区域的两个角单元格,整个矩形区域都包括在内;空格为"交叉运算符",即空格连接的两个(或多个)区域的交叉部分,如果无交叉部分则提示出错。

步骤 2:移动鼠标指针至 J2 单元格的右下角,当鼠标指针变成填充柄(黑色实心十字形状)时,拖放填充柄至 J11 单元格,将所有单元格的"计发工资"计算出来。

步骤 3:计算"公积金",公积金为基本工资的百分之十(10%)。单击 K2 单元格,输入公式"=G2*10%",按"Enter"键,如图 21.2 所示。

G	H	I	J	K
基本工资	加班费	餐补	计发工资	公积金
5830.5	800	120	6750.5	=G2*10%

图 21.2 计算"公积金"

步骤 4:一般公积金为整数,更改公式,使计算出的公积金为整数,选中 K2 单元格,重新输入公式"=INT(G2*10%)",按"Enter"键,如图 21.3 所示。

G	H	I	J	K
基本工资	加班费	餐补	计发工资	公积金
5830.5	800	120	6750.5	=INT(G2*10%)

图 21.3 重新计算"公积金"

步骤 5:双击 K2 单元格的填充柄,将公式复制到 K11 单元格中。

技巧

(1)拖放填充柄与双击填充柄的区别是拖放填充柄可以拖放至任意单元格,而双击则会自动复制到数据区域的最后一行,当遇到第一个空白单元格时停止。

(2)先选中需要输入公式的区域,再输入公式,在输入完成后按"Ctrl+Enter"组合键,可以一步实现输入和复制。

步骤 6:计算"计扣工资"。选中 N2 单元格,输入公式"=K2+L2+M2";复制 N2 单元格到 N3:N11 区域。

步骤 7:计算"实发工资"。选中 O2 单元格,输入公式"=J2-N2",如图 21.4 所示;复制 O2 单元格到 O3:O11 区域。

J	K	L	M	N	O
计发工资	公积金	房租	水电费	计扣工资	实发工资
6750.5	583	450	100	1133	=J2-N2

图 21.4 计算"实发工资"

提高

(1)在步骤 6 和步骤 7 中复制公式时,公式中的单元格地址会随着公式地址的变化而变化,这种地址被称为"相对地址",输入 O2 单元格公式为"=J2-N2",复制公式到 O3 单元格时,将公式下移一行,则公式内的地址也下移一行,变为"J3-N3"。

> （2）Excel 中的单元格地址有三类：相对地址、绝对地址和混合地址。绝对地址需要在列号与行号前加上"$"（如$A$5），在使用时不随公式地址的变化而变化；混合地址则是在行号或列号前加上"$"（如$A1、A$1），在使用时，如果公式的行号和列号发生变化，公式中没有加上绝对符号（即$）的地址会发生变化，而加上绝对符号的地址不变。

步骤 8：计算"合计"。

选中 C12 单元格，选择"公式"→（"函数库"）→"其他函数"→"统计"→"COUNTA"选项，如图 21.5 所示。

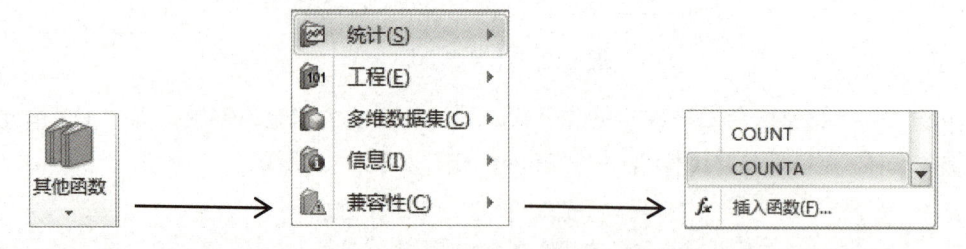

图 21.5　通过函数向导插入函数

打开"函数参数"对话框，如图 21.6 所示。

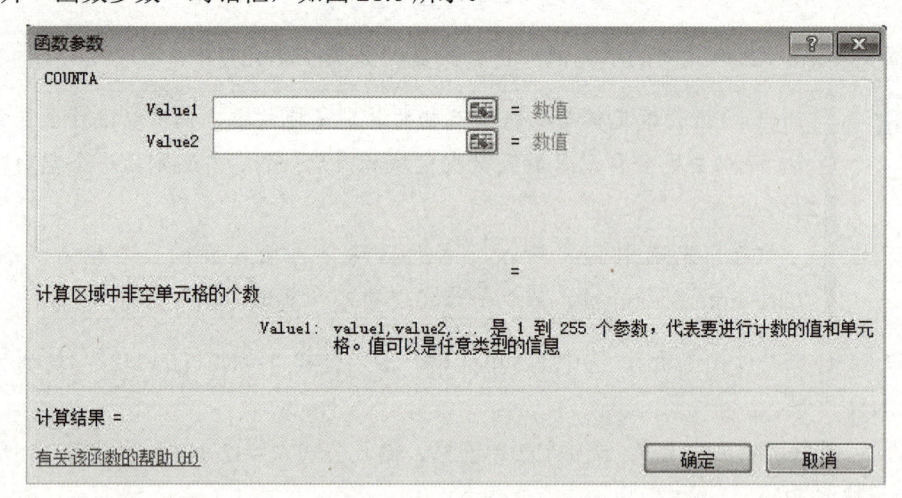

图 21.6　"函数参数"对话框

步骤 9：在"函数参数"对话框中，可以看到函数的说明为"计算区域中非空单元格的个数"。

单击"Value1"参数框后的选择区域按钮（），在工作表中拖曳鼠标选中 C2:C11 区域，选中的区域自动写进"函数参数"对话框。

先单击按钮返回，再单击"确定"按钮，在单元格中得到函数计算结果为"10"，同时在 C12 单元格中自动生成函数"=COUNTA(C2:C11)"。

> **提高**
>
> （1）与 COUNTA()函数相似的函数是 COUNT()函数，COUNT()函数用来统计区域中数字型的参数个数。
>
> （2）任何函数都可以通过选择"公式"→（"函数库"）→"插入函数"选项，先在打开的"插入函数"对话框中找到该函数，再通过向导插入；也可以直接在编辑栏中输入函数。

步骤 10：选中 G12 单元格，拖曳鼠标选中 G12:O12 区域。

先选中编辑栏，输入公式"=SUM("；再使用鼠标选中工作表的 G2 至 G11 单元格。按"Ctrl+Enter"组合键，结果在 G12:O12 区域中全部输入了求和公式。

步骤 11：选中 C13 单元格，输入公式"=COUNTIF(C2:C11,"男")"，输入完成后，按"Enter"键，得到结果。

选中 C14 单元格，输入公式"=COUNTIF(C2:C11,"女")"，输入完成后，按"Enter"键，得到结果。

步骤 12：选中 G13 单元格，输入公式"=SUMIF(C2:C11,"男",G2:G11)"，输入完成后，按"Enter"键，得到男职工的基本工资和。

选中 G14 单元格，输入公式"=SUMIF(C2:C11,"女",G2:G11)"，输入完成后，按"Enter"键，得到女职工的基本工资和。

> **提高**
>
> （1）SUMIF()函数是条件求和函数，格式为"SUMIF(条件计算区域,条件,[求和区域])"；如果"求和区域"省略，则直接计算"条件计算区域"中符合条件的和。
>
> （2）在步骤 11 和步骤 12 的第二步中，不宜采用拖放填充柄的方法，因为在公式中采用的是相对地址，如果拖放填充柄，则"条件计算区域"会发生偏差，导致计算错误，如图 21.7 所示。

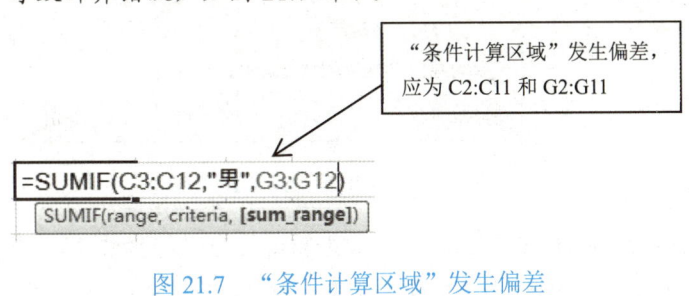

=SUMIF(C3:C12,"男",G3:G12)
SUMIF(range, criteria, [sum_range])

"条件计算区域"发生偏差，应为 C2:C11 和 G2:G11

图 21.7　"条件计算区域"发生偏差

步骤 13：选中 G13 单元格，修改第一个参数区域中的公式为绝对引用"=SUMIF($C$2:$C$11,"男",G2:G11)"，修改完成后按"Enter"键。

拖放 G13 单元格的填充柄至 O13 单元格，得到所有男职工工资的计算结果。

步骤 14：选中 G14 单元格并双击，编辑修改函数，选中函数中的 C2:C11 区域，按"F4"键，系统自动给区域的行和列加上绝对引用的符号"$"，按"Enter"键，得到结果。

拖放 G14 单元格的填充柄至 O14 单元格，得到所有女职工工资的计算结果，所有计算结果如图 21.8 所示。

	A	B	C	D	E	F	G	H	I	J	K	L	M	N	O
1	序号	姓名	性别	出生日期	学历	部门	基本工资	加班费	餐补	计发工资	公积金	房租	水电费	计扣工资	实发工资
2	1	王家鹏	女	1980/6/20	本科	营销部	5830.5	800	120	6750.5	583	450	100	1133	5617.5
3	2	冯志杰	男	1982/3/13	硕士	财务部	4890	760	112	5762	489	450	100	1039	4723
4	3	吴青松	男	1979/9/14	本科	总经办	6835.8	500	89	7424.8	683	450	100	1233	6191.8
5	4	印玉洁	女	1980/11/11	专科	营销部	4350.1	780	96	5226.1	435	450	100	985	4241.1
6	5	高俊	男	1983/2/10	博士	财务部	3490.3	720	108	4318.3	349	450	100	899	3419.3
7	6	丁俊	男	1981/1/17	本科	采购部	3000	450	86	3536	300	450	100	850	2686
8	7	张军玲	女	1980/12/4	硕士	广告部	6090.5	600	92	6782.5	609	450	100	1159	5623.5
9	8	赵星宇	男	1978/12/1	本科	人事部	2370.6	900	103	3373.6	237	450	100	787	2586.6
10	9	贾旻茜	女	1983/5/2	硕士	后勤部	4580.3	860	78	5518.3	458	450	100	1008	4510.3
11	10	张嘉惠	女	1977/10/16	博士	人事部	8850.7	630	80	9560.7	885	450	100	1435	8125.7
12		合计	10				50288.8	7000	964	58252.8	5028	4500	1000	10528	47724.8
13		男职工	5				20586.7	3330	498	24414.7	2058	2250	500	4808	19606.7
14		女职工	5				29702.1	3670	466	33838.1	2970	2250	500	5720	28118.1

图 21.8　所有计算结果

步骤 15：单击工作表标签"考勤"，选中 G2 单元格，选择"数据"→（"数据工具"）→"数据验证"→"数据验证"选项，打开"数据有效性"对话框，选择"设置"选项卡，设置"允许"为"序列"；在"来源"输入框中，输入"28,29,30,31"；单击"确定"按钮，如图 21.9 所示。

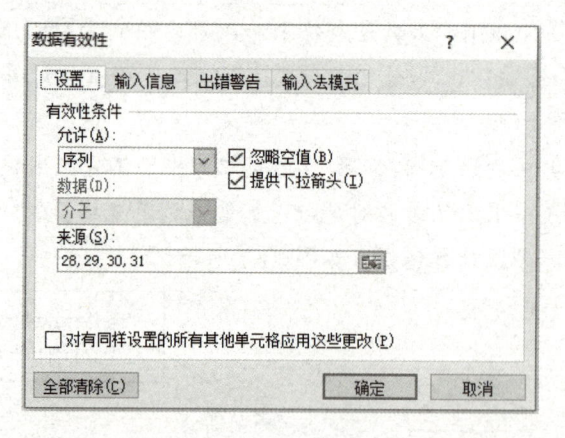

图 21.9　设置数据验证

步骤 16：选中 H2 单元格，设置数据验证，方式与步骤 15 相同。在"来源"框中输入"100,120,150"；选择实际当月的满勤天数，如 31 天；选择缺勤扣款，如 100 元。

步骤 17：选中 G1:H2 区域，单击"公式"→（"定义的名称"）→"根据所选内容创建"按钮，打开"以选定区域创建名称"对话框，仅勾选"首行"复选框，如图 21.10 所示，单击"确定"按钮。

步骤 18：选中 E2 单元格，输入公式"＝C2-IF(满勤天数>D2,(满勤天数-D2)*缺勤扣款,0)"，如图 21.11 所示。

任务 4　计算与分析销售数据

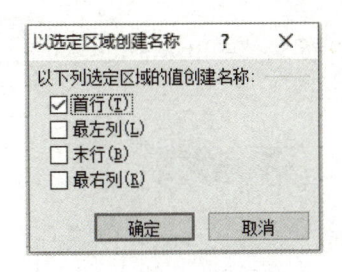

图 21.10　创建名称

图 21.11　计算工资

技巧

（1）在计算上例中的"满勤天数"与"缺勤扣款"两列数据时，如果使用单元格地址，则应该采用绝对引用，否则会出错。

（2）在公式或函数中使用区域名称，可以解决烦琐的绝对引用问题。

（3）在上面的公式中，先判断"满勤天数"与"出勤天数"之间的大小，如果"出勤天数"大于或等于"满勤天数"，则不扣工资，否则按"缺勤天数*缺勤扣款"来扣工资。

步骤 19：拖放 E2 单元格的填充柄至 E11 单元格，完成计算。

步骤 20：改变 G2 和 H2 单元格中的数值，可以动态计算"实发工资"。

作业

计算工资和个人收入所得税。

子任务 22　计算销售数据

销售数据包括分店名、产品名、单价和数量。在统计分析时，需要根据人员或产品将销售额统计出来。在 Excel 中，通过 SUMPRODUCT() 函数可以将符合条件的数据抽取出来，并进行一定的运算且求和，可以方便地得到想要的结果；另外，通过 SUM() 函数也可以实现多维数据的乘积和运算。

步骤 1：单击工作表标签"销售数据"，选中 K1 单元格，选择"公式"→（"函数库"）→"数学和三角函数"→"SUMPRODUCT"选项，打开"函数参数"对话框，如图 22.1 所示。

步骤 2：在"函数参数"对话框中，设置"Array1"为"E2:E21"，"Array2"为"F2:F21"，单击"确定"按钮。

在 K2 单元格中生成函数"=SUMPRODUCT(E2:E21,F2:F21)"，如图 22.2 所示。

基础

（1）SUMPRODUCT() 函数的功能是区域乘积求和，函数格式为 SUMPRODUCT(区域 1,[区域 2],…)，要求所有区域的大小与形状一样，函数返回所有区域中对应位置的数值乘积之和。

95

（2）步骤 2 的 K2 单元格中的函数也可以写成"= SUMPRODUCT((E2:E21)*(F2:F21))"。

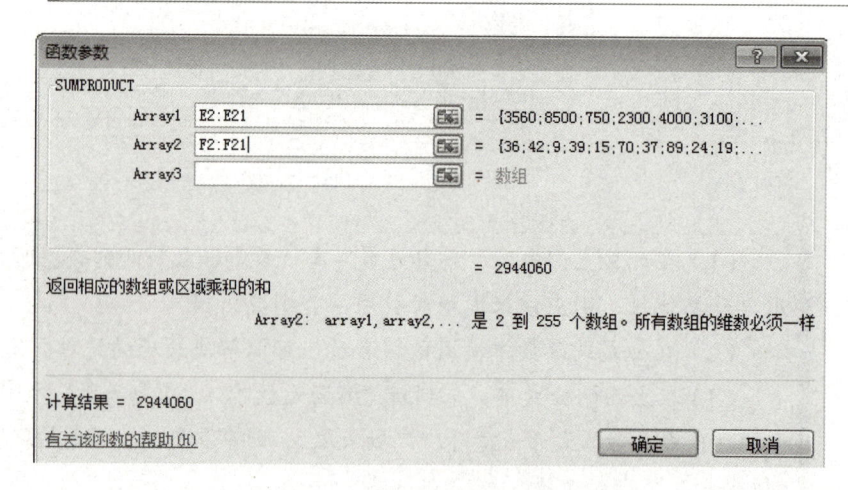

图 22.1　SUMPRODUCT()的"函数参数"对话框

图 22.2　SUMPRODUCT()函数

步骤 3：选中 K2 单元格，输入公式"=SUMPRODUCT((F2:F21)*((D2:D21)="冰箱"))"，按"Enter"键可以得到冰箱的销售总数量，如图 22.3 所示。

图 22.3　计算冰箱的销售总数量

解释：F2:F21 区域中为全部产品的销量数据；公式中"(D2:D21)="冰箱""产生一个新的区域（数组），结果为 1 或 0，冰箱单元格的结果为 1，否则为 0；两个区域中的数据相乘，则将后一区域中为 1 的销量数据保留下来，其余清除为 0，再对这个区域中的数据求和，就可以得到冰箱的总销量。

步骤 4：选中 K3 单元格，输入公式"=SUMPRODUCT((C2:C21="广陵")*(E2:E21)*(F2:F21))"，如图 22.4 所示。

解释：与上一步骤相同，只不过多了一个区域中的数据，结果为三个区域中的数据相乘再求和。

图 22.4　计算广陵的销售总额

步骤 5：选中 K4 单元格，输入公式"=SUMPRODUCT((B2:B21="薛晨")*(C2:C21="邗江")*(E2:E21)*(F2:F21))"，如图 22.5 所示。

解释：与上一步骤相同，再增加一个区域中的数据，四个区域中的数据相乘再求和。

| 薛晨在邗江的销售总额 | =SUMPRODUCT((B2:B21="薛晨")*(C2:C21="邗江")*(E2:E21)*(F2:F21)) |

图 22.5 计算薛晨在邗江的销售总额

> **提高**
> （1）SUMPRODUCT()函数默认支持数组，步骤 3、步骤 4 和步骤 5 中使用的数组功能，即区域直接相乘实为数组操作。
> （2）将步骤 3、步骤 4 和步骤 5 中的函数名称从"SUMPRODUCT"修改成"SUM"，其他不变，输入完成后，按"Ctrl+Shift+Enter"组合键，同样也可以得到正确结果，这里使用了 Excel 的数组功能。

步骤 6：选中 B26 单元格，选择"数据"→（"数据工具"）→"数据验证"→"数据验证"选项，打开"数据有效性"对话框，在"设置"选项卡中，设置"允许"为"序列"，单击"来源"输入框右侧的区域选择按钮，选中 B2:B21 区域；单击"确定"按钮，如图 22.6 所示。

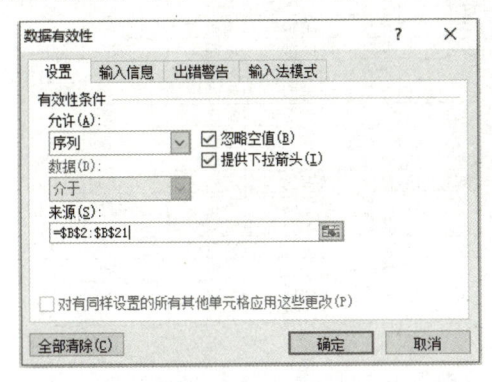

图 22.6 设置数据有效性

步骤 7：选中 C26 单元格，同步骤 6，数据来源为 C2:C21 区域。同样在 D26 单元格，设置数据验证，数据来源为 D2:D21 区域。为相应单元格选择任意数据。

步骤 8：选中 E26 单元格，输入公式"＝SUMPRODUCT((B2:B21=B26)*(C2:C21=C26)*(D2:D21=D26)*(E2:E21)*(F2:F21))"；在 E26 单元格中计算出销售员在对应地区对应产品的销售额，如图 22.7 所示。（本子任务中，表格数据的单位为"元"。）

销售员	地区	产品	销售额
张峰	广陵	手机	232500

图 22.7 综合运算结果

> **技巧**
> （1）步骤 8 的公式中的区域均可以定义名称，这样公式就更容易被读懂。
> （2）在步骤 8 中，可以使用条件格式，在数据区域将所选的销售员、地区、产品标记出来。

步骤 9：选中 B1:B20 区域，先选择"开始"→（"样式"）→"条件格式"→"突出显示

97

单元格规则"→"等于"选项,打开"等于"对话框,再选中 B26 单元格,如图 22.8 所示,单击"确定"按钮。

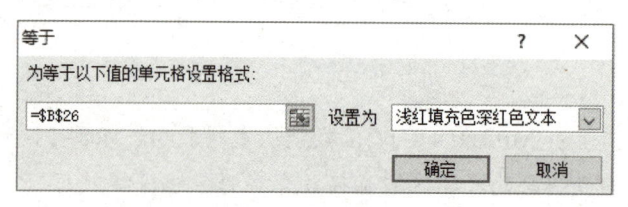

图 22.8 设置条件格式

步骤10:地区与产品的条件格式的设置与步骤 9 相同,效果如图 22.9 所示。

图 22.9 设置条件格式的数据区域效果

技巧

(1)在设置条件格式时,先选中条件格式作用区域,即目标区域,再设置条件格式。

(2)当"销售员""地区""产品"三个字段在同一行突出显示时,才会计算销售额,这样也便于数据溯源。

作业

计算水果的销售数据。

子任务 23　分析网店销售数据

网店每天会产生很多销售数据,在记录数据时,可以按日期、产品类别等分类记录。分析这些销售数据,不但可以预测未来的销量,还可以引导促销,增加销量。

网店数据分析的指标有以下几点。

（1）浏览量（PV）：网店中各页面被查看的次数。访客多次打开或刷新同一个页面，该指标值可以累加。

（2）访客数（UV）：网店中各页面的访问人数，即进入页面浏览商品的人数。在所选时间段内，会对同一访客多次访问进行去重计算。

（3）网页内停留时间：在所有访客访问网页的过程中，每位访客平均每次连续访问网页的时间，通常以秒为单位。

（4）客服数：进店访客与客服人员交流的客户数量。

（5）收藏数：在访客访问网页的过程中，添加收藏的总次数（包括首页、分类页面和宝贝页面的收藏次数）。

（6）点击率：进店的访客数量除以网店页面的总浏览量。

（7）转化率：在进店浏览的所有访客中，真实购买的人数占所有访客人数的比率。

步骤1：单击工作表标签"网店销售数据"，计算点击率、转化率、客服转化率和收藏转化率。

点击率计算公式如下。

$$点击率=访客数/浏览量*100\%$$

选中J2单击单元格，输入公式"＝E2/D2"，得到点击率结果为"0.8141"。

选中J2单元格，双击J2单元格的填充柄，得到J列剩余单元格中点击率的结果，如图23.1所示。

单击J列的标签，选中J列单元格，单击"开始"→（"数字"）→"百分比样式"按钮（%），J列中的数字以百分比显示，两次单击"开始"→（"数字"）→"增加小数位数"按钮，更改后的点击率如图23.2所示。

G	H	I	J
购买数	客服数	收藏数	点击率
134	10	67	0.8141
86	77	68	0.8673
37	4	75	0.9686
113	70	25	0.7095
120	64	81	0.8662

图23.1　计算点击率

G	H	I	J
购买数	客服数	收藏数	点击率
134	10	67	81.41%
86	77	68	86.73%
37	4	75	96.86%
113	70	25	70.95%
120	64	81	86.62%

图23.2　更改后的点击率

> **注意**
> （1）选中单元格或区域，将鼠标指针移至右下角，当鼠标指针变为填充柄时，可以拖放填充柄来复制（填充）单元格内容。
> （2）双击填充柄可以自动复制（填充）单元格内容，自动执行的范围由左侧的数据行决定，遇到空白行时停止。

步骤2：计算转化率，转化率计算公式如下。

$$转化率=购买数/访客数*100\%$$

选中K2单元格，输入公式"＝G2/E2"，得到转化率结果为"0.241007"。

选中K2单元格，双击K2单元格的填充柄，得到K列剩余单元格中转化率的结果，如图23.3所示。

单击K列标签，选中K列单元格，单击"开始"→（"数字"）→"百分比"按钮，K列单元格中的数值以百分比的形式显示，两次单击"开始"→（"数字"）→"增加小数位数"按钮，结果如图23.4所示。

I	J	K
收藏数	点击率	转化率
67	81.41%	0.241007
68	86.73%	0.168627
75	96.86%	0.044365
25	70.95%	0.137303
81	86.62%	0.128755
57	47.91%	0.269841

图23.3 计算转化率

I	J	K
收藏数	点击率	转化率
67	81.41%	24.10%
68	86.73%	16.86%
75	96.86%	4.44%
25	70.95%	13.73%
81	86.62%	12.88%
57	47.91%	26.98%

图23.4 更改转化率的结果

步骤3：计算客服转化率，客服转化率公式如下。

客服转化率=客服数/访客数*100%

选中L2单元格，输入公式"=H2/E2"，得到客服转化率的结果为"0.01798561"。

选中L2单元格，双击L2单元格的填充柄，得到L列剩余单元格中客服转化率的结果，如图23.5所示。

选中L列单元格，单击"开始"→（"数字"）→"百分比样式"按钮，L列单元格中的数值以百分比的形式显示，两次单击"开始"→（"数字"）→"增加小数位数样式"按钮，结果如图23.6所示。

J	K	L
点击率	转化率	客服转化率
81.41%	24.10%	0.01798561
86.73%	16.86%	0.15098039
96.86%	4.44%	0.00479616
70.95%	13.73%	0.08505468
86.62%	12.88%	0.06866953
47.91%	26.98%	0.18055556

图23.5 计算客服转化率

J	K	L
点击率	转化率	客服转化率
81.41%	24.10%	1.80%
86.73%	16.86%	15.10%
96.86%	4.44%	0.48%
70.95%	13.73%	8.51%
86.62%	12.88%	6.87%
47.91%	26.98%	18.06%

图23.6 更改客服转化率的结果

步骤4：计算收藏转化率，收藏转化率计算公式如下。

收藏转化率=收藏数/访客数*100%

选中M2单元格，输入公式"=I2/E2"，得到收藏转化率的结果为"0.1205036"。

选中M2单元格，双击M2单元格的填充柄，得到M列剩余单元格收藏转化率的结果，如图23.7所示。

选中M列单元格，单击"开始"→（"数字"）→"百分比样式"按钮，M列单元格中的数值以百分比的形式显示，两次单击"开始"→（"数字"）→"增加小数位数"按钮，结果如图23.8所示。

步骤5：统计销售数据。可以按时间、周次、商品类别统计一段时间的销售数据。

在A45:A51区域中按日期汇总统计销售量。选中D45单元格，输入公式"=SUMIF(A2:A43,A45,D2:D43)"，按"Enter"键得到的结果为5420。

再选中D45单元格，按"F2"键进行编辑；此步骤也可以通过双击D45单元格直接进入编辑状态；也可以在选中 D45 单元格后，在编辑栏中编辑公式。

转化率	客服转化率	收藏转化率
24.10%	1.80%	0.1205036
16.86%	15.10%	0.13333333
4.44%	0.48%	0.08992806
13.73%	8.51%	0.03037667
12.88%	6.87%	0.08690987
26.98%	18.06%	0.11309524

图 23.7 计算收藏转化率

转化率	客服转化率	收藏转化率
24.10%	1.80%	12.05%
16.86%	15.10%	13.33%
4.44%	0.48%	8.99%
13.73%	8.51%	3.04%
12.88%	6.87%	8.69%
26.98%	18.06%	11.31%

图 23.8 更改收藏转化率的结果

将鼠标指针移至公式中的 A2:A43 区域，反复按"F4"键，直到变成"$A$2:$A$43"，再次移动鼠标指针至 A45 单元格，反复按"F4"键，直到变成"$A$45"，整个公式变成如下样式。

=SUMIF($A$2:$A$43,$A$45,D2:D43)

修改公式后，直接按"Enter"键，完成修改并重新计算结果。

选中 D45 单元格，拖放填充柄至 I45 单元格，计算相应数据，结果如图 23.9 所示。

| 5月5日 | | | 5420 | 4159 | | 125 | 626 | 316 | 373 |

图 23.9 按日期计算汇总数据的结果

选中 J45 单元格，输入公式"=E45/D45"；选中 K45 单元格，输入公式"=G45/E45"；选中 L45 单元格，输入公式"=H45/E45"；选中 M45 单元格，输入公式"=I45/E45"。

选中 J45:M45 区域，单击"开始"→（"数字"）→"百分比样式"按钮，两次单击"开始"→（"数字"）→"增加小数位数"按钮，结果如图 23.10 所示。

| 76.73% | 15.05% | 7.60% | 8.97% |

图 23.10 按日期计算各比率的结果

步骤 6：按步骤 5 计算 D46:M51 区域的数据，如图 23.11 所示。

5月5日		5420	4159	125	626	316	373	76.73%	15.05%	7.60%	8.97%
5月6日		5604	4563	145	485	391	328	81.42%	10.63%	8.57%	7.19%
5月7日		4444	3451	134	440	282	315	77.66%	12.75%	8.17%	9.13%
5月8日		6161	4561	142	520	304	340	74.03%	11.40%	6.67%	7.45%
5月9日		5810	4526	189	361	349	306	77.90%	7.98%	7.71%	6.76%
5月10日		5403	4390	167	325	320	317	81.25%	7.40%	7.29%	7.22%
5月11日		5704	4382	121	386	216	283	76.82%	8.81%	4.93%	6.46%

图 23.11 按日期汇总计算

> **基础**
>
> （1）SUMIF()函数。SUMIF()函数可用于对区域中符合指定条件的数值求和。例如，如果某列中包含数字，而需要对大于 5 的数值求和，则语法如下"SUMIF(范围,条件区域,[求和区域])"。
>
> （2）如果忽略"求和区域"，则条件区域就是求和区域。

步骤 7：按商品类目统计汇总数据。

B52:B58 区域中的数据是按商品类目汇总统计销售量。

选中 D52 单元格，输入公式"=SUMIF($C$2:$C$43,$C$52,D2:D43)"，按"Enter"键后得到的结果为"6355"。

选中 D52 单元格，拖放填充柄至 I52 单元格，计算相应数据，结果如图 23.12 所示。

| 太阳眼镜 | 6355 | 4965 | 217 | 481 | 160 | 262 |

图 23.12　按类目计算汇总数据的结果

选中 J52 单元格，输入公式"=E52/D52"；选中 K52 单元格，输入公式"=G52/E52"；选中 L52 单元格，输入公式"=H52/E52"；选中 M52 单元格，输入公式"=I52/E52"。

选中 J52:M52 区域，单击"开始"→（"数字"）→"百分比样式"按钮，两次单击"开始"→（"数字"）→"增加小数位数"按钮，结果如图 23.13 所示。

| 78.13% | 9.69% | 3.22% | 5.28% |

图 23.13　按类目计算各个比率的结果

步骤 8：按类目汇总计算，结果如图 23.14 所示。

太阳眼镜	6355	4965	217	481	160	262	78.13%	9.69%	3.22%	5.28%
光学眼镜	6145	5013	141	467	355	472	81.58%	9.32%	7.08%	9.42%
护目镜	6065	5235	159	510	414	443	86.31%	9.74%	7.91%	8.46%
老花眼镜	6803	5099	173	514	474	361	74.95%	10.08%	9.30%	7.08%
偏光太阳镜	7170	5610	164	607	390	352	78.24%	10.82%	6.95%	6.27%
运动眼镜	6008	4110	169	564	385	372	68.41%	13.72%	9.37%	9.05%

图 23.14　按类目汇总计算的结果

步骤 9：查看数据。

选中 J2:J43 区域，选择"开始"→（"样式"）→"条件格式"→"项目选取规则"→"前 10%"选项，如图 23.15 所示。

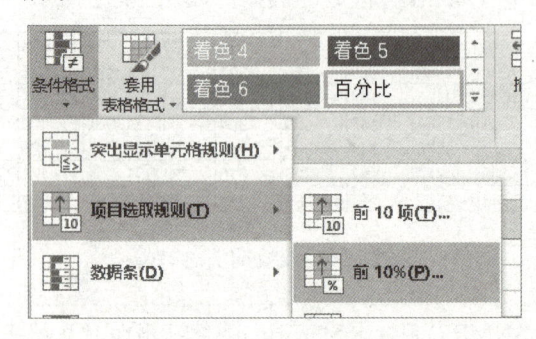

图 23.15　设置条件格式

在打开的设置条件格式的对话框中，设置值最大的前 10%的单元格格式为"浅红填充色深红色文本"。单击"确定"按钮，则选中区域中，数据较大的前 10%数据改为"浅红填充色深红色文本"，如图 23.16 所示。

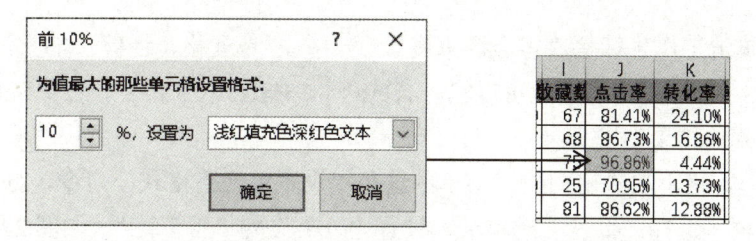

图 23.16 设置前 10%格式

步骤 10：依照步骤 9，将 K2:K43 区域、L2:L43 区域、M2:M43 区域、J45:J57 区域、K45:K57 区域、L45:L57 区域、M45:M57 区域设置为同样的条件格式，结果如图 23.17 所示。

图 23.17 设置条件格式后的结果

设置条件格式后，位于前 10%的数据更加醒目，可以很容易地查看哪些日期、哪些类目更能吸引流量。

作业：计算电脑销售公司的相关数据。

子任务 24　分析客服数据

分析客服数据可以帮助企业了解客户的需求和问题，从而改进客服水平，提升客户满意度。以下是一些常用的客服数据分析方法。

问题分类：对客服记录的问题进行分类和统计，了解不同类型问题出现的频率和原因。
问题解决率：统计客服团队解决问题的比率，避免问题被拖延或无法解决。
客户满意度：通过收集客户满意度调查问卷，了解客户对客服服务的评价。
关联分析：将满意度数据和其他指标进行关联分析，找出提高满意度的关键因素。
数据趋势分析：通过对不同时间段的数据进行比较和分析，了解客户需求和问题的变化趋势，及时调整客服策略和服务优先级。

步骤 1：单击工作表标签"客服满意度"，选中 G3 单元格，计算"非常满意率"，输入公式"=C3/(C3+D3+E3+F3)"；也可以输入公式"= C3/SUM(C3:F3)"。按"Enter"键得到结果，非常满意率的结果为 1。

右击 G3 单元格，在弹出的快捷菜单中选择"设置单元格格式"命令，打开"设置单元格格式"对话框，选择"数字"选项卡，设置"分类"为"百分比"，如图 24.1 所示。

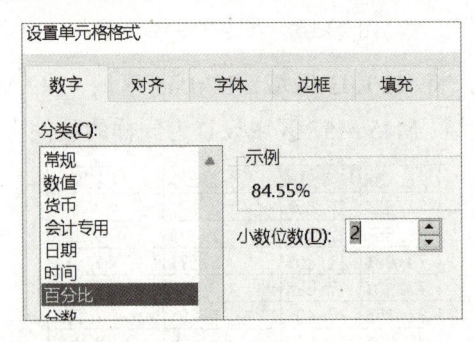

图 24.1 设置数字"分类"为"百分比"

单击"确定"按钮，非常满意率的结果为"84.55%"。

步骤 2：设置待输入数据区域的格式。

选中 G4 单元格，拖曳鼠标至 G11 单元格，即选中 G4:G14 区域；按住鼠标不放，再选中 H3:H14 区域。在选中的区域右击，在弹出的快捷菜单中选择"设置单元格格式"命令，打开"设置单元格格式"对话框。在"数字"选项卡中设置"分类"为"百分比"。这样为整个选中区域设置了百分比格式。

步骤 3：选中 G3 单元格，拖放 G3 单元格的填充柄至 G12 单元格。

由于工作表中有空白行单元格，因此在 G5 单元格中出现了错误，主要原因是公式的分母为 0，为了避免这种情况出现，应该修改 G 列单元格中的公式。

选中 G3 单元格，将 G3 单元格的公式改为"=IF(SUM(C3:F3),C3/SUM(C3:F3),0)"，再拖放填充柄至 G12 单元格，得到正确结果，G5 单元格中的值为 0.00%，如图 24.2 所示。

图 24.2 对比不同公式的结果

解释：SUM(C3:F3)用于求和得到总票数，在公式中首先作为 IF()函数的逻辑判断表达式，如果是"非 0"，则为"真"，取第二个参数输入公式"C3/SUM(C3:F3)"，如果"为 0"，则取第三个参数为 0，这样就能有效地避免分母为 0 的错误计算结果。

> **提高**
>
> （1）在逻辑判断中，有时不使用逻辑判断表达式，而直接使用数字来表示，这是因为在 Excel 中，非 0 的值在逻辑表达式中被当作"真"，而 0 在逻辑表达式中被当作"假"。如 "=IF(0,2,4)" 的结果为 4，而 "=IF(1,2,3)" 的结果为 2。
>
> （2）在 Excel 中，错误信息有八种。①####，错误原因是输入单元格中的数值太长或公式产生的结果太长，单元格容纳不下；解决方法为适当增加列的宽度。②#DIV/0!，错误原因是除法运算时除数为 0；解决方法为修改除数为非零值。③#N/A，错误原因是在函数或公式中没有可用的数值；解决方法为如果工作表中某些单元格暂时没有数值，则在这些单元格中输入 #N/A，公式在引用这些单元格时，将不进行数值计算，而是返回 #N/A。④#NAME!，错误原因是在公式中使用了 Excel 不能识别的文本；解决方法为确认使用的名称确实存在，如果所需的名称没有被列出，则添加相应的名称，如果名称存在拼写错误，则修改拼写错误。⑤#NULL!，错误原因是为两个并不相交的区域指定了交叉；解决方法为如果要引用两个不相交的区域，则使用合并运算符。⑥#NUM!，错误原因是公式或函数中某些数字有问题；解决方法为检查数字是否超出限定区域，确认函数中使用的参数类型是否正确。⑦#REF!，错误原因是单元格引用无效；解决方法为更改公式中的单元格或区域引用。⑧#Value!，错误原因是使用错误的参数或运算对象类型，或者自动更改公式功能不能更正公式；解决方法为确认公式或函数所需的参数或运算符是否正确，并确认公式引用的单元格中是否为有效的数值。

步骤 4：选中 H3 单元格，输入公式 "=IF(SUM(C3:F3),F3/SUM(C3:F3),0)"，由于在步骤 2 中设置了百分比格式，因此得到的百分比结果为 "1.78%"。

拖放 H3 单元格的填充柄至 H12 单元格，得到全部结果，如图 24.3 所示。

不满意率
1.78%
2.12%
0.00%
1.86%
5.14%
8.68%
2.22%
1.42%
1.04%
3.07%

图 24.3　不满意率全部结果

步骤 5：选中 C13 单元格，输入公式"=AVERAGE(C3:C12)"，得到"非常满意"的平均值为"4222.22"。拖放 C13 单元格的填充柄至 H13 单元格，得到全部平均值的结果，如图 24.4 所示。

| 平均 | 4222.22 | 893.67 | 365.44 | 147.89 | 64.42% | 2.73% |

图 24.4　平均值的结果

> **提高**
> （1）AVERAGE()函数是求平均值函数，格式为" = AVERAGE(单元格或区域 1,[单元格或区域 2],…)"。
> （2）AVERAGE()函数在计算平均值时，如果区域或单元格引用的参数包含文本、逻辑值或空单元格，则这些值将被忽略，而 0 值将被计算在内。

步骤 6：选中 I3 单元格，计算总体满意率，输入公式"=SUM(C3:C5)/SUM(C3:F5)"，得到结果。选中 I3 单元格，单击"开始"→（"数字"）→"百分比样式"按钮，将单元格中的数字转换为百分比格式。

选中 I3 单元格，单击"开始"→（"数字"）→"增加小数位数"按钮，增加单元格中数字的小数位数为 2，最终结果如图 24.5 所示。

步骤 7：参照步骤 6，计算总体满意率和总体不满意率。

选中 J2 单元格，输入公式"=SUM(F3:F5)/SUM(C3:F5)"；选中 I6 单元格，输入公式"=SUM(C6:C9)/SUM(C6:F9)"；选中 J6 单元格，输入公式"=SUM(F6:F9)/SUM(C6:F9)"；选中 I10 单元格，输入公式"=SUM(C10:C12)/SUM(C10:F12)"；选中 J10 单元格，输入公式"=SUM(F10:F12)/SUM(C10:F12)"；选中 I13 单元格，输入公式"=SUM(C3:C12)/SUM(C3:F12)"；选中 J13 单元格，输入公式"=SUM(F3:F12)/SUM(C3:F12)"。

统一设置这些单元格格式为百分比格式、2 位小数位数，计算结果如图 24.6 所示。

不满意率	总体满意率
1.78%	
2.12%	82.79%
0.00%	

图 24.5　总体满意率的最终结果

总体满意率	总体不满意率
82.79%	1.94%
67.72%	3.78%
75.26%	1.90%
75.01%	2.63%

图 24.6　总体满意率和总体不满意率的计算结果

通过数据分析发现，售中阶段的总体满意率较低，总体不满意率较高。

> **作业**
> 完成客服人员评分表的计算。

子任务 25　分级和合并计算工资

工资数据是企业的重要数据，在统计时既要有明细，又要有汇总。通过分级显示，可以将明细隐藏起来，仅显示汇总，方便用户使用。对于没有汇总行的数据，可以手动插入汇总行，形成符合要求的数据格式。

当有多个零散的数据需要合并时，可以采用合并计算。合并计算可以将行标签、列标签中完全一样的数据合并起来，免去了一一对比、再次合并计算的麻烦。

步骤 1：单击工作表标签"分级显示"。

步骤 2：G 列单元格为计发工资，K 列单元格为计扣工资，L 列单元格为实发工资，单元格内容是使用求和公式计算得来的。单击 D12 单元格，查看一月合计，D12 单元格中的数据为一月份工资的合计值。

步骤 3：选中工作表内任意单元格，如 B5，选择"数据"→("分级显示")→"创建组"→"自动建立分级显示"选项，如图 25.1 所示。

步骤 4：在工作表内行、列自动创建数据将分级显示，如图 25.2 所示。（本子任务中，表格数据的单位为"元"。）

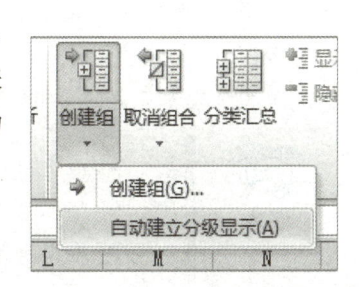

图 25.1　创建分级显示

基础
（1）通过 Excel 的分级显示功能，可以直观地展示数据的层次关系和结构，用户更容易理解和分析数据，并进行数据的可视化展示和报表制作。

（2）分级显示一般要求数据中要有汇总字段或汇总行（列），便于简化数据表格、更快速地浏览和分析数据，也便于数据分析和比较。

	A	B	C	D	E	F	G	H	I	J	K	L
1	姓名	月份	部门	基本工资	加班费	餐补	计发工资	公积金	房租	水电费	计扣工资	实发工资
2	王家鹏	一月	营销部	5830.5	800	120	6750.5	810.06	450	100	1360.06	5390.44
3	冯志杰	一月	财务部	4890	760	112	5762	691.44	450	100	1241.44	4520.56
4	吴青松	一月	总经办	6835.8	500	89	7424.8	890.976	450	100	1440.976	5983.824
5	印玉洁	一月	营销部	4350.1	780	96	5226.1	627.132	450	100	1177.132	4048.968
6	高俊	一月	财务部	3490.3	720	108	4318.3	518.196	450	100	1068.196	3250.104
7	丁俊	一月	采购部	3000	450	86	3536	424.32	450	100	974.32	2561.68
8	张军玲	一月	广告部	6090.5	600	92	6782.5	813.9	450	100	1363.9	5418.6
9	赵星宇	一月	人事部	2370.6	900	103	3373.6	404.832	450	100	954.832	2418.768
10	贾昊茜	一月	后勤部	4580.3	860	78	5518.3	662.196	450	100	1212.196	4306.104
11	张嘉惠	一月	人事部	8850.7	630	80	9560.7	1147.284	450	100	1697.284	7863.416
12	一月合计			50288.8	7000	964	58252.8	6990.336	4500	1000	12490.34	45762.46
13	王家鹏	二月	营销部	7694	504	71	8269	992.28	450	100	1542.28	6726.72
14	冯志杰	二月	财务部	7972	312		8375	1005	450	100	1555	6820

图 25.2　分级显示

分级的依据是数据表中的汇总行（列）。

步骤 5：单击行级别数字"1"或列级别数字"1"，可以隐藏内容明细，仅显示汇总项，如图 25.3 所示。分级显示数字，并调整显示级别。

图 25.3　仅显示汇总项的分级显示

> **技巧**
> （1）单击分级区域的"+"或"-"按钮，可以展开或隐藏明细数据。
> （2）分级显示操作不可以撤销，但是可以取消分级显示状态。

步骤 6：选择"数据"→（"分级显示"）→"取消组合"→"取消分级显示"选项，数据区域的分级显示状态被取消，恢复到原始状态。

> **提高**
> 数据分组也可以实现分级效果，选中数据明细行，如 2:11 单元格，选择"数据"→（"分级显示"）→"创建组"→"创建组"选项，为一月数据创建一个组，其他月份以此类推；这样在行上就创建了三个组，隐藏明细，则可以仅显示三个月的汇总数据，如图 25.4 所示。

图 25.4　分组显示

步骤 7：单击工作表标签"合并计算"，选中 A31 单元格，单击"数据"→（"数据工具"）→"合并计算"按钮，打开"合并计算"对话框。在"函数"下拉列表中，选择"求和"选项。

先直接在数据区域中拖曳鼠标，选中 A1:L9 区域，单击对话框中"添加"按钮；再拖曳鼠标选中 A11:L19 区域，单击对话框中的"添加"按钮；最后拖曳鼠标选中 A21:L29 区域，并单击对话框中的"添加"按钮。勾选对话框中的"首行"和"最左列"复选框，设置合并计算如图 25.5 所示。

图 25.5　设置合并计算（1）

单击"确定"按钮完成合并计算，结果如图 25.6 所示。

	月份	部门	基本工资	加班费	餐补	计发工资	公积金	房租	水电费	计扣工资	实发工资
32 王家鹏			11292	1242	260	12794	1535	900	200	2635	10158
33 冯志杰			9801	1414	230	11445	1373	900	200	2473	8972
34 吴青松			19869	1545	389	21803	2616	1350	300	4266	17536
35 印玉洁			11971	1036	210	13217	1586	900	200	2686	10531
36 高俊			13845	1184	233	15262	1831	900	200	2931	12331
37 丁俊			16098	1464	283	17845	2141	1350	300	3791	14054
38 张军玲			17570	1876	244	19690	2363	1350	300	4013	15677
39 赵星宇			7036	1447	212	8695	1043	900	200	2143	6551
40 贾旻茜			11422	1339	205	12966	1556	900	200	2656	10310
41 张嘉惠			22261	1864	214	24339	2921	1350	300	4571	19768

图 25.6　合并计算结果（1）

提高

（1）合并计算可以将几组数据区域合并起来。合并的计算方式可以是求和、平均、计数等。

（2）仅在行、列标签相同的情况下，才执行合并计算。

（3）合并计算的数据内容可以分布在不同的工作表中。

步骤 8：合并计算可以用于数据的差异比较。

单击工作表标签"数据对比"，选中 A15 单元格，单击"数据"→（"数据工具"）→"合并计算"按钮，打开"合并计算"对话框。

首先在"函数"下拉列表中，选择"求和"选项；然后直接在数据区域选中 A1:B11 区域，单击"添加"按钮；再拖曳鼠标在数据区域选中 D1:E11 区域，单击"添加"按钮；最后勾选对话框中的"首行"和"最左列"复选框，如图 25.7 所示。单击"确定"按钮，在 A15:C25 区域中显示的合并计算结果，如图 25.8 所示。

	旧工号	新工号
15		
16 王家鹏	1001	1001
17 冯志杰	1002	1002
18 吴青松	2003	2004
19 印玉洁	2008	2008
20 高俊	3102	3104
21 丁俊	4509	4508
22 张军玲	3328	3328
23 赵星宇	7630	7629
24 贾旻茜	8820	8820
25 张嘉惠	5532	5532

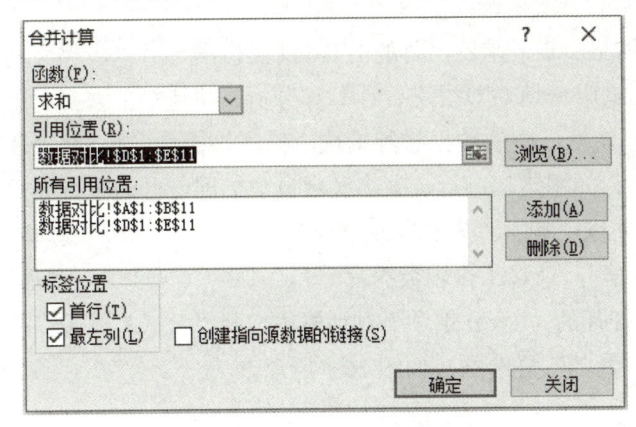

图 25.7　设置合并计算（2）　　　　图 25.8　合并计算结果（2）

步骤 9：选中 D16 单元格，输入公式"=IF(B16=C16,"","不一样")"。拖放 D16 单元格的填充柄至 D25 单元格，得到工号检验结果，如图 25.9 所示。

技巧

（1）在步骤 9 中，输入公式"=IF(B16=C16,"","不一样")"后，运算结果为空白，这是由于新旧工号一样，不进行任何显示；如果新旧工号不一样，则显示"不一样"。

（2）在新旧工号对比的任务中，故意将标题改成不一样的，如果标题一样，则进行合并计算。此处只是要求将同一员工的两个工号列出，并不需要真正的合并计算。

	旧工号	新工号	
15			
16 王家鹏	1001	1001	
17 冯志杰	1002	1002	
18 吴青松	2003	2004	不一样
19 印玉洁	2008	2008	
20 高俊	3102	3104	不一样
21 丁俊	4509	4508	不一样
22 张军玲	3328	3328	
23 赵星宇	7630	7629	不一样
24 贾旻茜	8820	8820	
25 张嘉惠	5532	5532	

图 25.9　工号检验结果

作业　合并计算公司员工的工资数据。

子任务 26　使用表格功能计算销售数据

表格，也称"列表"，不是指普通的 Excel 工作表，而是指 Excel 提供的一种"表格"功能。在 Excel 中，通过创建"表格"，能够轻松地对数据进行计算和分析，并且使之独立于工作表中其他行（列）的数据，单独对"表格"中的数据进行筛选、排序等操作。另外，"表格"还具有一些常规表格不具备的特性，如固定标题行、表格区域自动扩展、自动填充公式等，Power Query、Power Pivot 等加载项也依赖于"表格"功能。

步骤 1：单击工作表标签"销售数据"，查看工作表数据。

选择"文件"→"选项"命令，在打开的"Excel 选项"对话框中选择"公式"选项，在对话框右侧区域中勾选"在公式中使用表名"复选框，如图 26.1 所示。

使用公式
- □ R1C1 引用样式(R)
- ☑ 公式记忆式键入(F)
- ☑ 在公式中使用表名(T)
- ☑ 使用 GetPivotData 函数获取数据透视表引用(P)

图 26.1　在公式中使用表名

步骤 2：选中所有数据，或者选中任意一个单元格，如 D5 单元格，单击"插入"→（"表格"）→"表格"按钮，打开"创建表"对话框，此时，软件自动选中所有数据区域。

步骤 3：查看"创建表"中的数据来源区域，勾选"表包含标题"复选框，如图 26.2 所示。完成后，单击"确定"按钮。

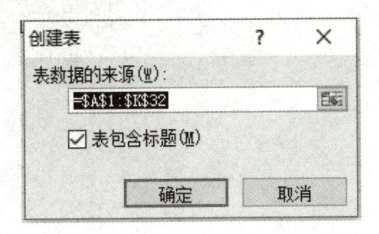

图 26.2　创建表

步骤 4：数据区域形成了一张表格；在数据区域中，标题行增加了筛选标记；并出现上下文选项卡"表格工具"，如图 26.3 所示。

选择"表格工具"上下文选项卡中的"设计"选项卡，在"表名称"输入框中输入新建的表格名称"mytable"，如图 26.4 所示。

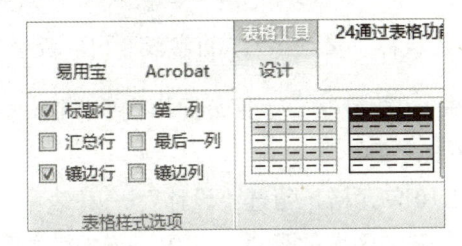

图 26.3　上下文选项卡

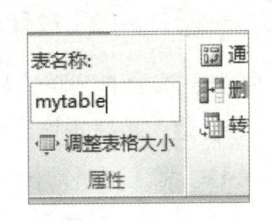

图 26.4　命名表格

注意

（1）表格命名相当于"区域命名"，但是在表格命名后，名称指向的数据区域会随着数据行的增加而扩大。例如，在上面步骤中 mytable 指向的数据区域是 A2:K32，如果用户在第 33 行单元格中增加数据，则 mytable 指向的数据区域是 A2:K33。

（2）创建的表格，可以被删除，也可以被转换成区域。

步骤 5：选中 M2 单元格，输入"总销量"；选中 M3 单元格，输入"总销售额"。

步骤 6：选中 N2 单元格，输入公式"=sum(mytable[数量])"，得到总销量；在输入时，Excel 会自动出现表格提示，如图 26.5 所示。

选中 N3 单元格，输入公式"=SUM(mytable[销售额])"，得到总销售额。

步骤 7：选中 A33 单元格，任意输入一行数据； 在 N2、N3 单元格中会自动更新表格汇总结果。

步骤 8：选中 L1 单元格，输入"利润率"，输入后按"Enter"键，L 列单元格中的数据自动更新到表格"mytable"中。

步骤 9：选中 L2 单元格，输入公式"=([@销售价]-[@进货价])/[@进货价]"，输入完成

111

后按"Enter"键，L 列单元格中自动出现公式结果。

图 26.5　输入表格公式

> **技巧**
> （1）在步骤 9 输入公式时，直接单击同行的字段，就会出现表格字段名称，如"[@销售价]"。
> （2）同行表格可以使用表格区域符，格式为"[@[字段名]:[字段名]]"。

步骤 10：选中 L 列单元格，单击"开始"→（"数字"）→"百分比样式"按钮，并单击"增加小数位数"按钮来增加两位小数，如图 26.6 所示。

步骤 11：选中表格的任意一个单元格，如 B10 单元格，勾选"设计"→（"表格样式选项"）→"汇总行"复选框，如图 26.7 所示。在表格区域的最后一行中，增加汇总行，如图 24.8 所示。

图 26.6　设置利润率　　　　图 26.7　增加汇总行

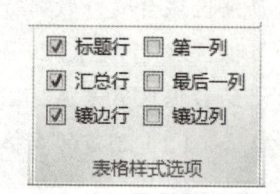

图 26.8　表格汇总行

选中 G33 单元格，自动出现下拉列表，选择"求和"选项，如图 26.9 所示。

对 H33、I33、J33、L33 四个单元格进行同样的操作设置求平均。K33 单元格设置求和，最终结果如图 26.10 所示。

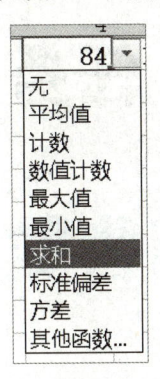

图 26.9　设置求和

图 26.10　最终结果

提高

（1）在步骤 11 中，汇总单元格的公式为"=SUBTOTAL(109,[销售额])"，SUBTOTAL()是分类汇总函数，109 是求和代号忽略隐藏值。

（2）如果带有汇总行，则只有在汇总行上面插入的内容才会被纳入表格中；在汇总行下面插入的内容，不会被自动纳入表格中。

作业

在工作表中创建表格，并完成计算。

任务 5

查找销售数据

任务说明

Excel 的查找和筛选功能可以帮助用户快速定位到特定的数据或内容，但它们有一些不同的用途和操作方式，具体介绍如下。

（1）查找功能：Excel 的查找功能用于查找指定的内容或值。用户可以使用"Ctrl + F"组合键，或者选择"开始"→（"编辑"）→"查找和选择"→"查找"选项，打开"查找"对话框。在"查找"对话框中输入要查找的内容或值，Excel 会自动定位到第一个匹配到的单元格，并且可以循环查找下一个匹配项。查找功能常用于快速定位特定的数据或内容。Excel 还有一种查找方式，就是借助函数根据数据行（列）的某一个字段查找同一行（同一列）的另一个字段数据。

（2）筛选功能：Excel 的筛选功能用于根据指定的条件过滤数据。用户可以在某一列中设置筛选条件。例如，筛选某个数值范围、筛选某个文本内容等。Excel 会根据筛选条件自动隐藏不符合条件的行，只显示符合条件的行。用户还可以设置多个筛选条件，并且可以自由组合不同条件的方式筛选逻辑。筛选功能常用于快速抽取、分析特定条件下的数据。

总结起来，查找功能用于快速定位指定的数据或内容，而筛选功能用于根据指定的条件过滤数据。二者在 Excel 中都有自己独特的应用场景，可以根据具体需求选择使用。本任务主要是在数据清单中查找目标数据。查找数据有两种情况，一种是直接搜索目标数据，另一种是搜索与目标数据相关的数据。在本任务中，可以对查找数据进行多重优化，Excel 不仅可以在数据区域中突显被查找的数据，还可以单独显示查找结果。在 Excel 中，另一种查找数据的方法是筛选。在本任务中，用户可以通过自动筛选和高级筛选功能来分别筛选数据。

子任务 27 查找和替换商务数据

一般意义上的"查找"就如同 Windows 平台的"搜索"。使用 Excel 提供的编辑功能，可以查找或替换一个工作表中的单元格数据。

步骤 1：单击工作表标签"工资"。

选中任意单元格，如 D2 单元格，选择"开始"→（"编辑"）→"查找和选择"→"查找"选项，在打开的"查找和替换"对话框中，选择"查找"选项卡，在"查找内容"输入框中输入"赵创"，如图 27.1 所示。

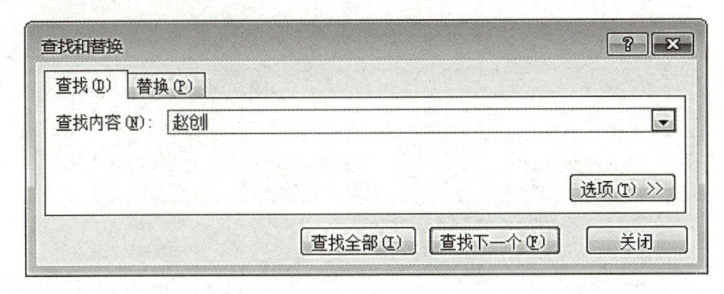

图 27.1　查找数据

单击"查找下一个"按钮，鼠标指针将悬停在第一个找到搜索数据的单元格上，如果找不到正在搜索的数据，则弹出提示框，如图 27.2 所示。

图 27.2　"找不到正在搜索的数据"提示框

步骤 2：选中任意单元格，如 D2 单元格，选择"开始"→（"编辑"）→"查找和选择"→"替换"选项，在打开的"查找和替换"对话框中，选择"替换"选项卡，在"查找内容"输入框中输入"财务部"，在"替换为"输入框中输入"人事部"，如图 27.3 所示。

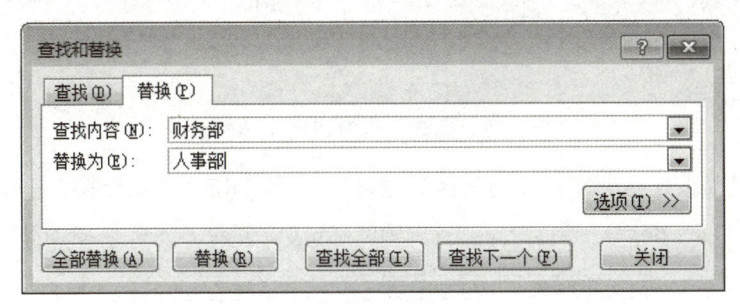

图 27.3　替换数据

逐个替换数据则单击"替换"按钮，一次性全部替换数据则单击"全部替换"按钮。

注意

在 Excel 中，单击"查找和替换"对话框中的"选项"按钮，进行查找与替换时可以按范围选择，有工作表和工作簿；搜索方式可以按行或按列；查找范围可以按公式、值或批注；所有的查找与替换都可以设置区分大小写、匹配单元格、区分全半角，从而提高搜索效率。

步骤 3：替换为带格式的文本。

选中任意单元格，如 E5 单元格，选择"开始"→（"编辑"）→"查找和选择"→"替换"选项，在打开的"查找和替换"对话框的"替换"选项卡的"查找内容"输入框中输入"信贷部"，在"替换为"输入框中输入"信贷部"，单击"选项"按钮，可以显示扩展选项，如图 27.4 所示。

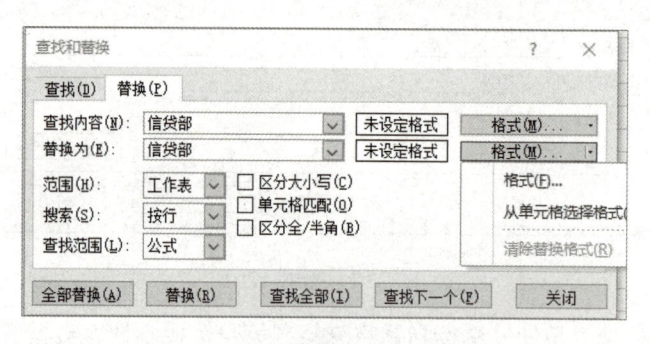

图 27.4　替换的扩展选项

步骤 4：在"查找和替换"对话框中选择"格式"→"格式"选项，在打开的"替换格式"对话框中，单击"字体"选项卡，设置字体格式为"黑体、红色、加粗"，如图 27.5 所示。

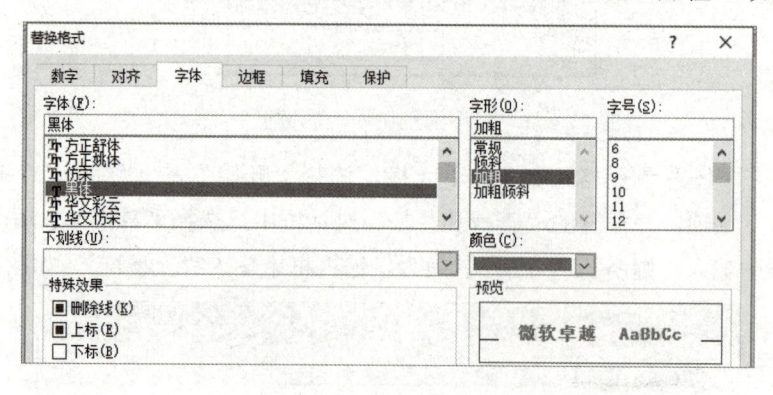

图 27.5　设置替换对象的字体格式

单击"确定"按钮返回"查找与替换"对话框，再单击"全部替换"按钮，将数据区域中所有的"信贷部"改成"黑体、红色、加粗"格式，替换后的效果如图 27.6 所示。

图 27.6　格式替换后的效果

116

> **技巧**
> （1）如果对工作表中较多重复的内容设置格式，使用带格式替换则是简单有效的方法。
> （2）如果数据区域中，同样的内容，有的带格式，有的不带格式；在替换时，可以针对带有格式（或不带格式）的内容进行替换；但在替换时，查找内容的格式设置一定要正确。

步骤 5：定位到单元格。

选择"开始"→（"编辑"）→"查找和选择"→"转到"选项，打开"定位"对话框。

在"定位"对话框中的"引用位置"输入框中，输入想要定位到的单元格，如"E10"，如图 27.7 所示。

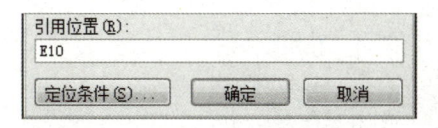

图 27.7　定位到某个单元格

输入完成后，单击"确定"按钮，则鼠标指针将定位到 E10 单元格。

步骤 6：定位到特定单元格。在扣发工资没有数据的单元格中统一输入"50"。

单击 I 列标签，选中整个 I 列单元格。

选择"开始"→（"编辑"）→"查找和选择"→"定位条件"选项，打开"定位条件"对话框，如图 27.8 所示。

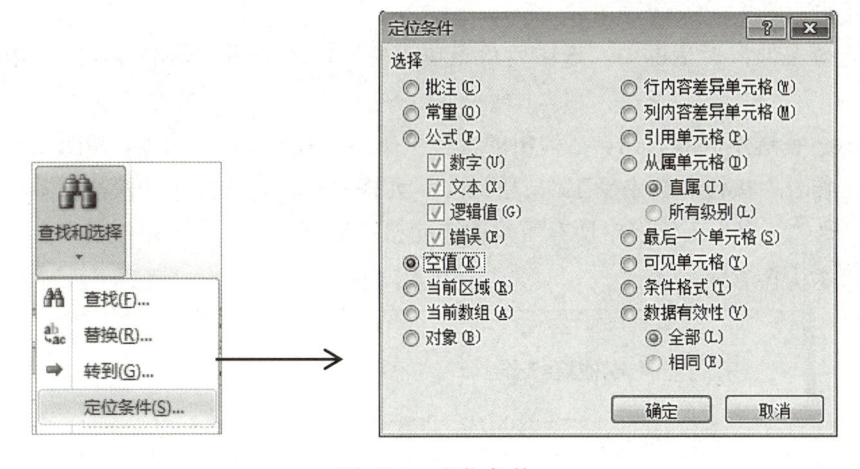

图 27.8　定位条件

在"定位条件"对话框中选中"空值"单选按钮，单击"确定"按钮，则选定了本列数据区域中所有空的单元格，如图 27.9 所示。

> **注意**
> （1）空单元格与 0 值单元格是两个概念。空值为没有任何数值，而 0 为一个数值型数据。
> （2）可以使用 ISNUMBER()函数来测试两种单元格，如果是空单元格，

117

则返回 FALSE；如果是单元格中数值为 0，则返回 TRUE。

65.00	40.00
64.00	0.00
60.00	20.00
66.90	0.00
70.00	20.00
69.00	
67.90	

图 27.9　选中本列区域中所有空单元格

步骤 7：输入"50"后按"Ctrl+Enter"组合键，将"50"复制到所有空白单元格中。

步骤 8：单击工作表行标签"2"，拖曳鼠标至第 6 行单元格，选中第 2 行至第 6 行单元格。在选中的区域右击，在弹出的快捷菜单中选择"隐藏"命令，如图 27.10 所示。

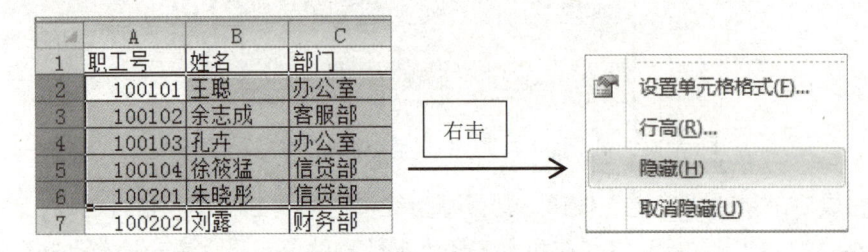

图 27.10　选定区域并隐藏

步骤 9：选中数据区域中的任意单元格，如 A1 单元格，按"Ctrl+A"组合键，选中整个数据区域。选择"开始"→（"编辑"）→"查找和选择"→"定位条件"选项，打开"定位条件"对话框。

在"定位条件"对话框中，选中"可见单元格"单选按钮，单击"确定"按钮后返回工作表。

步骤 10：在选中区域右击，在弹出的快捷菜单中选择"复制"命令，单击工作表标签栏的"新建工作表"按钮。选中新工作表的 A1 单元格并右击，在弹出的快捷菜单中选择"粘贴"命令，则"工资"工作表中所有可见的单元格被复制到新工作表中；否则会连同隐藏数据被复制到新工作表中。

作业　完成查找与替换操作。

子任务 28　查找商务数据

在子任务 27 中，查找是根据输入查找对象进行的，即查找源与查找结果相同；而在数据库中，一般是按行来组织数据的[①]，而查找可以在不同字段（属性）之间传递，即通过一

---

① 关系型数据模型就是一张二维表，数据按行组织。

个字段值查找到另一个字段值。例如，可以通过某人的姓名找到此人的家庭住址。使用函数进行查找是 Excel 的特色。VLOOKUP()函数、HLOOKUP()函数和 LOOKUP()函数是查找数据时使用频率非常高的函数。这三个函数主要用于搜索用户查找范围的首行（首列）中满足条件的数据，并根据指定的列号（行号），返回对应的值。

步骤 1：单击工作表标签"查询数据"。选中 B12 单元格，输入店名，如"银河店"。

步骤 2：选中 B13 单元格，输入公式"=VLOOKUP(B12,A2:I10,9,0)，如图 28.1 所示。

图 28.1 使用 VLOOKUP()函数查找数据

在函数输入完成后，按"Enter"键，得到查找结果为"624"。

> **基础**
>
> VLOOKUP()函数第一种格式是"VLOOKUP(查找值,查找区域,返回列号,查找方式)"。公式在"查找区域"的第 1 列单元格搜索"查找值"，如果找到"返回列号"，则返回"返回列号"列的同一行单元格的数据。"查找方式"有两种，方式一是"TRUE"，为近似匹配；方式二是"FALSE"，为精确匹配。TRUE 和 FALSE 可以用数字 1 和 0 代替。
>
> 在上例中，B12 为查找单元格，A2:I10 为被查找区域，9 为返回列号（因为"总额"位于数据区域的第 9 列）。意思是在 A2:I10 区域的第 1 列查找与 B12 单元格值相同的值，结果为第 5 行单元格（"银河店"是第 1 列第 5 行单元格中的数据）。该值被找到后，返回 A2:I10 区域中第 9 列第 5 行的单元格中的值。

步骤 3：根据连锁店名查找经理姓名。选中 B15 单元格，输入"文昌店"，选中 B16 单元格，输入公式"=VLOOKUP(B15,A2:I10,2,1)"，输入完成后按"Enter"键，得到的结果为"孙佩"，结果不正确。

> **提高**
>
> 在查找方式中，1 是模糊查找，在使用这种方式进行查找时，一般采用二分法，要求查找区域是升序排序，如果没有排序，则可能返回错误结果；0 是精确查找，软件会一一比对，如果没有找到，则返回#N/A 错误。

步骤 4：选中 C16 单元格，输入公式"=VLOOKUP(B15,A2:I10,2,0)"，输入完成后按"Enter"键，得到的正确结果为"李丽"。

步骤 5：选中 B20 单元格，输入公式"=HLOOKUP(B19,A2:I10,4,0)"，输入完成后按"Enter"键，得到的正确结果为"182"，如图 28.2 所示。

图 28.2 使用 HLOOKUP()函数进行查找

提高

　　HLOOKUP()函数与 VLOOKUP()函数相似，只是进行了行列变换。格式为"HLOOKUP(查找值,查找区域,返回行号,查找方式)"。公式在"查找区域"的第 1 行搜索"查找值"，如果找到返回行号，则返回"返回行号"行的同一列的数据，"查找方式"与 VLOOKUP()函数一样。

　　在上例中，B19 为查找单元格，A2:I10 为被查找区域，4 为返回行号，即在 A2:I10 区域的第 1 行单元格中查找与 B19 单元格值相同的值，结果为第 6 列单元格（"电脑"在第 1 行的第 6 列单元格），找到则返回第 4 行（"望月店"是查找区域第 1 列的第 4 行）第 6 列的值。

步骤 6：反向查找，即查找值不是位于查找区域的第一列单元格。例如，对应 A2:B10 区域，可以根据经理姓名查找店名。

选中 B24 单元格，输入公式"=VLOOKUP(B23,IF({1,0},B2:B10,A2:A10),2,0)"；输入完成后按"Enter"键，得到"经理姓名为孙佩的店铺"的结果为"望月店"，如图 28.3 所示。

| 23 | 经理 | 孙佩 |
| 24 | 店名 | =VLOOKUP(B23,IF({1,0},B2:B10,A2:A10),2,0) |

图 28.3　反向查找的结果

技巧

　　（1）VLOOKUP()函数不可以进行反向查找，即查找值必须位于查找区域的第 1 列；要实现反向查找，只能将数据区域中的列顺序调整。

　　（2）在本任务中，使用 IF()函数调整了查找列与返回列中的数据。在 IF({1,0},B2:B10,A2:A10)中，第 1 个参数{1,0}为数组，当取 1 时，函数实际为 IF(1,B2:B10,A2:A10)，结果为 B2:B10 区域；当取 0 时，函数实际为 IF(0,B2:B10,A2:A10)，结果为 A2:A10 区域。这样，就构成了一个从 B 列到 A 列单元格的反向区域。

注意

　　（1）反向查找可以通过多种方式实现，读者可以尝试其他方式。
　　（2）HLOOKUP()函数、VLOOKUP()函数均可以被用于反向查找。
　　（3）在精确查找时，如果查找值在查找区域有多个值时，则返回第一个值的所有行（列）。

作业

通过函数查找连锁店铺的销售额。

子任务 29　动态查找商务数据

子任务 28 中的数据查找主要是由人工输入来查找数据，如果输入有误差，则查找也会发生偏差，或者查找不到正确结果。在 Excel 中，可以通过数据验证和设置单元格条件格式来优化查找，让查找更可靠和直观。

步骤 1：单击工作表标签"动态查询"。

步骤 2：选中 B12 单元格，选择"数据"→（"数据工具"）→"数据验证"→"数据有效性"选项，打开"数据有效性"对话框。

在"数据有效性"对话框中单击"设置"选项卡，在"允许"下拉列表选择"序列"选项，单击"来源"输入框右侧的区域选择按钮，在工作表中选中 A3:A10 区域，如图 29.1 所示。

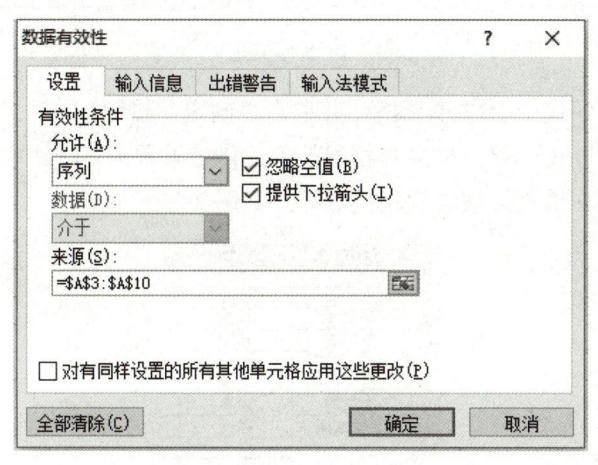

图 29.1　设置数据有效性

单击"确定"按钮返回，这时单击 B12 单元格，会出现下拉按钮，在弹出的下拉列表中选择"连锁店名"选项，如图 29.2 所示。

步骤 3：选中 B13 单元格，输入公式"=VLOOKUP(B12,A2:I10,2,0)"，输入完成后按"Enter"键。

选中 B14 单元格，输入公式"=VLOOKUP(B12,A2:I10,9,0)"，输入完成后按"Enter"键。

在 B12 单元格中任意选中某个连锁店名时，在 B13 单元格中可以查找到经理姓名，在 B14 单元格中可以查找到销售总额，结果如图 29.3 所示。

图 29.2　数据验证中的序列效果

图 29.3　查找结果

> **技巧**：如果需要为 A2:I10 区域命名，则可以选中 A2:I10 区域，单击名称框，输入"sales"；则步骤 3 公式中的区域可以用对应的名称来代替，如"=VLOOKUP(B12,sales,2,0)"，这样公式显得更简洁。

步骤 4：选中 A2:A10 区域，选择"开始"→（"样式"）→"条件格式"→"突出显示单元格规则"→"等于"选项，在打开的"等于"对话框中设置等于条件格式，如图 29.4 所示。

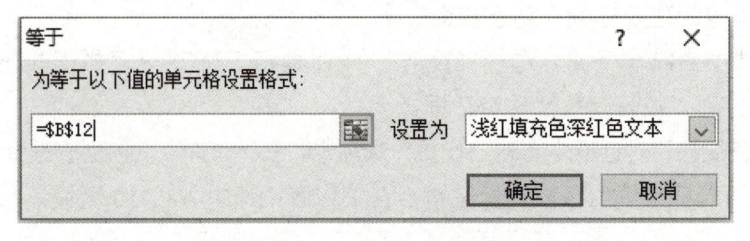

图 29.4　设置等于条件格式

单击区域选择按钮选中 B12 单元格，并单击"确定"按钮。

在数据区域中，与 B12 单元格内容相同的单元格被设置成"浅红填充色深红色文本"格式，这样可以方便地在数据区域看到相关数据，如图 29.5 所示。

图 29.5　设置相同内容单元格的条件格式

步骤 5：使用同样的方式，设置 B2:B10 区域的条件格式和 I2:I10 区域的条件格式，效果如图 29.6 所示。

图 29.6　设置条件格式后的效果

> **注意**
> （1）在上面的步骤中，一定要先选中需要设置条件格式的区域，再设置规则类型，最后选择规则指向的单元格，顺序不可乱。
> （2）只要规则指向的单元格不同，规则设置就必须分步骤操作。

步骤 6：单击工作表标签"双向查询"。

选中 B12 单元格，设置数据验证[①]，对应 A2:A10 区域；选中 B13 单元格，设置数据验证，对应 D2:I2 区域。

在两个单元格中选择一个任意值，如图 29.7 所示。

2	连锁店名	经理	性别	电视机	空调	电扇	电脑	冰箱	总额
3	火车站店	李丽	女	¥130	¥113	¥96	¥177	¥83	¥599
4	淮海店	赵巍	男	¥109	¥133	¥103	¥172	¥90	¥607
5	望月店	孙佩	女	¥119	¥114	¥110	¥182	¥91	¥616
6	银河店	钱洋	女	¥116	¥134	¥100	¥186	¥88	¥624
7	荷花池店	武清	女	¥117	¥134	¥102	¥189	¥95	¥637
8	城北店	王璋	男	¥129	¥135	¥98	¥191	¥87	¥640
9	文昌店	陈亮	男	¥125	¥137	¥92	¥190	¥97	¥641
10	大学城店	周远	女	¥126	¥121	¥107	¥195	¥96	¥645
11									
12	连锁店名	淮海店	←	设置完后，选择一个任意值					
13	产品	冰箱	←						
14	销售额								

图 29.7 选择数据验证值

步骤 7：在 B12 单元格选中任意一个店名，如"淮海店"。在 B13 单元格选中任意一个产品，如"冰箱"。

选中 B14 单元格，输入公式"=VLOOKUP(B12,A2:I10,MATCH(B13,A2:I2,0),0)"，按"Enter"键，得到结果为"90"，即"淮海店"的"冰箱"的销售额。

> **提高**
> （1）MATCH()是文本匹配函数，用于返回文本在区域内的位置；格式为 MATCH(查找值,区域,匹配类型)，在"区域"中查找"查找值"；如果找到，则返回该值在区域中的位置值；如果找不到，则返回错误值"#N/A"。
> （2）MATCH()函数中的匹配类型有-1、0、1。1 或省略匹配类型值，用于查找小于或等于查找值的最大值（返回位置值）；0 用于查找完全等于查找值的第 1 个值（返回位置值）；-1 用于查找大于或等于查找值的最小值（返回位置值）。
> （3）对公式"=VLOOKUP(B12,A2:I10,MATCH(B13,A2:I2,0),0)"的理解为在 A2:I10 区域的第 1 列中查找 B12 单元格的内容，如"淮海店"，返回列号由"冰箱"在 A2:I2 区域中的位置决定，这样就实现了行、列的动态查询。

步骤 8：修改 B12 和 B13 单元格中的值，可以实现动态查找。

[①] 即设置数据有效性的方法，参见子任务 10。

步骤9：选中A2:I10区域，选择"开始"→（"样式"）→"条件格式"→"新建规则"选项，打开"新建格式规则"对话框。

步骤10：在"新建格式规则"对话框中，设置"选择规则类型"为"使用公式确定要设置格式的单元格"，在"编辑规则说明"区域中，输入公式"=$A2=$B$12"；单击"格式"按钮，在打开的"设置单元格格式"对话框中单击"填充"选项卡，设置背景色为"红色"，如图29.8所示。

单击"确定"按钮，完成单元格格式设置，返回"新建格式规则"对话框，如图29.9所示，单击"确定"按钮，数据区域中连锁店名与B12单元格相同的整行数据变成了红色。

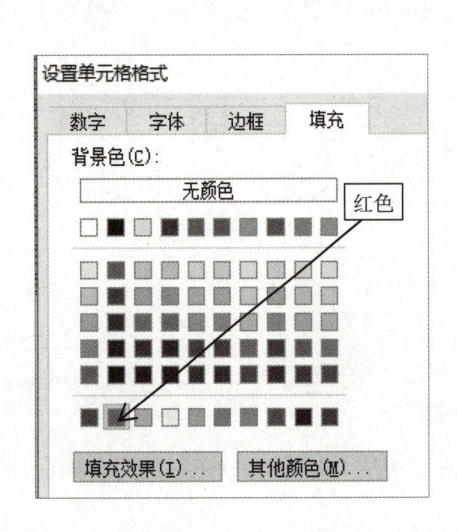

图29.8　设置填充背景色　　　　图29.9　设置格式规则

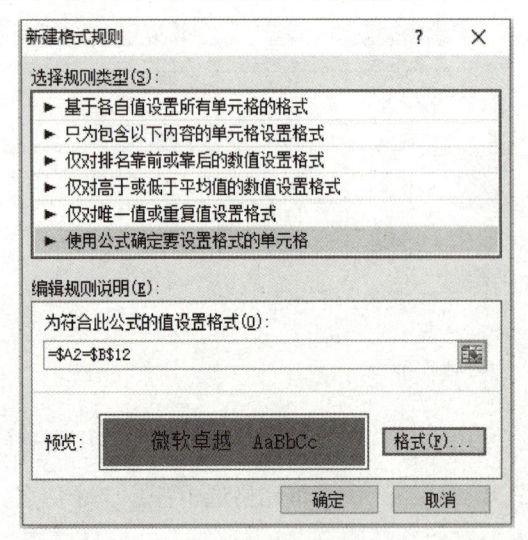

> **提高**
>
> 对条件格式中的公式"=$A2=$B$12"的理解为B12是连锁店名，区域中的连锁店名为A列，因此使用绝对引用方式"$A"，而数据区域的首行是第2行，所以使用"$A2"，即在应用格式时，将某个单元格的列转换为该行的A列（因为列是绝对引用），再与B12单元格比较，如果相等（即结果为TRUE），则应用条件格式。例如，当前单元格为D5，应用条件格式的公式时转换为"=$A5=$B$12"，结果为FALSE，不能应用条件格式。

步骤11：选中A2:I10区域，选择"开始"→（"样式"）→"条件格式"→"新建规则"选项，打开"新建格式规则"对话框。在"新建格式规则"对话框中，选择"使用公式确定要设置格式的单元格"选项，在"编辑规则说明"区域中输入公式"=$A2=$B$13"。

单击"格式"按钮，打开"设置单元格格式"对话框，选择"填充"选项卡，设置背景色为"红色"。单击"确定"按钮，完成格式设置，返回"新建格式规则"对话框；单击"确定"按钮，数据区域中产品名与B13单元格相同的整列数据变成了红色，设置双重条件格式的效果如图29.10所示。

步骤12：更改连锁店名或产品名，销售额也随之变化，数据区域中"店名"行和"产品名"列的红色区域也随之变化。

图 29.10　设置双重条件格式的效果

作业　动态查找商务数据。

子任务 30　筛选销售数据

筛选是按照用户的指定的条件过滤数据，将满足条件的数据显示在工作表中，将不满足条件的数据隐藏，通过筛选工作表中的数据，可以快速查找数据。

Excel 可以筛选一个或多个数据列，不仅可以使用筛选功能控制要显示的内容，而且可以控制要排除的内容；既可以根据列表条件的选择进行筛选，还可以创建仅用来限定要显示的数据的特定筛选器。

在筛选操作中，可以使用筛选器界面中的"搜索"输入框来搜索文本和数字。

在筛选数据时，如果一个或多个列中的数值不能满足筛选条件，则整行数据都会被隐藏起来。用户可以按数字值或文本值筛选单元格，或者按单元格颜色筛选设置了背景色或文本颜色的单元格。

步骤 1：单击工作表标签"筛选销售数据"，选中数据区域任意单元格，如 A2 单元格，单击"数据"→（"排序和筛选"）→"筛选"按钮，数据区域的第一行（标题行）的每个字段都加上了下拉按钮，如图 30.1 所示。

图 30.1　自动筛选

步骤 2：单击"销售地区"单元格右侧的下拉按钮，在弹出的下拉列表中选择"降序"选项，所有数据清单的数据按销售地区降序排序。

步骤 3：单击"销售金额"单元格右侧的下拉按钮，在弹出的下拉列表中选择"数据筛选"→"介于"选项，打开"自定义自动筛选方式"对话框。

在"自定义自动筛选方式"对话框中，在"大于或等于"输入框中输入"20000"，在"小于或等于"输入框中输入"30000"，如图 30.2 所示。

图 30.2　自定义自动筛选

单击"确定"按钮，数据区域中不满足筛选条件的数据被隐藏，而"销售金额"字段右侧的下拉按钮变成了按钮，带上了"筛选"标记。

注意

（1）在 Excel 自动筛选中，当同一数据区域有多个筛选时，筛选条件会叠加；在自动筛选中排序不可以叠加，即不能在对一个字段排序的同时，对另一字段排序。

（2）在 Excel 自动筛选中，可以按颜色排序。

步骤 4：单击"销售金额"单元格右侧的下拉按钮，在弹出的下拉列表中选择"从'销售金额￥'中清除筛选"选项，如图 30.3 所示，清除"销售金额"的筛选。

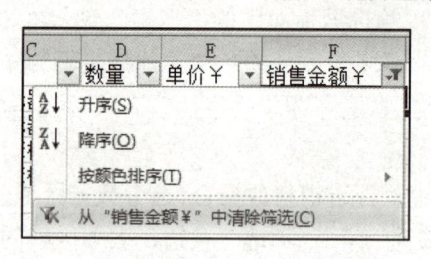

图 30.3　清除某个筛选

步骤 5：单击"销售人员"单元格右侧的下拉按钮，在弹出的下拉列表中选择"降序"选项。

拖曳鼠标选中 B4:B5 区域，选择"开始"→（"单元格"）→"格式"→"设置单元格格式"选项，或者按"Ctrl+1"组合键，打开"设置单元格格式"对话框。

在"设置单元格格式"对话框中，单击"填充"选项卡，设置背景色为"红色"，如图 30.4 所示。

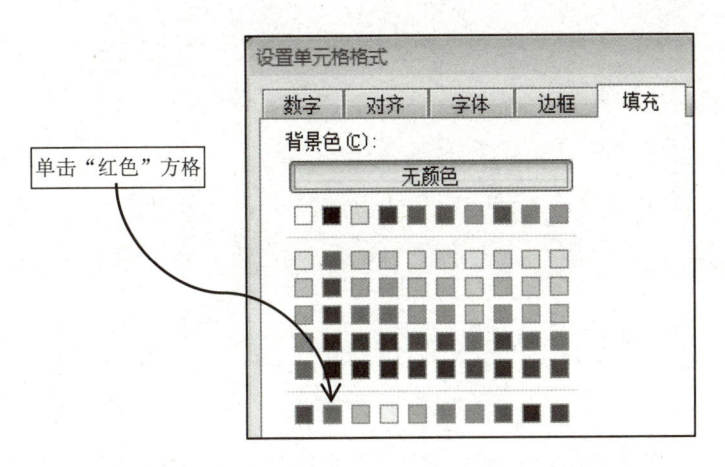

图 30.4　设置单元格背景色

单击"确定"按钮返回。

步骤 6：选中 B23:B26 区域，同步骤 4，设置背景色为"绿色"。

步骤 7：单击 B1 单元格"销售人员"右侧的下拉按钮，在弹出的下拉列表中选择"按颜色排序"→"红色"选项，如图 30.5 所示。

图 30.5　按红色排序

在数据区域中，红色单元格对应的数据排在了数据区域的前面。

单击 B1 单元格"销售人员"右侧的下拉按钮，在弹出的下拉列表中选择"按颜色排序"→"绿色"选项，绿色单元格对应的数据排在了数据区域的前面，结果如图 30.6 所示。

图 30.6　按绿色排序的结果

步骤 8：单击 H1 单元格"销售季度"右侧的下拉按钮，先取消勾选"全选"复选框，再勾选"2"和"3"复选框，如图 30.7 所示，单击"确定"按钮筛选季度。

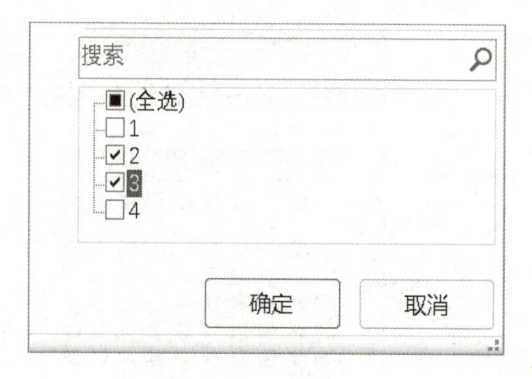

图 30.7　筛选季度

步骤 9：选中数据区域任意单元格，如 B2 单元格，按"Ctrl+A"组合键，选择"开始"→（"编辑"）→"查找和选择"→"定位条件"选项，打开"定位条件"对话框，选中"可见单元格"单选按钮，单击"确定"按钮，返回工作表。

按"Ctrl+C"组合键，复制所有可见单元格。

步骤 10：单击 ⊕ 按钮，新建工作表，在新工作表中，按"Ctrl+V"组合键，将筛选的结果粘贴到新工作表中，不粘贴不符合复选条件的数据，结果如图 30.8 所示。

	A	B	C	D	E	F	G	H
1	销售地区	销售人员	品名	数量	单价	销售金额	销售年份	销售季度
2	北京	陈坚	按摩椅	45	800	36,000	2006	3
3	山东	陈坚	跑步机	14	2,200	30,800	2006	2
4	杭州	沈子依	微波炉	39	500	19,500	2006	2
5	北京	孙智婷	按摩椅	28	800	22,400	2006	2
6	上海	孙智婷	液晶电视	1	5,000	5,000	2006	2
7	南京	陆薇	按摩椅	3	800	2,400	2006	2
8	山东	李晔	微波炉	69	500	34,500	2006	3
9	南京	李乐隼	微波炉	19	500	9,500	2006	2
10	杭州	顾资然	微波炉	76	500	38,000	2006	3
11	南京	顾资然	按摩椅	32	800	25,600	2006	3
12	上海	陈昕怡	微波炉	36	500	18,000	2006	2
13	北京	曾维	微波炉	65	500	32,500	2006	3

图 30.8　粘贴结果

作业　自动筛选销售数据。

子任务 31　高级筛选销售数据

自动筛选一般用于条件简单的筛选操作，符合条件的记录将显示在原来的数据表格中。如果需要筛选的多个条件之间是"或"的关系，或者需要将筛选的结果在新的位置显示出来，则使用"高级筛选"功能来实现。

高级筛选一般用于条件较复杂的筛选操作，其筛选的结果可以显示在原数据表格中，不符合条件的记录将被隐藏起来；也可以在新的位置显示筛选结果，不符合的条件的记录会被保留在数据表中而不会被隐藏起来，这样就更便于进行数据的对比了。

步骤 1：单击工作表标签"高级筛选"，选中 A1:H1 区域并右击，在弹出的快捷菜单中选择"复制"命令。

步骤 2：选中 A31 单元格并右击，在弹出的快捷菜单中选择"粘贴"命令。

> **注意**
>
> （1）高级筛选的数据区域必须要有标题行。
>
> （2）在高级筛选的条件区域中，标题行内容与数据区域的标题行内容必须一致，可以采用复制、粘贴的方法来制作条件区域的标题行。
>
> （3）条件区域的标题字段数量不必与数据区域的字段数量完全一致，可以只包括数据区域标题的一个字段或部分字段。
>
> （4）结果区域的宽度一定要与数据区域的宽度一致，无论是宽度不足还是超出宽度，都会提示错误信息，如图 31.1 所示。

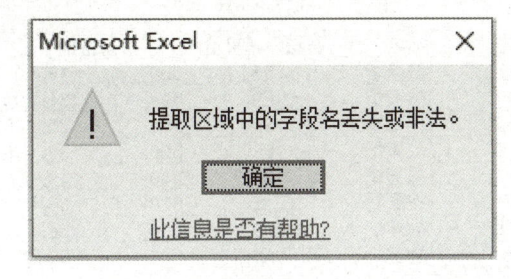

图 31.1　结果区域的宽度与数据区域不一致出现的错误信息

步骤 3：选中 D32 单元格，输入 ">30"。

步骤 4：选中数据区域的任意单元格，如 A2 单元格，单击"数据"→（"排序和筛选"）→"高级"按钮，打开"高级筛选"对话框。

> **提高**
>
> （1）高级筛选有两种模式，第一种是在原有数据区域中进行筛选，隐藏不满足条件的记录；第二种是复制满足条件的数据到另一区域中。
>
> （2）如果高级筛选的条件区域写在同一行，则条件间的关系是"且"，否则条件间的关系是"或"。
>
> （3）在条件区域中，当描述条件时，可以使用通配符"*"和"?"，"*"表示与任意多字符相匹配，"?"表示与一个字符相匹配；还可以使用波形符号"~"，如"~?""~*"，此时"?"和"*"不作为通配符，而表示"?"和"*"本身，在条件中表示筛选含有"?"或"*"的数据。

步骤 5：在"高级筛选"对话框中，选中"将筛选结果复制到其他位置"单选按钮，同时，"复制到"框高亮显示。单击"列表区域"输入框，选中 A1:H29 区域；单击"条件区域"

输入框，选中 A31:H32 区域；单击"复制到"输入框，选中 A34:H53 区域。单击"确定"按钮，如图 31.2 所示。

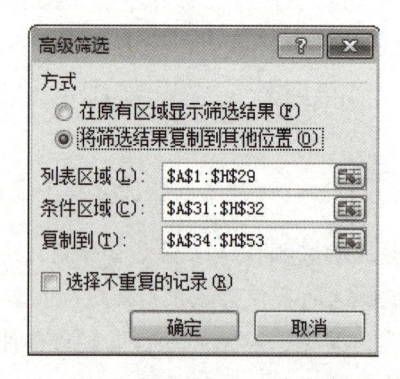

图 31.2 "高级筛选"对话框（1）

步骤 6：在 A34:H53 区域中，出现筛选结果，如图 31.3 所示。

31	销售地区	销售人员	品名	数量	单价¥	销售金额¥	销售年份	销售季度
32				>30				
33								
34	销售地区	销售人员	品名	数量	单价¥	销售金额¥	销售年份	销售季度
35	上海	陈昕怡	微波炉	36	500	18,000	2006	2
36	山东	李晔	微波炉	69	500	34,500	2006	3
37	南京	顾资然	按摩椅	32	800	25,600	2006	3
38	杭州	顾资然	微波炉	76	500	38,000	2006	3
39	杭州	沈子依	微波炉	39	500	19,500	2006	2
40	北京	陈坚	按摩椅	45	800	36,000	2006	3
41	北京	缪林鑫	微波炉	69	500	34,500	2005	1
42	北京	曾维	微波炉	65	500	32,500	2006	3

条件区域
结果区域

图 31.3 高级筛选结果

步骤 7：选中 J1 单元格，输入"销售地区"；选中 K1 单元格，输入"品名"；选中 J2 单元格，输入"上海"；选中 J3 单元格，输入"山东"；选中 K3 单元格，输入"跑步机"，结果如图 31.4 所示。

步骤 8：选中数据区域的任意单元格，如 A2 单元格；单击"数据"→（"排序和筛选"）→"高级"按钮，打开"高级筛选"对话框，如图 31.5 所示。

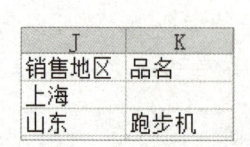

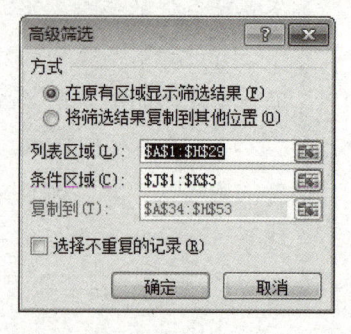

图 31.4 筛选结果　　　　图 31.5 "高级筛选"对话框（2）

选中"在原有区域显示筛选结果"单选按钮。单击"列表区域"输入框右侧的区域选择按钮，选中 A1:H29 区域；单击"条件区域"输入框，选中 J1:K3 区域；单击"确定"按钮，得到筛选结果。在原有结果区域中，部分数据将被隐藏，如图 31.6 所示。

销售地区	销售人员	品名	数量	单价¥	销售金额¥	销售年份	销售季度
上海	陈昕怡	微波炉	36	500	18,000	2006	2
上海	李乐聿	跑步机	17	2,200	37,400	2006	4
上海	李晔	微波炉	24	500	12,000	2006	4
上海	孙智婷	液晶电视	1	5,000	5,000	2006	2
上海	李乐聿	显示器	15	1,500	22,500	2006	4
山东	陈坚	跑步机	14	2,200	30,800	2006	2
山东	沈子依	跑步机	2	2,200	4,400	2006	1

在结果区域中，不符合筛选条件的数据将被隐藏

图 31.6 数据区域与结果区域合并的筛选

解释筛选条件：第一项筛选"销售地区"是"上海"的数据，第二项筛选"销售地区"是"山东"且"品名"是"跑步机"的数据；第一项与第二项是"或"的关系，即"销售地区"是"上海"的数据，或者"销售地区"是"山东"的"跑步机"数据。

> **作业** 高级筛选销售数据。

子任务 32 计算条件筛选销售数据

自动筛选是一种简单的筛选方式。高级筛选可以通过不同的条件组合，实现复杂条件的数据筛选。自动筛选与高级筛选都是基于现有数据字段的，即所有条件都必须在现有字段的基础上实现，离开这些字段，不能实现筛选。

在 Excel 中，用户也可以通过"计算条件"来构造条件，通过构造出来的条件筛选数据，可以满足用户的个性化需求。

步骤 1：单击工作表标签"计算条件筛选"。

选中 J2 单元格，输入"平均销量"；选中 J3 单元格，输入"平均销售金额"；选中 K2 单元格，输入公式"=AVERAGE(D2:D101)"；选中 K3 单元格，输入公式"=AVERAGE(F2:F101)"。

结果如图 32.1 所示。

J	K
平均销量	1394.93
平均销售金额	1,897,851

图 32.1 计算两个平均值结果

步骤 2：设置计算条件并筛选。

选中 L2 单元格，输入"大于平均销量且大于平均销售金额"；选中 M2 单元格，输入公式"=AND(D2>$K$2,F2>$K$3)"。输入完成后按"Enter"键，得到结果为 FALSE。

131

> **基础**
> （1）AND()函数是一个逻辑函数，用于确定筛选中的所有条件是否均为 TRUE；格式是：AND(逻辑值 1 或逻辑表达式 1,逻辑值 2 或逻辑表达式 2,…)，公式的参数最多 255 个。
> （2）类似的逻辑函数还有 OR()、NOT()等。

选中数据区域任意单元格，如 A2 单元格；单击"数据"→（"排序和筛选"）→"高级"按钮，打开"高级筛选"对话框。

选中"将筛选结果复制到其他位置"单选按钮。单击"列表区域"输入框，选中 A1:H101 区域；单击"条件区域"输入框，选中 M1:M2 区域；单击"复制到区域"输入框，选中 J8:Q9 区域，如图 32.2 所示。结果可能不止一行，Excel 会提示溢出，并自动扩展目标区域。

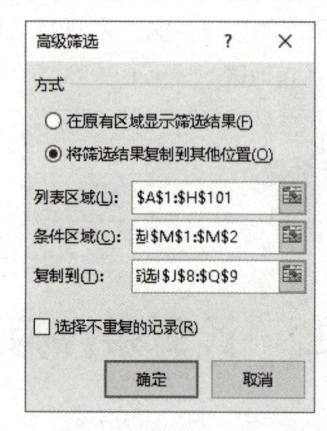

图 32.2　设置计算条件筛选参数（1）

单击"确定"按钮，将结果复制到目的区域，如图 32.3 所示。

销售地区	销售人员	品名	数量	单价¥	销售金额¥	销售年份	销售季度
上海	刘秋初	油烟机	2695	950	2,560,250	2019	1
上海	刘秋初	油烟机	2112	950	2,006,400	2019	1
上海	孙智婷	电视机	1967	2,230	4,386,410	2019	1
上海	孙智婷	音响	2134	1,500	3,201,000	2019	1
济南	顾资然	电视机	2655	2,230	5,920,650	2019	1
济南	顾资然	洗衣机	1957	1350	2,641,950	2019	1
合肥	陈昕怡	洗衣机	1960	1350	2,646,000	2019	1
杭州	何维曹	电冰箱	2403	2,200	5,286,600	2019	1

图 32.3　筛选结果（部分）

> **基础**
> （1）条件区域的首行必须是标题行，当计算条件筛选时，标题行可以是空白内容，但必须有这一行。
> （2）计算条件标题行的下方为条件值的描述区域，其结果必须为逻辑值，即 TRUE 或 FALSE。
> （3）在构造计算条件筛选时，会按照公式在数据区域逐条计算结果，如果结果为 TRUE，则符合条件，否则不符合条件，因此在数据区域的单元格引用一般是相对引用。

步骤 3：选中以 J8 单元格为起始的筛选结果，按"Delete"键删除。

筛选大于平均销量、大于平均销售金额、销售人员姓刘，且销售季度为 1 的销售数据。

选中 N2 单元格，输入公式"=AND(D2>$K$2,F2>$K$3,LEFT(B2)="刘",H2=1)"，输入完成后按"Enter"键，得到结果为 FALSE。

> **技巧**
>
> （1）复杂的计算条件，必须在一个单元格中完成计算，且计算结果为逻辑值。不能以多条件分列，通过新单元格组合的方法实现。
>
> （2）"姓刘"这个条件可以通过设置"LEFT(姓名单元格,1)="刘""来实现，即姓名的第 1 个字为"刘"；而姓名中包含的某个字、产品名称中包含的某个字可以通过设置 ISNUMBER()+FIND()函数组合实现。FIND()函数用来查找某个字符串在文本中的位置，语法是"=FIND(查找字符,被查找文本,起始位置)"。如果在"被查找文本"中找到该字符，则返回该字符在文本中的位置，否则返回错误。"起始位置"默认为 1。ISNUMBER()函数是一个信息函数，也称 IS()函数，用来获取单元格信息。这个函数判断参数是否是数值型数据，语法是"=ISNUMBER(参数)"，如果参数是数值型则返回 TRUE，否则返回 FALSE。
>
> （3）其他的信息函数包括判断空白单元格的 ISBLANK()函数、判断错误值的 ISERR()函数（不包括#N/A 错误）、判断逻辑值的 ISLOGICAL()函数、判断是否为 N/A 错误的 ISNA()函数、判断是否为引用的 ISREF()函数、判断是否为文本的 ISTEXT()函数。条件区域的首行必须是标题行，当筛选计算条件时，标题行可以是空白行，但必须有。
>
> （4）计算条件标题行下方为条件值的描述区域，其结果必须为逻辑值，即 TRUE 或 FALSE。

单击"数据"→（"排序和筛选"）→"高级"按钮，打开"高级筛选"对话框；选中"将筛选结果复制到其他位置"单选按钮。

单击"列表区域"输入框右侧按钮，选中 A1:H101 区域；单击"条件区域"输入框右侧按钮，选中 N1:N2 区域；单击"复制到"输入框，选中 J8:Q9 区域，如图 32.4 所示。得到的结果不止一行，Excel 会有溢出提示，并自动扩展目标区域。

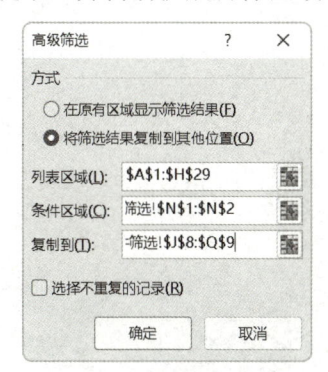

图 32.4 设置计算条件筛选参数（2）

单击"确定"按钮，将筛选结果复制到目的区域，如图 32.5 所示。

销售地区	销售人员	品名	数量	单价¥	销售金额¥	销售年份	销售季度
上海	刘秋初	油烟机	2695	950	2,560,250	2019	1
上海	刘秋初	油烟机	2112	950	2,006,400	2019	1
北京	刘建东	电视机	2575	2,230	5,742,250	2019	1
北京	刘建东	电视机	1666	2,230	3,715,180	2019	1
北京	刘建东	电冰箱	2301	2,200	5,062,200	2019	1

图 32.5 筛选结果

作业：通过条件筛选销售数据。

任务 6

统计销售数据

任务说明

数据统计是在统计工作的过程中取得的反映国民经济和社会现象的数字资料,以及与之联系的其他资料的总称。统计数据是对现象进行测量的结果。例如,对经济活动总量的统计可以得到国内生产总值(GDP)数据;对股票价格变动水平的统计可以得到股票价格指数的数据;对人口性别的统计可以得到男女之间的比例数据。

统计的对象是数据,统计数据作为统计工作的结果,从统计工作过程来看,当统计数据质量符合标准时,可以准确地反映客观现实。

本任务是商务数据统计初步,从不同角度学习数据统计的方法和技能。Excel 的统计功能可以帮助用户对数据进行统计和分析,得出有用的信息和结论。通过 Excel 的统计,用户可以更好地理解和利用数据。任务的主要内容是统计相关销售数据,包括排序、区间统计、分类汇总等。排序是最基本的数据统计方式;区间统计是使用 Excel 的模糊查找功能来实现的;分类汇总是一种基于排序字段的统计方法,可以对分类数据进行计数、平均、最值、乘积等汇总统计。

子任务 33 销售数据排序

对数据排序是数据统计的基础操作,是统计的一个基本环节。排序操作可以将名称列表按字母顺序排列、将库存数量按从高到低的顺序排列、按颜色或图标对行排序等。对数据排序有助于快速、直观地显示数据并帮助用户更好地理解数据,有助于组织并查找所需数据,从而最终做出更有效的决策。

步骤 1:单击工作表标签"销售数据"。

步骤 2:选中 B 列的任意单元格,如 B2 单元格,单击"数据"→("排序和筛选")→"升序"按钮,所有数据按姓名的升序排序,如图 33.1 所示。

	A	B	C	D
1	公司	姓名	性别	品牌
2	二公司	艾利	女	佳能
3	一公司	艾思迪	女	尼康
4	三公司	白可燕	女	佳能
5	二公司	曾凯	男	索爱
6	三公司	陈胜昆	男	诺基亚
7	一公司	邓星丽	女	索尼
8	二公司	郝尔冬	男	理光
9	二公司	郝河	男	索尼

图 33.1 按姓名的升序排序

> **注意**
> （1）在快速排序时，默认按列排序，且有标题行。
> （2）在快速排序时，如果选中了某个区域，则提示是否仅对区域内数据排序，还是扩展到整个数据区域。
> （3）姓名的升序就是按照汉语拼音的升序排序。

步骤 3：选中工作表任意单元格，如 A3 单元格，单击"数据"→（"排序和筛选"）→"排序"按钮，打开"排序"对话框。

在"排序"对话框中，保留着步骤 2 的排序设置，即按姓名的升序排序，修改排序条件（也可以选择"删除条件"命令后，通过选择"添加条件"命令来增加新的排序条件）。

默认数据区域包含标题，因此勾选"数据包含标题"复选框。在"排序"对话框中已存在按姓名作为主要关键字的排序，单击"姓名"右侧的下拉按钮，在弹出的下拉列表中选择"总销售金额"选项，设置"排序依据"为"数值"，即按数值大小排序；设置"次序"为"升序"，如图 33.2 所示。

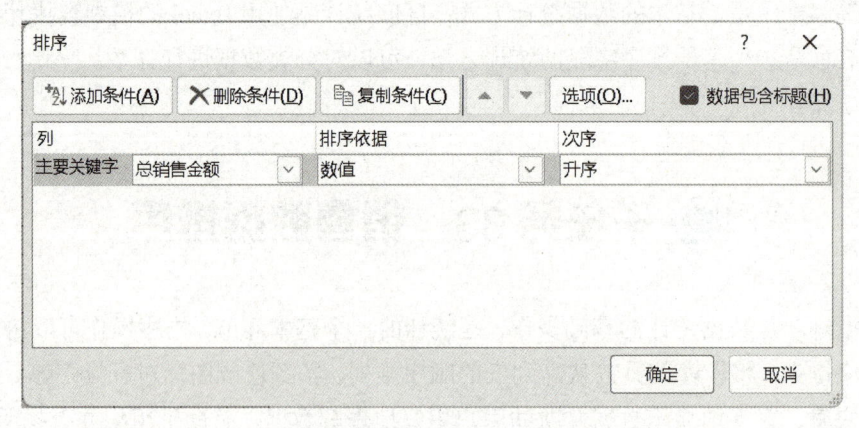

图 33.2 "排序"对话框

步骤 4：双关键字排序。

单击"数据"→（"排序和筛选"）→"排序"按钮，打开"排序"对话框，修改排序"主要关键字"为"性别"，"排序依据"为"数值"，"次序"为"升序"。

单击"添加条件"按钮，新增"次要关键字"为"销量"，"排序依据"为"数值"，"次序"为"降序"，如图33.3所示。

图33.3 双关键字排序

单击"确定"按钮，完成排序操作。
在数据区域，所有数据按性别升序排序，如果性别相同，则按销量降序排序。

> （1）Excel的排序关键字突破了以往的3个排序的限制，最多可达64个排序条件。
> （2）后面的排序条件必须在不改变之前排序结果的情况下才有意义。
> （3）Excel可以按格式（包括单元格颜色、字体颜色或图标集）进行排序。
> （4）排序的方法可以是"字母"和"笔画"；"字母"即英文字母或汉字拼音首字母，"笔画"是以汉字笔画的多少进行排序的，笔画相同则是按起笔顺序进行排序的（横、竖、撇、捺、折），其他则是按字形结构进行排序的（左右、上下、整体字）。

步骤5：选中H2单元格，查看单元格内的公式。
步骤6：单击"数据"→（"排序和筛选"）→"排序"按钮，打开"排序"对话框。
单击"排序"对话框中的"选项"按钮，打开"排序选项"对话框，如图33.4[①]所示。

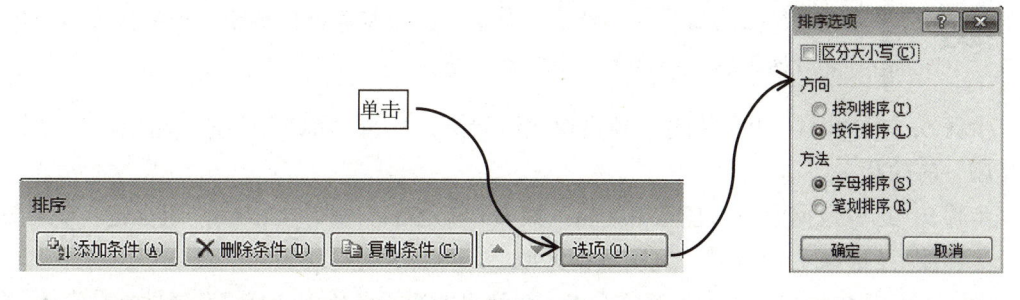

图33.4 排序选项

---
① 在图33.4中，"笔划"应为"笔画"。

137

选中"按行排序"单选按钮,单击"确定"按钮。

步骤 7:在"排序"对话框中,设置"主要关键字"为"行 1","排序依据"为"数值","次序"为"升序",最后单击"确定"按钮,如图 33.5 所示。

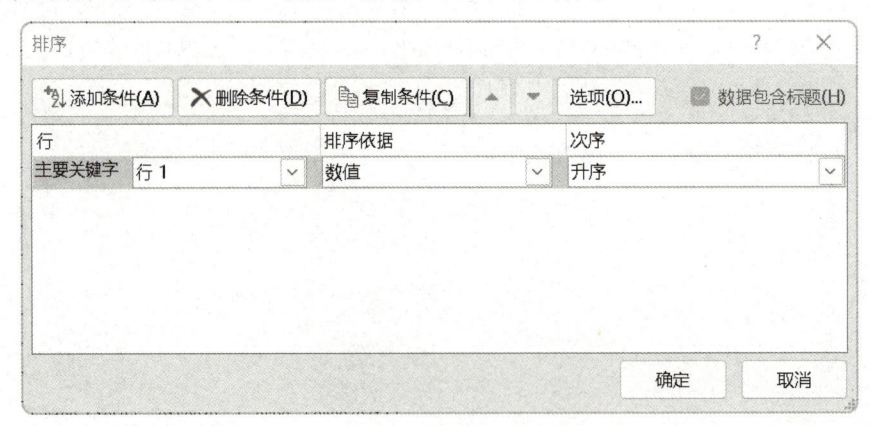

图 33.5　按行排序

如果在"排序"对话框中有第二个、第三个排序关键字,则在选中排序条件后按"删除条件"按钮可以将其删除。

排序结果为以第一行标题行各标题字段的升序重新组织数据,如图 33.6 所示。其中,"单价""公司""库存量"等列中的数据就是升序排序。这种方法可以用来调整数据区域的左右顺序,但是如果数据区域中有函数或引用,可能会出现错误。例如,图 33.6 所示为"总销售金额"列中的错误。

	A	B	C	D	E	F	G	H	I	J
1	单价	公司	库存量	品牌	销量	销售日期	型号	性别	姓名	总销售金额
2	2950	一公司	7896	佳能	148	2022/8/10	IXUS 860 IS	男	师丽莉	#VALUE!
3	999	二公司	2000	爱国者	1455	2022/8/12	V800	女	贾丽丽	#VALUE!
4	1670	三公司	2587	诺基亚	1596	2022/8/17	7360	男	张祥志	#VALUE!

图 33.6　"总销售金额"列中的错误

> **技巧**　解决因行排序导致有公式的单元格数据出错的方法是先复制内容,再选择"选择性粘贴"→"数值"命令,最后将原数据删除。如果格式不一致,则使用格式刷,将格式"刷"成一样。

步骤 8:撤销步骤 7 中的排序。单击快速访问工具栏的"撤销"按钮,将数据恢复到"按行排序"前的状态。

步骤 9:选中数据区域内任意单元格,如 D5 单元格;先按"Ctrl+A"组合键,全选数据区域;再按"Ctrl+C"组合键,复制数据区域。

步骤 10:选中新建工作表标签并右击,在弹出的快捷菜单中选择"选择性粘贴"→("粘贴数值")→"值"命令,如图 33.7 所示。

步骤 11:在粘贴后的数据区域的下面一行中,输入数字。

选中 B24 单元格，输入"1"；选中 C24 单元格，输入"2"；选中 A24 单元格，输入"1"。

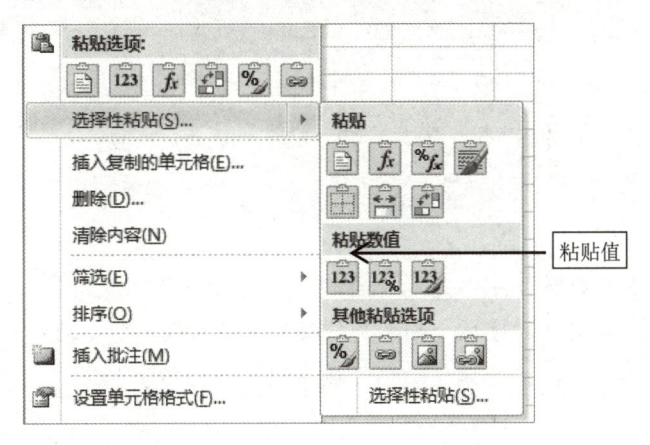

图 33.7　粘贴值

选中 D24 单元格，输入"4"，拖放 D24 单元格的填充柄至 J24 单元格，增加一行数字，如图 33.8 所示。

图 33.8　在数据区域增加一行数字

步骤 12：选中 A1:J24 区域，单击"数据"→（"排序和筛选"）→"排序"按钮，打开"排序"对话框；单击"选项"按钮，选中"按行排序"单选按钮；单击"确定"按钮，返回"排序"对话框。

步骤 13：在"排序"对话框中，设置"主要关键字"为"行 24"，即新建的最后一行；"排序依据"保持"数值"不变；"次序"保持"升序"不变，如图 33.9 所示。单击"确定"按钮，原数据区域的列按最后一行的数值升序排序，如图 33.10 所示。

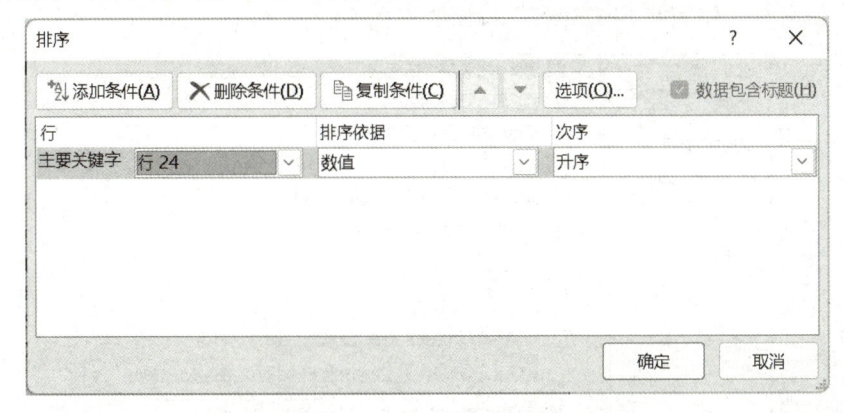

图 33.9　按新增加的行排序

步骤 14：单击第 24 行标签，选中第 24 行单元格并按"Delete"键，删除这行的内容。

图 33.10　排序结果

技巧　在数据区域中，先增加辅助行（也可以是辅助列），并输入数字，数字顺序就是用户对字段（如果是辅助列，则为数据行）的排序顺序；再通过行排序的方法，快速调整数据区域字段（数据行）的顺序。

作业　完成数据排序。

子任务 34　用户自定义销售数据排序

对数据的排序如果仅按照 Excel 提供的排序方法就只有两种，一种是"字母"顺序，另一种是"笔画"顺序。如果想让数据按用户要求的顺序来排序，则需要用到自定义排序。

步骤 1：单击工作表标签"自定义排序"。

步骤 2：选中 A 列的任意一个单元格，如 A5 单元格，单击"数据"→（"排序和筛选"）→"升序"按钮。

数据排序的结果按照"二公司、三公司、一公司"的顺序来排序，这是按照名称首字母的升序来排序的，而用户所需的排序应是"一公司、二公司、三公司"。

步骤 3：选择"文件"→"选项"命令，在打开的"Excel 选项"对话框左侧选择"高级"选项，在右侧单击"编辑自定义列表"按钮，如图 34.1 所示。

图 34.1　自定义序列（1）

在"自定义序列"对话框中,输入自定义序列的内容"一公司、二公司、三公司";每个数据占一行,没有标点符号,输入完成后,单击"添加"按钮,并单击"确定"按钮,如图 34.2 所示。定义序列也可以通过单击"导入"按钮,选中目标数据区域,将现有工作表的数据导入自定义列表中,从而简化定义操作。

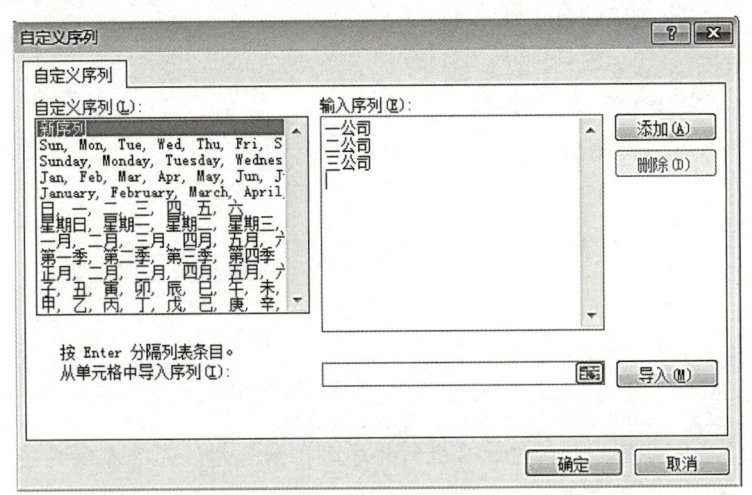

图 34.2　自定义序列(2)

提高

(1)在 Excel 中,可以从数据区域中导入定义序列值,单击"导入"按钮,可以选中一个区域的数据将其导入自定义序列表中。

(2)如果排序数据超出序列范围,则序列包含的值排在前面。

步骤 4:单击"数据"→("排序和筛选")→"排序"按钮,在打开的"排序"对话框中,设置"主要关键字"为"公司","次序"为"自定义序列",如图 34.3 所示。

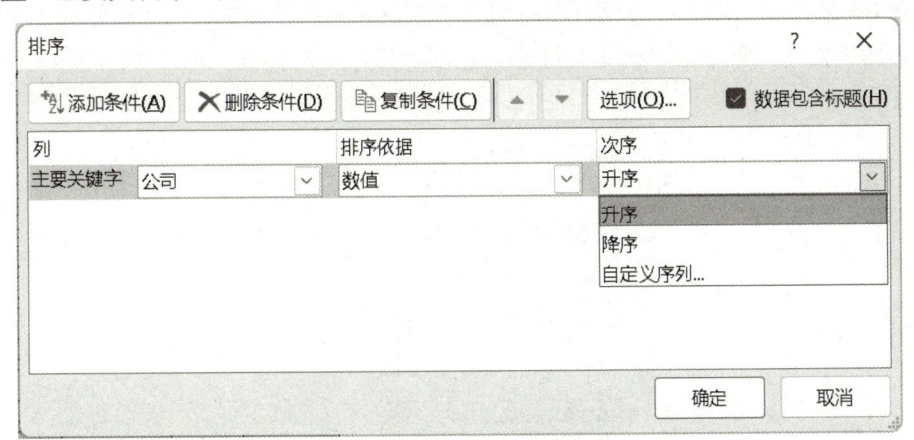

图 34.3　使用自定义序列排序

在打开的"自定义序列"对话框中,选择刚才定义的序列"一公司、二公司、三公司",并单击"确定"按钮,如图 34.4 所示。

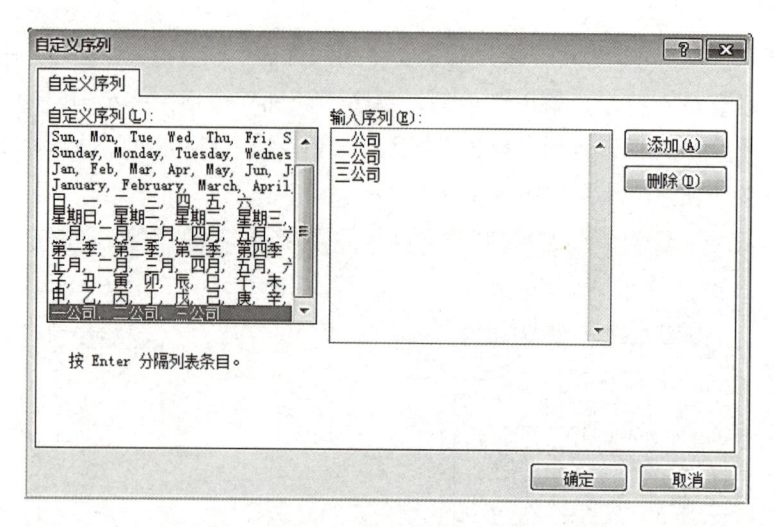

图 34.4　选择自定义排序的序列

整个数据按照"一公司、二公司、三公司"的顺序排序。

> **技巧**
> （1）Excel 在对姓名进行排序时，如果想让某个人或某些人一直排在前面（如公司领导），则可以将这些姓名放在自定义序列中，并使用这个序列排序，这样序列中的姓名会一直排在前面。
> （2）Excel 可以根据字体颜色或单元格颜色进行排序，这样可以将用户标注颜色的数据单独排列在数据清单的顶端或底端。

步骤 5：选中工作表任意单元格，如 B2 单元格，单击"数据"→（"排序和筛选"）→"排序"按钮，在打开的"排序"对话框中，设置"主要关键字"为"姓名"，"次序"为"自定义序列"，打开"自定义序列"对话框。

步骤 6：手动输入序列，分两行分别输入"吉汉阳"和"赵丽叶"，如图 34.5 所示。先单击"添加"按钮，再单击"确定"按钮，返回"排序"对话框，如图 34.6 所示。

图 34.5　新增姓名序列

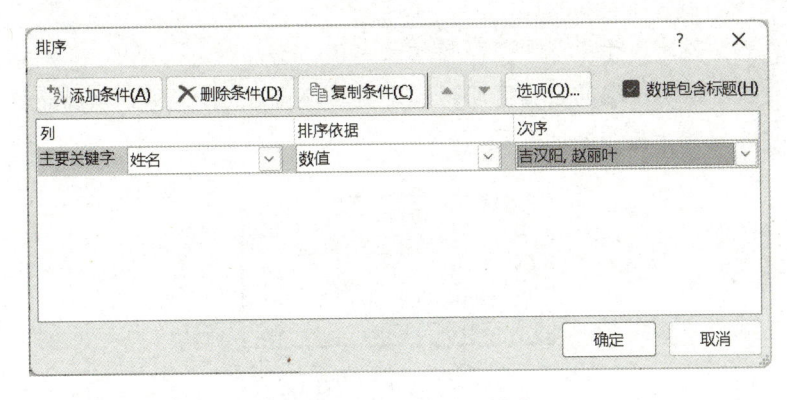

图 34.6　自定义姓名排序

单击"排序"对话框中的"确定"按钮，完成排序，结果如图 34.7 所示，"吉汉阳"和"赵丽叶"二人的数据排在前面，其余数据按升序排列。

	A	B	C	D	E
1	公司	姓名	性别	品牌	型号
2	二公司	吉汉阳	男	佳能	IXUS860 IS
3	三公司	赵丽叶	女	TCL	M586
4	二公司	艾利	女	佳能	EOS (30D)
5	一公司	艾思迪	女	尼康	D2X
6	三公司	白可燕	女	佳能	EOS (400D)

图 34.7　自定义排序结果

作业：设置序列，并使用这个序列排序。

子任务 35　销售数据的模糊统计和频率统计

模糊统计使用 LOOKUP() 函数的统计特征进行统计。对于升序排序的数据，在使用 LOOKUP() 进行查找时，如果没有找到查找数据，则返回数据区域中小于（小于或等于）查找值的最大值，利用这个特征，可以进行模糊查找。

频率统计一般是针对大量数据而言的，设置几个区间点，统计各区间点的数据分布情况，相当于在不同的数据区间内计数。

步骤 1：单击工作表标签"销售奖金"。
步骤 2：查看"销售奖金"工作表的内容，如图 35.1 所示。

注意：（1）在 Excel 中，模糊统计用到最多的是 LOOKUP() 函数。在使用 LOOKUP() 函数查找数据时（查找数据需升序排序），如果找不到匹配数据，则会返回小于或等于查找值的最大值。

（2）传统的数据区间列表需要转换为 Excel 能够识别的数据格式，这样才能统计出正确的结果。

	A	B
1	销售额	奖金比率
2	M<5000	0.60%
3	5000≤M<50000	0.30%
4	M≥50000	0.10%

图 35.1　销售奖金标准

转换数据区间列表。选中 A1:B4 区域并右击，在弹出的快捷菜单中选择"复制"命令，或者选中区域后按"Ctrl+C"组合键。右击 D1 单元格，在弹出的快捷菜单中选择"粘贴"命令，或者按"Ctrl+V"组合键，粘贴后调整 D、E 两列单元格的列宽。

步骤 3：选中 D2 单元格，输入"0"；选中 D3 单元格，输入"5000"；选中 D4 单元格，输入"50000"，统计区间的转换如图 35.2 所示。

	A	B	C	D	E
1	销售额	奖金比率		销售额	奖金比率
2	M<5000	0.60%		0	0.60%
3	5000≤M<50000	0.30%		5000	0.30%
4	M≥50000	0.10%		50000	0.10%

图 35.2　统计区间的转换

步骤 4：选中 B7 单元格，输入公式"＝B6*LOOKUP(B6,D2:D4,E2:E4)"，得到结果为 80，如果修改 B6 单元格中的销售金额，B7 单元格中的奖金也会自动修改。

公式解释：先使用 LOOKUP()函数在 D2:D4 区域中查找值为 80000 的单元格，如果没有找到值为 80000 的单元格，则函数返回小于或等于 80000 的最大值（查到的值是 50000）单元格所在的行号（数据区域的第 3 行），从 E2:E4 区域找到第 3 行单元格的值 0.10%返回；再将 0.10%与 B6 单元格的值相乘，得到结果为"80"。

步骤 5：单击工作表标签"销售评价"，浏览销售业绩的划分的标准，如图 35.3 所示。

	A	B
1	考核方法	等次
2	销售额<100	优秀奖
3	100<=销售额<150	四等奖
4	150<=销售额<200	三等奖
5	200<=销售额<300	二等奖
6	销售额>=300	一等奖

图 35.3　销售业绩的划分

步骤 6：复制 A1:B6 区域的内容到 D1:E6 区域。更改 D2:D6 区域的内容，依次输入"0""100""150""200""300"，如图 35.4 所示。

	A	B	C	D	E
1	考核方法	等次		考核方法	等次
2	销售额<100	优秀奖		0	优秀奖
3	100<=销售额<150	四等奖		100	四等奖
4	150<=销售额<200	三等奖		150	三等奖
5	200<=销售额<300	二等奖		200	二等奖
6	销售额>=300	一等奖		300	一等奖

图 35.4　更改成 Excel 能够识别的数据格式

步骤 7：拖曳鼠标选中 C10:C26 区域，在编辑栏输入公式"=LOOKUP(B10,$D$2:$D$6, $E$2:$E$6)"，按"Ctrl+Enter"组合键，得到销售业绩的统计结果，如图 35.5 所示。

	A	B	C
9	姓名	销售额	等次
10	王聪	115	四等奖
11	余志成	96	优秀奖
12	孔卉	378	一等奖
13	徐筱猛	275	二等奖
14	朱晓彤	198	三等奖
15	刘露	139	四等奖
16	朱屹承	77	优秀奖
17	李婷	143	四等奖
18	赵创	425	一等奖
19	朱园园	127	四等奖

图 35.5　销售业绩的统计结果（部分）

步骤 8：多个考核方法的快速统计。

单击工作表标签"双重销售评价"，查看评价标准，如图 35.6 所示。

	A	B	C	D	E
1	考核方法一	等次		考核方法二	等次
2	0	优秀奖		0	四等奖
3	100	四等奖		120	三等奖
4	150	三等奖		240	二等奖
5	200	二等奖		360	一等奖
6	300	一等奖			

图 35.6　两个评价标准

步骤 9：选中 A2:B6 区域，在名称框中输入"考核一"，将区域命名为"考核一"；选中 D2:E5 区域，在名称框中输入"考核二"，将区域命名为"考核二"。

步骤 10：选中 C9 单元格，选择"数据"→（"数据工具"）→"数据验证"→"数据验证"选项，在打开的"数据验证"对话框中的"设置"标题中，单击"允许"下拉按钮，在弹出的下拉列表中选择"序列"选项，在"来源"输入框中输入"考核一,考核二"；单击"确定"按钮，完成设置；单击 C9 单元格的下拉按钮，在弹出的下拉列表中任选一个数据。

步骤 11：选中 C10 单元格，输入公式"=LOOKUP(B10,INDIRECT($C$9))"，输入完成后按"Enter"键；拖放 C10 单元格的填充柄至 C19 单元格，在所有单元格中生成考核结果。

步骤 12：选中 C9 单元格，更换考核方式，C10:C19 区域中的考核结果相应变化，如图 35.7 所示。

	姓名	销售额	考核二
9			
10	王聪	115	考核一 考核二
11	余志成	96	四等奖
12	孔卉	378	一等奖
13	徐筱猛	275	二等奖
14	朱晓彤	198	三等奖
15	刘露	139	三等奖
16	朱屹承	77	四等奖
17	李婷	143	三等奖
18	赵创	425	一等奖
19	朱园园	127	三等奖

图 35.7　双重考核结果（部分）

步骤 13：单击工作表标签"频率统计"。

数据清单为某产品的一段时间的销售量表，现在分别统计销售量位于 20 台以下、20~50 台、50~80 台、80~110 台、110 台以上的各有多少天。

> **注意**
> （1）频率统计函数将 N 个区间点划分为（N+1）个区间，按照向上舍入原则进行统计，结果生成（N+1）个统计值。
> （2）FREQUENCY()函数是 Excel 中最常用的频率分布函数。

E	F
统计区间	天数
20	7
50	8
80	5
110	6
	4

图 35.8　统计区间与统计结果

选中 E1 单元格，输入"统计区间"，选中 F1 单元格，输入"天数"。

在 E2:E5 区域中，输入区间点"20""50""80""110"。

拖曳鼠标选中 F2:F6 区域，在编辑栏中输入公式"=FREQUENCY (B2:B31,E2:E5)"，按"Ctrl+Shift+Enter"组合键，出现统计结果，如图 35.8 所示。

> **提高**
> （1）FREQUENCY()函数的统计结果是一个一维数组，因此在函数输入结束时，需要按照数组的方式结束输入，即按"Ctrl+Shift+Enter"组合键。
> （2）FREQUENCY()函数的统计区间点为 N 时，结果区间为（N+1）个，区间的划分的意义为(-∞, 20]、(20, 50]、(50, 80]、(80, 110]、(110, +∞)。

步骤 14：计算排名。

选中 C2 单元格，输入公式"=RANK(B2,$B$2:$B$31)"，在输入完成后，按"Enter"键。计算结果为在 B2:B31 区域中的数值由大到小的排名顺序。拖放 C2 单元格的填充柄至 C31 单元格，得到整个计算结果。

> **提高**
> （1）使用 RANK()函数统计数值在区域中的排名顺序，格式为"=RANK(需要排名的数值或引用,排名区域,[排名方式])"，"排名方式"默认为 0 或默认值，表示降序排名，1 为升序排名。函数的计算结果排名值。
> （2）如果某些数值相同，则它们的排名值相同；如果有 N 个排名值相同，则下面会有（N-1）个排名值为空缺，如图 35.9 所示。

（3）在函数中，区域使用到了绝对引用。因为在公式复制时，如果使用相对引用，则排名区域会发生变化，而本意为在固定区域中排名，因此要使用绝对引用。

| 3 | 2023年1月2日 | 100 | 6 |
| 4 | 2023年1月3日 | 100 | 6 |

两个排名相同，下一个排名顺序为 8

图 35.9　空缺排位

作业：完成销售额的模糊统计，计算员工考核结果。

子任务 36　分类汇总销售数据

分类汇总是对数据清单进行数据统计的常用方法。分类汇总先对数据区域"分类"，也就是排序，再进行"汇总"。分类汇总能够快速地以某一个字段为分类项，对数据列表中的其他字段的数值进行各种统计计算，如求和、计数、平均值、最大值、最小值、乘积等。

在分类汇总之前，必须对分类字段进行排序。排序的目的不是获得一个带有顺序的数据区域，而是对分类字段进行"分类"——将相同的数据放在一起，便于计算机进行统计。

步骤 1：单击工作表标签"分类汇总"。

选中 C 列的任意单元格，如 C2 单元格，单击"数据"→（"排序和筛选"）→"升序"按钮，将整个数据区域按"公司名称"升序排序。

步骤 2：单击"数据"→（"分级显示"）→"分类汇总"按钮，打开"分类汇总"对话框。

在"分类汇总"对话框中，设置"分类字段"为"公司名称"，"汇总方式"为"求和"，"选定汇总项"为"销售额"，如图 36.1 所示。

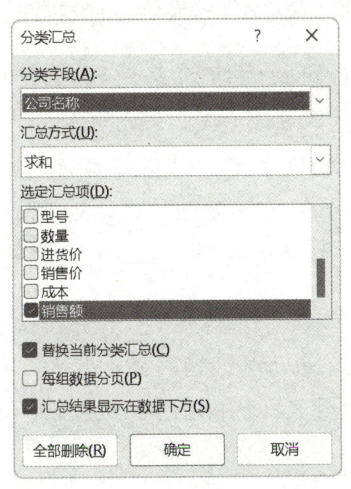

图 36.1　"分类汇总"对话框

单击"确定"按钮，得出分类汇总的结果，如图 36.2 所示。

	A	B	C	D	E	F	G	H	I	J	K
1	序号	销售日期	公司名称	业务员	品名	型号	数量	进货价	销售价	成本	销售额
2	1	2023/1/1	太极公司	张海	CPU	Corei7 14700K	16	2500	3300	40000	52800
3			太极公司 汇总								52800
4	2	2023/1/2	科华公司	令才	CPU	Corei7 14700K	144	2500	3300	360000	475200
5			科华公司 汇总								475200
6	3	2023/1/3	太极公司	张海	打印机	HP 1020	64	1280	1320	81920	84480
7			太极公司 汇总								84480
8	4	2023/1/4	科华公司	令才	内存条	金士顿FURY16G	144	605	679	87120	97776
9	5	2023/1/5	科华公司	令才	投影仪	爱普生CH-A100	144	3899	4199	561456	604656

图 36.2　分类汇总的结果（1）

Excel 根据公司名称进行分类，对同类结果的销售额求和。

步骤 3：在窗口左上角有三个分级显示按钮（ 1 2 3 ），单击 1 按钮，整个数据明细收缩，只显示分类汇总结果，明细数据被隐藏，如图 36.3 所示。

	A	B	C	D	E	F	G	H	I	J	K
1	序号	销售日期	公司名称	业务员	品名	型号	数量	进货价	销售价	成本	销售额
170			总计								14642528

图 36.3　只显示分类汇总结果

步骤 4：单击 2 按钮，显示分类汇总结果，如图 36.4 所示。

	A	B	C	D	E	F	G	H	I	J	K
1	序号	销售日期	公司名称	业务员	品名	型号	数量	进货价	销售价	成本	销售额
30			金创公司 汇总								2972704
55			科华公司 汇总								4877696
72			罗技公司 汇总								1847680
101			太极公司 汇总								3079392
114			远光公司 汇总								1865056
115			总计								14642528

图 36.4　分类汇总结果

选中 K30 单元格，查看编辑栏内的公式为"=SUBTOTAL(9,K2:K29)"。

> **基础**
>
> SUBTOTAL() 函数返回列表或数据库中的分类汇总结果。格式为 "SUBTOTAL(统计代号,区域)"。统计代号分为两类，一类是区域中包含隐藏值（统计代号小于 100），另一类是忽略隐藏值（统计代号大于 100）。常用的统计代号有 1-平均、2-数值计数、3-普通计数[①]、4-最大值、5-最小值、6-乘积、7-标准偏差、8-总体标准偏差、9-求和、10-方差、11-总体方差。

步骤 5：转移分类汇总数据，单击 2 按钮，显示分类汇总结果。

选中 C1 单元格，拖曳鼠标至 K115 单元格。在选中区域右击，在弹出的快捷菜单中选择"复制"命令。

---

① 数值计数即仅统计数值型数据，普通计数即统计非空的所有数据。

选中 C120 单元格并右击，在弹出的快捷菜单中选择"粘贴"命令，分类汇总和数据细节一齐被粘贴出来。

> **注意**
> （1）分类字段不排序，也可以进行分类汇总，但是汇总出来的结果会出现重复值，不会真正实现"汇总"。
> （2）在 Excel 中，如果复制区域含有隐藏数据，则在粘贴时隐藏数据会显示出来。
> （3）在分级显示时，单击 + 或 - 按钮，可以展开、收缩数据。

步骤 6：选中 C1 单元格，拖曳鼠标至 K115 单元格。

选择"开始"→（"编辑"）→"查找和选择"→"定位条件"选项，打开"定位条件"对话框，如图 36.5 所示。

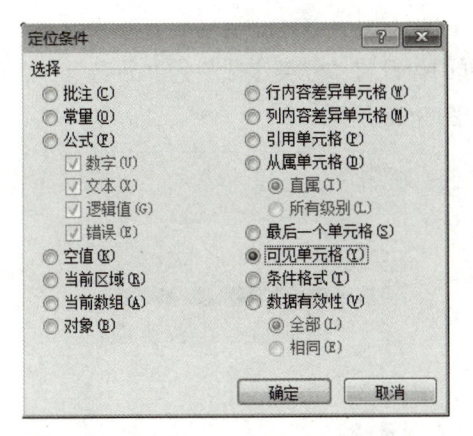

图 36.5 "定位条件"对话框

选中"可见单元格"单选按钮，被选中的区域变成虚框，如图 36.6 所示。

图 36.6 仅选中可见数据

按"Ctrl+C"组合键，或者在选中区域右击，在弹出的快捷菜单中选择"复制"命令。

步骤 7：选中新建工作表，在新建的工作表中，按"Ctrl+V"组合键进行粘贴；或者右击工作表，在弹出的快捷菜单中选择"粘贴"命令，可见数据区域被粘贴，而隐藏数据明细的则被忽略。

步骤 8：单击工作表标签"分类汇总"。

单击左上角的 3 按钮，显示带明细的汇总，如图 36.7 所示。

步骤 9：选中分类汇总区域的任意单元格。

单击"数据"→("分级显示")→"分类汇总"按钮，在打开的"分类汇总"对话框中，单击"全部删除"按钮，则可以将当前的分类汇总删除。

27	105	2023/5/25	金创公司	金合	主板	微星B	16	688	749	11008	11984
28	106	2023/5/26	金创公司	张海	键盘	华硕F	16	699	749	11184	11984
29	108	2023/5/30	金创公司	张海	键盘	华硕F	256	699	749	178944	191744
30			金创公司	汇总							2972704
31	2	2023/1/2	科华公司	令才	CPU	Corei	144	2500	3300	360000	475200
32	4	2023/1/4	科华公司	令才	内存条	金士邦	144	605	679	87120	97776

图 36.7 带明细的分类汇总

步骤 10：选中 E 列的任意单元格，如 E3 单元格，单击"数据"→("排序和筛选")→"升序"按钮，整个数据区域按品名升序排序。

步骤 11：单击"数据"→("分级显示")→"分类汇总"按钮，打开"分类汇总"对话框。

在"分类汇总"对话框中，设置"分类字段"为"品名"，"汇总方式"为"最大值"，"选定汇总项"为"数量"，如图 36.8 所示。

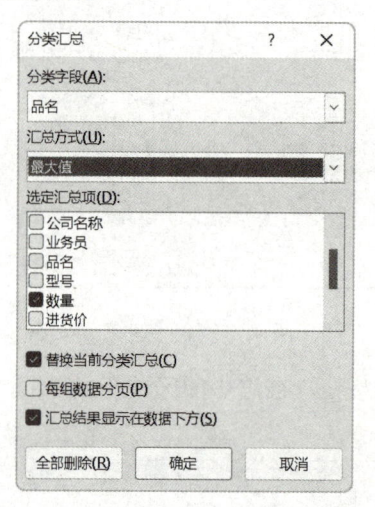

图 36.8 "分类汇总"对话框

单击"确定"按钮，出现分类汇总的结果，如图 36.9 所示。

	A	B	C	D	E	F	G
1	序号	销售日期	公司名称	业务员	品名	型号	数量
2	25	2023/2/2	金创公司	张海	CPU	Corei7 14700K	16
3	27	2023/2/6	金创公司	张海	CPU	Corei7 14700K	256
4	52	2023/3/13	金创公司	张海	CPU	AMD锐龙7000G	16
5	2	2023/1/2	科华公司	令才	CPU	Corei7 14700K	144
6	29	2023/2/8	科华公司	令才	CPU	AMD锐龙7000G	144
7	17	2023/1/23	罗技公司	张海	CPU	Corei7 14700K	144
8	44	2023/3/1	罗技公司	张海	CPU	AMD锐龙7000G	144
9	1	2023/1/1	太极公司	张海	CPU	Corei7 14700K	16
10	28	2023/2/7	太极公司	张海	CPU	AMD锐龙7000G	16
11	8	2023/1/10	远光公司	刘小玲	CPU	Corei7 14700K	256
12	35	2023/2/16	远光公司	刘小玲	CPU	AMD锐龙7000G	256
13					CPU 最大值		256

图 36.9 分类汇总的结果（2）

Excel 根据品名进行分类，将不同商品数量的最大值汇总出来。

步骤 12：单击左上角的 [2] 按钮，显示分级汇总，如图 36.10 所示。

品名	型号	数量	进货价
CPU 最大值		256	
打印机 最大值		64	
键盘 最大值		256	
内存条 最大值		400	
鼠标 最大值		576	
投影仪 最大值		144	
显示器 最大值		144	
硬盘 最大值		400	
主板 最大值		144	
总计最大值		576	

图 36.10　汇总最大销量

作业　分类汇总分析销售数据。

子任务 37　多重汇总销售数据

一次分类汇总操作只能对一个字段进行分类汇总，但可以多次进行分类汇总操作，每次选择不同的分类字段，从而实现分类汇总的叠加，使数据分析得更细致。

步骤 1：单击工作表标签"多重分类汇总"。

步骤 2：单击"数据"→（"排序和筛选"）→"排序"按钮，打开"排序"对话框。

在"排序"对话框中，设置"主要关键字"为"公司名称"，按"数值""升序"排序。

单击"添加条件"按钮，设置"次要关键字"为"业务员"，按"数值""升序"排序，如图 37.1 所示。

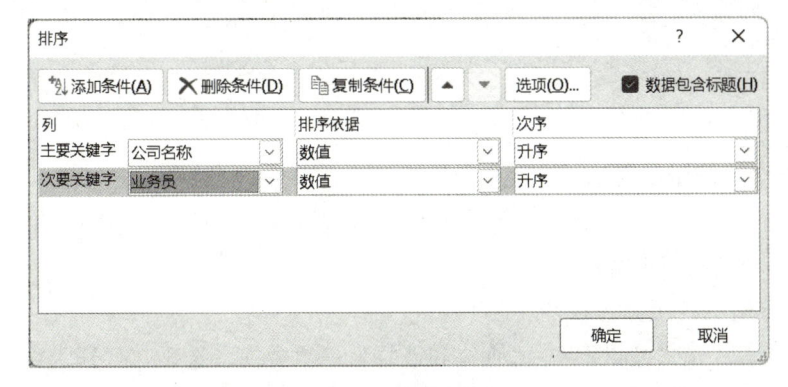

图 37.1　设置排序条件

设置完成后，单击"确定"按钮完成排序。

> **注意**
> （1）在多重分类汇总字段时必须先排序，而且在排序时第一次分类汇总的字段必须是主要关键字，第二次分类汇总的字段是次要关键字，如果顺序不对，则汇总结果不准确。
> （2）多重分类汇总可以两次汇总、三次汇总，甚至更多次汇总。

步骤3：单击"数据"→（"分级显示"）→"分类汇总"按钮，打开"分类汇总"对话框。

在"分类汇总"对话框中，设置"分类字段"为"公司名称"，"汇总方式"为"求和"，"选定汇总项"为"销售额"，如图37.2所示。

单击"确定"按钮，第一次分类汇总完成。

步骤4：单击任意一个分级显示按钮。例如，单击 3 按钮。

单击"数据"→（"分级显示"）→"分类汇总"按钮，打开"分类汇总"对话框。

在"分类汇总"对话框中，设置"分类字段"为"业务员"，"汇总方式"为"求和"，"选定汇总项"为"数量"和"销售额"。

因为已经存在一个分类汇总，而且不能被替换，所以取消勾选"替换当前分类汇总"复选框，如图37.3所示。

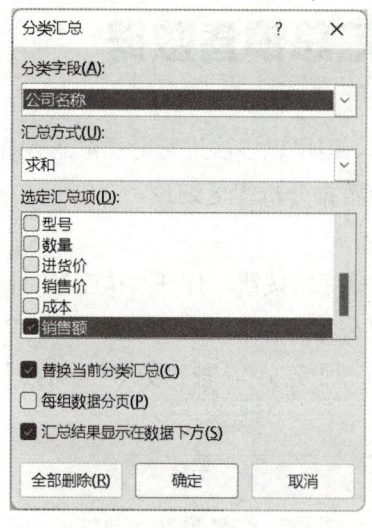

图37.2 第一级分类汇总

图37.3 第二级分类汇总

单击"确定"按钮，第二级分类汇总完成。

步骤5：窗口的左上角分级显示变为四级"1 2 3 4"，单击 3 按钮，将两次分类汇总叠加显示出来，如图37.4所示。

步骤6：单击第三级分类视图。

选择"开始"→（"编辑"）→"查找和选择"→"替换"选项，打开"替换"对话框。

在"替换"对话框中，设置"查找内容"为"汇总"，在"替换为"输入框中输入空格，如图37.5所示。

图 37.4　叠加的分类汇总

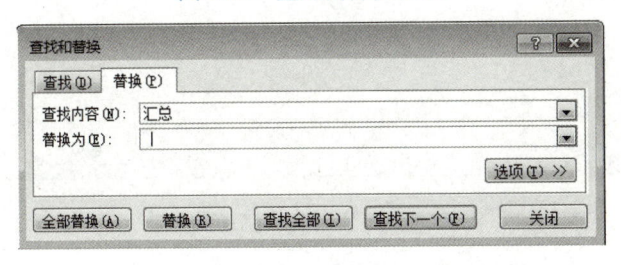

图 37.5　替换"汇总"

单击"全部替换"按钮，工作表单元格中的所有"汇总"被替换成空格，单击"关闭"按钮，关闭"查找和替换"对话框。汇总数据变得更加简洁，如图 37.6 所示。

图 37.6　替换后的汇总表

步骤 7：选中分类汇总数据区域中的任意单元格，单击"数据"→（"分级显示"）→"分类汇总"按钮，打开"分类汇总"对话框，单击"全部删除"按钮，可以删除当前的分类汇总。

> **注意**　完成销售数据的二重分类汇总。

子任务 38　分类统计产品销量

在 Excel 中，可以对收集的数据使用不同的统计方法进行数据分析，还可以对相同的数据使用不同的统计方法进行分析，方便地得到相应的分析结果。从多角度分析数据，可以辅助企业决策。

步骤 1：单击工作表标签"分类统计"，选中 A2:D38 区域，单击"数据"→（"排序和筛选"）→"升序排序"按钮，如图 38.1 所示，得到按分店名称排序的数据。

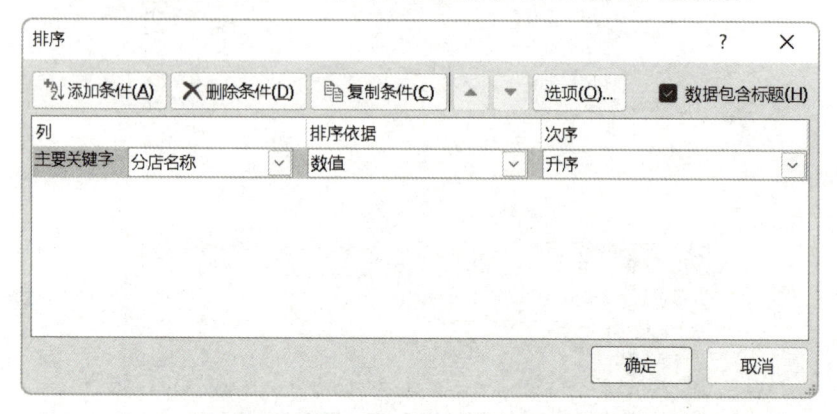

图 38.1　按分店名称排序的数据

步骤 2：先选中 D3:D8 区域，再在名称框中输入定义的名称"城北店"，如图 38.2 所示。

图 38.2　定义名称

步骤 3：参照步骤 2，定义名称如下。

选中 D9:D14 区域，在名称框中输入"荷花池店"；选中 D15:D20 区域，在名称框中输入"淮海店"；选中 D21:D26 区域，在名称框中输入"火车站店"；选中 D27:D32 区域，在名称框中输入"望月店"；选中 D33:D38 区域，在名称框中输入"银河店"。

步骤 4：选中 F2 单元格，输入"分店名称"；选中 G2 单元格，输入"统计方式"；选中 H2 单元格，输入"统计结果"。

步骤5：选中F3单元格，选择"数据"→（"数据工具"）→"数据验证"→"数据验证"选项，打开"数据验证"对话框，在"允许"下拉列表中选择"序列"选项，在"来源"输入框中输入"城北店,荷花池店,淮海店,火车站店,望月店,银河店"，如图38.3所示，输入完成后单击"确定"按钮。

步骤6：选中G3单元格，选择"数据"→（"数据工具"）→"数据验证"→"数据验证"选项，打开"数据验证"对话框，在"允许"下拉列表中选择"序列"选项，在"来源"输入框中输入"01－平均,02－计数,04－最大值,05－最小值,07－标准偏差,08－总体标准偏差,09－求和,10－方差,11－总体方差"，如图38.4所示，输入完成后单击"确定"按钮。

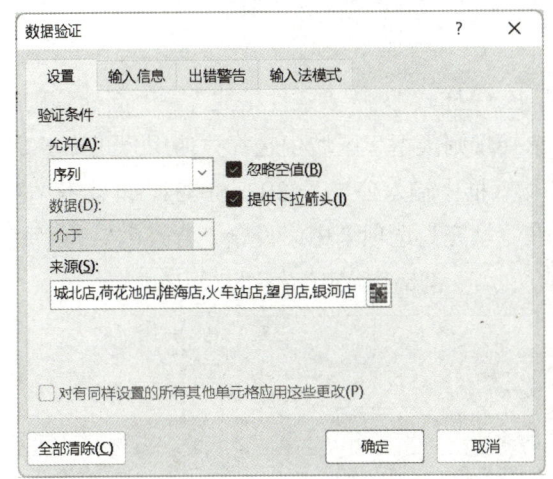

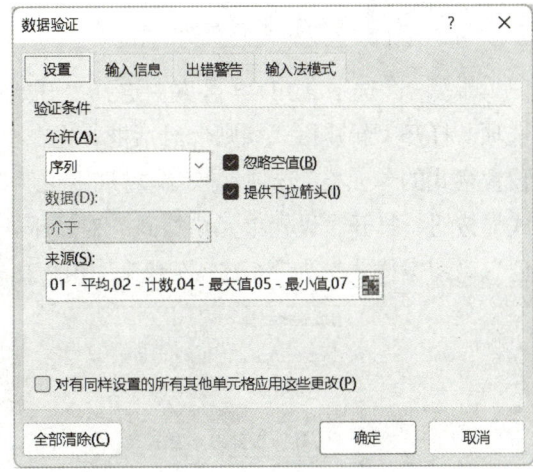

图38.3　名称数据验证

图38.4　统计方式数据验证

选中任意一个店铺名称，并设置一种统计方式。

> **技巧**
> （1）在步骤5中，数据验证的内容与定义的名称相对应，这样可以使用INDIRECT()函数转换成对应区域。
> （2）在步骤6中，将统计代号设计成两位数字，是为了统一代号长度，方便下面LEFT()函数提取使用；代号后面加上文字说明，是为了方便用户理解。

步骤7：选中H3单元格，输入公式"=SUBTOTAL(LEFT(G3,2),INDIRECT(F3))"，得到相应分店的对应统计结果，如图38.5所示。

F	G	H
分店名称	统计方式	统计结果
淮海店	07－标准偏差	4.457203907

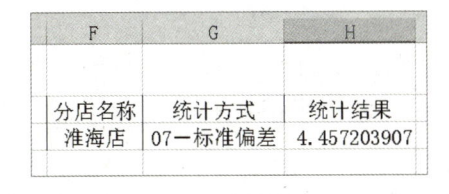

图38.5　统计结果

步骤8：查看不同分店的平均值和方差值，城北店、荷花池店、淮海店、火车站店、望月店、银河店的平均销量分别为"996.8""1016.3""993.3""973""1001.8""1015"，从数据上看荷花池店和银河店的平均销量较高。

再查看城北店、荷花池店、淮海店、火车站店、望月店、银河店销量的方差值分别为"49.4""230.7""19.9""679.6""108.2""220.4",淮海店的销量较为平稳,而火车站店的销量波动较大。

究竟哪个分店的销量更高呢?如何提升分店的销量呢?

> **提高**
>
> 在测量数据统计中,平均值法可能将正、负测量数据抵消,从而产生一个错误的统计结果;而方差反映了测量数据偏离中心数据的程度,正负偏差不会抵消,方差越大,说明样本数据的偏离越大,反之则偏离越小,测量数据的稳定性也越好。

步骤9:选中A3:D38区域,选择"开始"→("样式")→"条件格式"→"新建规则"选项,打开"新建格式规则"对话框。先在"选择规则类型"区域中选择"使用公式确定要设置格式的单元格"选项,在"编辑规则说明"输入框中输入公式"=$B3=$F$3",再单击"格式"按钮,打开"设置单元格格式"对话框,在"填充"选项卡中,设置"背景色"为"黄色","图案样式"为"6.25%灰色",如图38.6所示,单击"确定"按钮。

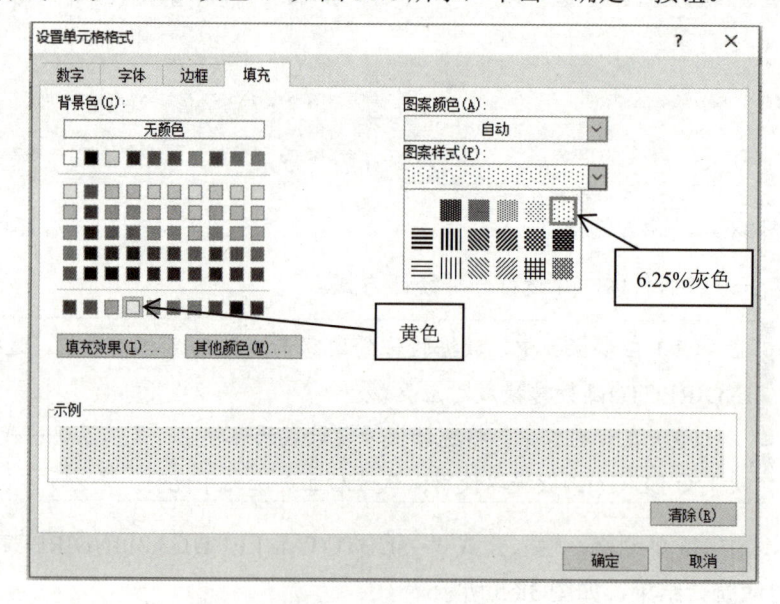

图 38.6 格式设置

在返回的"编辑格式规则"对话框中,如图38.7所示,单击"确定"按钮。

在数据区域中,与F3单元格内容相同的分店名称所在行变成"黄色,6.25%灰度"格式,如图38.8所示。

步骤10:选中I2单元格,输入"整体统计";选中I3单元格,输入公式"=SUBTOTAL(LEFT(G3,2),D3:D38)",得到结果,如图38.9所示。

以荷花池店为例,分店销量的平均值大于所有分店的整体平均值,而方差小于整体方差,因此荷花池店在所有分店中销量高且每月销量平稳。

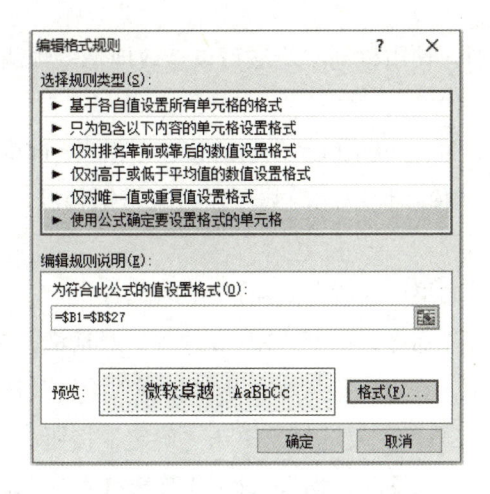

图 38.7　设置条件格式

图 38.8　格式设置效果

图 38.9　增加整体统计的结果

作业

分类统计商品数量。

子任务 39　预测销售数据

移动平均法是使用最近的一组实际数据来预测未来一期或几期内公司产品的需求量、公司产能等的一种方法。移动平均法适用于即期预测,当产品需求既不快速增长,也不快速下降，且不存在季节性因素时，使用移动平均法可以有效地消除预测中的随机波动，预测的拟合程度十分高。

销售预测常用的方法是通过 FORECAST()函数进行预测，FORECAST()函数根据一条线性回归拟合线返回一个预测值，使用此函数可以对未来销售额、库存需求、消费趋势进行预测。

步骤 1：加载分析库，如果已加载，则跳过此步骤。

选择"文件"→"选项"命令，打开"Excel 选项"对话框。在"Excel 选项"对话框中单击左侧的"加载项"选项，在右侧区域中单击"转到"按钮，打开"加载宏"对话框，如图 39.1 所示。勾选"分析工具库"复选框，单击"确定"按钮。

步骤 2：单击工作表标签"移动平均"，选中工作表任意单元格，如 B2 单元格。

单击"数据"→（"分析"）→"数据分析"按钮，打开"数据分析"对话框。在"数据分析"对话框中，选择"移动平均"选项，如图 39.2 所示，单击"确定"按钮，打开"移动平均"对话框。

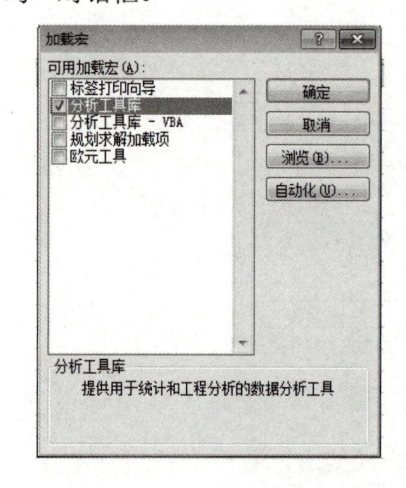

图 39.1 "加载宏"对话框　　　　　图 39.2 选择分析工具

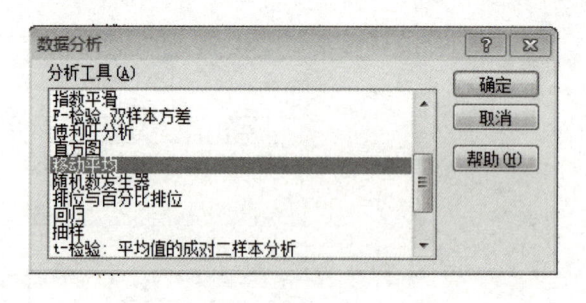

步骤 3：单击"移动平均"对话框的"输入区域"的右侧按钮，选中 B1:B14 区域，并勾选"标志位于第一行"复选框，因为这个区域包括了标题行；在"间隔"输入框中输入"3"，表示移动平均计算的项数，即每三年计算一次平均；单击"输出区域"右侧按钮，选中 C2:C15 区域，如图 39.3 所示，单击"确定"按钮。

> **注意**
>
> （1）移动平均的"间隔"大于或等于 2 才有意义，原始数据项数必须大于间隔长度才有意义。
>
> （2）移动平均的计算可以直接使用 AVERAGE()函数来代替，移动平均就是计算间隔周期的平均值。

步骤 4：观察 C 列单元格，得到移动平均计算的结果，如图 39.4 所示。

图 39.3　设置移动平均参数　　　　图 39.4　移动平均计算的结果

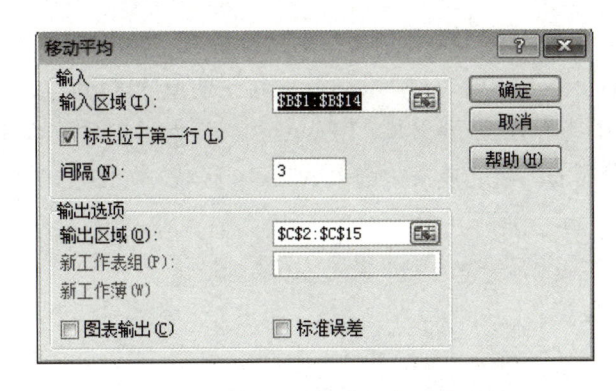

解释：输出区域的第一行和第二行出现错误信息"#N/A"，表示在前两个计算周期内没有可用的数据。因为本次移动平均的间隔是 3，虽然在设置移动平均参数时将此单元格包括在输出区域中，但由于 C15 单元格的结果要由 B13:B15 区域计算平均值得到，而 B15 单元格中没有数值，因此 C15 单元格中没有得到移动平均值。

步骤 5：选中 B15 单元格，输入公式"=AVERAGE(B12:B14)"，输入完成后按"Enter"键，得到移动平均值为"212"，与 C14 单元格中的值一样，如图 39.5 所示。

图 39.5　直接输入公式计算移动平均值

复制 B15 单元格至 B16 单元格，同样可以通过移动平均获得预测值。

步骤 6：单击工作表标签"销售数据预测"，选中 B15 单元格，单击"公式"→（"函数库"）→"插入函数"按钮，打开"插入函数"对话框。

在弹出的"插入函数"对话框中，单击"类别"的下拉按钮，在弹出的下拉列表中选择"统计"选项，在"选择函数"列表框中选择"FORECAST"函数，单击"确定"按钮，如图 39.6 所示。

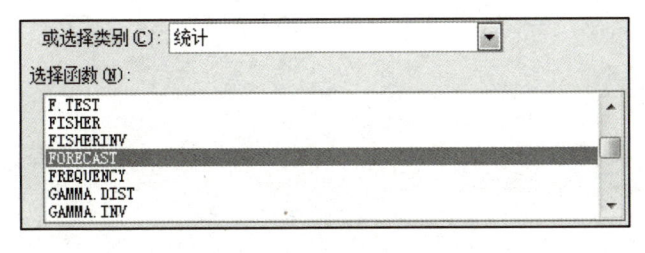

图 39.6　插入 FORECAST()函数

159

也可以通过选择"公式"→("函数库")→"其他函数"→"统计"→"FORECAST"选项来插入函数。

步骤 7：在打开的"函数参数"对话框中，"X"为预测参数的自变量值，单击"X"输入框右侧的区域选择按钮，选中 A15 单元格，"Known_y's"为已知结果的值的区域，单击"Known_y's"输入框右侧的区域选择按钮选中 B2:B14 区域，"Known_x's"为已知结果的自变量区域，单击"Known_x's"输入框右侧的区域选择按钮选中 A2:A14 区域，如图 39.7 所示，单击"确定"按钮。

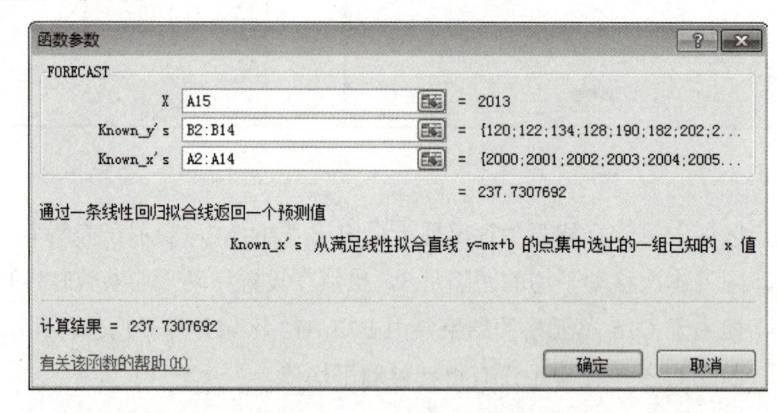

图 39.7　FORECAST()函数参数

在 B15 单元格中得到预测结果为"237.7307692"。

步骤 8：选中 B15 单元格，按"Ctrl+1"组合键，设置单元格格式，选择"数值"选项，设置小数位数为 0。

> **提高**
> （1）FORECAST()函数的格式为 FORECAST(X 值,已知因变量区域,已知自变量区域)。
> （2）FORECAST()函数先通过已知自变量与因变量拟合出一条直线 $Y=aX+b$；再将函数中的 X 值代入公式计算出预测值。

步骤 9：选中 B15 单元格，按"Ctrl+1"组合键，设置单元格格式，选择"数值"选项，设置小数位数为 0。

> **作业**
> 按要求进行销量预测。

任务 7

商务数据的初步图表分析

任务说明

在 Excel 中，图表是指将工作表中的数据使用图形表示出来。例如，将各地区每周的销售使用柱形图表示出来。图表可以使数据更有趣、更有吸引力、更易于用户阅读和评价。它们也可以帮助用户分析和比较数据。

当基于工作表选定区域建立图表时，Excel 使用来自工作表的数值，并将其当作数据点在图表上显示。数据点可以使用条形、线条、柱形、切片、点及其他形状表示。这些形状被称为数据标示。

在建立了图表后，可以通过增加图表项，如数据标记、图例、标题、文字、趋势线、误差线及网格线来美化图表及强调某些信息。大多数的图表项可以被移动或调整大小，也可以使用图案、颜色、对齐、字体及其他格式属性来设置这些图表项的格式。

本任务主要是在数据分析的基础之上，选择恰当的图表类型，通过 Excel 提供的图表模板，对不同类型的数据绘制不同的图表，使用直观、形象的图表形象地反映数据的差异、构成比例或变化趋势。

子任务 40　通过迷你图概览销售数据

迷你图是 Excel 中的一个新功能，与普通工作表上的图表不同，迷你图不是对象，它实际上是单元格背景中的一个微型图表，因此迷你图可以与数据同时放在一个单元格中。Excel 可以为多行（或多列）数据创建一组迷你图，一组迷你图具有相同的图表特征。

步骤 1：单击工作表标签"迷你图"，选中 N3:N8 区域，单击"插入"→（"迷你图"）→"柱形图"按钮，打开"创建迷你图"对话框，如图 40.1 所示。

单击"数据范围"输入框，在工作表中拖曳选中 B3:M8 区域。单击"确定"按钮，出现柱形迷你图，如图 40.2 所示。

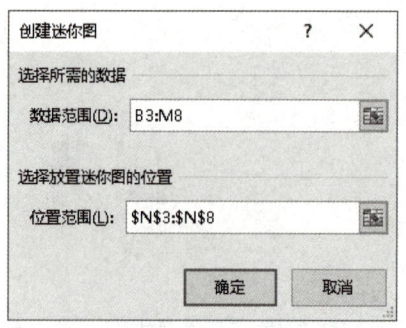

图40.1　创建迷你图

图40.2　柱形迷你图（部分）

J	K	L	M	N
9月	10月	11月	12月	
2339	1763	2197	1740	
2660	2023	2422	2001	
1099	886	185	203	
2392	1825	1518	1862	
1345	1944	1389	1716	
214	275	361	392	

选中 B9:M9 区域，单击"插入"→（"迷你图"）→"折线图"按钮，打开"创建迷你图"对话框，如图40.3所示。

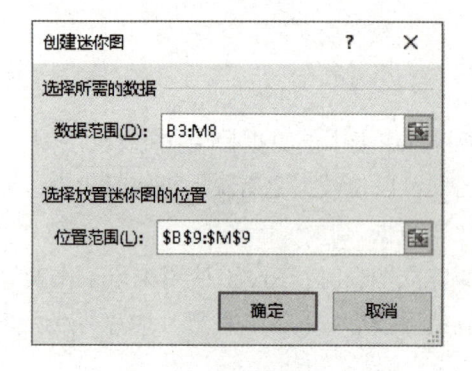

图40.3　"创建迷你图"对话框

单击"数据范围"输入框，在工作表中拖曳鼠标选中 B3:M8 区域，单击"确定"按钮，生成折线迷你图，如图40.4所示。

月份 类目	1月	2月	3月	4月	5月	6月	7月	8月
近视眼镜	2344	2108	2081	1617	1754	1727	2117	1712
太阳眼镜	2716	2706	2464	2571	2794	2080	2522	2731
平光眼镜	601	1391	441	414	811	1316	228	1132
老花眼镜	2086	1587	1188	1265	1820	2153	2246	1108
偏光眼镜	1142	1199	1071	1668	1095	1903	1740	1076
护目镜	153	103	164	125	112	347	236	374

图40.4　折线迷你图（部分）

选中 B9:M9 区域，在"设计"选项卡的"显示"组中，勾选"高点"和"低点"复选框，在迷你图中会加上高低值点，如图40.5所示。

步骤2：改变迷你图的组合。

选中 N4 单元格，单击"设计"→（"分组"）→"取消组合"按钮，这时，取消了迷你图的组合。

单击"设计"→（"类型"）→"折线图"按钮，单元格的迷你图从柱形图改为折线图，如图40.6所示。

图 40.5 加高低值点的迷你图（部分）

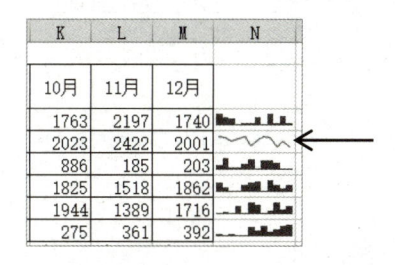

图 40.6 改变迷你图的组合

注意

（1）按区域绘制的迷你图，不好更改部分绘图类型，必须先取消组合，再更改类型。

（2）迷你图随单元格大小变化而变化。

步骤 3：选中 D8 单元格，按"Delete"键，删除数据，在迷你图中因为缺少数据而产生空行，如图 40.7 所示。

图 40.7 缺少数据而产生空行的迷你图

选中任意迷你图，如 F9 单元格，选择"设计"→（"迷你图"）→"编辑数据"→"隐藏和清空单元格"选项，打开"隐藏和空单元格设置"对话框，在"隐藏和空单元格设置"对话框中，选中"空单元格显示为"中的"零值"单选按钮，单击"确定"按钮，如图 40.8 所示。

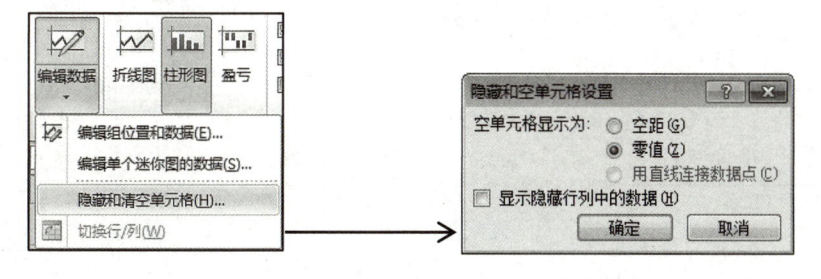

图 40.8 设置空单元格显示为零值

当绘图时，迷你图中缺少数据的项使用零值代替，如图 40.9 所示。

图 40.9　将空值绘制为零值的迷你图

作业　根据数据绘制迷你图。

子任务 41　通过柱形图对比月份销量

柱形图，是 Excel 默认的图表类型，也是在销售数据的处理过程中常用的一种图表类型。

柱形图通常用来描述不同时期数据的变化情况，或者用来描述不同类别的数据之间的差异，也可以同时描述不同时期、不同类别数据的变化和差异。柱形图包括 19 种子图表类型，如图 41.1 所示。

步骤 1：单击工作表标签"销量对比柱形图"，选中 A2 单元格，拖曳鼠标选中 A2:E4 区域。选择"插入"→（"图表"）→"柱形图"→"簇状柱形图"选项，如图 41.2 所示。

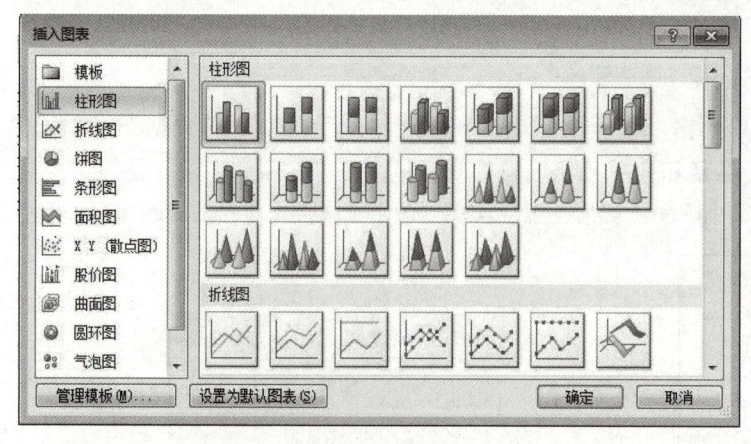

图 41.1　柱形图子图表类型　　　　图 41.2　插入簇状柱形图

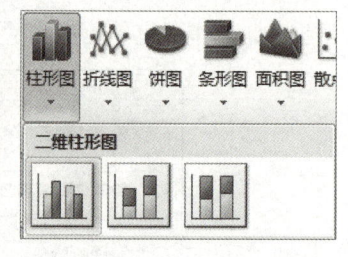

系统自动生成一个二维柱形图，如图 41.3 所示。

注意

（1）当选中一个区域绘制柱形图时，Excel 默认按行方式来处理数据，并按行方式来绘图。

（2）Excel 在绘图时会分析数据区域的数据类型。如果某列（行）上存在文本型数据，则将此列（行）上的数值作为 X 轴，其余列（行）上的数值作为 Y 轴；如果行与列上都有文本型数据，则将文本作为 X 轴，文本行数据作为图例。

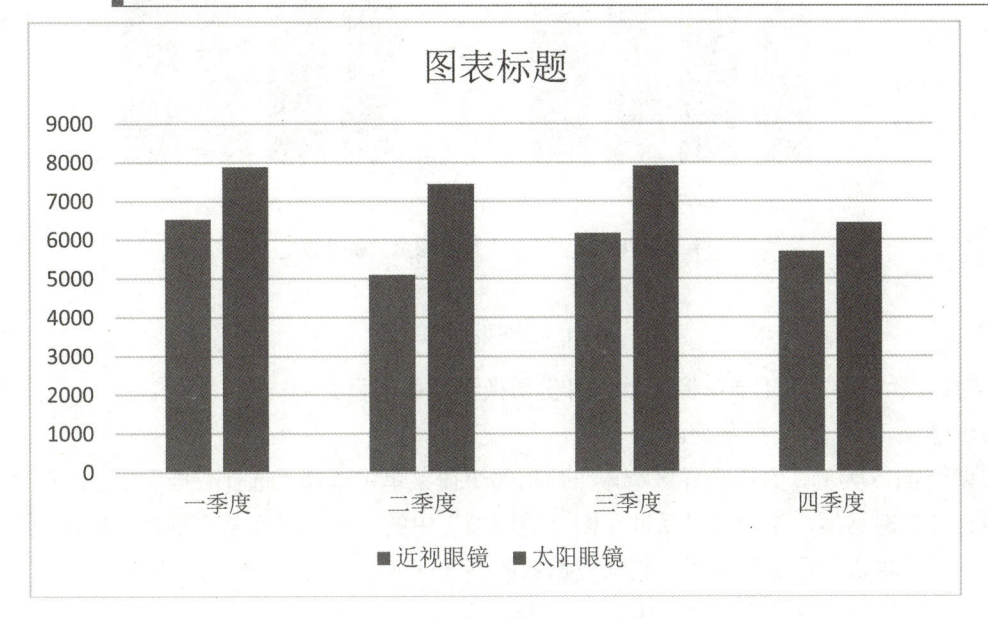

图 41.3 柱形图的组成部分

步骤 2：切换图表的行与列。

右击图表区，在弹出的快捷菜单中选择"选择数据"命令，打开"选择数据源"对话框，如图 41.4 所示。单击"切换行/列"按钮，将图表的 X 轴、Y 轴互换，单击"确定"按钮，切换后的效果如图 41.5 所示。

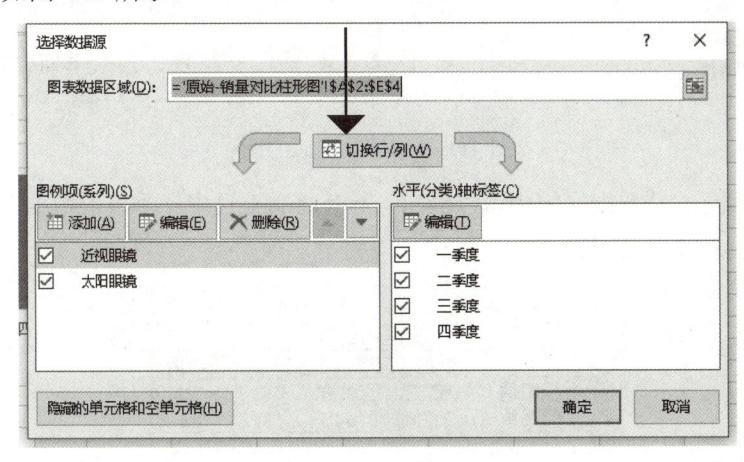

图 41.4 切换行与列

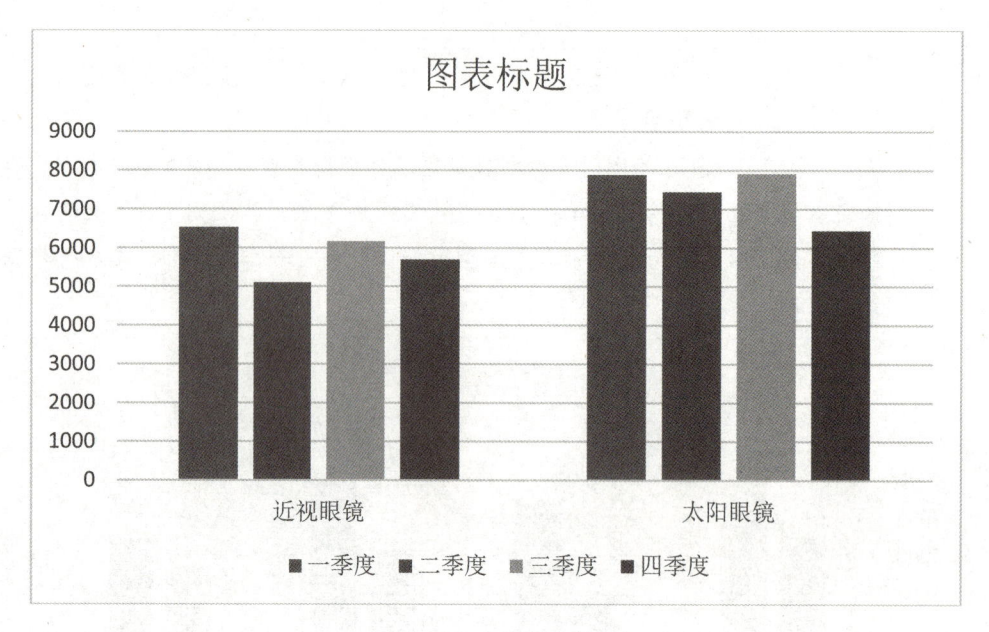

图 41.5　切换后的效果

对比图 41.3 与图 41.5，将 X 轴由月份切换至商品类目。

步骤 3：增、删数据系列。

以图 41.5 为例，右击图表区域，在弹出的快捷菜单中选择"选择数据"命令，打开"选择数据源"对话框，先勾选对话框左侧"图例项"中的"一季度"复选框，再单击"删除"按钮，最后单击"确定"按钮，删除数据后的图如图 41.6 所示。

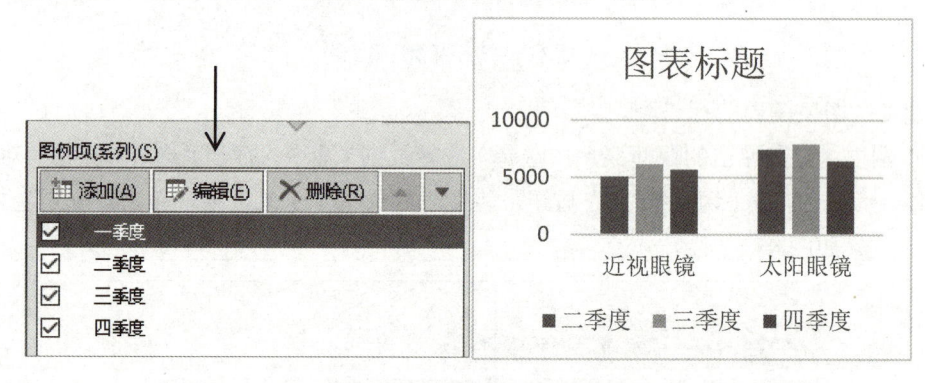

图 41.6　删除数据后的图

如图 41.7 所示，从数据区域中可以看出，所有商品类目中一季度的数据没有被选中，这表明这些数据没有被绘入图表。

图 41.7　数据区域

右击图表区域，在弹出的快捷菜单中选择"选择数据"命令，打开"选择数据源"对话框，单击对话框左侧的"添加"按钮，打开"编辑数据系列"对话框。单击系列名称下方的输入框，选中 B2 单元格。

单击系列值下方的文本框，删除自动生成的"={1}"，并选中 B3:B4 区域。

如图 41.8 所示，单击"确定"按钮，返回"选择数据源"对话框。

在"选择数据源"对话框中，增加了"一季度"系列，单击"确定"按钮，完成数据系列的增加。

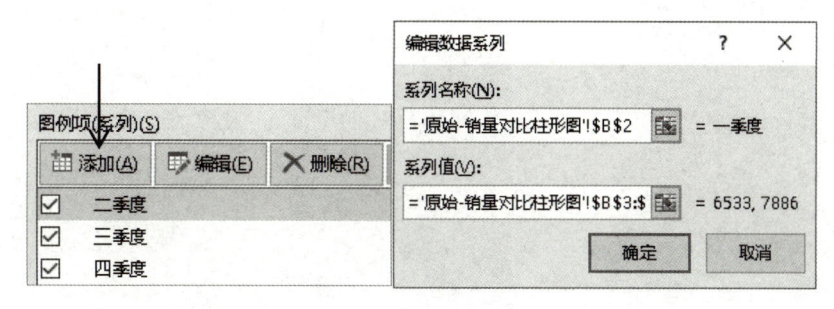

图 41.8 增加数据系列

技巧

（1）单击绘图区域中某个系列的柱形图，整个图表中的同类柱形图被选中，直接按"Delete"键，可以将这个系列的数据从绘图区域中删除。

（2）选中数据区域，按"Ctrl+C"组合键复制，在绘图区域中按"Ctrl+V"组合键粘贴，可以增加数据系列。

（3）两次单击绘图区域中的某个系列的柱形图，可以只选中这个柱形图，并且可以只对这个柱形图进行设置，如颜色、数据标记等。

步骤 4：修饰图表。

选中"图表标题"并单击，进入编辑状态，修改内容为"产品销量图"，拖曳标题边框，将其移动至图表区域中的任意位置。

右击绘图区域的网格线，在弹出的快捷菜单中选择"设置网格线格式"命令，打开"设置主要网格线格式"对话框，如图 41.9 所示。

在"线条颜色"选项中，选中"无线条"单选按钮；关闭"设置主要网格线格式"对话框。

注意

如果不关闭"设置×××"对话框，当单击不同对象时，则该对象的设置对话框会一直存在，且随对象变化而变化。

右击 Y 轴，在弹出的快捷菜单中选择"设置坐标轴格式"命令，打开"设置坐标轴格式"对话框，选择"填充与线条"选项，在右侧选中"无线条"单选按钮，如图 41.10 所示。

选择"坐标轴选项"选项，在"数字类别"列表中，选择"自定义"选项，在"格式代码"输入框中输入"#,###"副"",最后单击"添加"按钮,如图 41.11 所示。

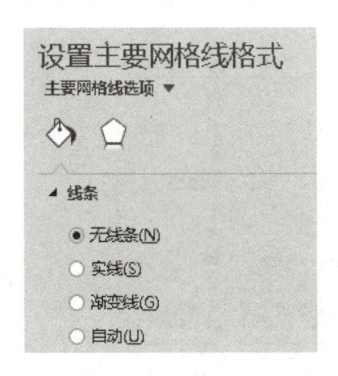

图 41.9　设置主要网格线格式对话框　　图 41.10　更改坐标轴格式　　图 41.11　更改坐标轴数字格式

单击"关闭"按钮,关闭对话框。

这时,图表没有了网格线,Y 轴线条也没有了,在 Y 轴的数值加上了单位"副",修饰后的图表如图 41.12 所示。

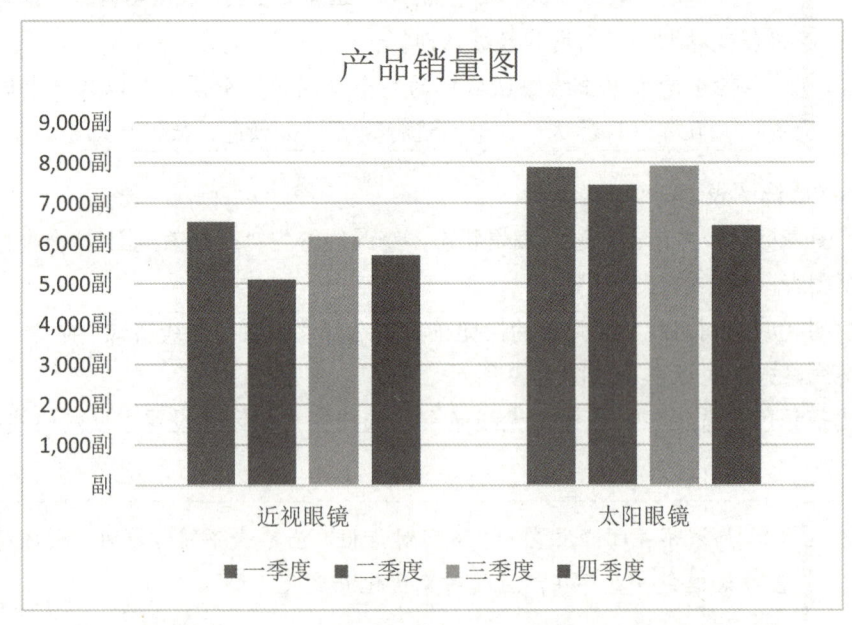

图 41.12　修饰后的图表

选择"插入"→("插图")→"形状"→"矩形"选项,在工作表空白区域中绘制一个矩形。选择"格式"→("形状样式")→"形状填充"→"橙色"选项,矩形区域被橙色填充。

右击绘制的矩形,在弹出的快捷菜单中选择"复制"命令,或者直接按"Ctrl+C"组合键,单击绘图区域中二季度数据系列柱形条,所有的二季度数据柱形条被所选中,如图 41.13 所示。

右击选中的柱形条,在弹出的快捷菜单中选择"粘贴"命令,或者按"Ctrl+V"组合键,这时刚复制的橙色柱形条被粘贴到所有销量的柱形条中,如图 41.14 所示。

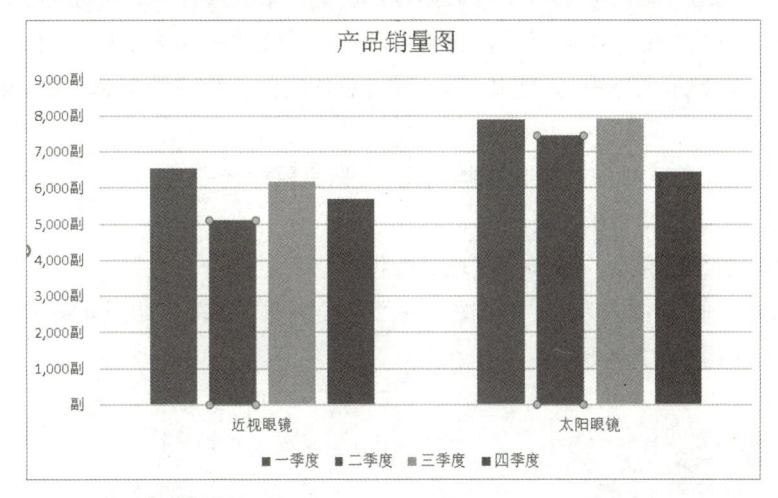

图 41.13　选中二季度全部销量的柱形图

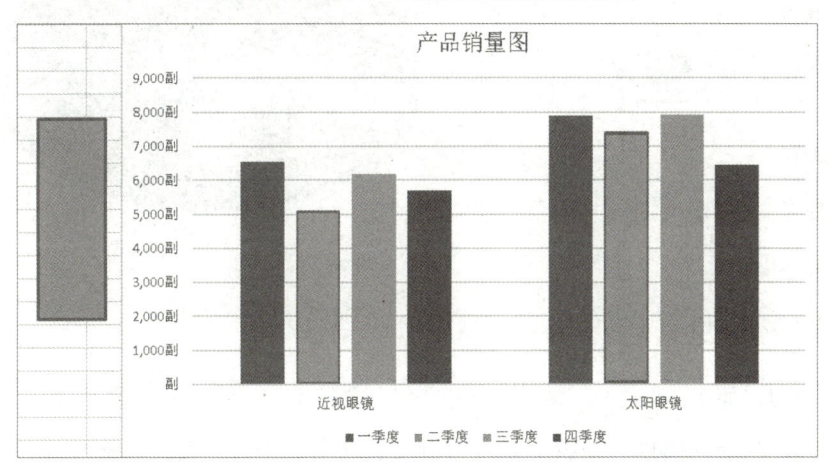

图 41.14　更改后的销量柱形图

技巧　使用图片编辑工具(如 Windows 系统中自带的画图软件),选中整个图片或部分图片区域,按"Ctrl+C"组合键进行复制;返回 Excel,选中柱形图,按"Ctrl+V"组合键进行粘贴,即可将图片粘贴到图中。

作业　根据要求绘制柱形图。

子任务 42　通过饼图分析店铺销售占比情况

饼图通常只使用一组数据系列作为数据源。它将一个圆形分为若干扇形，每个扇形代表数据系列中的一项数据值，用来表示相应数据项占该数据系列总和的比例值。

饼图一般用来表示个体占总体的比例，或者总体之间的构成等信息。Excel 的饼图包含 6 种子图表类型。

步骤 1：单击工作表标签"销售数据饼图"，拖曳鼠标选中 A1:I1 区域，按住"Ctrl"键不放，拖曳鼠标选中 A10:I10 区域。

前一个区域是数据标志，后一个区域是数据。

选择"插入"→（"图表"）→"饼图"→"三维饼图"选项，如图 42.1 所示。系统自动插入一个饼图，如图 42.2 所示。

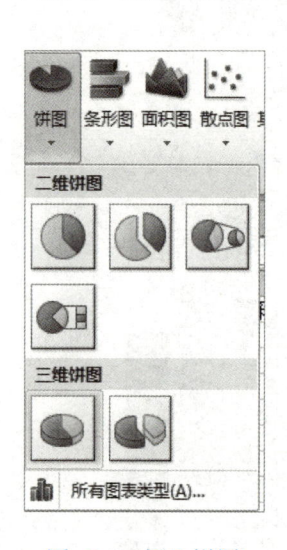

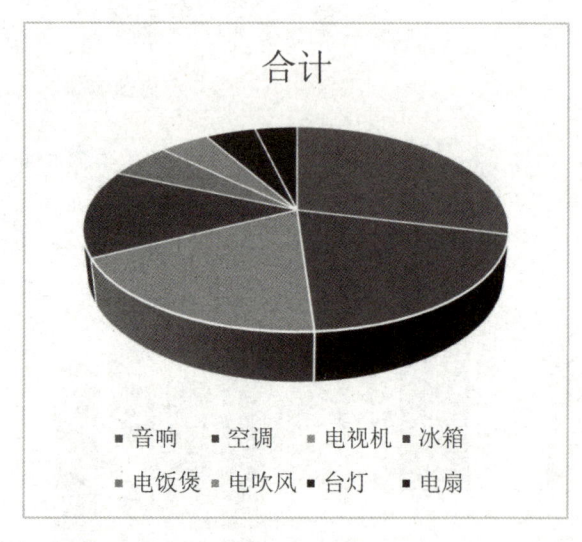

图 42.1　插入饼图　　　　　　图 42.2　系统默认插入的饼图

选中饼图，功能区出现"图表工具"上下文选项卡。单击"设计"→（"图表布局"）→"快速布局"按钮，选择第 1 种布局，如图 42.3 所示。

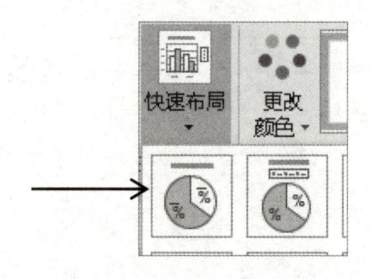

图 42.3　更改饼图布局

所有图例和比例值都显示在饼图上，如图 42.4 所示。

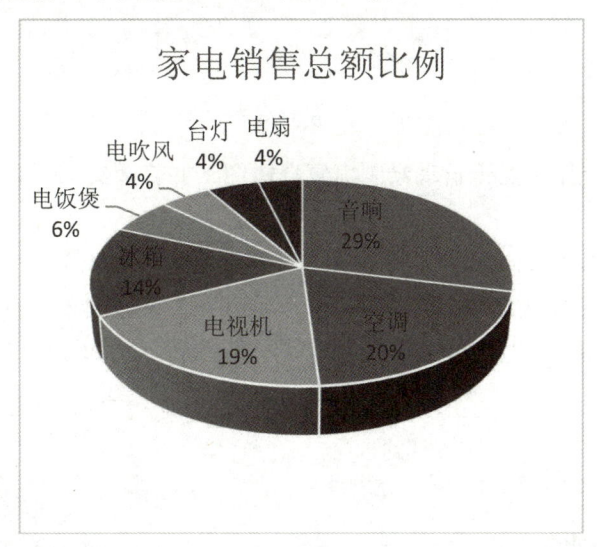

图 42.4　更改布局后的饼图

选择"图表标题"文本框，修改内容，改成"家电销售总额比例"。

步骤 2：改变图表数据顺序及类型。

选中数据区域的任意单元格，如 C1 单元格，单击"数据"→（"排序和筛选"）→"排序"按钮，打开"排序"对话框，如图 42.5 所示。

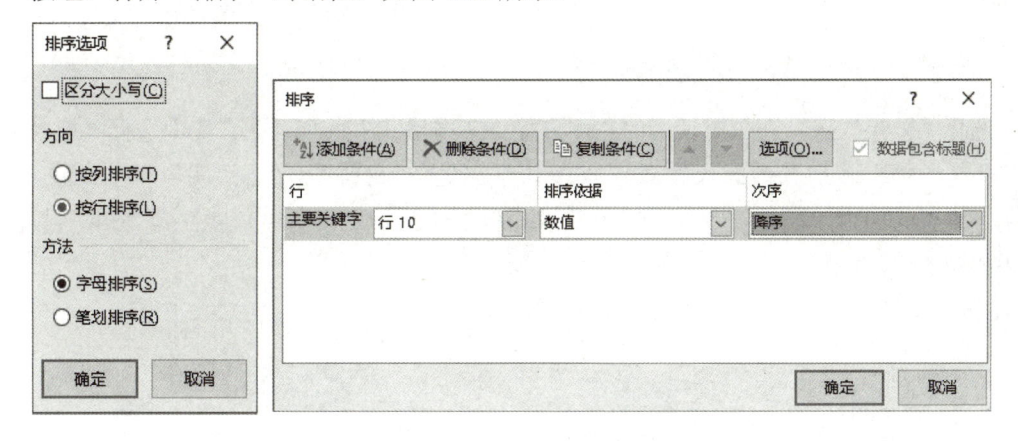

图 42.5　"排序"对话框

要求按合计行（第 10 行）数值的降序排列。单击"选项"按钮，在打开的"排序选项"对话框中，选中"按行排序"单选按钮，单击"确定"按钮。

设置"主要关键字"为"行 10"，"排序依据"为"数值"，"次序"为"降序"。单击"确定"按钮，数据清单按合计的降序排序，饼图也随之变化。

在图表区域右击，在弹出的快捷菜单中，选择"更改图表类型"命令，打开"更改图表类型"对话框。设置"类型"为"饼图"，"分类型"为"复合饼图"，如图 42.6 所示。

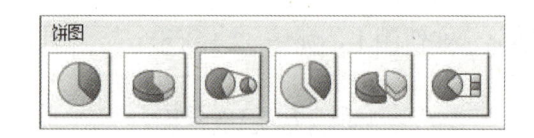

图 42.6　选择复合饼图

单击"确定"按钮；Excel 自动绘制出复合饼图，并将最后三个数据放到第二饼图，如图 42.7 所示。

右击绘图区，在弹出的快捷菜单中选择"设置数据系列格式"命令，打开"设置数据系列格式"对话框，在"系列选项"区域的"系列绘制在"中，设置"系列分割依据"为"位置"，"第二绘图区中的值"为"4"，"分类间距"为"60%"，如图 42.8 所示。

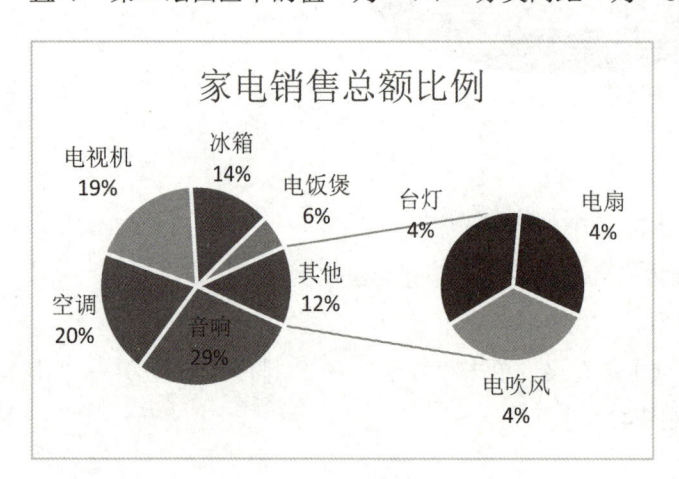

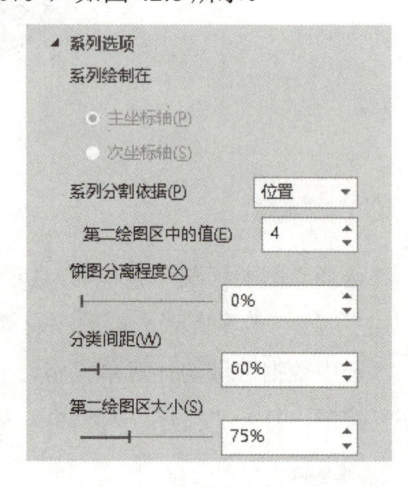

图 42.7　复合饼图　　　　　　　　　图 42.8　更改饼图分类间距

选择"效果"选项，在对话框的左侧选择"三维格式"选项，在右侧中选择"棱台"选项，设置"顶端"为"松散嵌入"，如图 42.9 所示。设置"材料"为"半透明－粉"，如图 42.10 所示。设置光源为"暖调"中的"日出"，如图 42.11 所示。设置"角度"为"30°"。最终效果如图 42.12 所示。

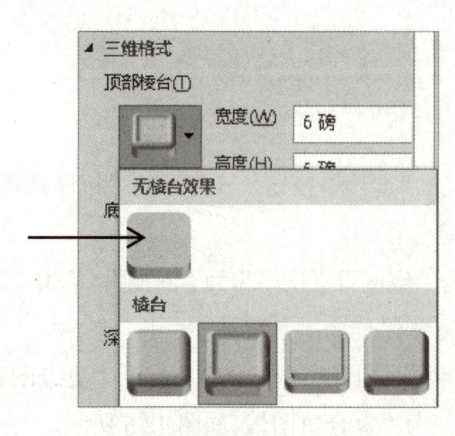

图 42.9　饼图的棱台选择　　　　　　图 42.10　材料选择

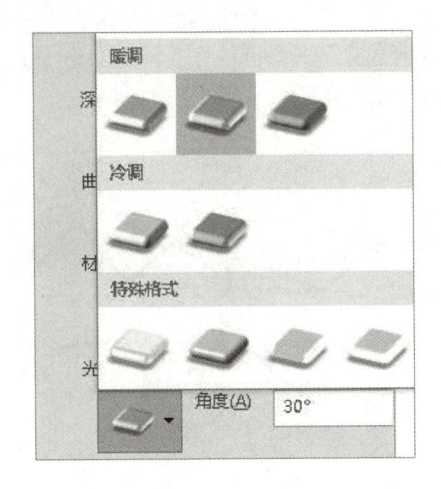

图 42.11 设置光源

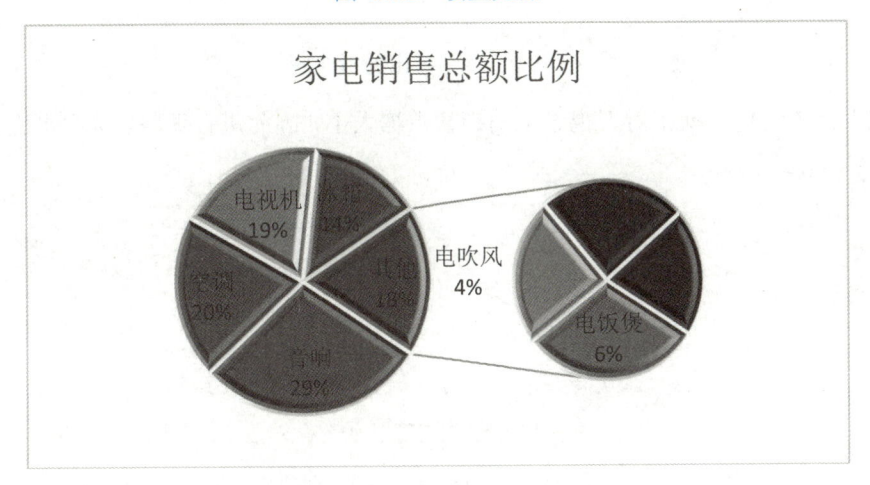

图 42.12 最终设置的饼图

绘制销售数据饼图。

子任务 43　通过折线图分析销量变化

折线图是使用直线线段将各数据点连接起来的图形,该图以折线的方式显示数据变化的趋势。折线图可以清晰地反映出数据是递增的还是递减的,以及增减的速率、增减的规律、峰值等特征。因此,折线图常用来分析数据随时间的变化趋势,也可以用来分析多组数据随时间变化的相互作用和相互影响。

折线图包含 7 种子图表类型。

步骤 1:单击工作表标签"销售数据折线图",选中 A2:M4 区域,选择"插入"→("图

173

表"→"折线图"→"二维折线图"→"折线图"选项，默认绘出的折线图如图 43.1 所示。（本任务中眼镜销量的单位为"副"。）

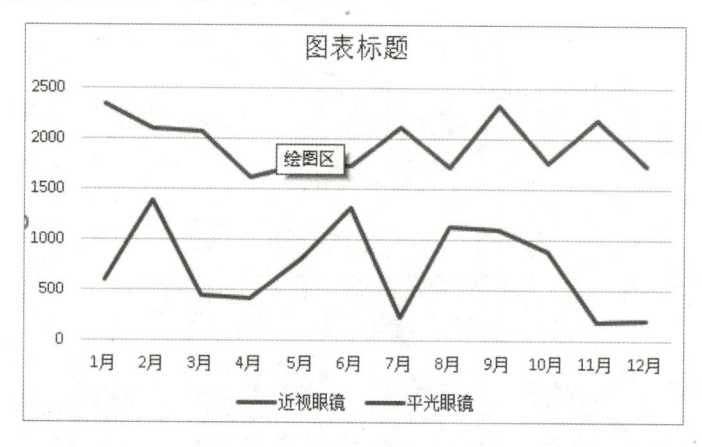

图 43.1 默认绘出的折线图

平光眼镜的销售数据相对近视眼镜的销售数据太小，因此进行调整。选中平光眼镜的数据线，如图 43.2 所示。

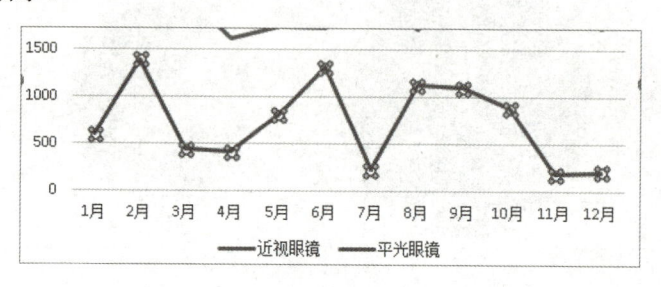

图 43.2 选中平光眼镜的数据线

在平光眼镜数据线上右击，在弹出的快捷菜单中选择"设置数据系列格式"命令，打开"设置数据系列格式"对话框，默认显示"系列选项"区域，如图 43.3 所示。

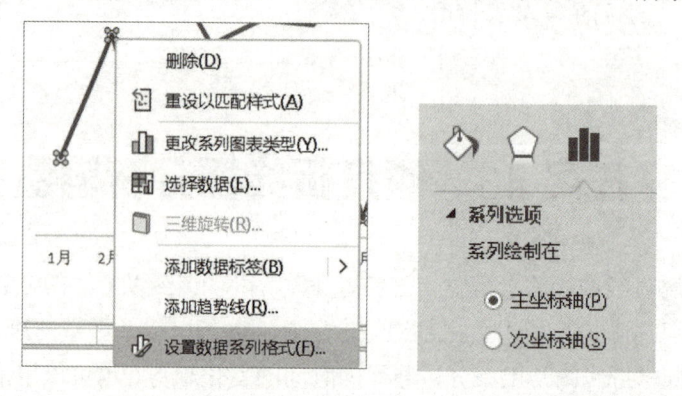

图 43.3 "系列选项"区域

在"系列选项"的"系列绘制在"中选中"次坐标轴"单选按钮，并单击"关闭"按钮，这时图表会在右侧的 Y 轴上出现一系列新刻度，用来标记近视眼镜数据，如图 43.4 所示。

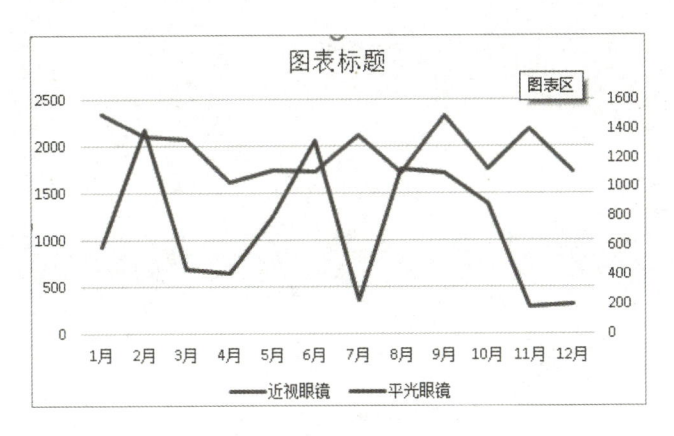

图 43.4 双坐标轴折线图

步骤 2：调整图表。

由图 43.4 可知，近视眼镜销量的最低值是 1617，最高值是 2344；平光眼镜销量的最低值是 185，最高值是 1391。一方面，平光眼镜销量的最高值没有超过近视眼镜销量的最低值，而图中部分平光眼镜的数据点超过了近视眼镜的数据点，需要更改；另一方面，默认的 X 轴与 Y 轴相交于 0，可以更改 X 轴与 Y 轴的交叉点，使折线图的阅读性更好。

将鼠标指针移到左侧的 Y 轴并右击，在弹出的快捷菜单中选择"设置坐标轴格式"命令，打开"设置坐标轴格式"对话框。

在对话框左侧选择"坐标轴选项"选项，设置右侧"坐标轴选项"区域中的"最小值"为"600"，"最大值"为"2500"，"坐标轴值"为"600"，如图 43.5 所示。

同上，单击右侧的 Y 轴，更改设置，如图 43.6 所示。

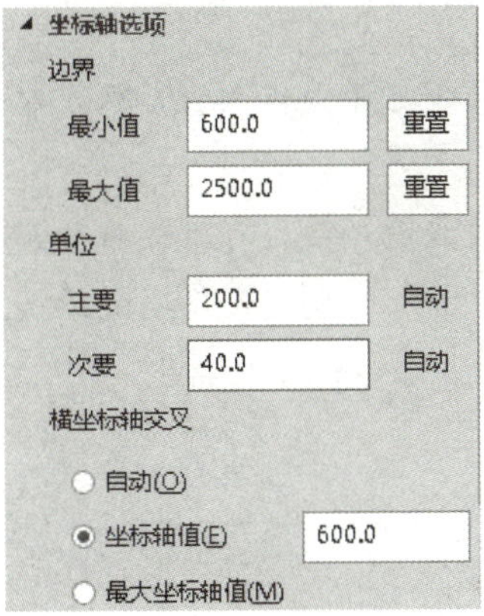

图 43.5 设置左侧坐标轴刻度 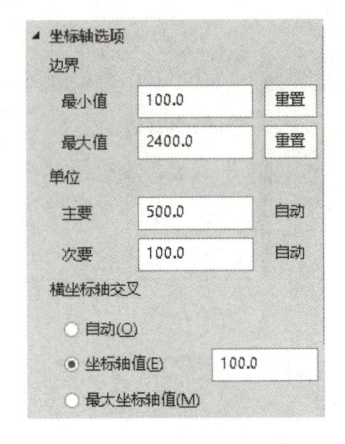　　　图 43.6 设置右侧坐标轴刻度

设置"坐标轴选项"区域中的"最小值"为"100"，"最大值"为"2400"，"横坐标轴值"为"100"，单击"关闭"按钮，双折线图的最终效果如图 43.7 所示。

单击标题，更改标题为"商品月销量变化图"。选中"图例"文本框，将图例移到绘图区；单击网格线，直接按"Delete"键将网格线去掉，并调整绘图窗口大小，最终效果如图 43.8 所示。

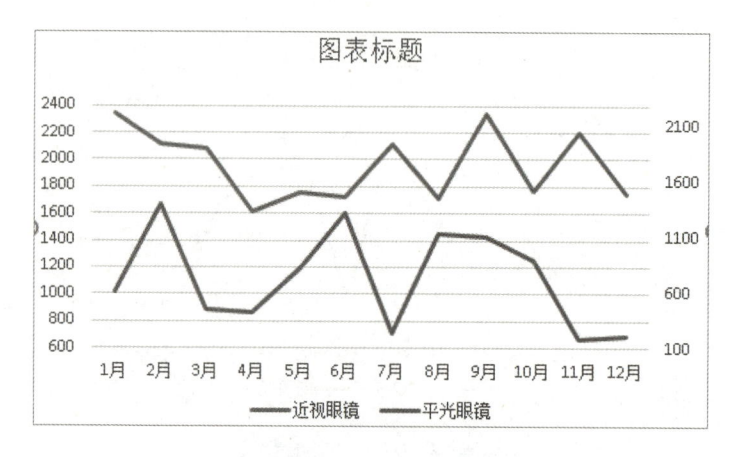

图 43.7　重置刻度后的折线图

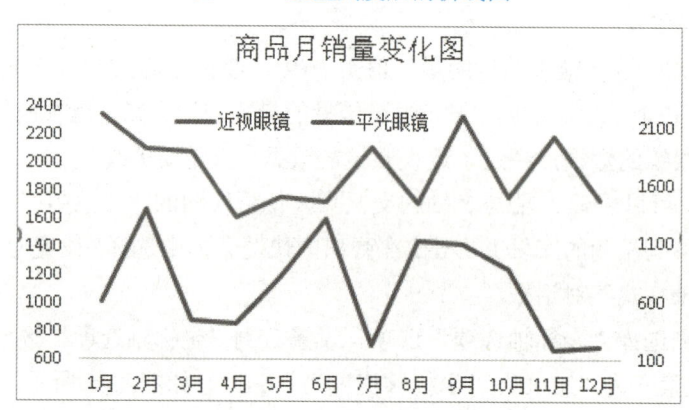

图 43.8　双折线图的最终效果

> **技巧**
>
> （1）在折线图中，当有两列数据，且数据相差较大时，双 Y 轴刻度是常用的绘图方式。
>
> （2）在使用双刻度时，由于两折线对应两刻度，有时较难分辨折线对应的轴刻度，因此常在坐标轴上旁进行说明；有时也使用不同的绘图方式进行区分，如线柱图。

步骤 3：在图中标记最大值与最小值。

选中绘图区域中的近视眼镜折线，单击第 1 个数据点，此时，仅这个数据点被选中，如图 43.9 所示。

在该数据点上右击，在弹出的快捷菜单上选择"设置数据点格式"命令，打开"设置数据点格式"对话框，选择"数据标记选项"选项，在"数据标记选项"区域中选中"内置"单选按钮，设置"类型"为"实心菱形"，"大小"为"10"，如图 43.10 所示。单击"关闭"按钮。

选中绘图区域中平光眼镜线，单击倒数第二个数据点（最小值点），此时，仅这个数据点被选中，如图 43.11 所示。

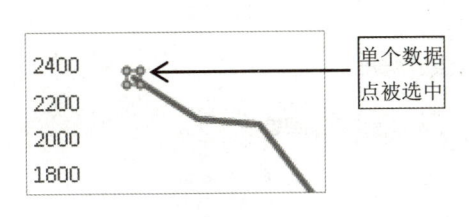

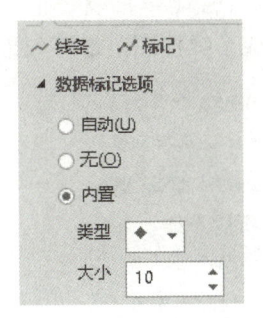

图 43.9　选中单个数据点　　　　　图 43.10　设置数据标记（1）

在该数据点上右击，在弹出的快捷菜单中选择"设置数据点格式"命令，打开"设置数据点格式"对话框，选择"数据标记选项"选项，在"数据标记类型"区域中选中"内置"单选按钮，设置"类型"为"X"，"大小"为"10"，如图 43.12 所示。

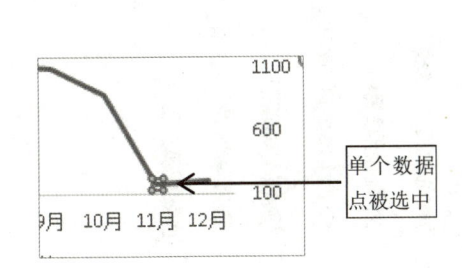

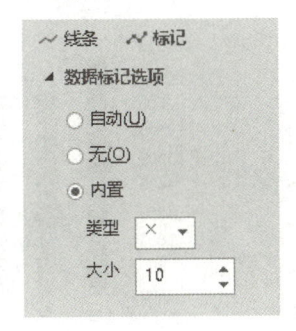

图 43.11　选中最小值点　　　　　图 43.12　设置数据标记（2）

单击"关闭"按钮，最终效果如图 43.13 所示。

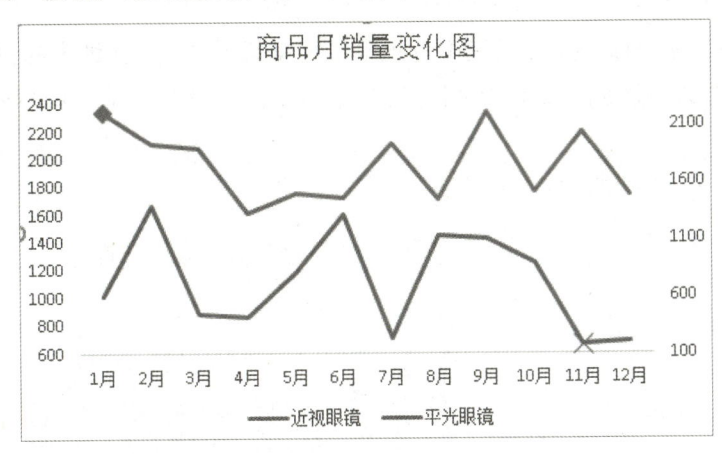

图 43.13　加上最大值和最小值标记点的折线图

步骤 4：改变其中一类数据的图表类型。

选中平光眼镜线，则所有数据点被选中，在线上右击，更改图表类型如图 43.14 所示。

在弹出的快捷菜单中选择"更改系列图表类型"命令，打开"更改图表类型"对话框，选择左侧的"柱形图"选项，选择右侧的"簇状柱形图"选项，单击"确定"按钮；原来的双折线图变成了线柱图，最终效果如图 43.15 所示。

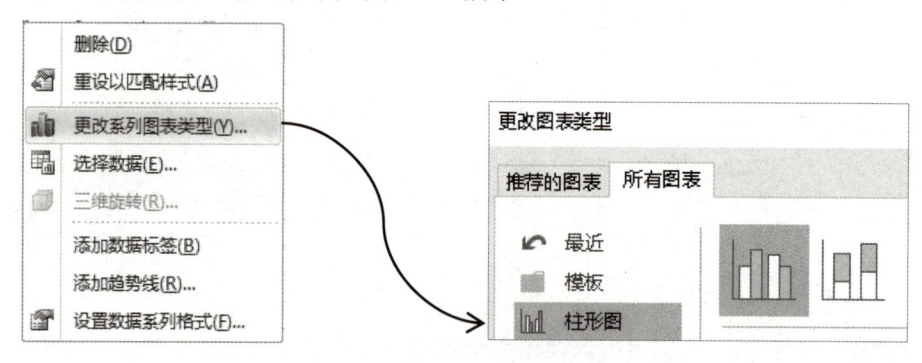

图 43.14　更改图表类型

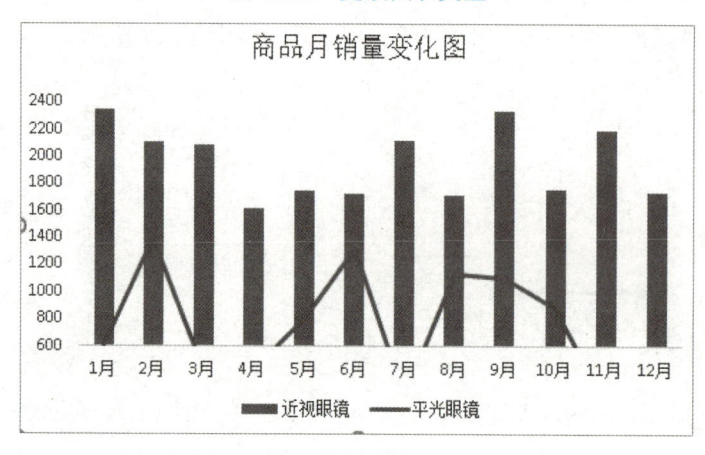

图 43.15　线柱图的最终效果

由于改变了坐标轴刻度，需要选中近视眼镜数据线并右击，在弹出的快捷菜单中选择"设置数据系列格式"命令，选择"系列选项"选项，选中"次坐标轴"单选按钮，如图 43.16 所示。

最终效果如图 43.17 所示。

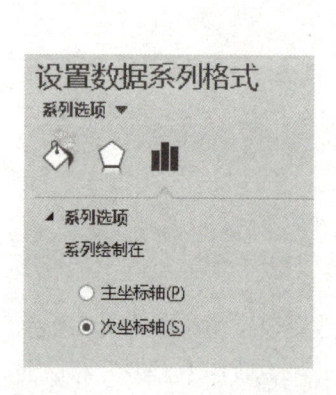

图 43.16　设置次坐标轴

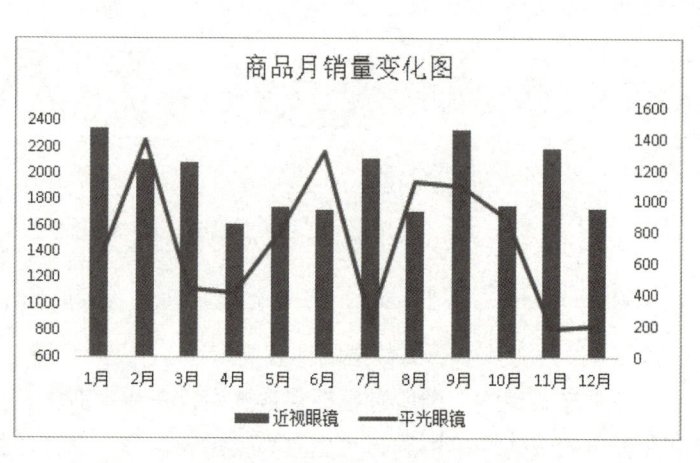

图 43.17　线柱图的最终效果

> **作业** 绘制相应的折线图和线柱图。

子任务 44　通过面积图对比分析市场占有率

面积图又称区域图，强调数量随时间变化的程度，强调总值趋势。堆积面积图可以用于显示部分与整体的关系。

步骤 1：单击工作表标签"市场占有率"，选中 A2:H9 区域，单击"插入"→（"图表"）→"查看所有图表"按钮，打开"插入图表"对话框，选择"所有图表"选项卡，并选择"面积图"选项中的"百分比堆积面积图"，如图 44.1 所示。

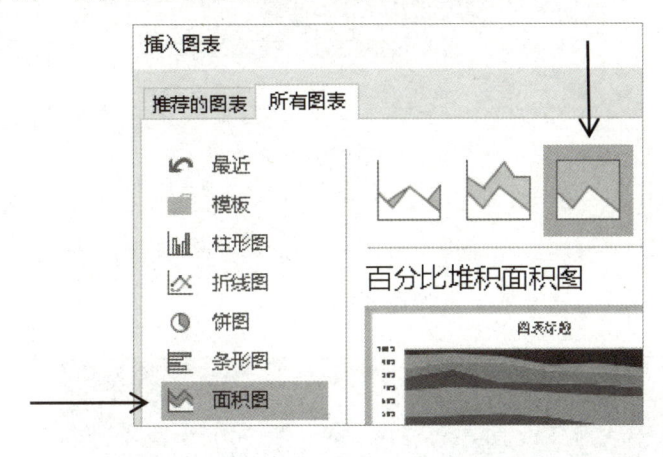

图 44.1　插入百分比堆积面积图

单击"确定"按钮，绘制出百分比堆积面积图，如图 44.2 所示。

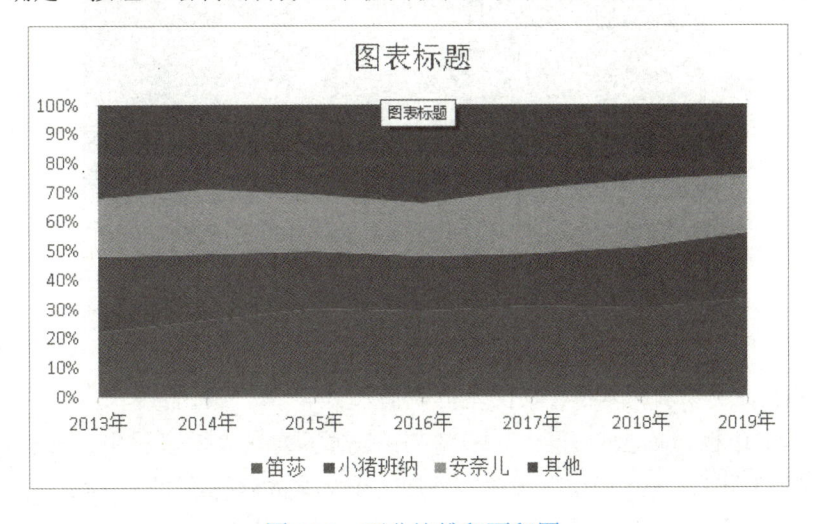

图 44.2　百分比堆积面积图

选中图表，选择"图表工具"→"设计"→（"图表布局"）→"添加图表元素"→"图例"→"无"选项来关闭图例，如图 44.3 所示。

也可以在选中图例后，按"Delete"键。单击标题，按"Delete"键，删除图表标题。

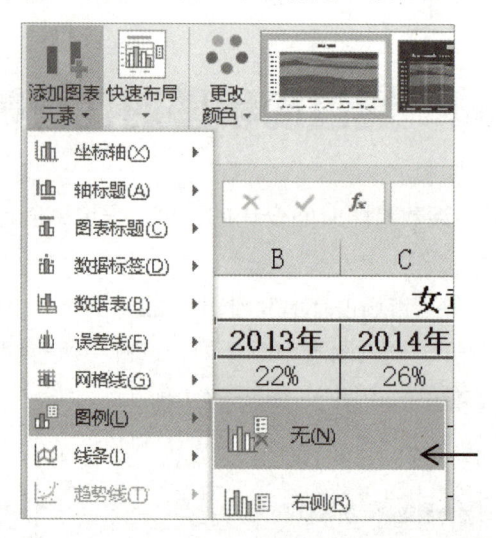

图 44.3 关闭图例

步骤 2：更改图表样式。

单击"图表工具"→"设计"→（"图表样式"）→"其他"按钮，选择"样式 10"，更改面积图样式，使图形显示出三维效果，如图 44.4 所示。

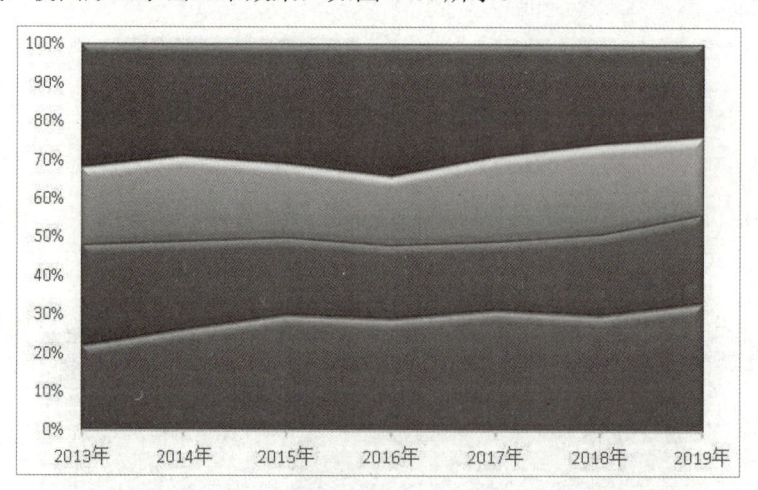

图 44.4 更改面积图样式

选择"插入"→（"文本"）→"文本框"→"横排文本框"选项，在图表区域的系列位置上单击并拖曳鼠标绘制文本框，在文本框中输入文本"笛莎童装"。

选中文本框边框，单击"开始"→（"对齐方式"）→"垂直居中"按钮，单击"开始"→（"对齐方式"）→"居中"按钮，添加一个文本框后的效果如图 44.5 所示。

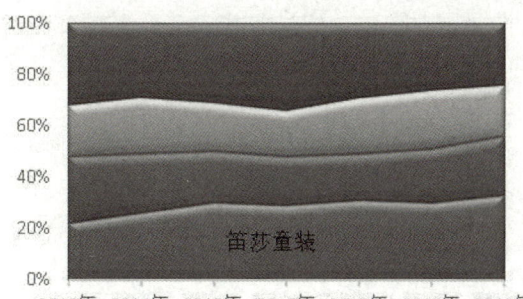

图 44.5 添加一个文本框后的效果

使用同样的方式,分别为另三个系列位置加上文本框"小猪班纳童装""安奈儿童装""其他",并设置为居中格式,如图 44.6 所示。

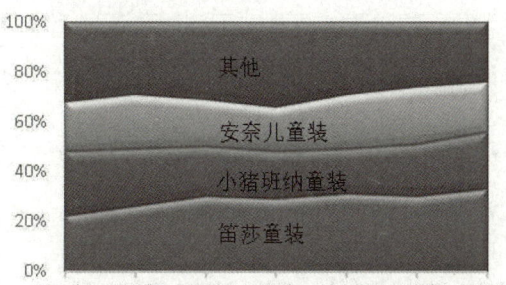

图 44.6 在图表中加文本框

选中"笛莎童装"文本框,单击"格式"→("形状样式")→"强烈效果蓝色"按钮,设置格式如图 44.7 所示。同样为另三个文本框设置"强烈效果红色""强烈效果橄榄色""强烈效果紫色"格式,最终效果如图 44.8 所示。

图 44.7 设置强烈效果蓝色格式　　图 44.8 设置格式的最终效果

> **作业**　绘制产品的市场占有率面积图。

第二部分

应用篇

　　商务数据分析应用是在商业环境中使用数据分析方法和工具对企业的商务数据进行深入研究和分析的过程。随着数据量的急剧增长和数据处理技术的不断进步，商务数据分析应用在企业决策、市场营销、运营管理等方面具有重要意义。

　　商务数据分析应用可以帮助企业多维度地了解其商业运营状况及市场趋势，发现企业内部和外部的问题与机遇，并制定针对性的解决方案。通过深入挖掘和分析商务数据，企业可以准确地判断产品的市场需求，优化产品的定价策略，改进营销策略，提高销售额和市场份额。此外，商务数据分析应用可以帮助企业降低成本、优化供应链、提高运营效率和管理水平。

　　本篇将介绍商务数据分析应用的基本概念、主要方法和常用工具，探讨商务数据分析在企业决策、市场营销、运营管理等领域中的实际应用。通过深入学习商务数据分析的过程，同学们可以了解商务数据分析的重要性，并积累一定的商务数据分析能力。无论是企业决策者、市场营销人员、运营管理人员还是数据分析师，都可以通过学习和应用商务数据分析来提升自己在商业环境中的竞争力。

任务 8

商务数据的清洗

任务说明

无论是从平台导出的数据，还是通过问卷调查收集的数据，将其保存到 Excel 中后，都不能立即进行数据分析，因为导出或收集的数据还存在不完整、不规范等问题，有些数据可能是重复的、错误的，所以在数据分析前必须进行"清洗"。数据清洗是指对数据进行预处理和处理，以去除数据中的错误、不一致和不完整等问题，使数据达到可用状态。数据清洗的操作内容包括以下几个方面。

（1）缺失值处理：对于数据中缺失的信息，可以选择删除含有缺失值的行或列，或者使用统计方法（如均值、中位数）来填补缺失值。

（2）异常值处理：对于数据中的异常值，可以选择删除异常值，或者通过替换、插值等方法进行处理。

（3）数据格式化：将数据由原始格式转换为规定的格式，如日期转换、文本转换等。

（4）重复数据处理：对于数据中的重复记录，可以选择删除重复记录，或者合并重复记录。

（5）数据一致性处理：对于数据中不一致的信息，可以进行统一和修正，从而保证数据的一致性。

（6）数据类型转换：将数据由一种类型转换为另一种类型。例如，将字符串类型转换为数值类型。

（7）数据标准化：对于不同单位的数据，可以通过标准化操作将其转换为统一的比例或范围，以便进行比较和分析。

（8）数据采样：对于大规模数据，可以选择一部分数据进行分析和处理，从而提高效率。

以上是常见的数据清洗操作内容，根据实际情况和需求，可以选择适当的数据清洗方法。数据清洗的目的是提高数据质量和可用性，为后续的数据分析和应用提供高质量的数据基础。

子任务 45　商务数据的快速清洗

数据清洗是指对数据重新审查和校验的过程，目的是删除重复信息、纠正存在的错误，并提高数据一致性[1]。无论是从外部导入，还是手动录入，都可能由于人为因素造成数据的重复录入、不完整录入，甚至是不正确录入，这些都可能直接影响后期商业数据分析结果的正确性。另外，如果在商务数据中包含个人隐私，应该对其进行剔除或隐藏，以保证数据安全。因此，在进行数据分析之前，有必要对数据进行清洗。

步骤1：查验"非法"数据。即在数据列中，存在错误数据，或者存在违背常理的数据，这些数据必须被清洗掉，否则会得到错误的分析结果。

单击工作表标签"数据清洗"。单击列号A，选中A列单元格，选择"数据"→（"数据工具"）→"数据验证"→"数据验证"选项，打开"数据验证"对话框。

> **注意**
> （1）在早期版本的Excel中，"数据验证"被称为"数据有效性"，具体操作是一样的。
> （2）在本教材中，所有涉及"数据验证"的操作在早期Excel版本的"数据有效性"中都可以实现。

选择"数据验证"对话框中的"设置"选项卡，在"验证条件"区域中设置"允许"为"序列"，勾选"忽略空值"和"提供下拉箭头"复选框，在"来源"输入框中输入"男,女"[2]，如图45.1所示。

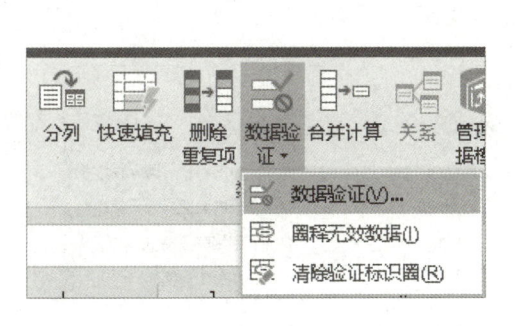

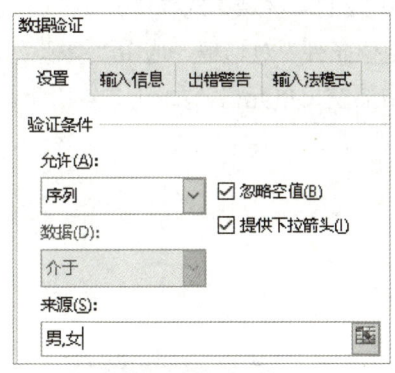

图45.1　"数据验证"对话框

> **注意**
> （1）在为已有的数据的区域添加数据验证时，虽然有些数据不符合有效性要求，但不会提示出错。
> （2）"圈释无效数据"操作对同一张工作表中的不同数据验证区域都有效。

---

[1] 来自百度百科。
[2] 此处输入的"男"与"女"之间的逗号为半角英文格式，即关闭中文输入法，输入在全英文状态下的逗号；如果输入中文的符号，则不会被Excel识别。文本内容可以不加引号。

步骤2：校验性别数据。

选择"数据"→（"数据工具"）→"数据验证"→"圈释无效数据"选项，在性别列中，无效的性别数据被红色圆圈标注出来，如图45.2所示。

除标题行，在数据区域中数值"南""女生"为无效的性别数据，由于无法核实被调查的性别，将该行删除。

单击行号，选择整行，在被选中的区域右击，在弹出的快捷菜单中选择"删除"命令，如图45.3所示。

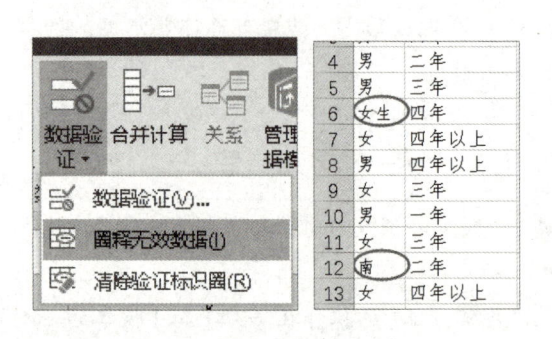

图45.2 圈释无效数据

图45.3 删除行数据

步骤3：完善数据。

观察F列单元格，在"购买地点"列中有空白单元格。在电子商务迅速发展的今天，可以默认未填写的购买地点为"网上商店"。

选中F2:F34区域，选择"开始"→（"编辑"）→"查找和选择"→"定位条件"选项，打开"定位条件"对话框，选中"空值"单选按钮，单击"确定"按钮，Excel自动定位于选中区域中的空白单元格，如图45.4所示。

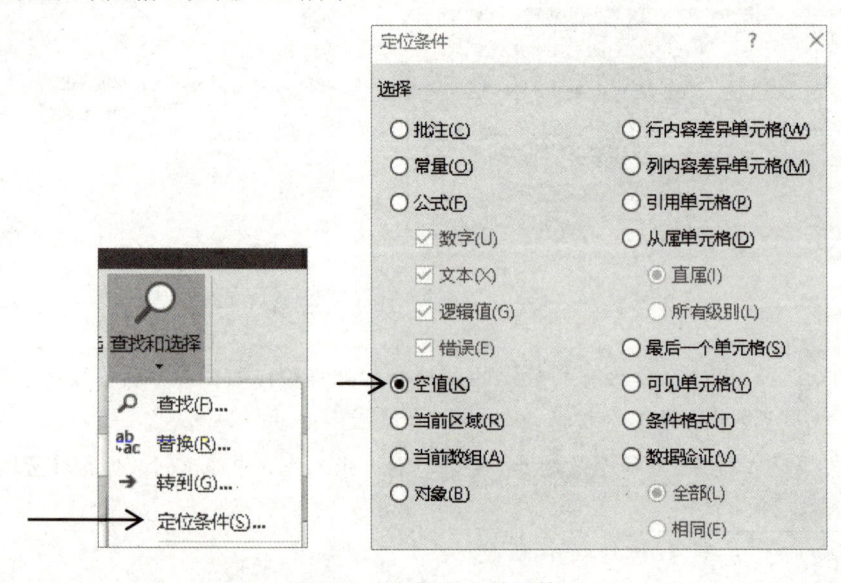

图45.4 定位空白单元格

步骤 4：直接输入"网上商店"，按"Ctrl+Enter"组合键，将输入的内容复制到所有空白单元格中，如图 45.5 所示。

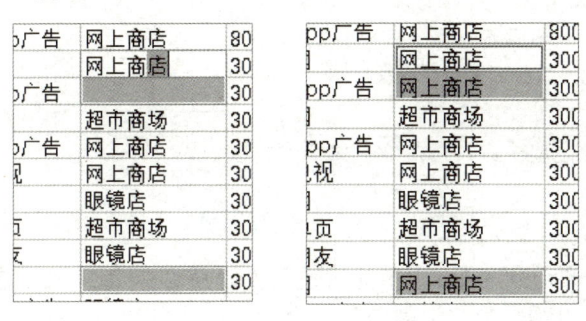

图 45.5 复制输入数据

步骤 5：保护隐私数据。在本例中，联系方式为邮箱，为了不让邮箱信息泄露，可以将邮箱信息"清洗"一下。

选中 L2 单元格，输入公式"=REPLACE(K2,4,4,"****")"并按"Enter"键，清洗后的邮箱信息，如图 45.6 所示。

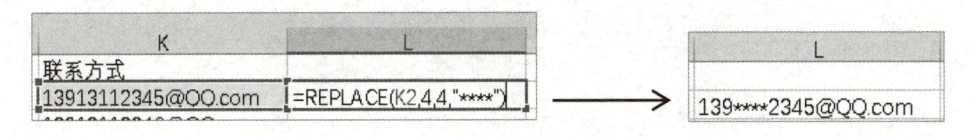

图 45.6 清洗后的邮箱信息

基础

（1）"Ctrl+Enter"组合键用于复制输入数据，也可以用于复制输入公式。
（2）REPLACE()函数使用其他文本字符串并根据所指定的字节数替换某文本字符串中的部分文本。格式为 REPLACE(原文本,起始位置,字符数,替换文本)。

步骤 6：选中 L2 单元格，双击填充柄，得到 L 列中其他单元格的数据，如图 45.7 所示，填充后的结果如图 45.8 所示。

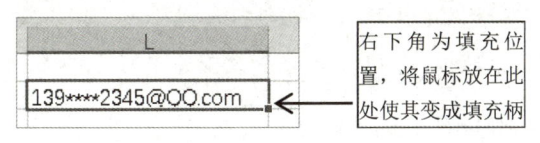

图 45.7 填充

图 45.8 填充后的结果

步骤 7：选中 L2:L34 区域并右击，在弹出的快捷菜单中选择"复制"命令，选中 M2 单元格并右击，在弹出的快捷菜单中选择"粘贴数值"按钮，如图 45.9 所示。

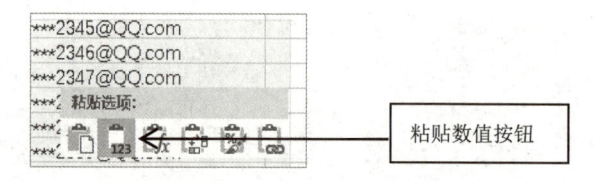

图 45.9　粘贴数值

删除 K 列、L 列单元格，在 K1 单元格输入"联系方式"，对邮箱的"清洗"完成。

步骤 8：删除重复数据。

选中数据区域中的任意单元格，单击"数据"→（"数据工具"）→"删除重复项"按钮，打开"删除重复项"对话框，勾选"数据包含标题"复选框，全选所有列，单击"确定"按钮，如图 45.10 所示。

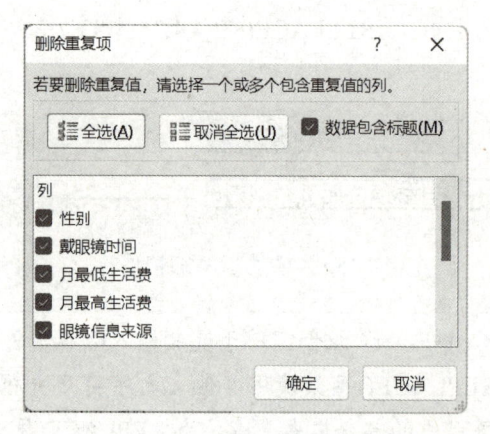

图 45.10　删除重复项

注意

（1）当删除重复项时，选中所有列，就意味着只有两行数据完全一样时，才会删除其中一行。

（2）在数据定义时，一般会有一列（或几列）数据，可以区别所有行数据，如身份证号、手机号等，在数据库中将其称为码。

提示删除了重复值，如图 45.11 所示。

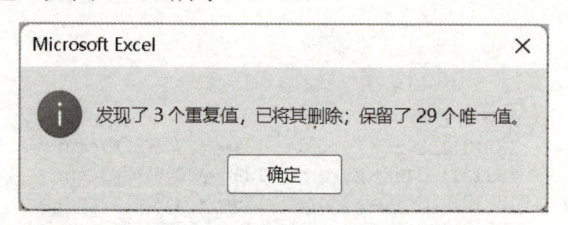

图 45.11　提示删除了重复值

单击"确定"按钮，完成删除重复值。

作业：按要求完成数据快速清洗。

子任务 46　使用条件格式功能清洗数据

Excel 的条件格式是一种可以根据预设的条件对单元格进行样式格式化的功能。通过条件格式，可以过滤不符合条件的数据，使这些数据呈现不一样的格式（或样式），从而便于用户对数据进行更直观的分析和展示。

Excel 的条件格式可以根据单元格的数值大小、文本内容或公式的结果来设置不同的样式，通过设置可以让"非法"数据带上特殊的格式，包括颜色填充、字体颜色、数据条、图标集等，这样可以实现数据清洗的功能。

注意：
（1）本例中的数据清洗，是根据实际企业的案例转换而来的。
（2）员工的出生日期必须在一定的范围，以防止"童工"和"超龄工作"的情况出现。
（3）工资的数值一般有限制，在本任务中要求交通补贴小于基本工资。

步骤 1：查验"非法"数据。即在数据列中，存在错误数据，或者存在违背常理的数据，这些数据必须被清洗掉，否则会得到错误的分析结果。

选中 C3:C18 区域，选择"开始"→（"样式"）→"条件格式"→"突出显示单元格规则"→"介于"选项，如图 46.1 所示。

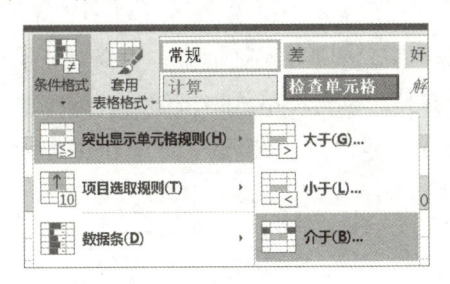

图 46.1　突出显示单元格规则

步骤 2：在打开的"介于"对话框中，输入两个出生日期（即所有员工的出生日期必须在这个出生日期之间），用于校验员工的出生日期，输入"1970/1/1"和"1997/12/31"，如图 46.2 所示。

单击"确定"按钮。其中，出生日期区域中有两个员工的出生日期不在范围之内，没有被设置为"浅红填充色深红色文本"，如图 46.3 所示，可能是"非法"数据，提醒用户检查校验。

步骤 3：选中 F3:F18 区域，选择"开始"→（"样式"）→"条件格式"→"突出显示单元格规则"→"重复值"选项,如图 46.4 所示。

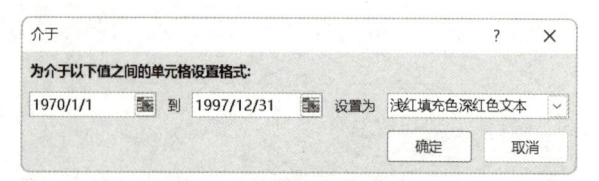

图 46.2 设置出生日期区间

图 46.3 校验结果

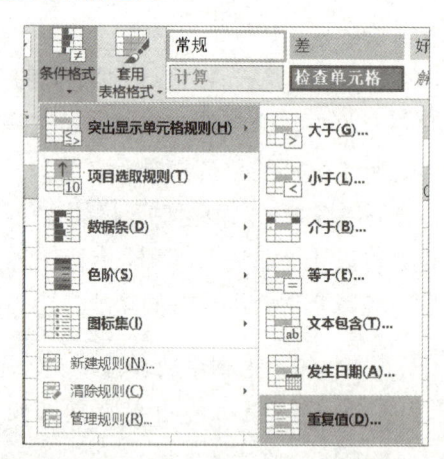

图 46.4 选择重复值检查

步骤 4:在打开的"重复值"对话框中,直接单击"确定"按钮。

在数据区域中,有些联系方式被标注为"浅红填充色深红色文本",由于员工的联系方式不可能重复,被标注的单元格表明这些联系方式出错了,需要检查"清洗"。

步骤 5:选中 I3:I18 区域,选择"开始"→("样式")→"条件格式"→"新建规则"选项,如图 46.5 所示。

步骤 6:在打开的"新建格式规则"对话框中,选择"使用公式确定要设置格式的单元格"选项,输入公式"=I3>H3",单击"格式"按钮,在弹出的"设置单元格格式"对话框中选择"填充"选项卡,设置背景色为"红色",如图 46.6 所示。

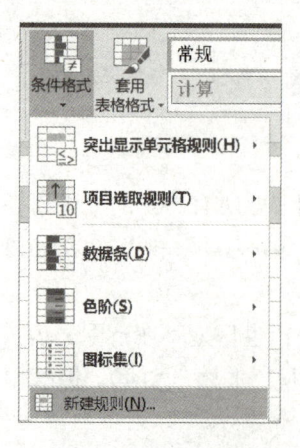

图 46.5 选择新建规则

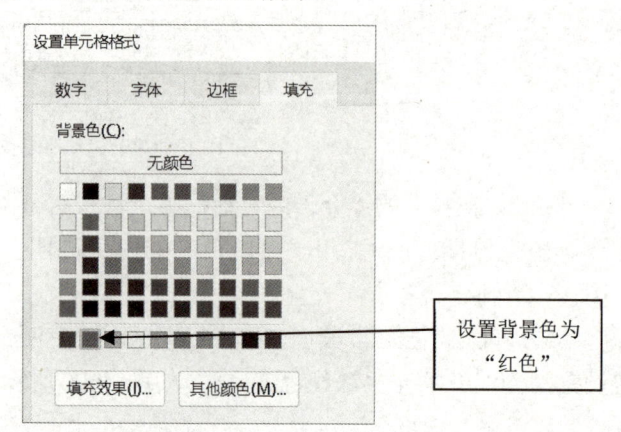

图 46.6 设置单元格格式

单击"确定"按钮，返回"新建格式规则"对话框，如图 46.7 所示。

单击"确定"按钮，完成设置，在数据区域中，月交通补贴大于月基本工资的数据被标注出来，如图 46.8 所示，这些数据明显不太合理，需要引起重视。

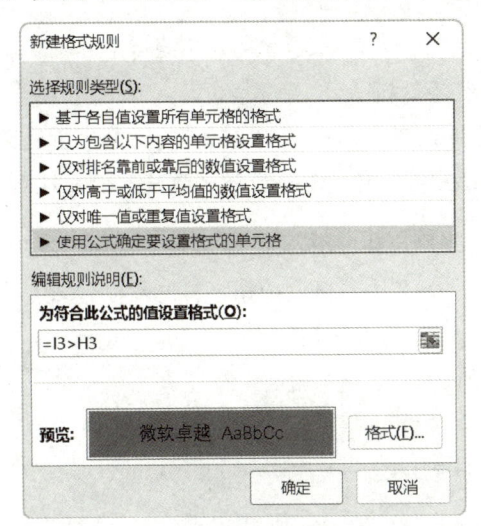

图 46.7 "新建格式规则"对话框

图 46.8 被标注出来的数据

> **作业** 使用条件格式功能清洗数据。

子任务 47　使用 Power Query 编辑器清洗数据

Power Query 编辑器是一种数据连接工具，它允许用户从多种数据源中提取、转换和加载数据，以便进行分析和报告。Power Query 编辑器可以用于从各种数据库、文件和云服务中获取数据，用户可以轻松地清洗和转换数据、删除不需要的列、合并和拆分列、进行筛选和排序，以满足特定的分析和报告需求。Power Query 编辑器还提供了一些高级功能，如数据合并、数据透视和自动化数据加载等，使数据处理更灵活和高效。通过 Power Query 编辑器，用户可以更好地理解和利用数据，更轻松地从各种数据源中导入、清洗和转换数据，提高数据分析的效率和准确性。Power Query 编辑器的主要功能有以下几点。

（1）导入数据：用户可以从多种数据源中导入数据，如数据库、文本文件、网页等。

（2）数据清洗：在 Power Query 编辑器中，用户可以对导入的数据进行清洗和转换。例如，删除不需要的列、去除重复值、填充空白单元格、更改数据类型等。用户只需要在 Power Query 编辑器中选择要进行的操作，并单击对应的按钮即可完成。

（3）数据转换：在 Power Query 编辑器中，用户可以对数据进行各种转换操作，如拆分列、合并列、提取特定字符等。用户选择需要的转换操作，并按照相应的设置进行配置即可。

（4）数据加载：完成数据清洗和转换后，用户可以选择将数据加载到 Excel。用户可以选择加载到工作表、数据模型或新建查询。在将数据加载到工作表后，用户可以继续对数据进行分析和处理。

> **注意**
> （1）在合并单元格及二维表时，多表头是常见的不规范表格。本任务通过 Power Query 编辑器清洗上述不规范表格。
> （2）在数据分析时数据的格式不可以是"双表头"，还要尽量避免"二维表"，以便准确地分析，因此在分析前，需要通过"清洗"使之达到要求。

步骤 1：单击"手机品牌数据"工作表标签，选中工作表任意单元格，如 B2 单元格。

步骤 2：单击"数据"→（"获取和转换"）→"从表格"按钮，打开"创建表"对话框，默认数据来源是整个工作表的数据区域。

勾选"表包含标题"复选框，如图 47.1 所示，单击"确定"按钮。

图 47.1　创建表（1）

步骤 3：自动运行 Power Query 编辑器，并导入工作表数据，如图 47.2 所示。

	品牌	系列	型号	列1	列2	列3
1	华为	Mate系列	Mate40	Mate30	Mate20	null
2	null	P系列	P40	P30	P20	null
3	null	荣耀系列	荣耀30	荣耀20	荣耀V30	null
4	null	畅享系列	畅享20	畅享10	畅享9	null
5	null	麦芒系列	麦芒9	麦芒8	麦芒7	null
6	苹果	12系列	12ProMax	12Pro	12	12mini
7	null	11系列	11ProMax	11Pro	11	null
8	null	SE系列	XSneSE(第二代)	null	null	null

图 47.2　运行 Power Query 编辑器并导入数据（部分）

选中"品牌"列单元格。选择"转换"→（"任意列"）→"填充"→"向下"选项，如图 47.3 所示。

在数据区域中，将"品牌"列单元格中的"null"转换成上一个非空数据，如图 47.4 所示。

> **提高**
> 在 Power Query 编辑器中没有"撤销"按钮，如果要撤销操作，则可以单击 Power Query 编辑器右侧的"查询设置"中的"应用的步骤"选项，单击各步骤左侧的"向下填充"选项，可以实现撤销此步的操作，如图 47.5 所示。

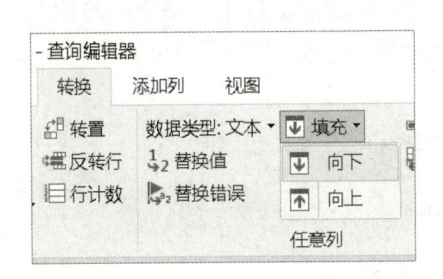

图 47.3　向下填充　　　　　　　　图 47.4　使用标签填充（1）

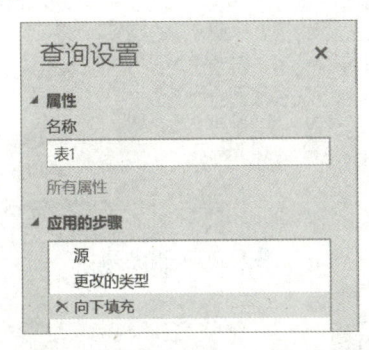

图 47.5　查询设置

步骤 4：单击标题行的"型号"，选中整个列，按住"Ctrl"键不放，单击"列 1、列 2、列 3"，同时选中四列。

选择"转换"→（"任意列"）→"逆透视列"→"逆透视列"选项，如图 47.6 所示。完成逆透视列的数据如图 47.7 所示。

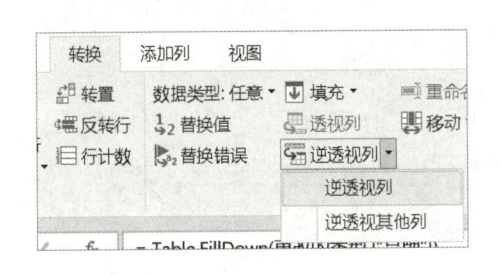

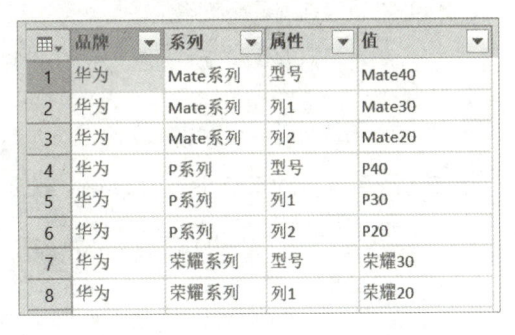

图 47.6　逆透视列　　　　　　　　图 47.7　完成逆透视列的数据（部分）

步骤 5：单击标签"属性"，选中整列单元格，在"属性"文字上右击，在弹出的快捷菜单中选择"删除"命令，如图 47.8 所示。

步骤 6：单击"开始"→"关闭并上载"按钮，在工作簿中新增加一个工作表，表中存放用 Power Query 编辑器清洗过的数据，如图 47.9 所示，数据是以 Excel 表格形式存放的。

步骤 7：单击"销售数据"工作表标签。

选中工作表任意单元格，如 A3 单元格，单击"数据"→（"获取和转换"）→"从表格"按钮，打开"创建表"对话框，默认数据来源是整个工作表的数据区域。

取消勾选"表包含标题"复选框，如图 47.10 所示。最后，单击"确定"按钮。

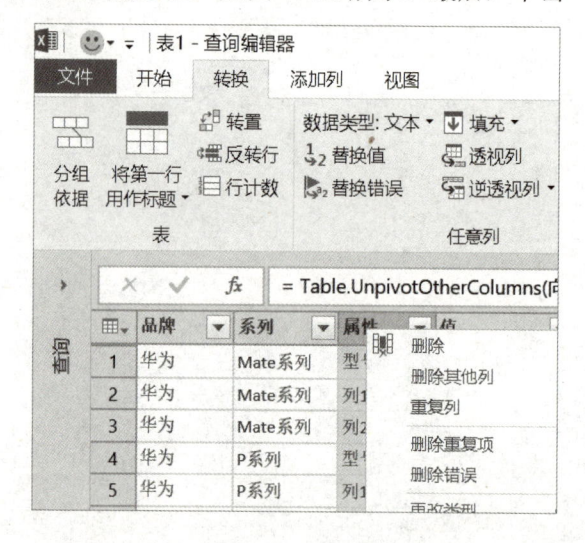

图 47.8　删除列

图 47.9　清洗过的表格数据（1）

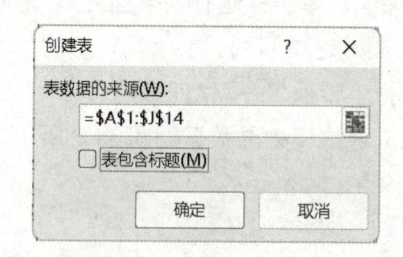

图 47.10　创建表（2）

步骤 8：系统自动运行 Power Query 编辑器，并导入工作表数据，如图 47.11 所示。

	列1	列2	列3	列4	列5	列6	列7	列8
1	月份	大学城店	null	银河店	null	淮海店	null	null
2	null	近视眼镜	平光眼镜	太阳眼镜	平光眼镜	近视眼镜	平光眼镜	太阳眼镜
3	1月	8212	3326	9569	3663	8652	1655	4601
4	2月	9924	8002	9427	7403	3638	8424	5408
5	3月	3830	8175	8654	9964	7240	2758	4868
6	4月	9989	5921	6773	2520	5128	2867	3247

图 47.11　编辑器中的数据（部分）

选中任意单元格，单击"转换"→（"表"）→"转置"按钮，将数据区域的行与列转置，转置后的数据如图 47.12 所示。

图 47.12　转置后的数据（部分）

步骤 9：单击"Column1"列，选中整个数据列，选择"转换"→（"任意列"）→"填充"→"向下"选项。

数据区域中店名列的"null"使用上一个非空数据填充，如图 47.13 所示。

图 47.13　使用标签填充（2）

步骤 10：选中任意单元格，选择"转换"→（"表"）→"将第一行用作标题"→"将第一行用作标题"选项，如图 47.14 所示。提升标题后的数据如图 47.15 所示。

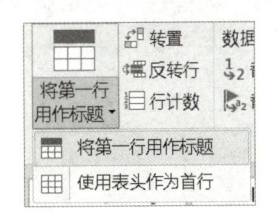

图 47.14　将第一行用作标题

图 47.15　提升标题后的数据（部分）

步骤 11：选中标题行"1 月"，按住"Shift"键不放，单击最后一个标签"12 月"，选中所有月份数据。

选择"转换"→（"任意列"）→"逆透视列"→"逆透视列"选项。完成数据清洗操作，清洗过的表格数据如图 47.16 所示。

步骤 12：选中"Column2"单元格并右击，在弹出的快捷菜单中选择"重命名"命令，如图 47.17 所示。

月份	Column2	属性	值
1	大学城店	近视眼镜	1月	8212
2	大学城店	近视眼镜	2月	9924
3	大学城店	近视眼镜	3月	3830
4	大学城店	近视眼镜	4月	9989
5	大学城店	近视眼镜	5月	9471
6	大学城店	近视眼镜	6月	7445
7	大学城店	近视眼镜	7月	3439
8	大学城店	近视眼镜	8月	6578
9	大学城店	近视眼镜	9月	5943
10	大学城店	近视眼镜	10月	7341

图 47.16　清洗过的表格数据

图 47.17　重命名标签

将"Column2"改为"产品"，将"月份"改为"分店店名"，将"属性"改为"月份"，将"值"改为"销量"，改后的数据如图 47.18 所示。

步骤 13：单击"开始"→"关闭并上载"按钮，在工作簿中新增加一个工作表，存放 Power Query 编辑器清洗过的表格数据，如图 47.19 所示，数据是以 Excel 表格形式存放的。

分店店名	产品	月份	销量
1	大学城店	近视眼镜	1月	8212
2	大学城店	近视眼镜	2月	9924
3	大学城店	近视眼镜	3月	3830

图 47.18　改后的数据（部分）

	A	B	C	D
1	分店店名	产品	月份	销量
2	大学城店	近视眼镜	1月	8212
3	大学城店	近视眼镜	2月	9924
4	大学城店	近视眼镜	3月	3830
5	大学城店	近视眼镜	4月	9989
6	大学城店	近视眼镜	5月	9471

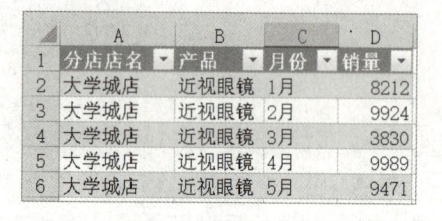

图 47.19　清洗过的表格数据（3）

作业　使用 Power Query 编辑器完成数据清洗。

子任务 48　多表合并清洗

在商业活动中，公司一般会根据业务内容不同，将生产、经营、管理等数据分开存放，但是在数据分析时，又需要将数据合并起来。Power Query 编辑器可以将多个表格合并成一个表格，或者创建一个包含多个表的数据集。这种合并可以通过连接相同列的值，将不同表中的相关数据组合在一起。这可以使用户在分析和处理数据时更加方便，减少数据的处理和清洗工作。

在 Power Query 编辑器中，多表合并通常涉及创建查询（Query），在查询中定义合并规则。例如，设置要用于连接的列、连接方式（如内连接、左连接、右连接等），以及合并后结果的处理。Power Query 编辑器提供了一系列的转换和操作步骤，以及高级合并选项，使用户可以自定义合并过程并满足特定需求。

通过 Power Query 编辑器多表合并，用户可以完成以下操作。

（1）将多个表格的数据合并为一个更全面和有意义的数据集。

（2）整理和清洗多个表格中的数据，以便进行更准确的分析和处理。

（3）快速创建具有多个表格的关系型的数据模型，以支持更复杂的数据分析和报告任务。

需要注意的是，为了成功进行多表合并，表格之间应该有一些共同的标识列或键值，以便 Power Query 编辑器进行相关数据的连接和合并。

步骤 1：选中工作表任意单元格，如 A1 单元格，选择"数据"→（"获取和转换"）→"新建查询"→"从文件"→"从工作簿"选项，如图 48.1 所示。

在打开的"打开文件"对话框中，打开文件"子任务 48 多表合并清洗-生产.xlsx"。单击"导入"按钮，打开"导航器"对话框；选中"导航器"对话框中的"生产数据"工作表，如图 48.2 所示，单击"加载"按钮完成数据导入。

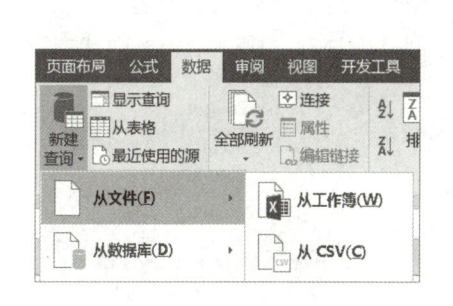

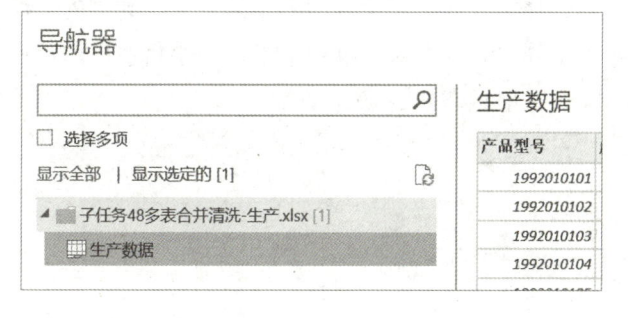

图 48.1　获取文件

图 48.2　导入工作表数据

步骤 2：在工作簿中，将刚导入的工作表保存在"Sheet1"中，并且将其设置为"表格"形式；在窗口右侧，显示"工作表查询"窗格，显示一个查询，如图 48.3 所示。

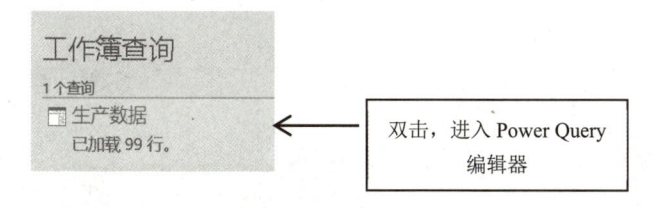

图 48.3　工作簿查询

双击"生产数据"命令进行查询，自动进入 Power Query 编辑器，如图 48.4 所示。

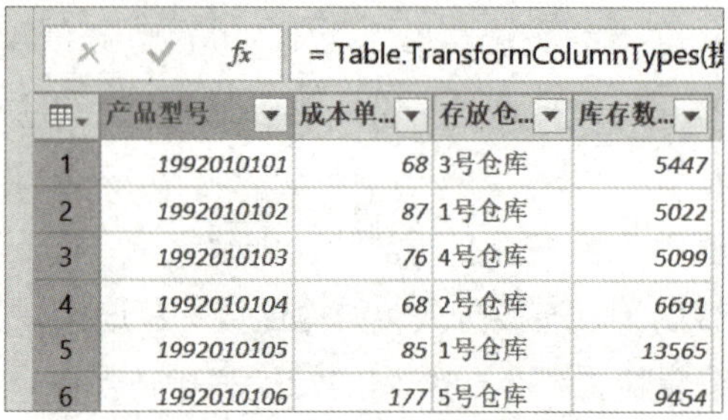

图 48.4　Power Query 编辑器中的数据

步骤 3：选择"开始"→（"新建查询"）→"新建源"→"文件"→"Excel"选项，如图 48.5 所示。

在打开的"打开文件"对话框中，打开文件"子任务 48 多表合并清洗-销售.xlsx"。单击"导入"按钮，打开"导航器"对话框。选择"导航器"对话框中的"销售数据"工作表，单击"确定"按钮完成数据导入。

此时，两个查询已导入 Power Query 编辑器中，如图 48.6 所示。

步骤 4：单击选中"生产数据"列进行查询。

选择"开始"→（"合并"）→"合并查询"选项，打开"合并"对话框，上半部分是"生产数据"内容，在中间部分的下拉列表中可以选择"销售数据"选项，自动显示销售数据内容。

选择"合并"对话框中上半部分生产数据的"产品型号"选项，则显示为选中状态。

选择"合并"对话框中下半部分销售数据的"产品型号"选项，则显示为选中状态。

合并前状态如图 48.7 所示。

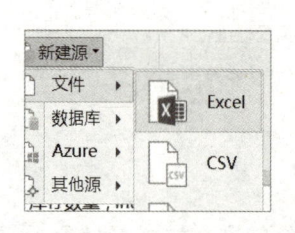

图 48.5　导入新的工作簿数据 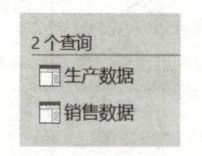　　图 48.6　两个查询 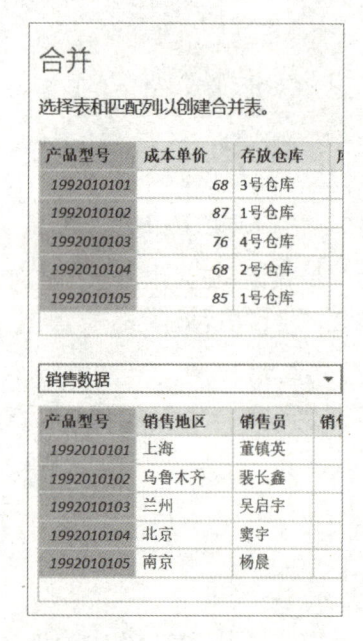　　图 48.7　合并前状态

> **提高**
> （1）两个表合并的前提是，每个表都必须至少有一个相同的"码"。
> （2）码是指在数据表中记录的唯一标识符或关键字段。它用于区分数据表中的不同记录，确保数据的唯一性和准确性。

步骤 5：单击"确定"按钮，Power Query 编辑器将自动按照"产品型号"将两表初步合并，初步合并后的数据如图 48.8 所示。

产品型号	成本单...	存放仓...	库存数...	NewColumn
1	1992010101	68	3号仓库	5447	Table
2	1992010102	87	1号仓库	5022	Table
3	1992010103	76	4号仓库	5099	Table
4	1992010104	68	2号仓库	6691	Table
5	1992010105	85	1号仓库	13565	Table
6	1992010106	177	5号仓库	9454	Table

图 48.8　初步合并后的数据

步骤 6：单击新创建的"New Column"列标签右侧的按钮，显示扩展列选项，如图 48.9 所示，取消勾选"产品型号"复选框，选中其他列，单击"确定"按钮。

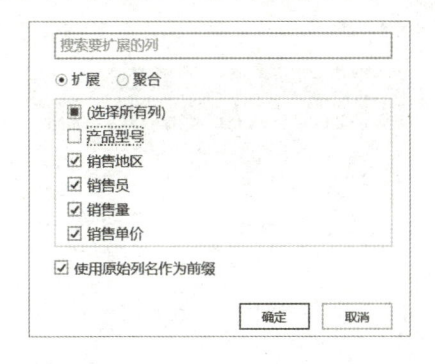

图 48.9　扩展列选项

扩展显示所有列，合并后的数据如图 48.10 所示。

产品型号	成本单...	存放仓...	库存数...	NewColumn.产...	NewColumn...	NewColumn...	NewCol...	NewColu...
1	1992010101	68	3号仓库	5447	1992010101	上海	董镇英	6848	289
2	1992010102	87	1号仓库	5022	1992010102	乌鲁木齐	裴长鑫	3108	251
3	1992010103	76	4号仓库	5099	1992010103	兰州	吴启宇	3513	150
4	1992010104	68	2号仓库	6691	1992010104	北京	窦宇	4769	320
5	1992010105	85	1号仓库	13565	1992010105	南京	杨晨	8945	307

图 48.10　合并后的数据

步骤 7：选择"开始"→（"关闭"）→"关闭并上载"→"关闭并上载"选项，将所有结果上传到工作簿中，在工作簿中，新建一个工作表来存放结果。

选中新生成的工作表（本任务是 Sheet3），单击第 1 行的行标签，选中第 1 行单元格，按"Ctrl+F"组合键，打开"查找与替换"对话框，选择"替换"标签，查找"NewColumn."，在"替换为"输入框中，不要输入任何内容，单击"全部替换"按钮，将所有"NewColumn."删除，最终数据如图 48.11 所示。

	A	B	C	D	E	F	G	H
1	产品型号	成本单价	存放仓库	库存数量	销售地区	销售员	销售量	销售单价
2	1992010101	68	3号仓库	5447	上海	董镇英	6848	289
3	1992010102	87	1号仓库	5022	乌鲁木齐	裴长鑫	3108	251
4	1992010103	76	4号仓库	5099	兰州	吴启宇	3513	150
5	1992010104	68	2号仓库	6691	北京	窦宇	4769	320
6	1992010105	85	1号仓库	13565	南京	杨晨	8945	307
7	1992010106	177	5号仓库	9454	南宁	杨元培	11480	277

图 48.11　替换后的数据

> （1）合并后的清洗，主要用于检查销售量是否大于库存量，如果销量大于库存，则一般会出错，或者发出警告。
> （2）检查销售单价是否大于成本单价，如果销售单价小于成本单价，则属于错误。
> （3）表中的逻辑关系一般是企业规定的。

步骤 8：对合并后的数据进行校验。

选中 G2:G100 区域，选择"开始"→（"样式"）→"条件格式"→"突出显示单元格规则"→"大于"选项，如图 48.12 所示。

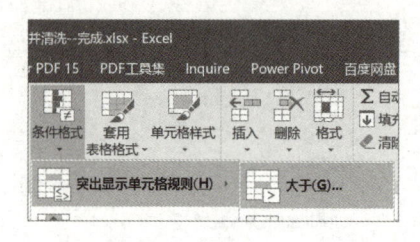

图 48.12　设置规则

打开"大于"规则设置对话框，手动输入"=D2"，设置格式如图 48.13 所示。

单击"确定"按钮，在工作表中，将销售量大于库存量的数据突出标记出来。

步骤 9：同样的操作，标记销售单价小于成本单价的数据，最终检查结果如图 48.14 所示。

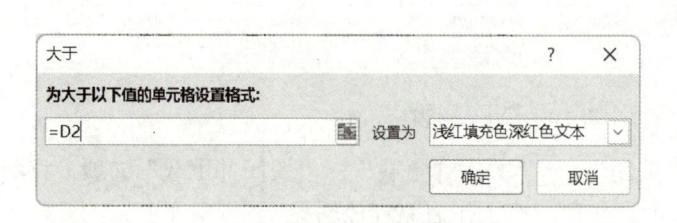

图 48.13　设置格式　　　　图 48.14　最终检查结果

> 合并数据，并进行清洗。

任务 9

商务数据的透视分析

任务说明

商务数据的透视分析是指使用透视表来整理和分析商务数据。透视表是一种数据分析工具，它可以将原始数据按照不同的维度进行汇总和统计，并将其呈现为易于理解和分析的形式。

通过透视分析商务数据，可以从不同的角度和维度来分析销售、财务、市场等商务数据，并发现其中的模式、趋势和规律。透视分析可以帮助商务决策者更好地理解和利用数据，从而进行有效的商业决策。

透视分析的步骤如下。

（1）准备数据：将需要分析的商务数据整理成一个数据表，并确保数据的完整性和准确性。

（2）启动透视表：在数据表中选择需要分析的数据，并在 Excel 或其他数据分析工具中找到透视表功能，启动透视表。

（3）选择维度和度量：在透视表中，选择需要作为分析维度的列，并选择需要进行统计和计算的度量列。例如，选择日期作为维度，并选择销售额作为度量。

（4）创建透视表：根据选择的维度和度量，生成透视表。透视表将按照所选维度对数据进行汇总和统计，并在表中显示结果。

（5）进行分析：使用透视表中的各种功能和选项，进行进一步的数据分析。例如，可以对数据进行排序、过滤、筛选、计算等操作。

（6）结果展示：根据分析结果，生成图表、报表或其他形式的结果展示，以便更好地理解和传达数据分析的结果。

商务数据的透视分析可以帮助商务决策者更好地了解业务状况，发现问题和机会，并基于数据做出相应的决策和行动计划。

子任务 49　透视分析网点数据

数据透视表是一种对大量数据快速汇总和建立交叉列表的交互式动态表格，能够帮助用户分析、组织数据；还能够从大量看似无关的数据中寻找联系，从而将复杂的数据转化为有价值的信息，以供研究和决策。

步骤 1：单击工作表标签"数据透视表"。

步骤 2：选中工作表任意区域，如 A3 单元格，选择"插入"→（"表格"）→"数据透视表"→"数据透视表"选项，打开"创建数据透视表"对话框，如图 49.1 所示。

> **注意**
> （1）由图 49.1 可见，数据透视表的数据来源可以是表、区域、外部数据，数据透视表可以放在原工作表中，也可以放在新工作表中。
> （2）在数据来源的"表/区域"输入框中可以输入区域名称，从而绘制出动态数据透视表。

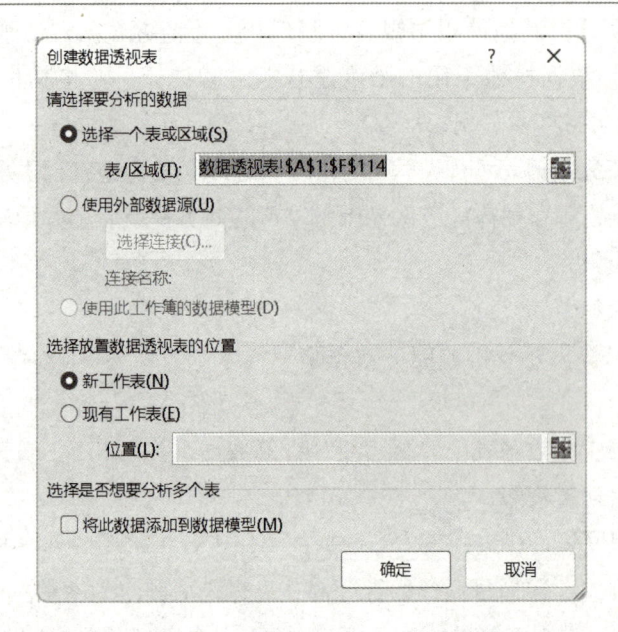

图 49.1　"创建数据透视表"对话框

步骤 3：在"创建数据透视表"对话框中，Excel 默认选定整个数据区域，将新建的数据透视表放在"新工作表"中。

单击"确定"按钮，Excel 新建一个工作表，里面有一张空白的数据透视表，如图 49.2 所示。

步骤 4：在"数据透视表字段列表"对话框中分别勾选"商品"和"数量"两个字段的复选框，这两个字段出现在对话框的"行标签"区域和"数值"区域中，同时这两个字段也出现在数据透视表中，如图 49.3 所示。

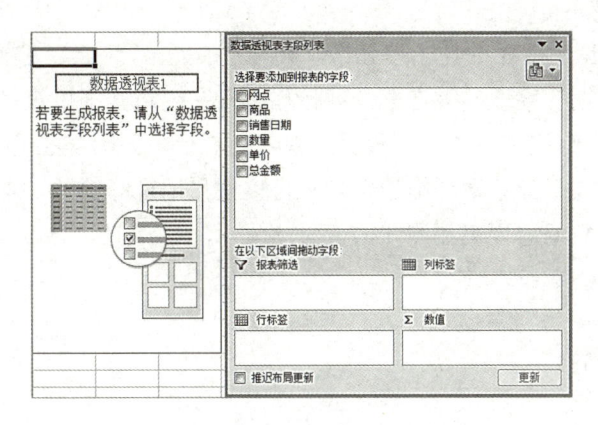

图 49.2　新建的空白数据透视表

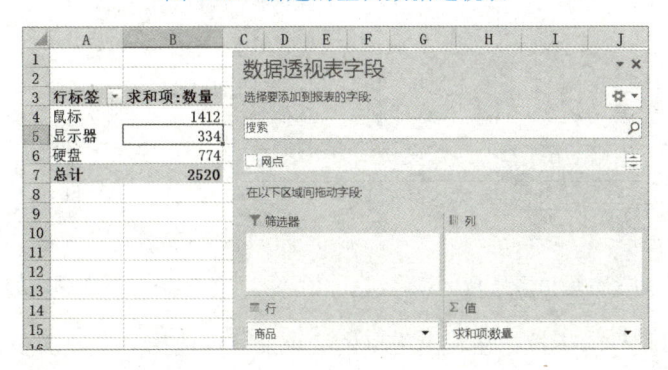

图 49.3　添加行标签和数值的透视表

> （1）在不同版本的 Excel 中，"空白数据透视表"功能有了较大变化，勾选字段的复选框，可以默认进入行、列或数值区域中。
> （2）空白数据透视表支持拖放字段至行、列或数值标签中。

步骤 5：在"数据透视表字段列表"对话框中，勾选"网点"字段的复选框，并按住鼠标左键将其拖曳至"列标签"区域内，"网点"字段也作为列字段出现在数据透视表中，如图 49.4 所示。

最终完成的数据透视表如图 49.5 所示。

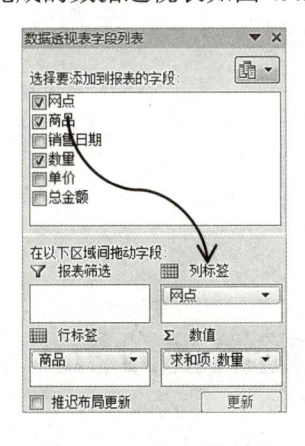

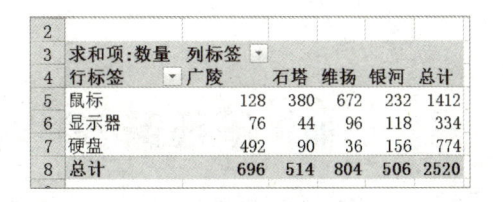

图 49.4　添加列标签　　　　　　　　图 49.5　最终完成的数据透视表

步骤 6：选中数据透视表的任一单元格，如 A8 单元格，在"数据透视表字段列表"对话框中勾选"销售日期"字段的复选框，并按住鼠标左键将其拖曳至"报表筛选"区域内，"销售日期"字段作为筛选字段出现在数据透视表的首行，如图 49.6 所示。

这时的数据透视表带上了数据筛选选项，可以按日期进行筛选，查看每天的销售数据，加上销售日期筛选的数据透视表如图 49.7 所示。

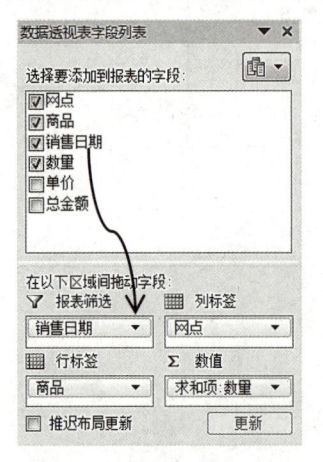

图 49.6　将销售日期拖曳至报表筛选区域　　图 49.7　加上销售日期筛选的数据透视表

单击"销售日期"的下拉按钮，出现日期选项，可以选择一个或多个日期，对数据进行筛选，如图 49.8 所示。

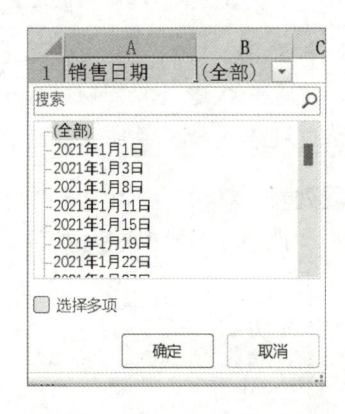

图 49.8　日期筛选项

作业　使用数据透视表分析销售数据。

子任务 50　优化数据透视分析

数据透视表可以优化，优化的内容包括标签的合并，以及数据的分组等。

步骤1：单击工作表标签"数据透视表"。

步骤2：选中工作表内任意单元格，如B2单元格。选择"插入"→（"表格"）→"数据透视表"→"数据透视表"选项，在打开的"数据透视表"对话框中，不改变默认设置，单击"确定"按钮。系统将自动新建一个空白的数据透视表。

选中数据透视表中任意单元格，选择"选项"→（"数据透视表"）→"选项"→"选项"选项，如图50.1所示。

打开"数据透视表选项"对话框，选择"显示"选项卡，如图50.2所示。

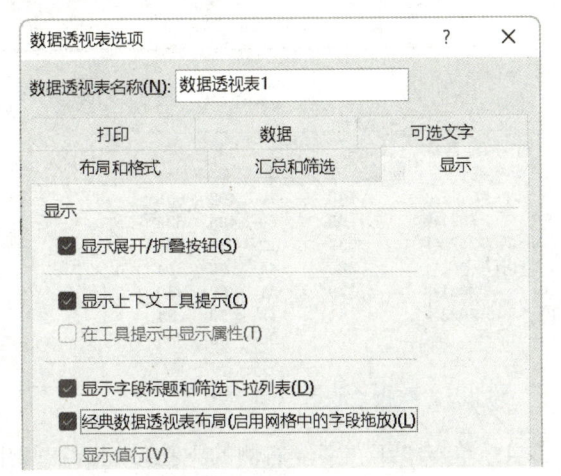

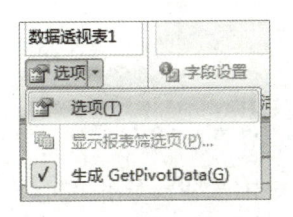

图50.1　数据透视表选项　　　图50.2　选择"数据透视表选项"对话框中的"显示"选项卡

勾选"经典数据透视表布局"复选框后单击"确定"按钮，则会显示Excel 2003版经典的空白数据透视表样式，如图50.3所示。

图50.3　经典的空白数据透视表样式

步骤3：经典的数据透视表完全支持鼠标拖放字段。

将鼠标指针移至"网点"字段，按住鼠标左键并拖放至"行字段"字段，同样将"销售日期"字段拖放至"行字段"字段，将"商品"字段拖放至"列字段"字段，将"数量"字段拖放至"值字段"字段，如图50.4所示，得到的数据透视表如图50.5所示。

当将"销售日期"字段拖放至行标签时，自动增加了"年""季度"两个字段，如图50.6所示。

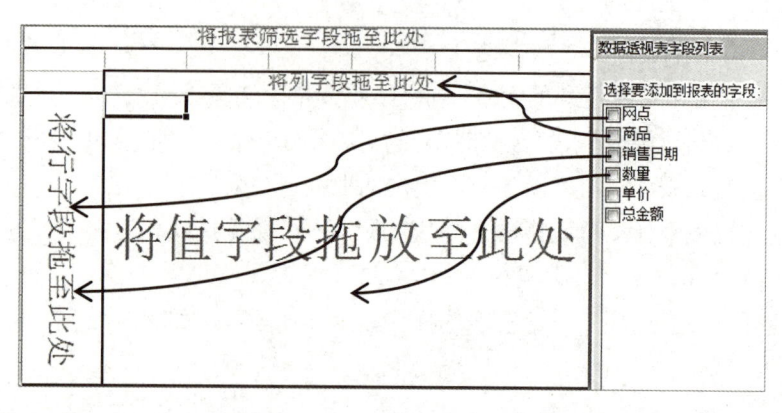

图 50.4　将字段拖放至空白透视表

图 50.5　数据透视表（部分）

图 50.6　自动增加的字段

步骤 4：单击"年"字段右侧的下拉按钮，在弹出的下拉列表中，选择"删除字段"选项，如图 50.7 所示。

单击"季度"字段右侧的下拉按钮，在弹出的下拉列表中，选择"删除字段"选项，将数据透视表还原为初始状态，如图 50.8 所示。

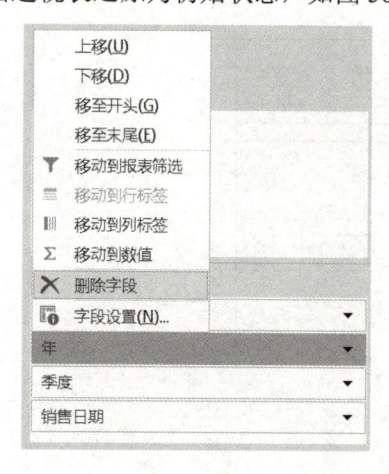

图 50.7　删除自动生成的字段

图 50.8　原始的数据透视表

步骤 5：选择"选项"→（"数据透视表"）→"选项"→"选项"选项，打开"数据透视表选项"对话框。在对话框中选择"布局和格式"选项卡，勾选"合并且居中排列带标签的单元格"复选框，如图 50.9 所示。

设置后的网点数据居中显示，如图 50.10 所示。

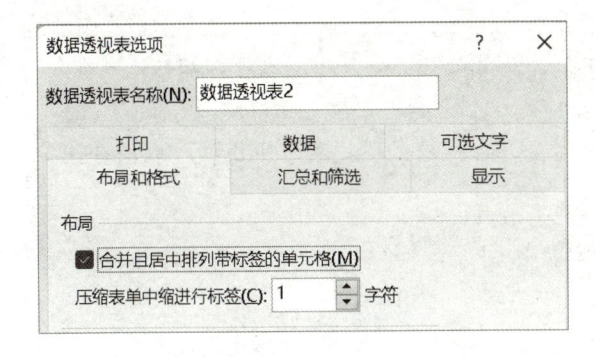

图 50.9　数据透视表选项

图 50.10　更改设置后的数据透视表

选择"数据透视表工具"→"设计"→（"布局"）→"报表布局"→"以表格形式显示"选项，如图 50.11 所示。

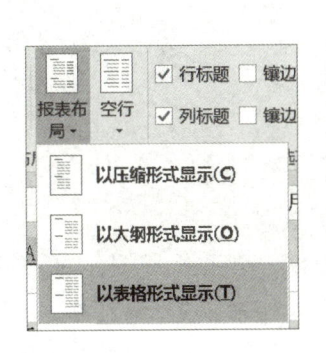

图 50.11　改变布局

步骤 6：选中 B 列单元格中的"销售日期"数据并右击，在弹出的快捷菜单中选择"创建组"命令，打开"组合"对话框，如图 50.12 所示。

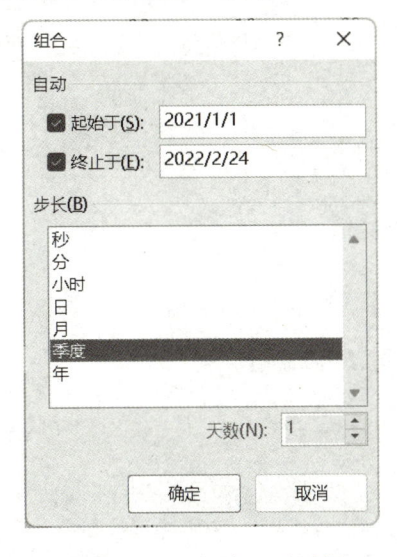

图 50.12　"组合"对话框

> **注意**
>
> （1）Excel 数据透视表的分组功能是十分实用的，将详细的数据分组，也是一种"数据透视表"。
>
> （2）在已经分组的数据上右击，在弹出的快捷菜单中选择"取消分组"命令，可以撤销分组。

选中"季度"单选按钮，取消选中"月"单选按钮，单击"确定"按钮。销售日期按"季"分组，结果如图 50.13 所示。

	求和项:数量		商品			
	网点	销售日期	鼠标	显示器	硬盘	总计
		第一季	32	26	192	250
	广陵	第二季	64	24	42	130
		第三季		9	157	166
		第四季	32	17	101	150
	广陵 汇总		128	76	492	696
		第一季	149	13	30	192
	石塔	第二季	82	13		95
		第三季	54	13	60	127
		第四季	95	5		100
	石塔 汇总		380	44	90	514

图 50.13 日期分组后的透视表（部分）

步骤 7：在数据透视表中可以插入新字段，用于辅助分析数据。

选中数据透视表的"值字段区域"的任意一个单元格，如 C5 单元格，选择"开始"→（"单元格"）→"插入"→"插入计算字段"选项，打开"插入计算字段"对话框。

在"插入计算字段"对话框中，在"名称"输入框中输入"税费"，在"公式"输入框中输入"＝总金额*0.13"，单击"添加"按钮，如图 50.14 所示。

新字段"税费"出现在字段列表中，单击"确定"按钮，税费求和项也出现在数据透视表中，如图 50.15 所示。

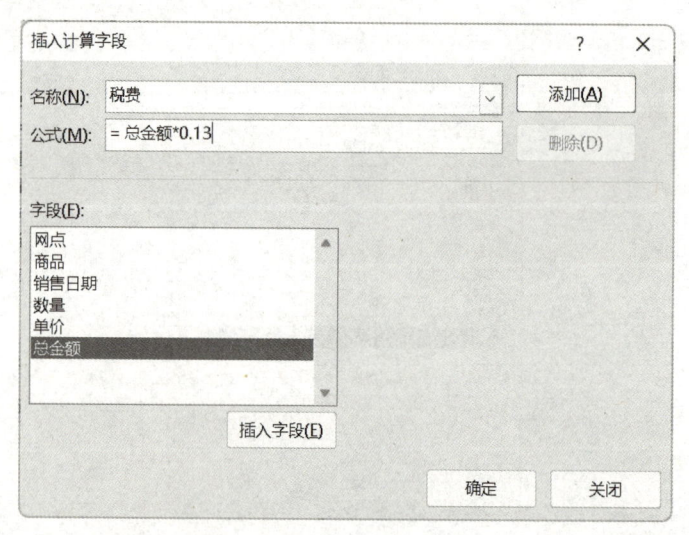

图 50.14 增加计算字段

网点	销售日期	商品 鼠标 求和项:数量	值 求和项:税费	显示器 求和项:数量	求和项:税费	硬盘 求和项:数量	求和项:税费
广陵	第一季	32	150	26	7281	192	14177
	第二季	64	300	24	6720	42	3101
	第三季		0	9	2520	157	11593
	第四季	32	150	17	4760	101	7458
广陵 汇总		128	599	76	21282	492	36329
石塔	第一季	149	697	13	3640	30	2215
	第二季	82	384	13	3640		0
	第三季	54	253	13	3640	60	4430
	第四季	95	445	5	1400		0
石塔 汇总		380	1778	44	12321	90	6646

图 50.15 增加税费后的透视表（部分）

步骤 8：选中数据透视表，选择"数据透视表工具"→"分析"→（"显示"）→"字段列表"选项，依次单击"+/-"按钮，取消字段列表、加减号按钮和字段标题。

单击行号 5，选中整行单元格，选择"开始"→（"编辑"）→"查找和选择"→"替换"选项，打开"查找和替换"对话框，在"查找内容"输入框中输入"求和项:"，在"替换为"输入框中输入空格，单击"全部替换"按钮。同样，选中 A 列单元格，将"汇总"替换为空格。

步骤 9：选中整个透视表区域，选择"开始"→"字体"→"边框"→"所有边框"选项。选择"设计"→（"数据透视表样式"）→"中等深浅 8"选项。最终效果如图 50.16 所示。

		鼠标 数量	税费	显示器 数量	税费	硬盘 数量	税费	数量汇总	税费汇总
广陵	第一季		¥0	7	¥2,563	108	¥10,428	115	¥12,992
	第二季	32	¥196	12	¥4,394	21	¥2,028	65	¥6,618
	第三季		¥0	7	¥2,563	108	¥10,428	115	¥12,992
	第四季	32	¥196	12	¥4,394	21	¥2,028	65	¥6,618
广陵		64	¥392	38	¥13,915	258	¥24,912	360	¥39,219
石塔	第一季	54	¥330	8	¥2,929	30	¥2,897	92	¥6,157
	第二季	41	¥251	8	¥2,929		¥0	49	¥3,180
	第三季	54	¥330	5	¥1,831	30	¥2,897	89	¥5,058
	第四季	41	¥251	5	¥1,831		¥0	46	¥2,082
石塔		190	¥1,163	26	¥9,521	60	¥5,794	276	¥16,477
维扬	第一季	133	¥814	8	¥2,929			141	¥3,743
	第二季	83	¥508	16	¥5,859	9	¥869	108	¥7,236
	第三季	112	¥685	8	¥2,929		¥0	120	¥3,615
	第四季	62	¥379	16	¥5,859	9	¥869	87	¥7,107

图 50.16 优化后的数据透视表（部分）

作业

优化数据透视表。

子任务 51 透视分析中增加计算

在数据透视表的数值区域中，可以有多种计算方式，如求和、求平均值、求最大值、求最小值等。另外，通过对数据透视表中的现有字段进行重新组合可以形成新的计算字段和计算项，相当于在原有数据区域中进行数据分析。

步骤 1：单击工作表标签"透视分析计算"。

步骤 2：选中数据区域内的任意单元格，如 B2 单元格，选择"插入"→（"表格"）→"数据透视表"→"数据透视表"选项，打开"创建数据透视表"对话框。

在"创建数据透视表"对话框中，单击"确定"按钮，在新的工作表中产生一个空白的数据透视表。

步骤 3：在"数据透视表字段列表"对话框中，将"员工姓名"字段拖放至"行标签"框，将"生产数量"字段拖放至"数值"框，并且重复拖放四次，如图 51.1 所示。

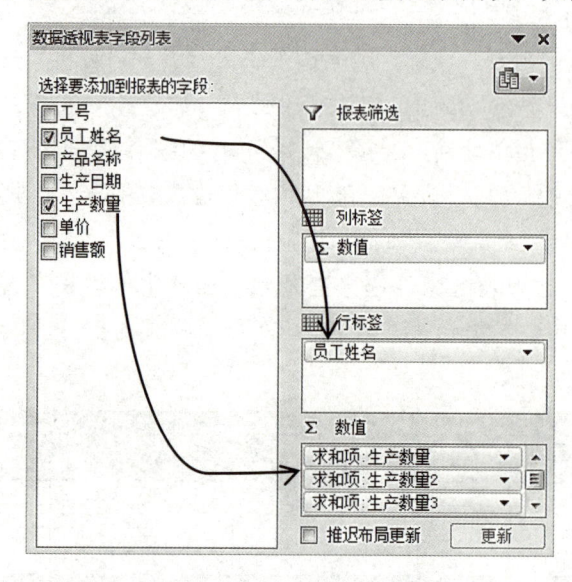

图 51.1　拖放生成数据透视表

系统生成的数据透视表如图 51.2 所示。

行标签	求和项:生产数量	求和项:生产数量2	求和项:生产数量3
陈枫	13392	13392	13392
陈国轩	11158	11158	11158
范建伟	11335	11335	11335
葛高红	13900	13900	13900
郭青山	17033	17033	17033
刘婷	8961	8961	8961
刘雯燕	14068	14068	14068
陆子成	15592	15592	15592
潘媛	10639	10639	10639
裴晨晖	13805	13805	13805
王意嘉	10178	10178	10178
徐厚盛	10810	10810	10810
许静	13211	13211	13211
张盛扬	18645	18645	18645
张顺天	15874	15874	15874
总计	198601	198601	198601

图 51.2　生成的数据透视表（部分）

步骤 4：右击 C 列中有数据的任意单元格，如 C4 单元格，在弹出的快捷菜单中选择"值汇总依据”→“平均值”命令。

右击 D 列中有数据的任意单元格，如 D4 单元格，在弹出的快捷菜单中选择“值汇总依据”→“最大值”命令。

右击 E 列中有数据的任意单元格，如 E4 单元格，在弹出的快捷菜单中选择“值汇总依据”→“最小值”命令。

设定完成后，四列单元格中的数据分别变成总产量、平均产量、最大产量、最小产量。

步骤 5：选中 B3 单元格，将其改成“总产量”；选中 C3 单元格，将其改成“平均产量”；选中 D3 单元格，将其改成“最大产量”；选中 E3 单元格，将其改成“最小产量”，如图 51.3 所示。

3	行标签	总产量	平均产量	最大产量	最小产量
4	陈枫	13392	1217.454545	2893	118
5	陈国轩	11158	1115.8	2899	55
6	范建伟	11335	944.5833333	2968	133
7	葛高红	13900	1158.333333	2746	121
8	郭青山	17033	1548.454545	2737	118
9	刘婷	8961	814.6363636	2362	196
10	刘雯燕	14068	1406.8	2614	118
11	陆子成	15592	1559.2	2686	277
12	潘媛	10639	886.5833333	2071	34
13	裴晨晖	13805	1255	2878	190
14	王意嘉	10178	848.1666667	3001	61
15	徐厚盛	10810	982.7272727	2929	184
16	许静	13211	1100.916667	2581	172
17	张盛扬	18645	1695	3001	112
18	张顺天	15874	1443.090909	2653	208
19	总计	198601	1189.227545	3001	34

图 51.3　修改计算方式后的透视表

步骤 6：选中数据透视表内的任意单元格，如 C3 单元格，先按“Ctrl+A”组合键，选中整个透视表；再按“Ctrl+C”组合键，复制整个透视表；最后选中 A25 单元格，按“Ctrl+V”组合键，粘贴整个透视表。

步骤 7：选中第二个数据透视表内的任意单元格，如 A26 单元格，在“数据透视表字段列表”对话框中，取消勾选“员工姓名”复选框，勾选“产品名称”复选框，数据透视表变成如图 51.4 所示。

25	行标签	总产量	平均产量	最大产量	最小产量
26	纯棉面料	5342	1068.4	2332	184
27	灯芯绒面料	27119	1595.235294	2968	178
28	风衣	24074	1416.117647	2920	127
29	拉链	18237	1013.166667	3001	55
30	牛仔布面料	12967	997.4615385	2587	118
31	钮扣	28720	1305.454545	2929	112
32	全棉丝光面料	9356	1871.2	2602	142
33	珊瑚绒面料	20009	1177	3001	61
34	填充蚕丝棉	8272	486.5882353	855	113
35	填充羽绒	20135	1184.411765	2899	211
36	羽绒服	24370	1282.631579	2614	34
37	总计	198601	1189.227545	3001	34

图 51.4　将产品名称作为行标签的数据透视表

步骤 8：单击"行标签"右侧的下拉按钮，在弹出的下拉列表中选择"标签筛选"→"结尾是"选项，如图 51.5 所示。

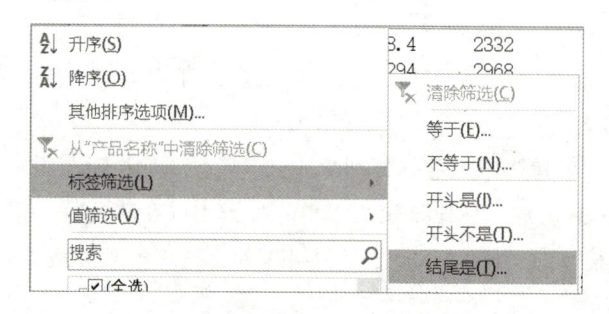

图 51.5　标签筛选

在打开的"标签筛选"对话框中，输入"面料"，单击"确定"按钮，筛选所有品名中包含"面料"的字段，如图 51.6 所示。

图 51.6　筛选结尾是"面料"的数据

得到结果，如图 51.7 所示。

行标签	总产量	平均产量	最大产量	最小产量
纯棉面料	5342	1068.4	2332	184
灯芯绒面料	27119	1595.235294	2968	178
牛仔布面料	12967	997.4615385	2587	118
全棉丝光面料	9356	1871.2	2602	142
珊瑚绒面料	20009	1177	3001	61
总计	74793	1312.157895	3001	61

图 51.7　筛选后的透视表结果

> **提高**
>
> （1）在 Excel 中，数据透视表字段的筛选与自动筛选的操作相似，不符合条件的数据被隐藏。
> （2）在分组时，按住"Ctrl"键并单击，可以选择不相邻的单元格。

步骤 9：选中"行标签"下面的所有数据，即 A26:A30 区域，单击"选项"→（"分组"）→"将所选内容分组"按钮。选择"设计"→（"布局"）→"报表布局"→"以表格形式显示"选项，效果如图 51.8 所示。

选中 A25 单元格，将"产品名称 2"改为"产品分类"；选中 A26 单元格，将"数据组 1"改为"面料"。

任务 9　商务数据的透视分析

25	产品名称	产品名称	总产量	平均产量	最大产量	最小产量
26	数据组1	纯棉面料	5342	1068.4	2332	184
27		灯芯绒面料	27119	1595.235294	2968	178
28		牛仔布面料	12967	997.4615385	2587	118
29		全棉丝光面料	9356	1871.2	2602	142
30		珊瑚绒面料	20009	1177	3001	61
31	总计		74793	1312.157895	3001	61

图 51.8　所选内容分组

步骤 10：单击 B25 单元格右侧的"筛选"按钮（），并选择"从产品名称中清除筛选"命令，如图 51.9 所示。

步骤 11：单击 B25 单元格右侧的"筛选"按钮（），设置"标签筛选"为"开头是"，如图 51.10 所示。

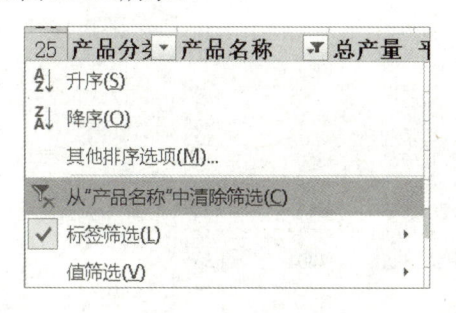

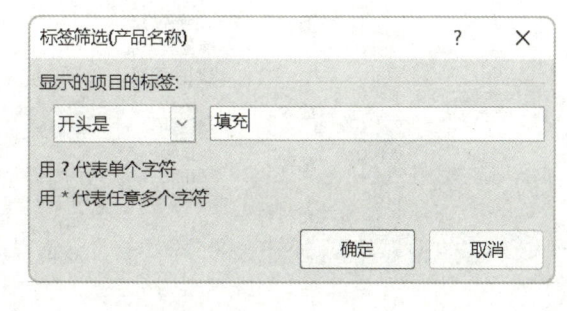

图 51.9　清除筛选　　　　　　　图 51.10　再次筛选

在输入框中，输入"填充"，单击"确定"按钮，数据透视表筛选"产品名称"中所有包含"填充"的数据。在数据透视表刷新后，将"数据组 2"改为"填充材料"，得出的数据透视表如图 51.11 所示。

25	产品分类	产品名称	总产量	平均产量	最大产量	最小产量
26	填充材料	填充蚕丝棉	8272	486.58824	855	113
27		填充羽绒	20135	1184.4118	2899	211
28	总计		28407	835.5	2899	113

图 51.11　得出的数据透视表

步骤 12：单击 B25 单元格右侧的"筛选"按钮（），设置"标签筛选"为"从产品名称中清除筛选"。

选中 B 列的"拉链"和"钮扣"两个单元格，创建组"配件"。

选中 B 列的"羽绒服"和"风衣"两个单元格，创建组"成衣"。

整个数据透视表显示出来，如图 51.12 所示。

步骤 13：选择"选项"→（"数据透视表"）→"选项"→"选项"选项，选择"布局和格式"选项卡，勾选"合并且居中排列带标签的单元格"复选框，如图 51.13 所示。

设置完成后的数据透视表如图 51.14 所示。

步骤 14：选中数据透视表内的任意单元格，在"数据透视表字段列表"对话框中，取消勾选"产品名称"复选框，则透视表以新建的分组进行透视分析，如图 51.15 所示。

213

图 51.12　清除筛选后的数据透视表

图 51.13　设置合并且居中排列

图 51.14　合并且居中后的数据透视表

图 51.15　以新建分组进行透视分析的透视表

> **作业**
>
> 创建组，并进行透视分析。

子任务 52　动态透视分析销售数据

在用户创建数据透视表后，如果修改了数据区域的数据，则在数据透视中刷新就可以更新数据透视表。但是，如果增加了新的数据，则新增的数据无法显示在数据透视表中。

为了解决数据透视表动态更新的问题，在创建数据透视表时，引入了动态数据透视表方法。动态数据透视表常用的方法是"定义名称法"和"表格法"。

步骤1：单击工作表标签"动态数据透视表"。

步骤 2：选中工作表内的任意单元格，如 A1 单元格，选择"公式"→（"定义的名称"）→"定义名称"→"定义名称"选项，打开"新建名称"对话框，在"名称"输入框中输入"data"，在"引用位置"输入框中输入公式"=OFFSET(动态数据透视表!$A$1,0,0,countA(a:a),countA(1:1))"，单击"确定"按钮，如图 52.1 所示。

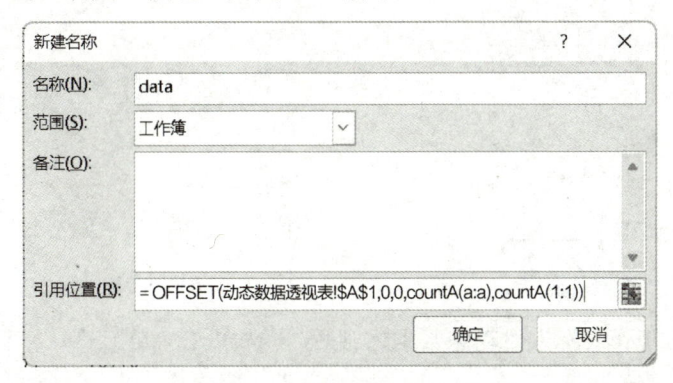

图 52.1　定义名称及引用位置

> **提高**
> （1）OFFSET()函数以指定的引用为参照系，通过给定偏移量得到新的引用，格式为"OFFSET(引用区域,行数,列数,[高度],[宽度])"。
> （2）COUNTA()函数返回非空值的单元格个数，格式为"COUNTA(值1[…])"。
> （3）在定义名称时，OFFSET()函数的第一个参数要使用绝对引用。

步骤 3：选择"插入"→（"表格"）→"数据透视表"→"数据透视表"选项，打开"创建数据透视表"对话框，在"表/区域"输入框中输入刚才建立的区域名称"data"，如图 52.2 所示。

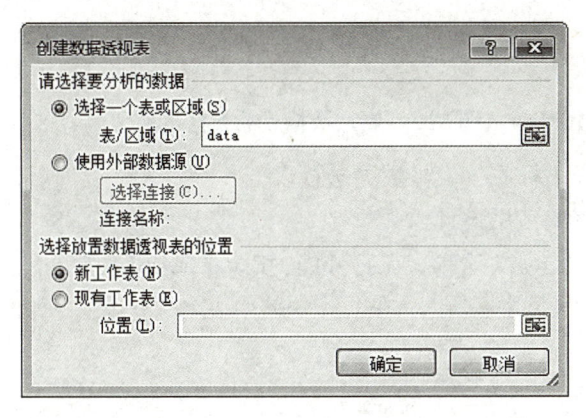

图 52.2　创建数据透视表（1）

单击"确定"按钮，在新的工作表中出现空白的数据透视表。
在"数据透视表字段列表"对话框中，将"商品"字段拖放至"列标签"框中，将"网点"字段拖放至"行标签"框中，将"数量"拖放至"数值"框中，如图 52.3 所示。

创建的数据透视表如图 52.4 所示。

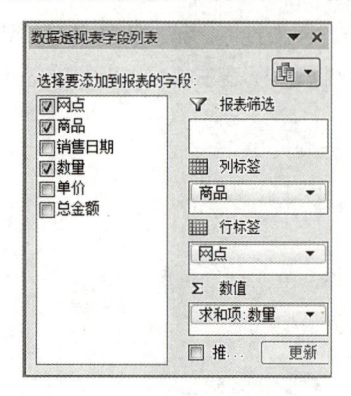

图 52.3　创建数据透视表（2）

图 52.4　数据透视表

步骤 4：单击工作表标签"动态数据透视表"，选中 D3 单元格，将数据从"25"改为"50"。

单击数据透视表标签"Sheet2"，选中数据透视表中任意单元格并右击，在弹出的快捷菜单中选择"刷新"命令，数据透视表中的数据更新。

步骤 5：单击工作表标签"动态数据透视表"，选中 A32 单元格，在这行添加一行数据"城东，主机，2024 年 1 月 1 日，10，500，5000"。

单击数据透视表标签"Sheet2"，选中数据透视表中的任意单元格并右击，在弹出的快捷菜单中选择"刷新"命令，在数据透视表中新增了数据，如图 52.5 所示。

图 52.5　新增数据后的数据透视表

步骤 6：单击工作表标签"表格数据透视表"。

步骤 7：打开表名的使用设置。

选择"文件"→"选项"选项，在打开的"Excel 选项"对话框中，单击左侧的"公式"选项，在"使用公式"区域中，勾选"在公式中使用表名"复选框，如图 52.6 所示，单击"确定"按钮返回。

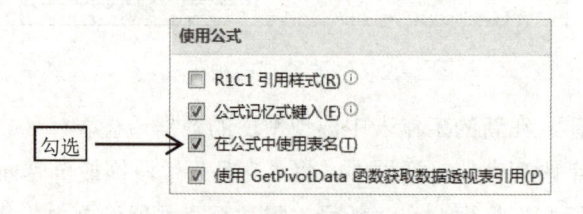

图 52.6　设置公式中使用表名

步骤 8：选中数据区域内的任意单元格，如 A2 单元格，创建表格有以下三种方法。

方法一：单击"开始"→（"样式"）→"套用表格格式"按钮，选取任意格式，打开"套用表格式"对话框，如图 52.7 所示。在对话框中，自动选定整个有数据的区域，单击"确定"按钮。

方法二：单击"插入"→（"表格"）→"表格"按钮，打开"创建表"对话框，单击"确定"按钮。

方法三：选中数据区域，按"Ctrl+T"组合键，同样打开"创建表"对话框，单击"确定"按钮。

如果要取消表格，则选中表格内的任意单元格，单击"设计"→（"工具"）→"转换为区域"按钮。

选中数据区域内的任意单元格，单击"设计"→（"属性"）→"表名称"按钮，将表名称改为"销售表 1"。

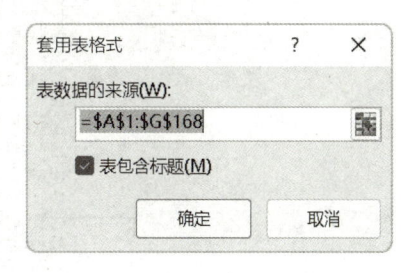

图 52.7　"套用表格式"对话框

步骤 9：选择"插入"→（"表格"）→"数据透视表"→"数据透视表"选项，打开"创建数据透视表"对话框，在对话框中的"表/区域"名称中自动出现"表 1"，单击"确定"按钮，在新工作中自动创建一个空白数据透视表。

在新工作表中的"数据透视表字段列表"对话框中，将"员工姓名"字段拖放至"行标签"框中，将"产品名称"字段拖放至"列标签"框中，将"销售额"字段拖放至"数值"框中，生成数据透视表，如图 52.8 所示。

行标签	纯棉面料	灯芯绒面料	风衣	拉链	牛
陈枫		84384	320268	19960	
陈国轩		7146	150774	2200	
范建伟	104940	53424			
葛高红			74022	4840	
郭青山		47394	51090	109480	
刘婷	9900	63882		18440	
刘雯燕			186810	23080	
陆子成		13842		211480	

图 52.8　新建的数据透视表（部分）

步骤 10：单击工作表标签"表格数据透视表"，在数据区域的最后添加一行"ZG20001，风清扬，冲锋衣，2024 年 1 月 1 日，10，1280，12800"。

步骤 11：单击数据透视表标签"Sheet3"，在透视表区域右击，在弹出的快捷菜单中选择"刷新"命令，数据透视表更新内容，如图 52.9 所示。

作业：动态透视分析销售数据。

图 52.9　刷新后的数据透视表

子任务 53　透视图分析销售数据

根据数据透视表创建数据透视图，可以直观地、动态地展现数据透视表的数据分析结果。Excel 中的数据透视图与之前版本相比有了较大改进，可以与普通图表完全融合，并增加了迷你图功能。

步骤 1：单击工作表标签"数据透视图"，选中数据区域内的任意单元格，如 A1 单元格。

步骤 2：选择"插入"→（"表格"）→"数据透视表"→"数据透视表"选项，在打开的"数据透视表"对话框中，单击"确定"按钮。

在"数据透视表字段"对话框中，将"品名"字段拖放至"行标签"中，将"数量"字段拖放至"值"框中，如图 53.1 所示。

生成的数据透视表如图 53.2 所示。

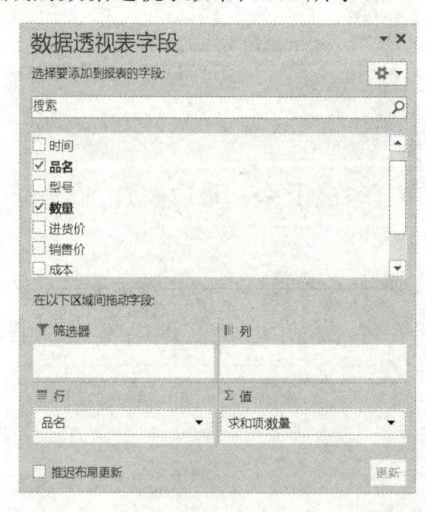

图 53.1　新建的数据透视表字段列表　　　　图 53.2　数据透视表

选中 A3 单元格，将 A3 单元格的"行标签"改成"商品名"；选中 B3 单元格，将 B3 单元格的"求和项：数量"改为"销量"。

步骤 3：选中数据透视表中的任意单元格，如 A4 单元格，单击"数据透视表工具"→"分析"→（"工具"）→"数据透视图"按钮，打开"插入图表"对话框。在对话框的左侧选择"饼图"选项，在右侧区域中选择第一个平面饼图，如图 53.3 所示。

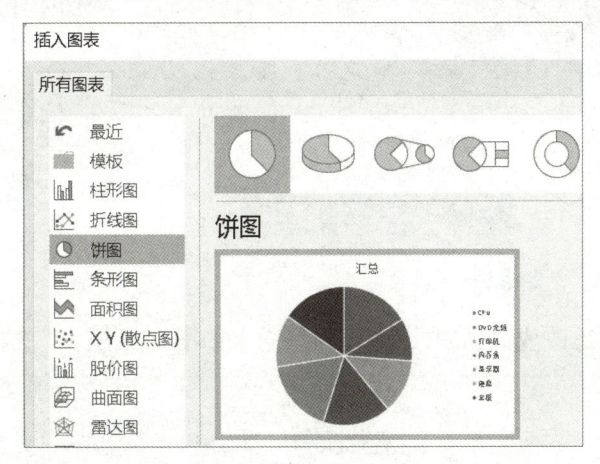

图 53.3　生成数据透视图

单击"确定"按钮，绘出饼图。

步骤 4：对数据透视图进行设置。

选中数据透视表，单击"数据透视表工具"→"设计"→（"图表样式"）→"样式 8"按钮，百分比将显示在图表中。调整图表区窗口大小，放大透视图。

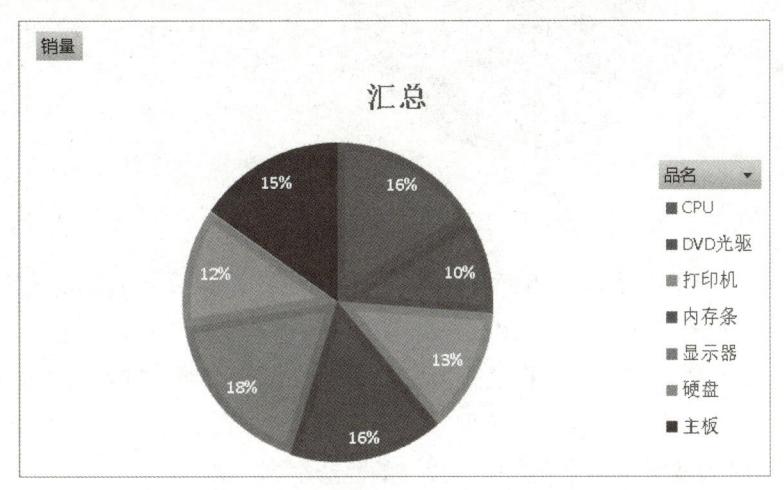

图 53.4　销量的数据透视饼图

单击图中数据标签，选中所有数据标签并右击，在弹出的快捷菜单中选择"设置数据标签格式"命令，如图 53.5 所示。

在右侧的"标签选项"区域中，勾选"类别名称"复选框，如图 53.6 所示。

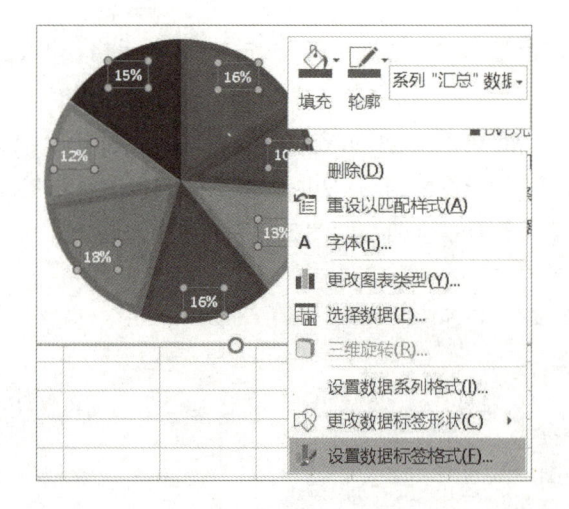

图 53.5　设置数据标签格式　　　　　　　　图 53.6　勾选类别名称

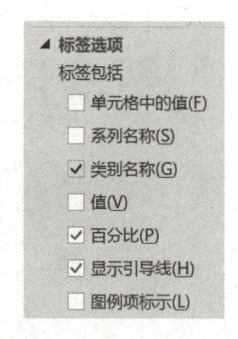

选中标题，将标题改成"销售比例"，最终效果如图 53.7 所示。

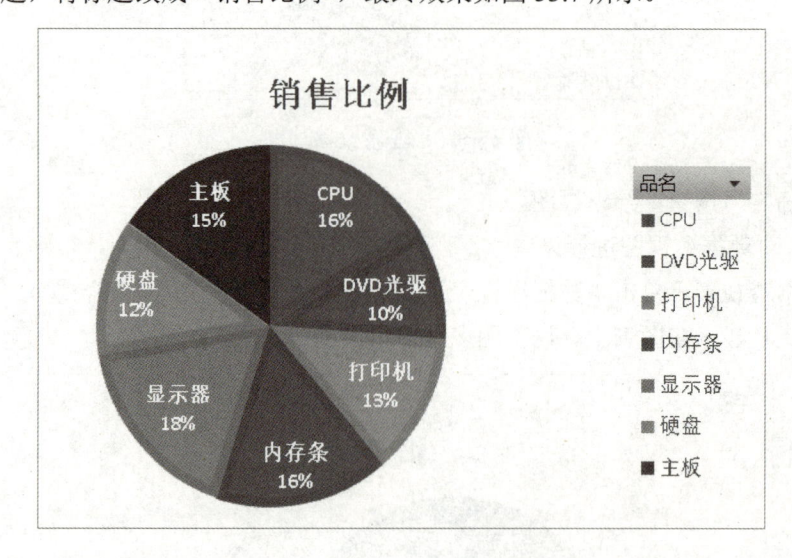

图 53.7　最终效果

步骤 5：选中 A3:B11 区域，在选中区域右击，在弹出的快捷菜单中选择"复制"命令。选中 A20 单元格并右击，在弹出的快捷菜单中选择"粘贴"命令。

选中 A20 单元格，如果"数据透视表字段列表"没有出现，则单击"选项"→（"显示"）→"字段列表"按钮。

步骤 6：取消勾选所有字段列表中字段前的复选框。

将"品名"字段拖放至"行标签"框中，将"进货价"和"销售价"字段拖放至"数值"框中，如图 53.8 所示。生成的数据透视表如图 53.9 所示。（本子任务中价格的单位为"元"。）

步骤 7：选中 B20 单元格，将"求和项：进货价"改为"成本价"；选中 C20 单元格，将"求和项：销售价"改为"零售价"，如图 53.10 所示。

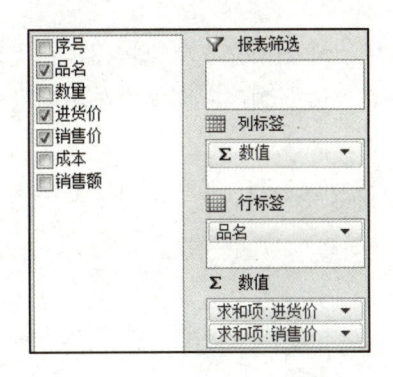

图 53.8　创建新的数据透视表

图 53.9　生成的数据透视表

图 53.10　新建的数据透视表

步骤 8：选中数据透视表中的任意单元格，如 A20 单元格，单击"数据透视表工具"→"分析"→（"工具"）→"数据透视图"按钮，打开"插入图表"对话框。在对话框的左侧区域中选择"柱形图"选项，在右侧区域中选择"簇状柱形图"选项，单击"确定"按钮，新建的数据透视图如 53.11 所示。

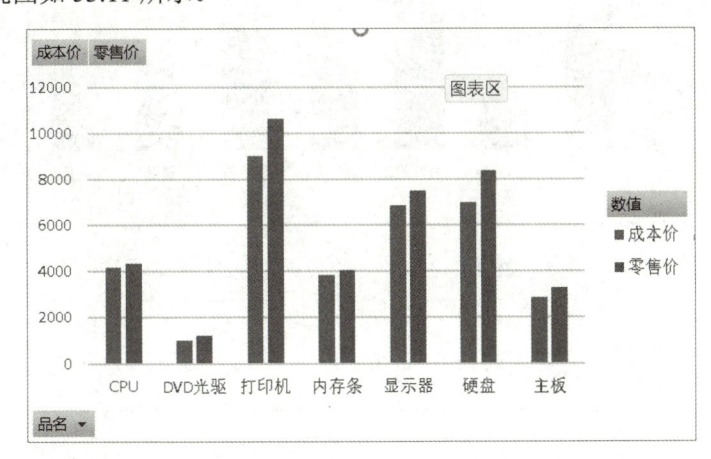

图 53.11　新建的数据透视图

步骤 9：优化数据透视图。此步骤因 Excel 的版本不同，操作界面略有不同。

右击网格线，在弹出的快捷菜单中选择"删除"命令；右击图例，在弹出的快捷菜单中选择"删除"命令。

单击"成本价"柱形图，此时所有"成本价"柱形图被选中，在"成本价"柱形图上右击，在弹出的快捷菜单中选择"设置数字系列格式"命令，打开"设置数据系列格式"对话框，在左侧区域中选择"填充"选项，在右侧区域中选中"渐变填充"单选按钮，在"预设颜色"下拉列表中选择"熊熊火焰"选项；单击窗口左侧"边框颜色"选项，在右侧区域中选中"无线条"单选按钮，单击"关闭"按钮。

同上操作，设置"零售价"柱形图为"孔雀开屏"，"边框颜色"为"无线条"，单击"关闭"按钮，如图 53.12 所示。

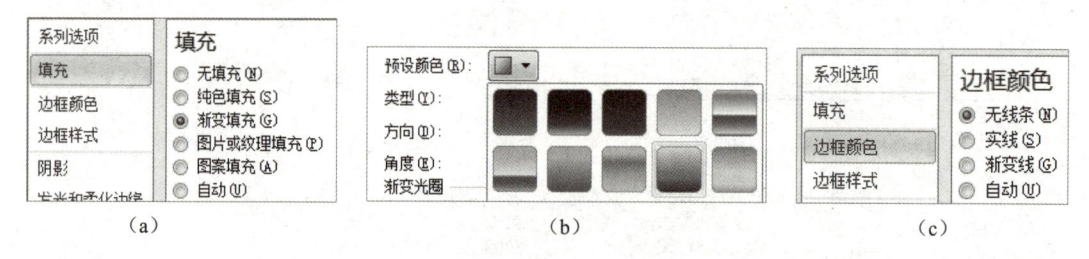

(a)   (b)   (c)

图 53.12　设置成本价的填充、颜色和边框

单击"插入"→（"文本"）→"文本框"按钮，并选择"绘图"命令，在文本框中输入"价格对比图"，全选文本框文字，在"开始"选项卡的"字体"组中设置字体为"黑体"，字号为"20"，最终结果如图 53.13 所示。

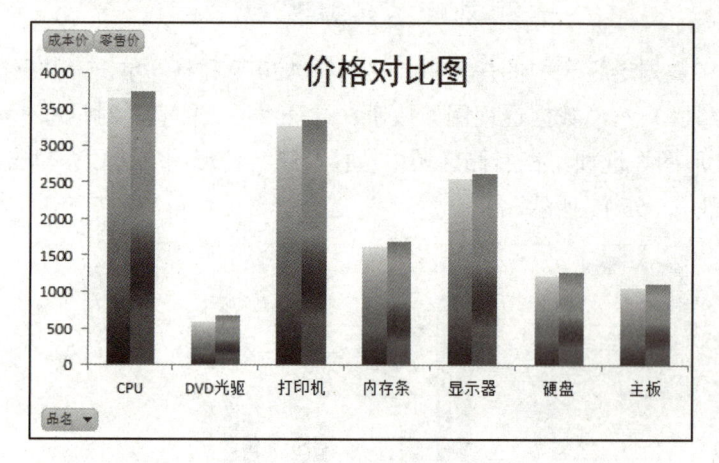

图 53.13　最终的数据透视图

作业　完成销售数据的图表分析。

子任务 54　带条件格式的透视分析

在 Excel 中新增了迷你图、进度条、色阶等功能，这些功能可以与数据透视表无缝对接，让数据透视表的可读性更强。

步骤 1：单击工作表标签"带条件格式透视表"。

步骤 2：选择"插入"→（"表格"）→"数据透视表"→"数据透视表"选项，在打开的"创建数据透视表"对话框中单击"确定"按钮，在新工作表中插入空白数据透视表。

步骤 3：在新工作表中的"数据透视表字段列表"对话框中，将"月份"字段和"销售员"字段依次拖放至"行标签"框中，将"计划销量"字段和"实际销量"两个字段依次拖放至"数值"框，如图 54.1 所示。

步骤 4：选中数据透视表中的任意单元格，如 A4 单元格，选择"设计"→（"布局"）→"报表布局"→"以表格形式显示"选项，初始的数据透视表如图 54.2 所示。

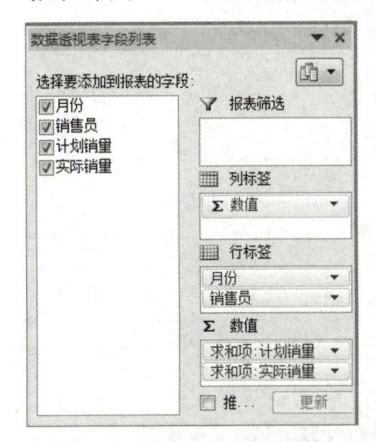

图 54.1　创建数据透视表

图 54.2　初始的数据透视表

步骤 5：将鼠标指针移至 B4 单元格上方，鼠标指针变成向下的黑色箭头形状，此时单击，则可以选中整个数据列。

选择"开始"→（"样式"）→"条件格式"→"新建规则"选项，在打开的"新建格式规则"对话框中，设置规则类型为"使用公式确定要设置格式的单元格"，在"为符合此公式的值设置格式"输入框中输入公式"＝D4<C4"。

单击"格式"按钮，在打开的"设置单元格格式"对话框中，选择"填充"选项卡，设置"背景色"为"红色"，最终的格式规则如图 54.3 所示。

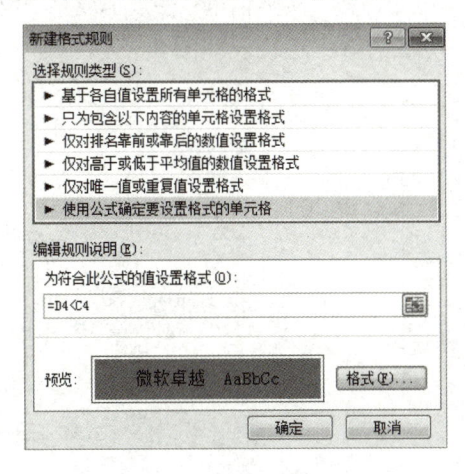

图 54.3　设置单元格规则

223

单击"确定"按钮，数据透视表中所有实际销量小于计划销量的销售员单元格背景变成红色，如图 54.4 所示。

步骤 6：选中 C4:D34 区域，选择"开始"→（"样式"）→"条件格式"→"数据条"→（"实心填充"）→"绿色数据条"选项。

所选区域的单元格加上了绿色数据条，如图 54.5 所示。

图 54.4　为单元格应用规则

图 54.5　给数据加上数据条

作业　新建数据透视表，添加条件格式。

子任务 55　带迷你图的透视分析

Excel 的迷你图可以绘制在数据透视表中，数据透视表的迷你图相对数据透视图来说更小巧，可以与数据透视表完全融合，如果再加上数据筛选，其直观性更明显。

步骤 1：单击工作表标签"迷你图透视表"。

步骤 2：选择"插入"→（"表格"）→"数据透视表"→"数据透视表"选项，在打开的"创建数据透视表"对话框中单击"确定"按钮，在新工作表中创建了一个空白数据透视表。

在"数据透视表字段列表"对话框中，将"月份"字段拖放至"列标签"框中，将"销售员"字段拖放至"行标签"框中，将"实际销量"字段拖放至"数值"框中，如图 55.1 所示。

在数据透视表工作表中生成的数据透视表如图 55.2 所示。

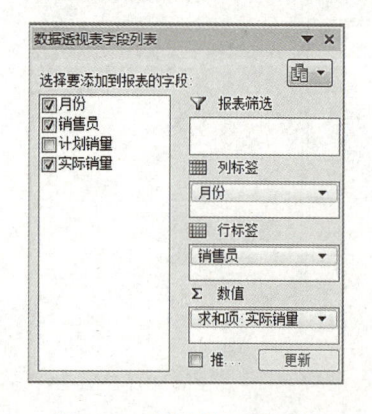

图 55.1　创建数据透视表

图 55.2　生成的数据透视表

步骤 3：选中月份标题行内的任意单元格，如 B4 单元格，选择"数据透视表工具"→"分析"→（"计算"）→"域、项目和集"→"计算项"选项，打开"在'月份'中插入计算字段"对话框。

在"在'月份'中插入计算字段"对话框中，在"名称"输入框中输入"迷你图"；在"公式"输入框中不输入任何内容，清空公式框中的"＝"，单击"确定"按钮，如图 55.3 所示。

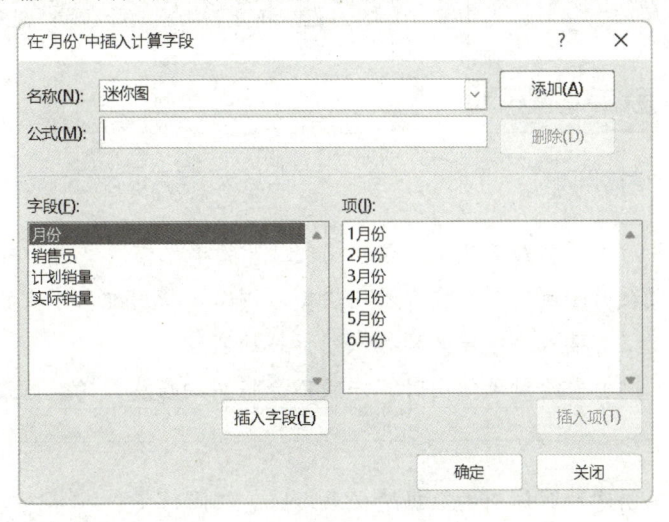

图 55.3 插入"迷你图"字段

"迷你图"字段被插入"项"区域中，单击"确定"按钮返回，在月份后增加了一列，如图 55.4 所示。

图 55.4 增加"迷你图"字段的数据透视表

步骤 4：选中 H4:H9 区域，将鼠标指针移动到边框，当鼠标指针变成带方向的十字箭头时，将其拖曳至 B 列单元格左边，如图 55.5 所示。

图 55.5 移动"迷你图"字段

选中 B5:B8 区域，单击"插入"→（"迷你图"）→"折线图"按钮，打开"创建迷你图"对话框，在"数据范围"输入框中输入"C5:H8"，位置范围默认为"B5:B8"，如图 55.6 所示。

单击"确定"按钮,在数据透视表中创建迷你图,插入迷你图的数据透视表如图 55.7 所示。

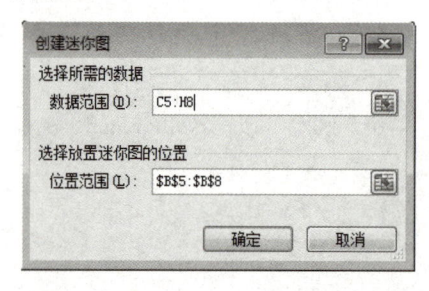

图 55.6　创建迷你图　　　　　　　　　图 55.7　插入迷你图的数据透视表

注意

（1）迷你图可以在数据透视表以外的单元格区域内绘制,不可以在数据透视表内绘制,如果要在表内绘制,则必须使用插入字段的方法。

（2）插入的字段必须插入列标签的字段内。

（3）当绘制迷你图时,一般不会将明细与总计的数据绘制在迷你图中。

作业

创建带迷你图的数据透视表。

任务 10

商务数据的可视化分析

任务说明

商务数据的可视化分析是通过图表和图形的形式,将商务数据进行可视化展示和分析的过程。可视化分析可以帮助商务人员更好地理解和解释数据,从而支持数据驱动的决策和行动。以下是一些常用的商务数据可视化分析的方式。

(1)热力图:用于展示一个矩阵数据的分布和相关性,如地理位置和销售额的关系。

(2)地图:用于展示地理位置相关的数据,如销售地区的分布、客户地理分布等。

(3)仪表盘:将多个图表组合在一起,提供对业务关键指标的整体视图和监控。

在进行商务数据可视化分析时,还需要考虑以下几点。

(1)数据的准确性和完整性。确保数据源是可靠和完整的,避免误导用户,并避免产生错误的分析结果。

(2)选择合适的图表类型。根据数据的类型和目标分析需求选择最合适的图表类型,从而增强数据的表达和解释。

(3)设计简洁和易懂的图表。避免图表过于复杂和冗杂,使其简洁且易于用户理解,从而提高数据沟通的效果。

(4)添加必要的标签和注释。在图表中添加必要的标签和注释,使数据更易于用户理解,并减少可能的歧义。

(5)定期更新和分享分析结果。定期更新和分享分析结果,以便团队和决策者能够及时了解业务的情况和趋势。

本任务主要通过 Excel 提供的图表模板,突破传统图表的限制,绘制更加丰富、更易于用户理解的图表,让用户更好地理解和利用数据。

子任务 56 制作产品销售动态折线图

Excel 的动态折线图是指根据数据的不断更新或更改,图表也会自动更新和调整。在绘制折线图的基础上，可以加入复选框，绘制动态折线图。

步骤 1：单击工作表标签"动态折线图"。选中 A2:M4 区域，选择"插入"→（"图表"）→"折线图"→"折线图"选项，绘制默认的折线图，如图 56.1 所示。

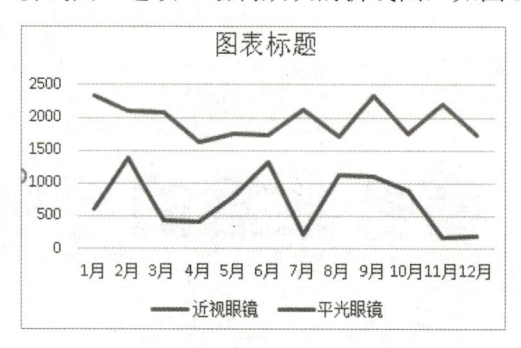

图 56.1　绘制默认的折线图

步骤 2：插入控件。

> **注意**
> （1）在默认的安装情况下，"开发工具"不在功能区显示。
> （2）选择"文件"→"选项"命令，打开"Excel 选项"对话框，在"自定义功能区"区域中勾选"开发工具"复选框。

选择"开发工具"→（"控件"）→"插入"→（"表单控件"）→"复选框"选项，如图 56.2 所示。

在 B6 单元格上拖曳鼠标指针，放置复选框，单击复选框的文字部分，修改文字内容为"近视眼镜"。

同样的方法，在 B8 单元格上再插入一个复选框，并将其内容改为"平光眼镜"，效果如图 56.3 所示。

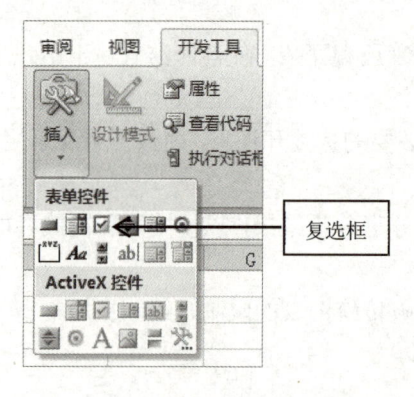

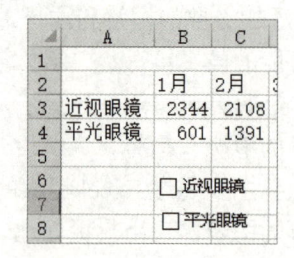

图 56.2　插入复选框　　　　　图 56.3　插入两个复选框

> **技巧**
> （1）如果复选框无法被选中，则可以先在复选框中右击，再单击，就可以修改文字内容了。
> （2）同样，可以使用上述方法移动复选框。

右击"近视眼镜"复选框，在弹出的快捷菜单中选择"设置控件格式"命令，打开"设置控件格式"对话框。在"控制"选项卡中，先选中"单元格链接"单选按钮，再选中 N3 单元格，最后单击"确定"按钮。

右击"平光眼镜"复选框，在弹出的快捷菜单中选择"设置控件格式"命令，打开"设置控件格式"对话框。在"控制"选项卡中，先选中"单元格链接"单选按钮，再选中 N4 单元格，如图 56.4 所示，最后单击"确定"按钮。

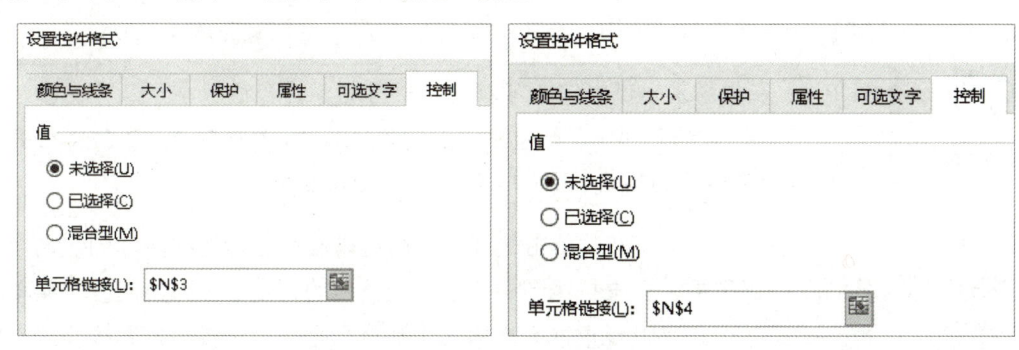

图 56.4　设置单元格链接

当勾选复选框时，对应单元格中会出现"TRUE"或"FALSE"，如图 56.5 所示。

步骤 3：定义名称。

选择"公式"→（"定义的名称"）→"定义名称"选项，打开"编辑名称"对话框，设置"名称"为"jsyj"，"引用位置"为"=IF($N$3,$A$3:$M$3,$A$5:$M$5)"，如图 56.6 所示，单击"确定"按钮完成定义。

图 56.5　链接到单元格的效果

图 56.6　定义 jsyj

单击"公式"→（"定义的名称"）→"定义名称"按钮，打开"编辑名称"对话框，设置名称为"pgyj"，"引用位置"为"=IF($N$4,$A$4:$M$4,$A$6:$M$6)"，单击"确定"按钮完成定义。

单击"公式"→（"定义的名称"）→"名称管理器"按钮，查看修改已定义的名称。

步骤 4：使用名称替换区域绘图。

右击折线图内任意位置，在弹出的快捷菜单中选择"选择数据"命令，打开"选择数据源"对话框。先在图例中选中"近视眼镜"单选按钮，再单击"编辑"按钮，打开"编辑数据系列"对话框。修改"系列值"为"=子任务56制作产品销售动态折线图.xlsx!jsyj"，单击"确定"按钮。

先在图例中选中"平光眼镜"单选按钮，再单击"编辑"按钮，打开"编辑数据系列"对话框，修改"系列值"为"=子任务56制作产品销售动态折线图.xlsx!pgyj"，单击"确定"按钮，在返回的"选择数据"对话框中，单击"确定"按钮，这样就完成了替换。

> **提高**
> （1）在数据系列值中，不可以直接使用定义的名称。
> （2）在图表的系列中，如果要使用定义的名称，则必须是"工作簿全名"+"!"+"名称"的格式，如"=子任务56.xlsx!jsyj"。

步骤5：单击复选框，则可以动态显示折线图。勾选两个复选框，右击折线图中"平光眼镜"的折线，在弹出的快捷菜单中选择"设置数据系列格式"命令，打开"设置数据系列格式"对话框。在"系列选项"区域中，选中"次坐标轴"单选按钮，如图56.7所示，单击"关闭"按钮。

单击"图例"，按"Delete"键删除图例。

右击绘图区左侧的Y轴，在弹出的快捷菜单中选择"设置坐标轴格式"命令，打开"设置坐标轴格式"对话框。在"坐标轴选项"区域中，将坐标轴中所有刻度"固定"在默认值上，如图56.8所示，完成后单击"关闭"按钮。

图56.7 设置数据系列格式

使用同样的方法，设置绘图区右侧的Y轴，将刻度固定下来，如图56.9所示。

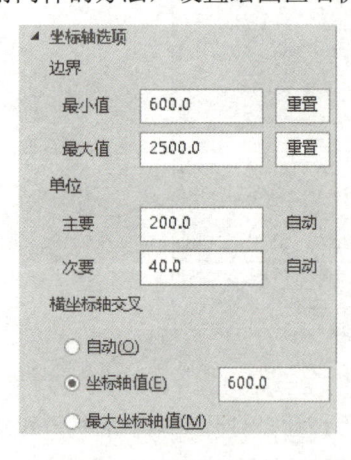

图56.8 固定左侧Y轴刻度

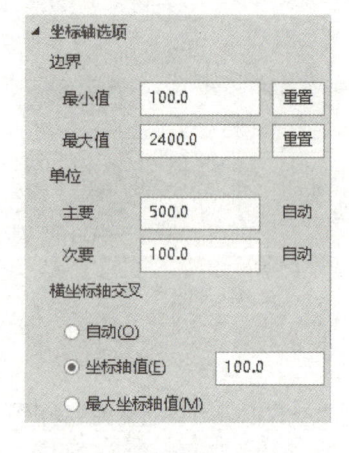

图56.9 固定右侧Y轴刻度

> **技巧**
> （1）固定两个Y轴的刻度，是为了避免勾选和取消勾选时图表的切换。
> （2）可以通过调整Y轴刻度，调节折线图的位置。

修改图表标题为"2023 年眼镜销量一览表",选中网格线,按"Delete"键。右击复选框,将复选框移至图表区域中,最终效果如图 56.10 所示。

图 56.10　动态折线图

作业：绘制动态折线图。

子任务 57　饼环图分析细分市场

圆环图与饼图类似,可以显示每个数据占总数值的大小,还可以包含多个数据系列。环形图可以与饼图组合构成饼环图,显示具有包含关系的数据。

步骤 1：绘制圆环图。

单击工作表标签"市场占有率环形图",选中 C2:D16 区域,选择"插入"→("图表")→"其他图表"→"圆环图"选项,绘制出圆环图,如图 57.1 所示。

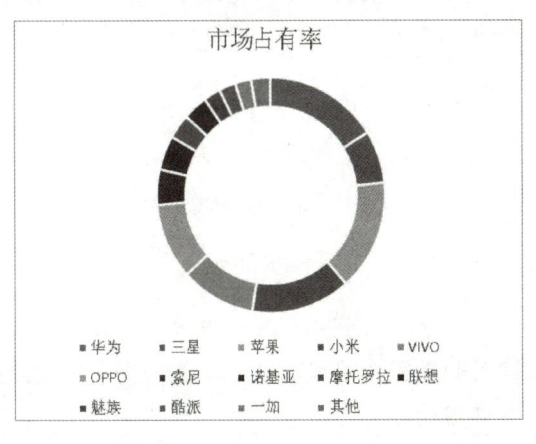

图 57.1　市场占有率的圆环图

步骤2：在圆环图上右击，在弹出的快捷菜单中选择"选择数据"命令，打开"选择数据源"对话框，在对话框中单击"添加"按钮，打开"编辑数据系列"对话框。

单击"系列名称"输入框右侧的区域选择按钮，选中A3:A15区域；在"系列值"输入框中先删除默认值1，再单击输入框右侧的区域选择按钮，选中B3:B15区域，如图57.2所示。

单击"确定"按钮返回"选择数据源"对话框，并单击"确定"按钮完成添加，得到双圆环图，如图57.3所示。

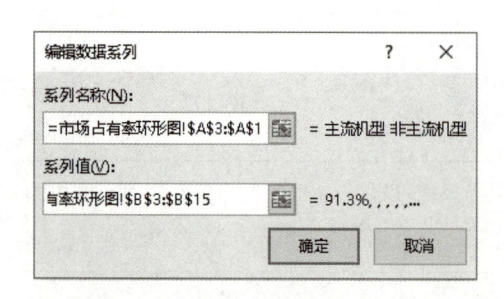

图57.2　添加数据

图57.3　双圆环图

步骤3：更改双圆环图为饼环图。

在外部环形图上右击，在弹出的快捷菜单中选择"更改系列图表类型"命令，打开"更改图表类型"对话框，选择"所有图表"选项卡，选择左侧的"组合"选项，在右侧的第二个系列设置图表类型为"饼图"，"占有率"为"次坐标轴"，如图57.4所示。

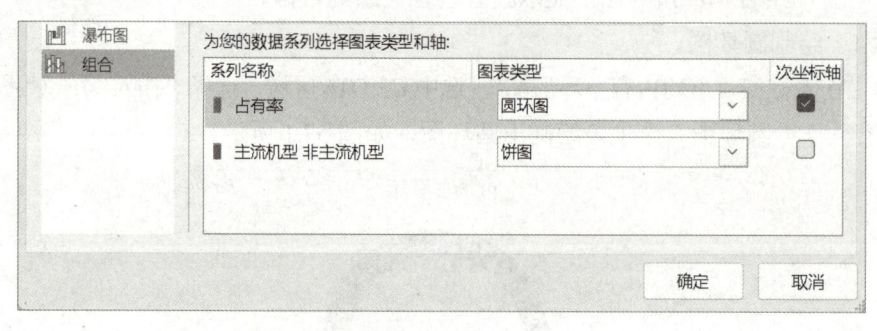

图57.4　设置饼图

单击"确定"按钮，完成更改，如图57.5所示。

技巧

（1）任意一个环图都可以改为饼图。

（2）饼图和环图之间可以通过设置切换，一般是先将饼图切换为环图，再将另一个环图切换为饼图。

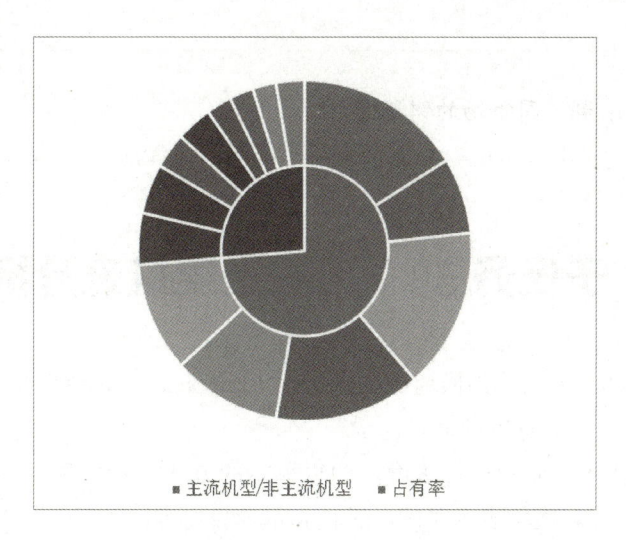

图 57.5 饼环图

步骤 4：选中图例，按"Delete"键将其删除，调整绘图区大小。

在外层环形图上右击，在弹出的快捷菜单中选择"添加数据标签"→"添加数据标签"命令。

在任意一个标签上右击，在弹出的快捷菜单中选择"设置数据标签格式"命令。打开"设置数据标签格式"对话框，在"标签选项"区域中，勾选"类别名称"复选框，如图 57.6 所示，单击"关闭"按钮。

在绘图区域中添加文本框，为内部饼图注明分类，如图 57.7 所示。

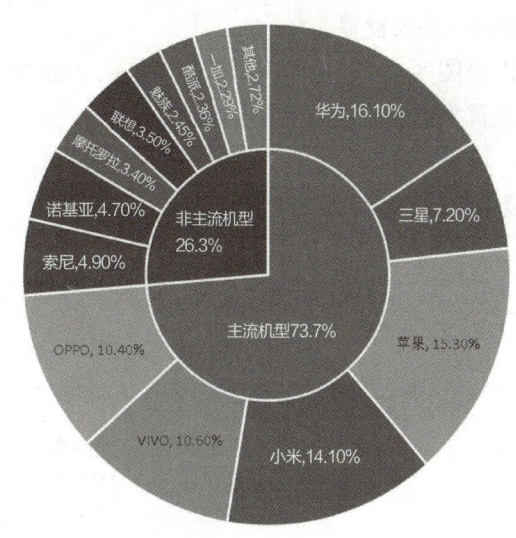

图 57.6　设置数据标签格式　　　　图 57.7　为内部饼图注明分类

> **技巧**
> （1）内部饼图中的数据是后添加的，这些数据可以添加数据标签。
> （2）为了避免与环图的标签混淆，一般可以通过添加文本框的方法来制作数据标签。

> 作业：绘制不同市场的饼环图。

子任务 58　工程进度推进分析图

甘特图（Gantt chart）又称为横道图、条状图（Bar chart）和肯特图，以发明者亨利·甘特（Henrry L. Gantt）先生的名字命名。

甘特图通过条状图来显示项目进度，即以图示的方式表示出项目的活动顺序与持续时间。基本是一条线条图，横轴表示时间，纵轴表示项目内容，线条表示在整个期间上计划和实际的活动完成情况。它直观地表明任务计划进行的时间，以及实际进展与计划要求的对比。管理者由此可便利地弄清一项任务（项目）剩余未完成的工作，并可评估工作进度。

步骤 1：单击工作表标签"甘特图"，选中 B2:B9 区域，将内容设置为"数字（常规）"格式。

单击数据区域内的任意一个单元格，如 A2 单元格，按"Ctrl+A"组合键，全选数据区域（或者拖曳鼠标选中 A1:C9 区域）。

选择"插入"→（"图表"）→"条形图"→（"二维条形图"）→"堆积条形图"选项，如图 58.1 所示，单击"确定"按钮，软件生成堆积条形图，如图 58.2 所示。

步骤 2：图表设置 X 轴。

右击绘图区中"开始时间"系列，在弹出的快捷菜单中选择"设置数据系列格式"命令，打开"设置数据系列格式"对话框。

在"填充"区域，选中"无填充"单选按钮，如图 58.3 所示，单击"关闭"按钮完成无填充效果的设置，如图 58.4 所示。

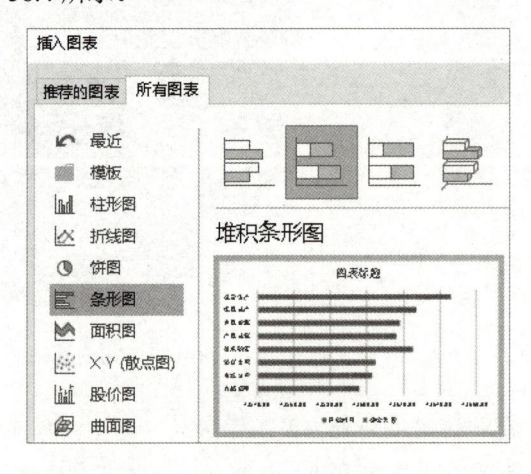

图 58.1　创建堆积条形图

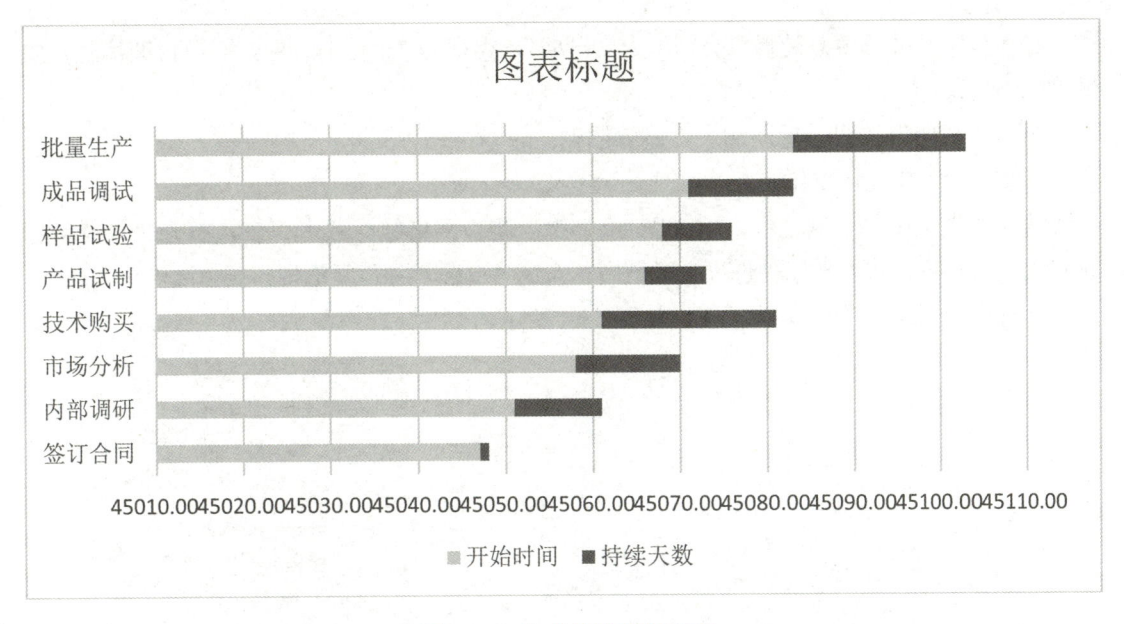

图 58.2　生成的堆积条形图

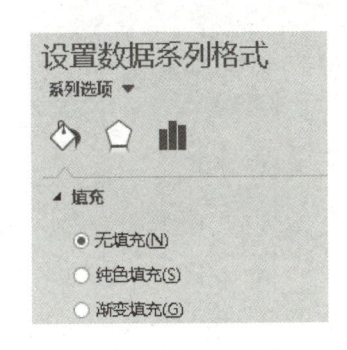

图 58.3　设置无填充

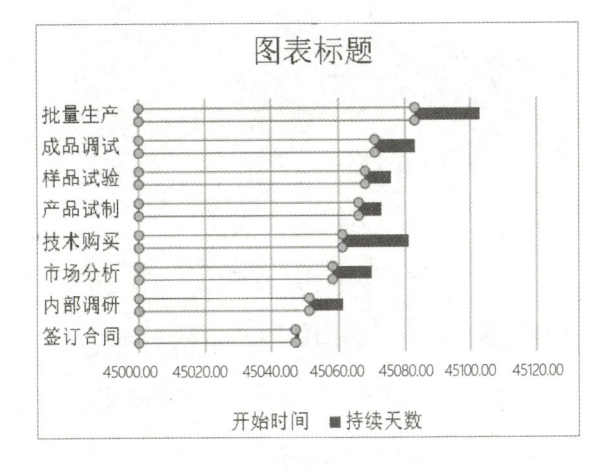

图 58.4　无填充效果

右击 X 轴，在弹出的快捷菜单中选择"设置坐标轴格式"命令，打开"设置坐标轴格式"对话框。

在"坐标轴选项"区域中，设置"最小值"为固定值"45047.0"，如图 58.5 所示。

图 58.5　设置 X 轴的最小值

在"数字"区域中,设置"类别"为"日期",类型为"3月14日",即短日期格式,如图 58.6 所示。

单击"关闭"按钮,返回图表,删除图例。

步骤 3:图表设置 Y 轴。

选中绘图区中的竖网格线,按"Delete"键,删除网格线。双击 Y 轴,打开"设置坐标轴格式"对话框,在"坐标轴选项"区域中,勾选"逆序类别"复选框,在"横坐标轴交叉"区域中选中"最大分类"单选按钮,如图 58.7 所示。

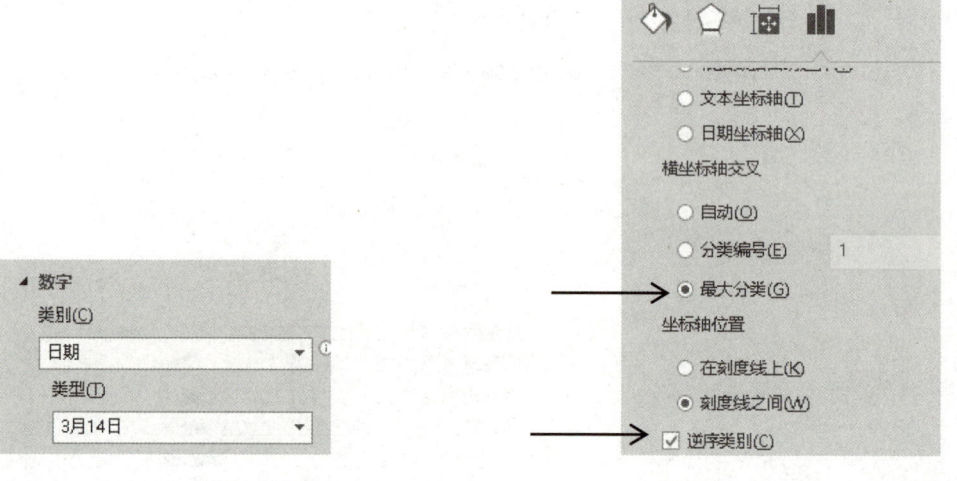

图 58.6　设置 X 轴为短日期格式　　　　图 58.7　设置 Y 轴

初步设置完成的甘特图如图 58.8 所示。

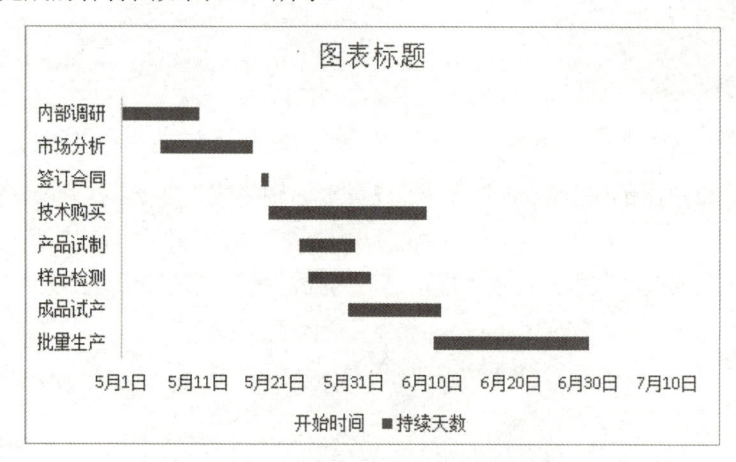

图 58.8　初步设置完成的甘特图

选中图例,按"Delete"键删除,更改图表标题为"工程进度图",优化后的甘特图如图 58.9 所示。

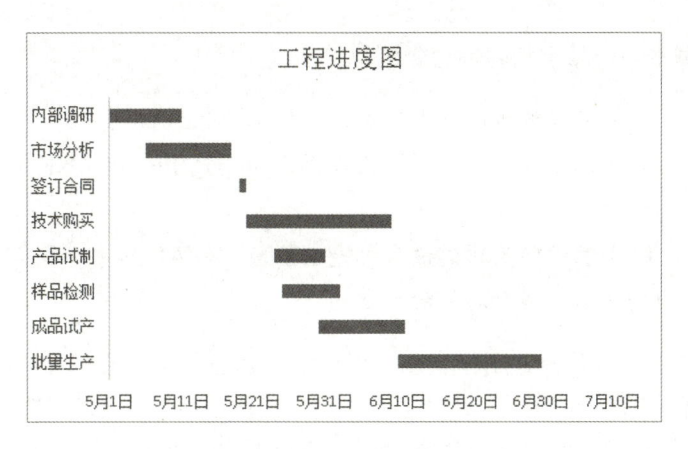

图 58.9　优化后的甘特图

提高

（1）高级的甘特图中显示当前日期，可以直观地看出项目的状态为已完成、进行中、未开始。

（2）在"高级甘特图"工作表中，可以绘制带有时间调节的甘特图，有兴趣的读者可以自行研究。

作业

完成项目进度图。

子任务 59　销售数据可视化分析

销售数据可视化分析是一种通过图表、图形和可视化工具来分析和展示销售数据的方法，可以帮助企业洞察销售绩效、趋势和机会。

本任务的可视化分析主要通过仪表盘分析法，使用仪表盘将多个销售数据指标集中在一个界面上，提供一个综合的销售绩效概览。仪表盘可以包括各种图表、关键指标和趋势分析。

步骤 1：单击工作表标签"总数据"，浏览数据内容。数据可以通过透视分析或分类汇总转换成分类数据。

步骤 2：单击工作表标签"分类销售数据"，浏览数据内容。这部分数据是针对总数据的不同汇总。

D 列，销售额的排名。

K 列，将销售额的前 10 名标记出来。

P 列，在所有产品中找出最大销售额，在 Q 列计算平均值。

Z 列，计算不同渠道的销售额汇总。

AD 列，计算不同产品类别的销售额汇总。

> **提高**
> （1）可以通过透视表复制汇总数据，供可视化分析。
> （2）也可以通过函数汇总数据，如 SUMIF()、RANK()、VLOOKUP()等进行汇总。
> （3）假设销售额的最大量是 80000，在 AE 列中存放各产品销售额与最大量的差值，用于后期的绘图。

步骤 3：单击 ⊕ 按钮新建工作表，可视化内容就建在新的工作表中。

在新建的工作表中，按"Ctrl+A"组合键，选中工作表所有单元格，选择"开始"→（"字体"）→"填充颜色"→"灰色"选项，如图 59.1 所示。

步骤 4：单击工作表标签"分类销售数据"，针对不同分类数据绘图。

选中 AC3:AE6 区域，单击"插入"→（"图表"）→"推荐的图表"按钮，打开"插入图表"对话框，选择"所有图表"选项卡，选择插入"饼图"中的"圆环图"，如图 59.2 所示。

图 59.1　填充工作表颜色

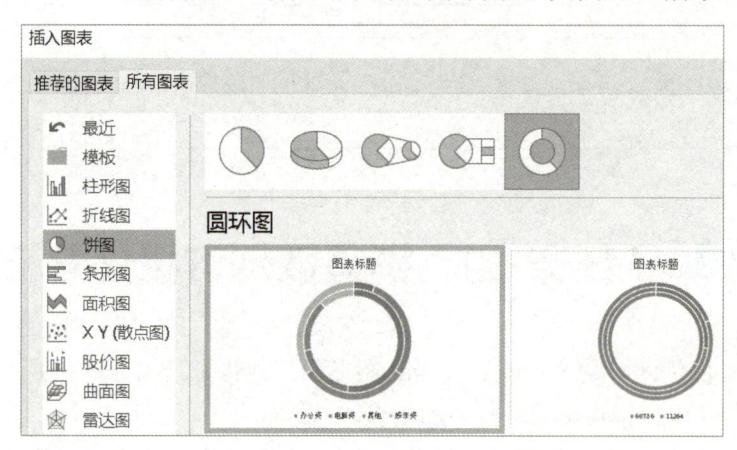

图 59.2　插入圆环图（1）

单击"确定"按钮完成图表插入。

步骤 5：在圆环图上右击，在弹出的快捷菜单中选择"选择数据"命令，打开"选择数据源"对话框，单击"切换行/列"按钮，如图 59.3 所示，将图例项（系列）变成产品类别。

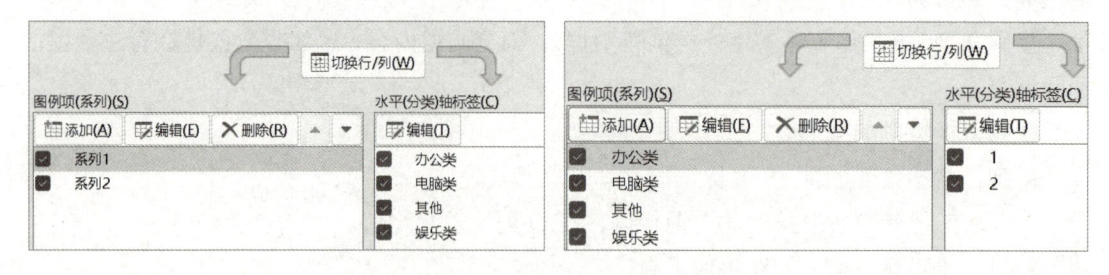

图 59.3　切换圆环图的行/列

单击"确定"按钮，完成转换。

步骤6：在环形图中，选中数据系列，并在选中的环形数据系列上右击，在弹出的快捷菜单中选择"设置数据系列格式"命令，打开"设置数据系列格式"对话框，在"系列选项"区域中设置"第一扇区起始角度"为"90°"，"圆环图内径大小"为"30%"，如图59.4所示。

步骤7：单击两次选中圆环图中最内环的"辅助列"数据系列并右击，在弹出的快捷菜单中选择"设置数据点格式"命令，选中"无填充"单选按钮，如图59.5所示。

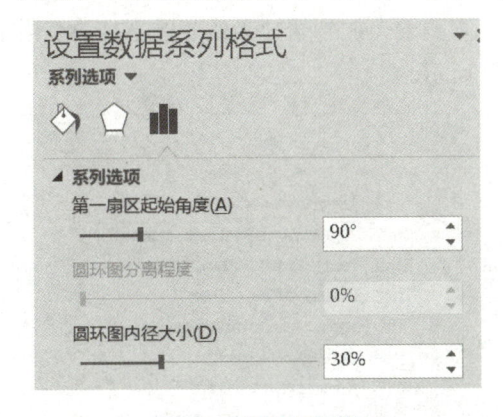

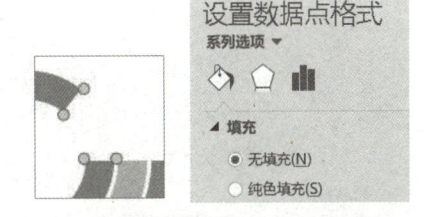

图 59.4　设置圆环图　　　　　图 59.5　设置辅助列数据无填充

单击两次选中的圆环图中最内环的"销售额"数据系列并右击，在弹出的快捷菜单中选择"设置数据点格式"命令，选中"纯色填充"单选按钮，选择一个颜色，如图59.6所示。重复上面的操作，为其他三个产品类别设置填充颜色。

删除图例，更改标题为"产品类别销售情况"，在圆环起始位置中插入文本框，文本框内容为"类别名"，调整图表大小，最终效果如图59.7所示。

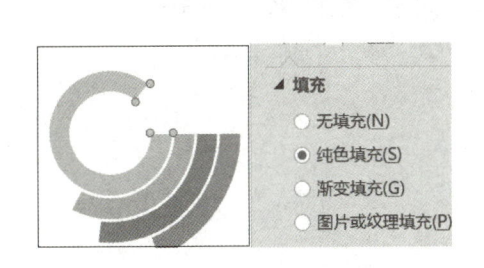

图 59.6　销售额数据填充　　　　　图 59.7　最终效果

步骤8：将最终的圆环图移动到新建工作表的A1单元格位置，调整图表大小为A1:D15区域。

步骤9：单击工作表标签"分类销售数据"，选中S2:T12区域，该区域为主要城市销售额。

单击"插入"→（"图表"）→"推荐的图表"按钮，打开"插入图表"对话框，选择"所有图表"选项卡，选择插入"条形图"中的"簇状条形图"，如图 59.8 所示。

单击"确定"按钮，插入图表。选中图表中的网格线，按"Delete"键将其删除。

两次选中数据系列中的最大值"武汉"并右击，在弹出的快捷菜单中选择"设置数据点格式"命令，并选择"填充"→"纯色填充"命令，选择"红色"，该数据点的填充色改为"红色"。

再次单击南京、贵阳的数据系列，均改为"红色"。这样销售额前三的数据系列的颜色均改为了"红色"。

单击图表标题，改为"主要城市销售额"。复制图表，放到新建工作表的 A16 单元格的位置，调整图表范围为 A16:D30 区域，如图 59.9 所示。

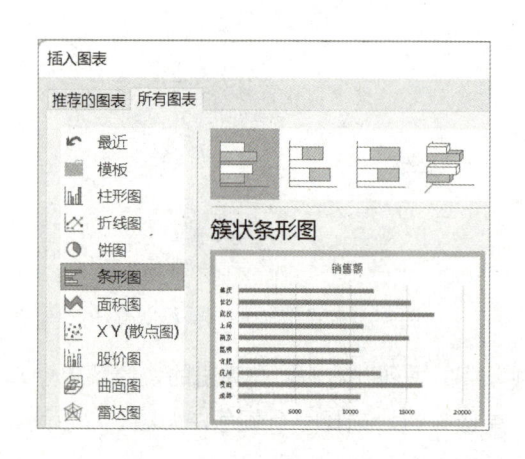

图 59.8 插入簇状条形图

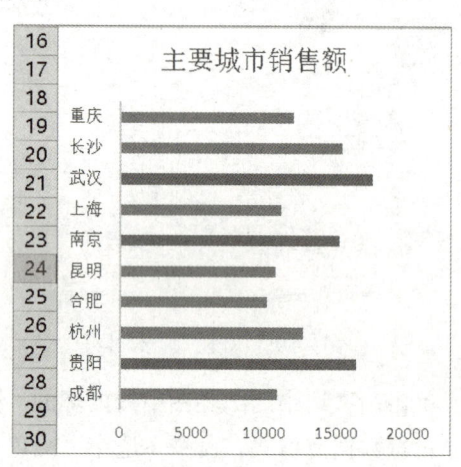

图 59.9 主要城市销售额

步骤 10：单击工作表标签"分类销售数据"，选中 B2:C32 区域，数据为各销售员的销售数据。

单击"插入"→（"图表"）→"推荐的图表"按钮，打开"插入图表"对话框，选择"所有图表"选项卡，选择插入"折线图"中的"折线图"，如图 59.10 所示。

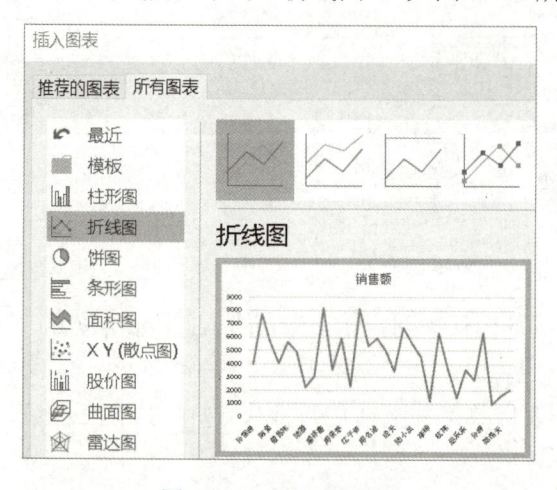

图 59.10 插入折线图

单击"确定"按钮，在工作表中插入折线图。

步骤 11：选中绘图区中的网格线，按"Delete"键将其删除，修改图表标题为"各销售员业绩"。

右击数据系列，在弹出的快捷菜单中选择"设置数据系列格式"命令，打开"设置数据系列格式"对话框，单击"填充与线条"按钮，选择"纯色"→"红色"选项，勾选"平滑线"复选框，如图 59.11 所示。

步骤 12：复制折线图至新建工作表的 E1 单元格的位置，调整图表范围为 E1:J15 区域。

步骤 13：单击工作表标签"分类销售数据"，选中 I2:J32 区域，数据为当月每日的销售数据。

单击"插入"→（"图表"）→"推荐的图表"按钮，打开"插入图表"对话框，选择"所有图表"选项卡，并选择插入"柱形图"中的"簇状柱形图"，如图 59.12 所示。

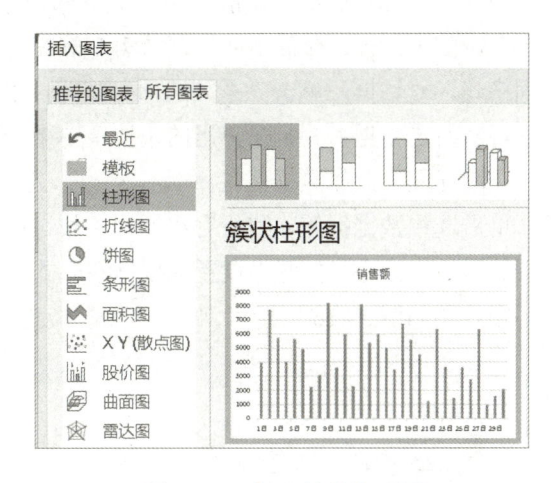

图 59.11　折线数据系列格式设置　　　图 59.12　插入簇状柱形图

单击"确定"按钮，在工作表中插入簇状柱形图。

步骤 14：选中绘图区域中的网格线，按"Delete"键将其删除。修改图表标题为"每日销售额"。

右击数据系列，在弹出的快捷菜单中选择"设置数据系列格式"命令，打开"设置数据系列格式"对话框，单击"填充与线条"按钮，选中"自动"单选按钮，勾选"依数据点着色"复选框，如图 59.13 所示。

单击"系列选项"选项，将"分类间距"调为 0%，效果如图 59.14 所示。

步骤 15：复制簇状柱形图至新建工作表的 E16 单元格的位置，调整图表范围为 E16:J30 区域。

步骤 16：单击工作表标签"分类销售数据"，选中 Y2:Z7 区域，数据为各渠道的销售数据。

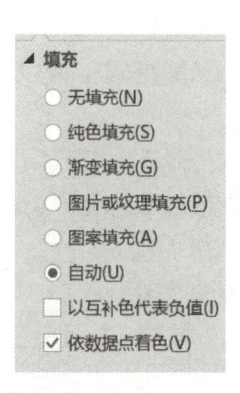

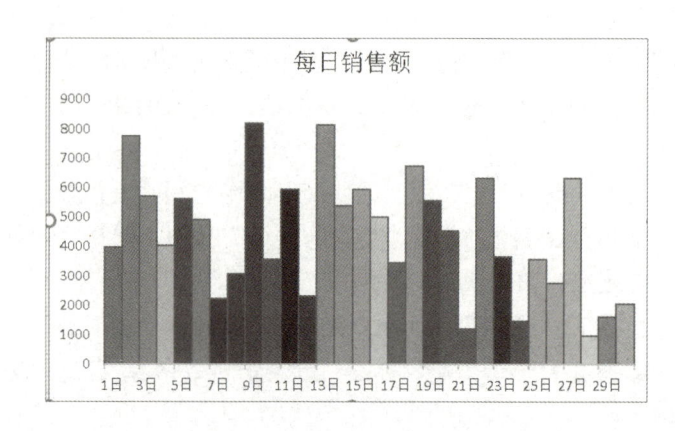

图 59.13　设置填充　　　　　　　图 59.14　设置分类间距后的效果

单击"插入"→（"图表"）→"推荐的图表"按钮，打开"插入图表"对话框，选择"所有图表"选项卡，选择插入"饼图"中的"圆环图"，如图 59.15 所示。

单击"确定"按钮，在工作表中插入圆环图。

步骤 17：选中绘图区中的图例，按"Delete"键删除，修改图表标题为"各渠道销售额"。

右击数据系列，在弹出的快捷菜单中选择"设置数据系列格式"命令，打开"设置数据系列格式"对话框，单击"系列选项"按钮，设置"圆环图内径大小"为 30%。

再次右击数据系列，在弹出的快捷菜单中选择"添加数据标签"→"添加数据标签"命令，在圆环图上添加数据标签。

单击选中数据标签，则所有数据标签被选中，右击，在弹出的快捷菜单中选择"设置数据标签格式"命令，打开"设置数据标签格式"对话框，勾选"类别名称"复选框，插入的圆环图效果如图 59.16 所示。

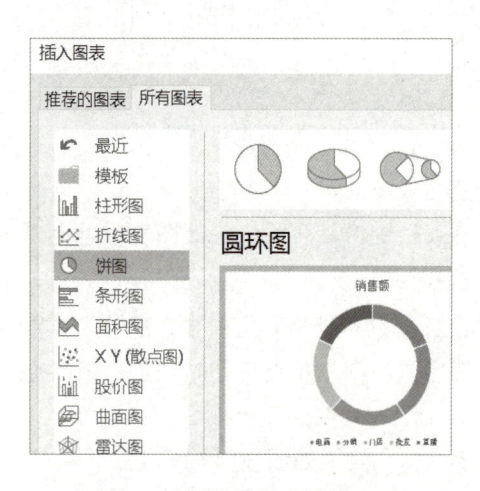

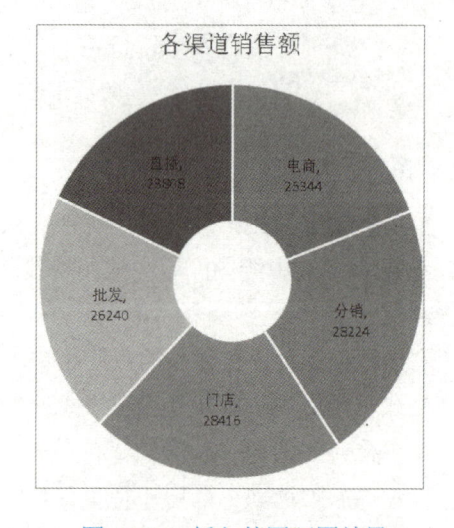

图 59.15　插入圆环图（2）　　　　　图 59.16　插入的圆环图效果

步骤 18：复制圆环图，并将其放到新建工作表的 K1 单元格位置，调整图表范围为 K1:N15 区域。

步骤 19：单击工作表标签"分类销售数据"，选中 N2:O12 区域，数据为当月十大产品的销售数据。

单击"插入"→("图表")→"推荐的图表"按钮,打开"插入图表"对话框,选择"所有图表"选项卡,选择插入"条形图"中的"簇状条形图"。

单击"确定"按钮,插入图表;选中图表中的网格线,按"Delete"键将其删除;修改图表标题为"各产品销售额"。

选中所有数据系列并右击,在弹出的快捷菜单中选择"设置数据系列格式"命令,选择"填充"→"自动"命令,勾选"依据数据点着色"复选框。选择"系列选项"命令,设置"分类间距"为0%,最终效果如图59.17所示。

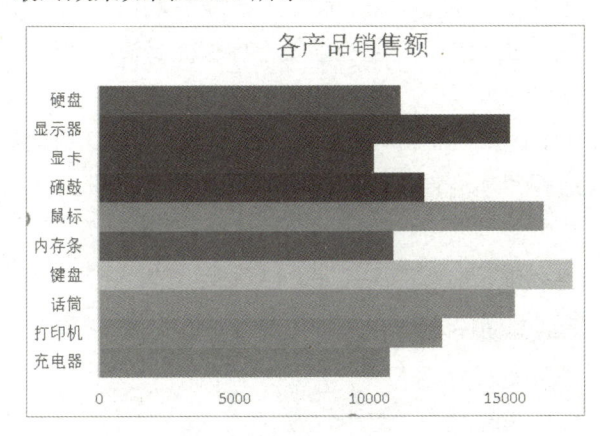

图 59.17　插入的条形图

步骤20:复制条形图至新建工作表的K16单元格位置,调整图表范围为K16:N30区域。最终完成一个可视化综合图表,如图59.18所示。

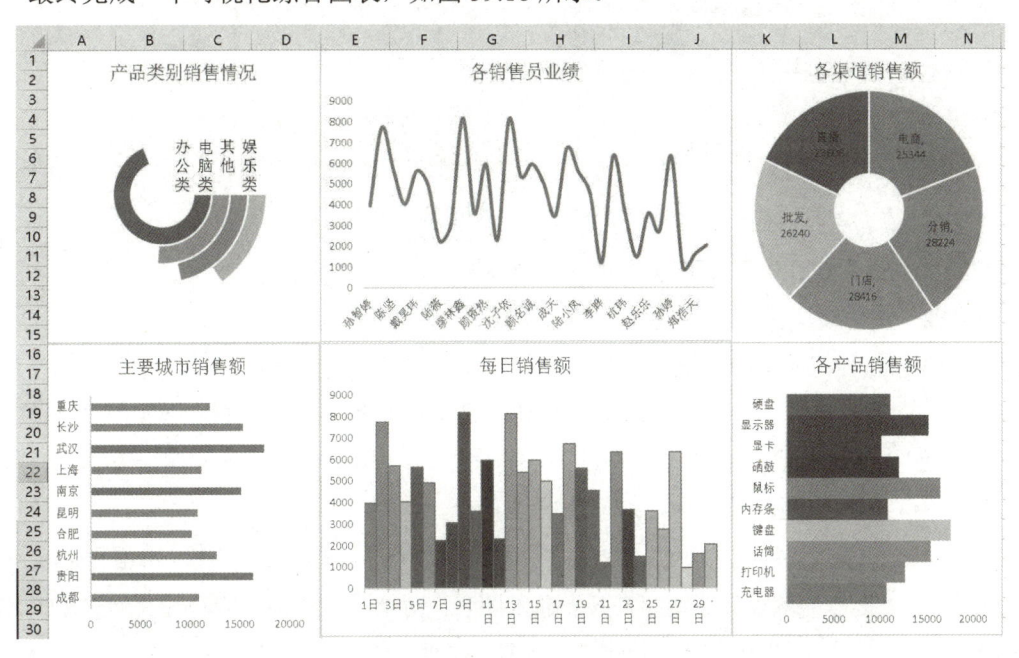

图 59.18　最终的可视化图表

> 作业：按要求制作可视化图表。

子任务 60　销售利润可视化分析

销售利润可视化分析为企业提供了全面、直观的销售利润数据，可以帮助企业发现盈利机会、识别成本问题、支持决策制定、监控绩效指标和提高管理效率，进而从根源上优化销售策略，提高企业的盈利能力。

步骤 1：选中 A3:B21 区域，单击"插入"→（"图表"）→"推荐的图表"按钮，打开"插入图表"对话框，选择"所有图表"选项卡，选择插入"折线图"中的"折线图"，如图 60.1 所示。

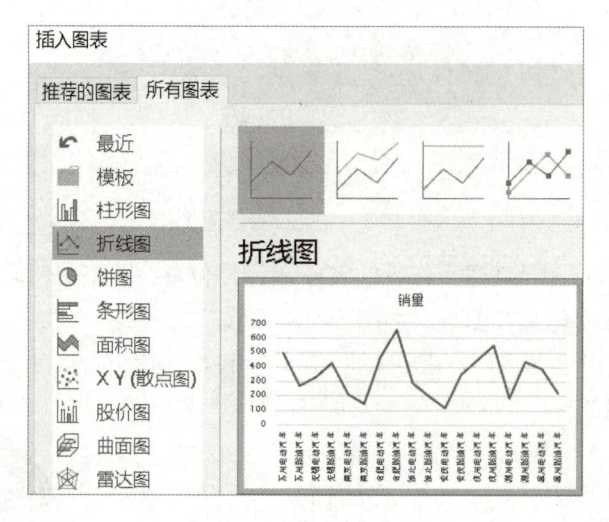

图 60.1　插入折线图

单击"确定"按钮，在工作表中插入折线图。

步骤 2：选中绘图区中的网格线，按"Delete"键将其删除。

右击数据系列，在弹出的快捷菜单中选择"设置数据系列格式"命令，打开"设置数据系列格式"对话框，单击"填充与线条"按钮，选中"线条"区域中的"实线"单选按钮，设置"颜色"为"绿色"，勾选"平滑线"复选框，如图 60.2 所示。

步骤 3：调整折线图位置与大小至 I3:M12 区域。

步骤 4：先选中 A3:A21 区域，按住"Ctrl"键，再选中 F3:F21 区域，单击"插入"→（"图表"）→"推荐的图表"按钮，打开"插入图表"对话框，选择"所有图表"选项卡，选择插入"XY（散点图）"中的"气泡图"，如图 60.3 所示。

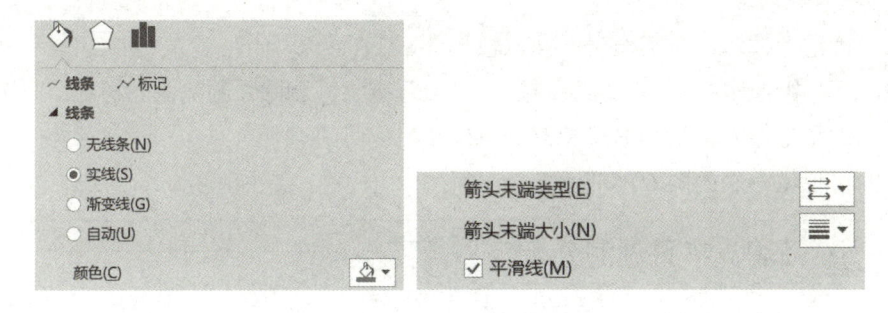

图 60.2　设置折线图

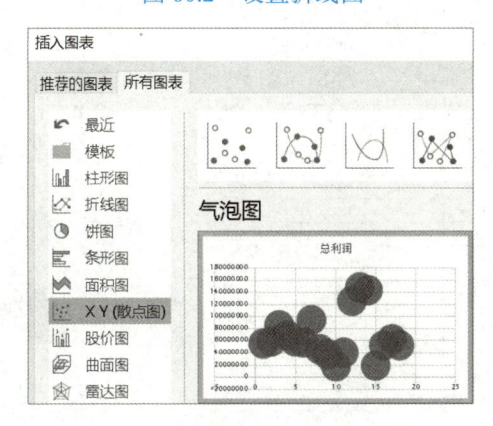

图 60.3　插入气泡图

单击"确定"按钮，在工作表中插入气泡图。

步骤5：单击绘图区中的网格线，按"Delete"键删除水平与垂直网格线。

右击垂直坐标轴，在弹出的快捷菜单中选择"设置坐标轴格式"命令，打开"设置坐标轴格式"对话框，选择"坐标轴选项"选项，在"数字"区域的"格式代码"中输入"0!.##,, 亿"，如图 60.4 所示，单击"添加"按钮，将气泡图放到 I13:M22 区域。

步骤6：先选中 A3:A21 区域，按住"Ctrl"键，再选中 C3:E21 区域，单击"插入"→（"图表"）→"推荐的图表"按钮，打开"插入图表"对话框，选择"所有图表"选项卡，选择插入"柱形图"中的"簇状柱形图"，如图 60.5 所示。

图 60.4　自定义格式

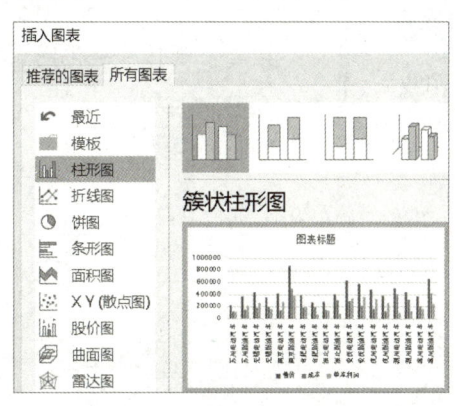

图 60.5　插入簇状柱形图

单击"确定"按钮，在工作表中插入柱形图。

步骤 7：选中绘图区中的网格线，按"Delete"键将其删除。删除图表标题，将图例移至标题位置。调整工作表范围为 B24:M36 区域。

最终的可视化图表如图 60.6 所示。

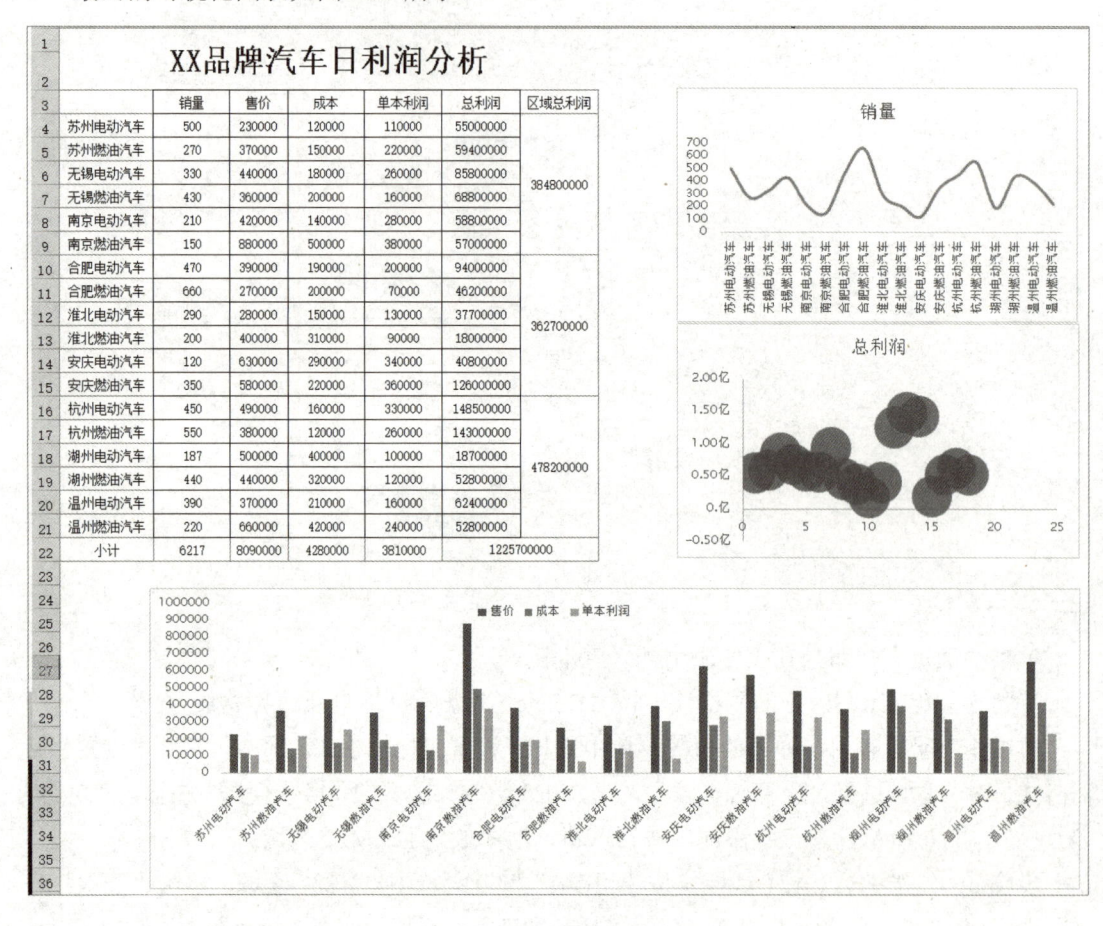

图 60.6　最终的可视化图表

作业　按要求制作可视化图表。

任务 11

营销数据分析与应用

任务说明

本任务主要在获得市场调查数据的基础上进行预测分析，首先进行数理统计，然后通过模拟运算创建各种营销方案，便于对比各种方案，促进商品销售。

统计分析，即将信息统一起来进行计算，常指对收集到的有关数据、资料进行整理归类并解释的过程，是对数据进行定量处理的理论与技术。统计分析按不同的分类标准，划分为不同的类别。常用的分类标准是功能标准，依此标准进行划分和统计分析，可分为描述统计和推断统计。

（1）描述统计：描述统计是将在研究中得到的数据加以整理、归类、简化或绘制成图表，以此描述和归纳数据的特征及变量之间关系的一种最基本的统计方法。描述统计主要涉及数据的集中趋势、离散程度和相关强度，最常用的指标有众数、平均数、标准差、相关系数等。

（2）推断统计：推断统计是使用概率形式来决断数据之间是否存在某种关系，以及使用样本统计值来推测总体特征的一种重要统计方法。推断统计包括总体参数估计和假设检验，最常用的方法有 Z 检验、T 检验、卡方检验等。

子任务 61　人口结构对销售量的影响分析

在收集销售数据后、营销分析师给出广告制作方式的建议前，需要了解愿意购买该产品的人群类型。例如，跑车公司不宜在《老年周报》上投放广告，因为老年人不太可能关注跑车，老年人也不是跑车的重点销售目标人群，因此在《老年周报》上投放跑车的广告效果会明显不如在其他报纸或媒介上投放的效果。

步骤 1：单击工作表标签"人口结构对销售量的影响"。

步骤 2：单击列标签"C"，选中整个 C 列单元格。在选中的区域右击，在弹出的快捷菜单中选择"插入"命令，新插入的 C 列单元格用来存放收货地址的省份数据。

步骤 3：选中 C1 单元格，输入"省份名称"。选中 C2 单元格，输入公式"=LEFT(D2,FIND(" ",D2))"。

> **提高**
> （1）LEFT(单元格或字符串,长度)函数的作用是从左侧截取"单元格或字符串"，截取的长度是函数的第二个参数指定的"长度"。
> （2）FIND(字符,单元格或字符串)函数的作用是找到"字符"在"单元格或字符串"中的位置。
> （3）步骤 3 就是使用 FIND()函数找到收货地址中第一个空格的位置，并将收货地址从开始向右的第一个空格处中的所有字符截取出来，得到的正好是省份名称。

步骤 4：单击 C2 单元格的填充柄，得到 C 列单元格中的全部原始数据，如图 61.1 所示。

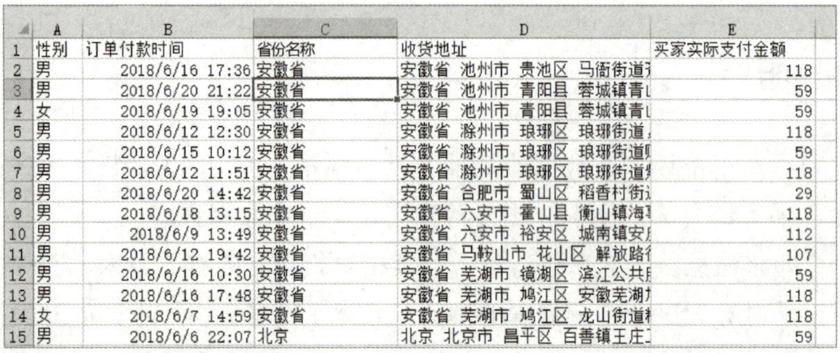

图 61.1　C 列单元格的原始数据

步骤 5：选中工作表任意区域，如 A1 单元格，选择"插入"→（"表格"）→"数据透视表"→"数据透视表"选项，打开"创建数据透视表"对话框，如图 61.2 所示。

步骤 6：在"创建数据透视表"对话框中，Excel 默认选中整个数据区域，将新建的数据透视表放在"新工作表"中。单击"确定"按钮，Excel 新建一个工作表，里面有一张空白的数据透视表，如图 61.3 所示。

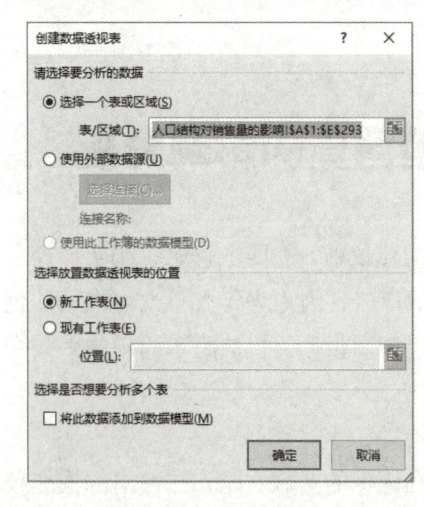

图 61.2　"创建数据透视表"对话框 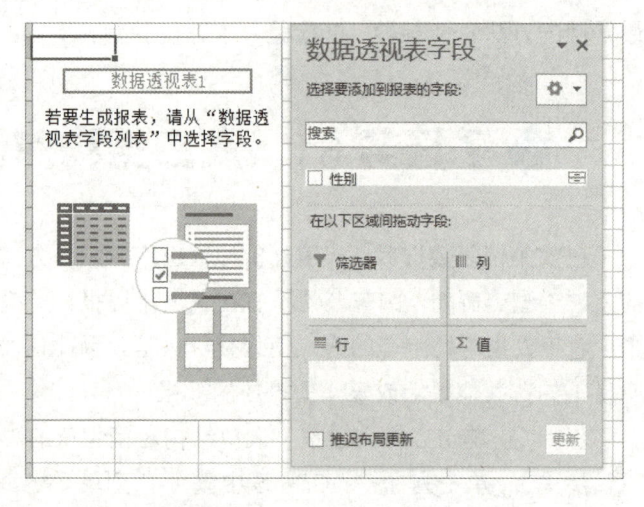　　图 61.3　未添加数据的数据透视表

步骤 7：在"数据透视表字段列表"对话框中，将"性别"字段拖放至"行标签"框中，将"买家实际支付金额"字段拖放至"数值"框中，数据透视表自动生成数据，如图 61.4 所示。

步骤 8：在"数据透视表字段"对话框中，单击值区域中求和项的下拉按钮，在弹出的下拉列表中选择"值字段设置"选项，打开"值字段设置"对话框，如图 61.5 所示。

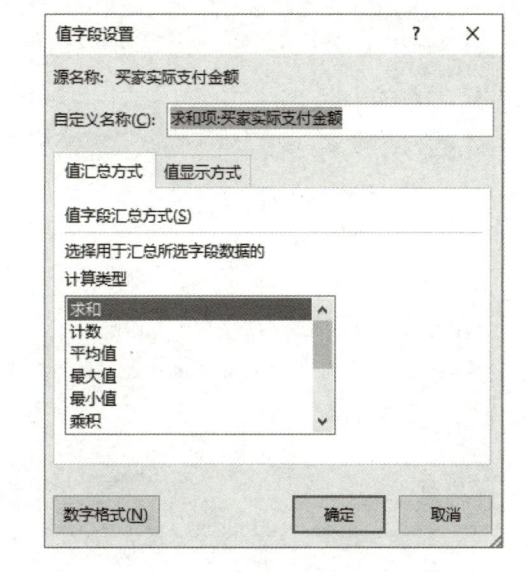

图 61.4　带有数据的数据透视表

图 61.5　"值字段设置"对话框

选择"值显示方式"选项卡，在"值显示方式"下拉列表中，选择"总计的百分比"选项，单击"确定"按钮，最终数据透视表数据按性别显示买家支付金额的百分比，如图 61.6 所示。

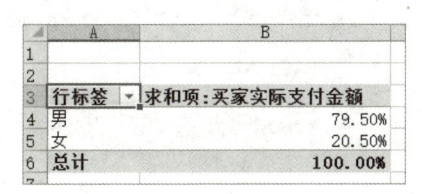

图 61.6　按性别显示买家实际支付金额的百分比

步骤 9：选中数据透视表中的任意单元格，在"数据透视表字段"对话框中，将行区域中的"性别"字段拖放至"列标签"框中，将字段列表中"省份名称"拖放至"行标签"框中，透视表自动变成二维表格，显示按性别和省名的统计结果，如图 61.7 所示。

步骤 10：选中透视表的 B5:C28 区域，选择"开始"→（"样式"）→"条件格式"→"数据条"→"蓝色数据条"选项，如图 61.8 所示。

在数据区域中，可以通过数据条看出性别对销售额的贡献度。

作业　通过数据透视表和条件格式分析性别对销售额的影响。

图 61.7　二维数据透视表

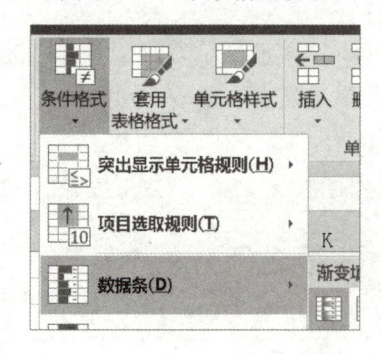

图 61.8　设置条件格式

子任务 62　广告对销售额的影响分析

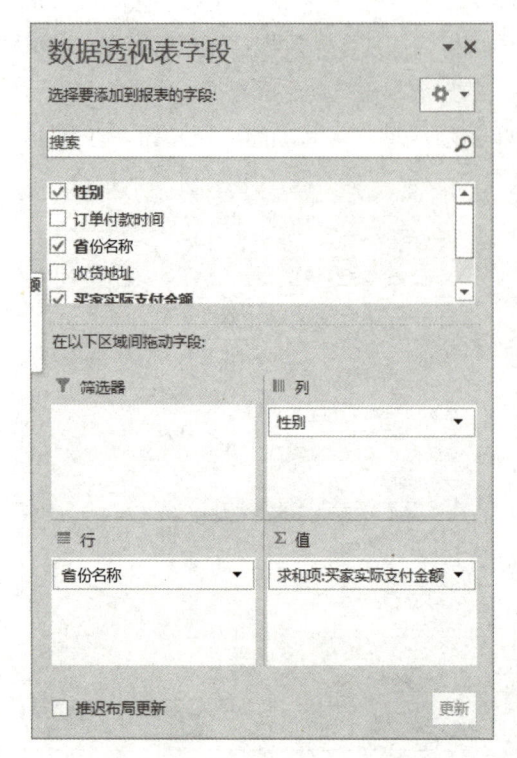

在商品经济时代，市场充满竞争。如果想要抢占更多的市场份额，则必须通过广告来扩大影响力。当前市场的促销广告投放渠道主要有网络、电视、广播、报纸、灯箱等。

企业在某一时期，可能采用多种方式投放广告，但是其中的某个广告方式是否能为企业带来收益，则需要通过数据分析来验证。

步骤 1：选中 F3 单元格，拖曳鼠标并选中 F3:H7 区域，输入公式"=LINEST(B3:B10, C3:D10,1,1)"，输入完成后，按"Ctrl+Shift+Enter"组合键，数组运算结果如图 62.1 所示。

F	G	H
1.274962	2.283844	166.5657
0.288418	0.281908	2.884132
0.929211	1.201704	#N/A
32.81629	5	#N/A
94.77954	7.220464	#N/A

图 62.1　数组运算结果

根据计算结果，得到广告与销售额的拟合方程如下。

$$Y=1.27X_1+2.28X_2+166.57$$

基础

（1）函数格式为 LINEST(已知 Y 值,[已知 X 值],[常数是否为0],[是否返回附加回归统计值])；函数拟合方程为 $Y=mX+b$ 或 $Y=m_1X_1+m_2X_2+\cdots+b$。

（2）函数为数组函数，返回一个数组，数组的第一行返回的是系数和常量 m_1、m_2、b，即 1.27、2.28、166.57；第二行返回的是 m_1、m_2、b 的标准误差值，即 0.29、0.28、2.88；第三行返回的是判定系数（0.93）和 Y 的标准误差值（1.20）；第四行为 F 统计或 F 观察值（32.82）和自由度（5）；第五行为回归平方和（SSREG 为 94.78）和残差平方和（ssresid 为 7.22）。

步骤2：显著性检验。

选中 F9 单元格，输入公式"=FINV(0.05,n-1,n-k)"，其中，0.05 为显著性水平，n=8 为样本数，k=2 为自变量数。

选中 G9 单元格，输入公式"=IF(F6>F9,"显著","不显著")"，结果如图 62.2 所示。

步骤3：对回归系数进行显著性检验。

求出常数项 b 的 t 值；选中 F11 单元格，输入"t 值"；选中 F12 单元格，输入公式"=H3/H4"。

求出自变量 X_1 的系数 m_1 的 t 值；选中 F13 单元格，输入公式"=G3/G4"。

求出自变量 X_2 的系数 m_2 的 t 值；选中 F14 单元格，输入公式"=F3/F4"。

求出各 t 值相应的 p 值。

选中 G11 单元格，输入"p 值"；选中 G12 单元格，输入公式"=TDIST(F12,8-2,2)"。输入完成后按"Enter"键，拖放 G12 单元格的填充柄至 G14 单元格，结果如图 62.3 所示。

1.274962	2.283844	166.5657
0.288418	0.281908	2.884132
0.929211	1.201704	#N/A
32.81629	5	#N/A
94.77954	7.220464	#N/A
4.206658	显著	

图 62.2　显著性检验

t 值	p 值
57.75245	0.000000001811
8.101394	0.000189718089
4.420531	0.004468386341

图 62.3　回归系数显著性

步骤 4：显著性判断。

选中 H12 单元格，输入公式"=IF(G12<0.05,"显著","不显著")"，输入完成后按"Enter"键。

拖放 H12 单元格的填充柄至 H14 单元格，产生结果，如图 62.4 所示。

根据结果，在总体拟合优度 0.95 的条件下，通过了 F 检验，回归方程总体显著。从回归系数的检验来看，电视广告和报纸广告的回归系数均显著，说明电视广告和报纸广告对销售收入都有显著影响。

步骤 5：运用回归工具进行多元回归分析。

选中 B16 单元格，选择"数据"→（"分析"）→"数据分析"→"数据分析"选项，打开"数据分析"对话框，在对话框中选择"回归"选项，如图 62.5 所示。

t 值	p 值	
57.75245	0.000000001811	显著
8.101394	0.000189718089	显著
4.420531	0.004468386341	显著

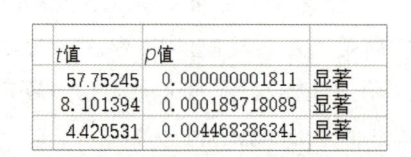

图 62.4　显著性判断

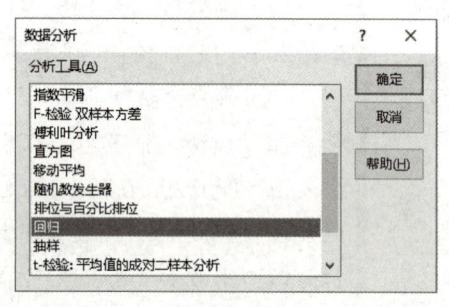

图 62.5　选择回归分析工具

单击"确定"按钮，打开"回归"对话框。

在"回归"对话框中，单击"Y 值输入区域"右侧按钮，选中 B2:B10 区域；单击"X 值输入区域"右侧按钮，选中 C2:D10 区域。勾选"标志"和"置信度"复选框，并在输入框中输入"95"。

在"输出选项"区域中，选中"输出区域"单选按钮，设置输出区域为 B16:H28 区域。

在"残差"区域中，勾选"残差""残差图""标准残差"复选框，如图 62.6 所示。

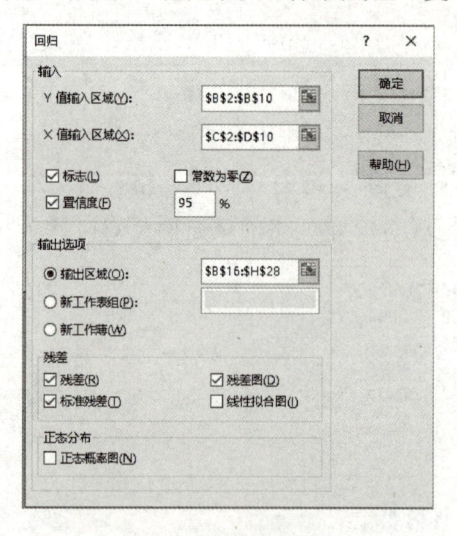

图 62.6　回归分析设置

单击"确定"按钮,得到分析结果,如图 62.7 所示。

分析得到的残差结果,如图 62.8 所示。

电视广告投入和报纸广告投入的残差图,如图 62.9 所示。

回归统计	
Multiple R	0.963955986
R Square	0.929211142
Adjusted R Square	0.900895599
标准误差	1.201704082
观测值	8

方差分析

	df	SS	MS	F	Significance F
回归分析	2	94.7795365	47.38977	32.81629	0.001333252
残差	5	7.220463501	1.444093		
总计	7	102			

	Coefficients	标准误差	t 值	p 值	Lower 95%	Upper 95%	下限 95.0%	上限 95.0%
Intercept	166.5656849	2.884131931	57.75245	2.94E-08	159.1517877	173.9796	159.1518	173.9796
电视广告投入	2.283844253	0.281907565	8.101394	0.000465	1.559177788	3.008511	1.559178	3.008511
报纸广告投入	1.274961598	0.288418209	4.420531	0.006889	0.533558988	2.016364	0.533559	2.016364

图 62.7　回归分析结果

观测值	预测 销售收入	残差
1	193.2290122	-1.229012222
2	180.8009083	-0.800908302
3	188.6613237	1.338676284
4	184.3597142	-0.359714152
5	189.1934816	0.8065184
6	188.417418	-0.417418019
7	188.6945836	-0.694583584
8	186.6435584	1.356441595

图 62.8　残差结果

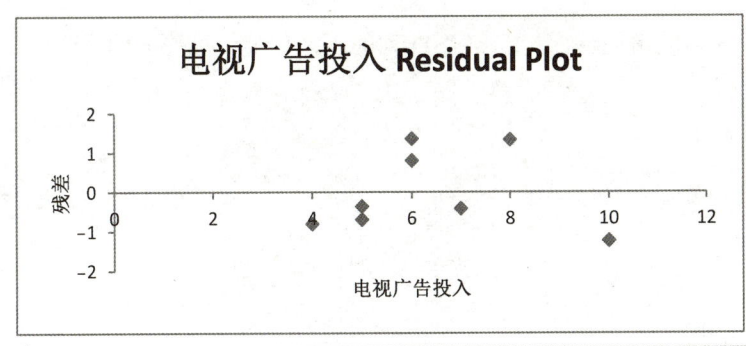

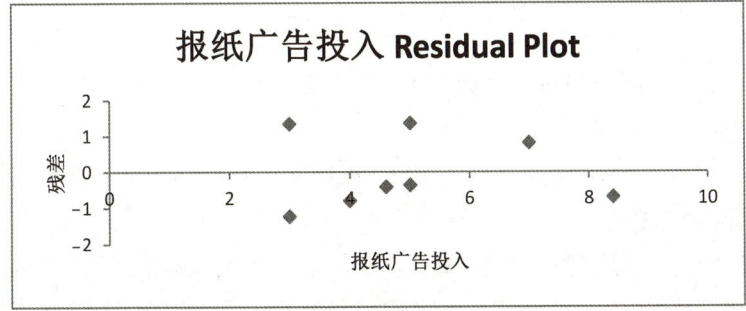

图 62.9　残差图

从回归系数来看，两个自变量对应的回归系数的 p 值均小于 0.05，因此，两个自变量均对总收入有显著影响。

> **作业**　分析广告对销售量的影响。

子任务 63　根据销售额细分市场

通常市场营销人员需要根据调查数据将对象分组（或聚类），使每组中的对象都是相似的，或者可以针对不同的组制定与之相适应的促销策略、定价策略或者不同的产品策略，这也就是市场细分。

根据市场调查，收集了某个网店销售数据，经过汇总，共有 90 座城市，现在要将这 90 座城市根据销售额分成四组目标市场。

步骤 1：单击工作表标签"根据销售额细分市场"。

步骤 2：在 L1 单元格中输入"平均值"；在 L2 单元格中输入"标准差"；在 M1 单元格中输入公式"=AVERAGE(C2:C91)"，得到销售额的平均值；在 M2 单元格中输入公式"=STDEV(C2:C91)"，得到销售额的标准差。

步骤 3：在 D1 单元格中输入"正态化值"；在 D2 单元格中输入公式"=STANDARDIZE(C2,$M$1,$M$2)"。

双击 D2 单元格的填充柄，计算整个 D 列的正态化值，如图 63.1 所示。

A	B	C	D
序号	城市	销售额	正态化值
1	安阳市	72	-2.21375
2	鞍山市	1551	2.352265
3	北京市	293	-1.53147
4	滨州市	1381	1.827436
5	沧州市	629	-0.49416
6	常州市	774	-0.04651
7	潮州市	942	0.472141

图 63.1　计算正态化值

步骤 4：在 K3:K6 区域中输入"城市 1、城市 2、城市 3、城市 4"；在 L3:L6 区域中输入预设的序号"1、2、3、4"。

步骤 5：在 M3 单元格中输入公式"=VLOOKUP(L3,$A$1:$D$91,4,0)"；拖放 M3 单元格的填充柄至 M6 单元格。

步骤 6：在 E1 单元格中输入"数值差平方和 1"，拖放 E1 单元格的填充柄至 H1 单元格；在 E2 单元格中输入公式"=SUMXMY2(D2,$M$3)"，双击 E2 单元格的填充柄，生成 E 列数据；在 F2 单元格中输入公式"=SUMXMY2(D2,$M$4)"，双击 F2 单元格的填充柄，生成 F 列数据；在 G2 单元格中输入公式"=SUMXMY2(D2,$M$5)"，双击 G2 单元格中填充柄，生成 G 列数据；在 H2 单元格中输入公式"=SUMXMY2(D2,$M$6)"，双击 H2 单元格中填充柄，生成 H 列数据，如图 63.2 所示。

A 序号	B 城市	C 销售额	D 正态化值	E 数值差平方和1	F 数值差平方和2	G 数值差平方和3	H 数值差平方和4
1	安阳市	72	-2.21375	0	20.84850966	0.465503783	16.33119484
2	鞍山市	1551	2.352265	20.84850966	0	15.08342435	0.275446025
3	北京市	293	-1.53147	0.465503783	15.08342435	0	11.2282692
4	滨州市	1381	1.827436	16.33119484	0.275446025	11.2822692	0
5	沧州市	629	-0.49416	2.956984564	8.10215429	1.076012265	5.389821076
6	常州市	774	-0.04651	4.696917061	5.754143717	2.205102694	3.511689016
7	潮州市	942	0.472141	7.214017182	3.534868419	4.014468557	1.836824687
8	成都市	926	0.422745	6.951113958	3.723048569	3.818968596	1.973156173

图 63.2　生成数据的分析表

步骤 7：在 I1 单元格中输入"最小平方和"；在 I2 单元格中输入公式"=MIN(E2:H2)"，双击 I2 单元格的填充柄，产生 I 列数据。

步骤 8：在 J1 单元格中输入"分类"；在 J2 单元格中输入公式"=MATCH(I2,E2:H2,0)"，双击 J2 单元格的填充柄，自动得出 J 列数据。这时，在 J 列单元格中得出了初步城市分类结果，但不是最优的，下面还需要进一步优化这个分类结果。

步骤 9：在 K8 单元格中输入"最小平方和之和"；在 L8 单元格中输入公式"=SUM(I2:I91)"。

步骤 10：单击"数据"→（"分析"）→"规划求解"按钮，打开"规划求解参数"对话框，"设置目标"为 L8 单元格，"通过更改可变单元格"为 L3:L6 区域，单击"添加"按钮，打开"添加约束"对话框，输入以下三个约束。

第 1 个约束：L3:L6<=90。

第 2 个约束：L3:L6>=1。

第 3 个约束：L3:L6 为整数。

三个约束如图 63.3 所示。

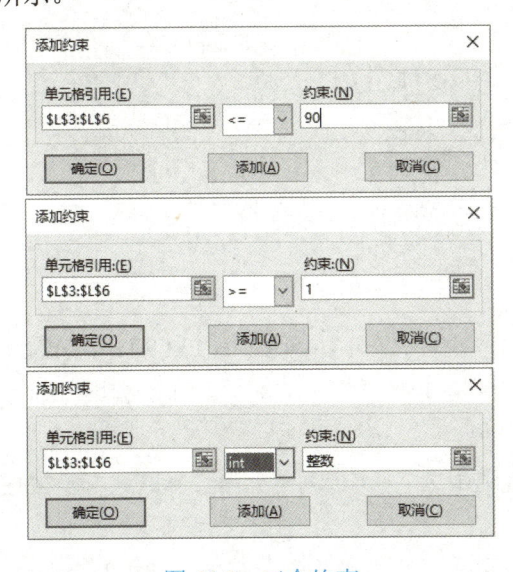

图 63.3　三个约束

每次设置完成后，单击"添加"按钮，最后一次完成后单击"确定"按钮。在"规划求解参数"对话框中的"选择求解方法"下拉列表中，选择"演化"选项，如图63.4所示。单击"求解"按钮，Excel会花费一段时间求解。

由于复杂程度不一，不同机器求解时间长短不一，最终的求解结果如图63.5所示。单击"确定"按钮，得到结果，如图63.6所示。

> **提高** 规划求解的过程，是先不断调整预设的序号和不同的预设值，返回不同的正态化值，计算得到不同的数值差平方和，再通过最小平方和确定分类值，最终得到最小的L8单元格值的过程。

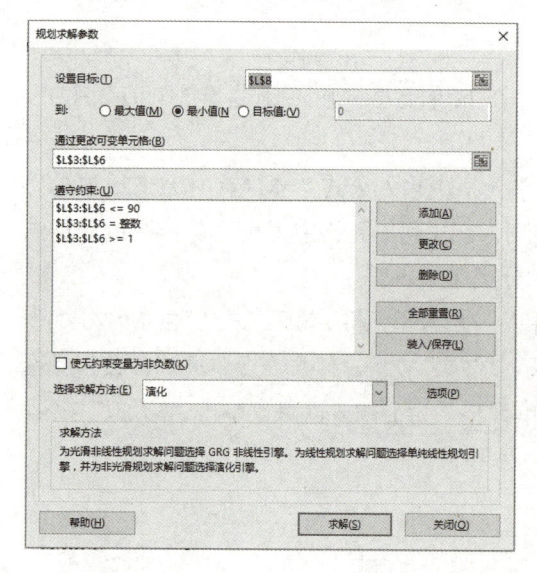

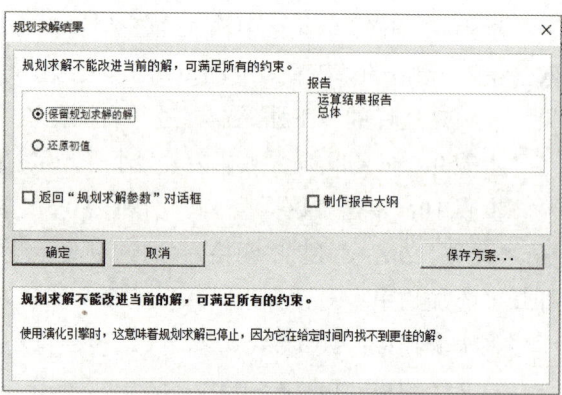

图63.4　添加完成的约束条件

图63.5　求解结果

K	L	M
平均值		789.0667
标准差		323.9147
城市1	74	0.712945
城市2	90	-0.2194
城市3	47	-1.14866
城市4	2	2.352265
最小平方和之和	10.2318	

图63.6　最终的求解结果

步骤11：在J2单元格中输入公式"=MATCH(I2,E2:H2，0)"，得到最优的分类结果。双击J2单元格的填充柄，得到J列单元格中的数据，即所有城市细分结果。

步骤12：观察细分结果。

按住鼠标左键并拖曳选中A、B、C列单元格，释放鼠标，按住"Ctrl"键，选中J列单元格。

在选中区域中右击，在弹出的快捷菜单中选择"复制"命令。

步骤 13：单击工作表标签栏的 ⊕ 按钮，新建一个工作表；在新工作表的 A1 单元格中右击，单击粘贴选项中的"数值"按钮。

步骤 14：选中 C 列中的任意单元格，如 C2 单元格，单击"数据"→（"排序和筛选"）→"升序"按钮。

观察结果：市场细分的销售额分别为 72～555、570～853、880～1232、1381～1835，对应的城市也在表格之中。

> **作业**　根据销售额，将销售地区分类。

子任务 64　多因素细分市场

市场调查的数据一般是多维度的，从多维度细分市场较为复杂，但是原理基本一样。收集到不同城市某网店的消费数据，将这 90 座城市根据销售额分成四组目标市场。

步骤 1：单击工作表标签"多因素市场细分"。

数据中有五项调查数据，如图 64.1 所示。

其中，C、D 两列单元格的数据是订单数量，G 列单元格的数据是样本城市所有消费者的平均年龄。

步骤 2：选中 C1:G91 区域，单击"公式"→（"定义的名称"）→"根据所选内容创建"按钮，打开"以选定区域的值创建名称"对话框，仅勾选"首行"复选框，单击"确定"按钮，如图 64.2 所示。

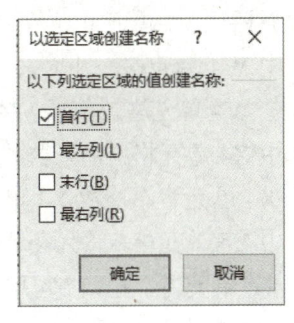

图 64.1　原始调查数据　　　　　图 64.2　以首行定义区域

步骤 3：选中 H1:L1 区域，单击"开始"→（"对齐方式"）→"合并后居中"按钮，在合并后的单元格中输入"正态化"。

选中 M1:P1 区域，单击"开始"→（"对齐方式"）→"合并后居中"按钮，在合并后的单元格中输入"差平方和"。

在 Q1 单元格中输入"最小值"，在 R1 单元格中输入"分类"。

选中 C1:G1 区域，按"Ctrl+C"组合键，复制区域内容；选中 U1 单元格，按"Ctrl+V"

组合键，粘贴复制的内容。

在 T2 单元格中输入"平均值"；在 T3 单元格中输入"标准差"；在 U2 单元格中输入公式"=AVERAGE(INDIRECT(U1))"，得到男性订单量的平均值；拖放 U2 单元格的填充柄至 Y2 单元格。在 U3 单元格中输入公式"=STDEV(INDIRECT(U1))"，得到男性订单量的标准差；拖放 U3 单元格的填充柄至 Y3 单元格；在 S4:S7 区域中输入"细分城市 1、细分城市 2、细分城市 3、细分城市 4"；在 T4:T7 区域中输入预设序号"1、2、3、4"。

步骤 4：在 H2 单元格中输入公式"=STANDARDIZE(C2,U$2,U$3)"，按"Enter"键后，再次选中 H2 单元格，拖放 H2 单元格的填充柄至 L2 单元格。

选中 H2:L2 区域，双击区域右下角的填充柄，生成整个正态化区域的数据，如图 64.3 所示。

A	B	C	D	E	F	G	H	I	J	K	L
序号	城市	男性	女性	PC订单	手机订单	平均年龄		正态化			
1	安阳市	3	35	2	154	32	-1.17	1.561	-0.77	0.119	-0.17
2	鞍山市	67	2	1	140	31	3.075	-0.93	-0.85	-0.34	-0.37
3	北京市	12	23	3	147	29	-0.57	0.654	-0.68	-0.11	-0.75
4	滨州市	59	1	1	104	33	2.544	-1.01	-0.85	-1.53	0.019
5	沧州市	26	11	5	128	30	0.356	-0.25	-0.5	-0.74	-0.56
6	常州市	32	1	2	156	32	0.754	-1.01	-0.77	0.185	-0.17
7	潮州市	39	20	4	112	31	1.218	0.427	-0.59	-1.26	-0.37
8	成都市	38	1	1	145	31	1.152	-1.01	-0.85	-0.18	-0.37
9	大连市	47	5	1	102	32	1.748	-0.71	-0.85	-1.59	-0.17
10	德州市	23	1	2	137	29	0.157	-1.01	-0.77	-0.44	-0.75
11	东营市	30	21	2	120	30	0.621	0.502	-0.77	-1	-0.56

图 64.3　生成正态化数据

步骤 5：选中 U4 单元格，输入公式"=VLOOKUP($T4,$A$1:$L$91,8,0)"，按"Enter"键后，再次选中 U4 单元格，拖放 U4 单元格的填充柄至 U7 单元格。选中 V4 单元格，输入"=VLOOKUP($T4,$A$1:$L$91,9,0)"，按"Enter"键后，再次选中 V4 单元格，拖放 V4 单元格的填充柄至 V7 单元格。

选中 W4 单元格，输入公式"=VLOOKUP($T4,$A$1:$L$91,10,0)"，按"Enter"键后，再次单击 W4 单元格，拖放 W4 单元格的填充柄至 W7 单元格。

选中 X4 单元格，输入公式"=VLOOKUP($T4,$A$1:$L$91,11,0)"，按"Enter"键后，再次单击 X4 单元格，拖放 X4 单元格的填充柄至 X7 单元格。

选中 Y4 单元格，输入公式"=VLOOKUP($T4,$A$1:$L$91,12,0)"，按"Enter"键后，再次单击 Y4 单元格，拖放 Y4 单元格的填充柄至 Y7 单元格。

结果如图 64.4 所示。

S	T	U	V	W	X	Y
		男性	女性	PC订单	手机订单	平均年龄
	平均值	20.6333	14.3556	10.6556	150.389	32.9
	标准差	15.0806	13.2252	11.3109	30.3921	5.17785
细分城市1	1	-1.1693	1.56099	-0.7652	0.11882	-0.1738
细分城市2	2	3.07458	-0.9342	-0.8537	-0.3418	-0.3669
细分城市3	3	-0.5725	0.65363	-0.6768	-0.1115	-0.7532
细分城市4	4	2.5641	-1.0099	-0.8537	-1.5263	0.01931

图 64.4　初步细分市场

步骤 6：在 M2 单元格中输入公式 "=SUMXMY2(H2:L2,$U$4:$Y$4)"，按 "Enter" 键后，再次选中 M2 单元格，拖放 M2 单元格的填充柄至 M91 单元格。

在 N2 单元格中输入公式 "=SUMXMY2(H2:L2,$U$5:$Y$5)"，按 "Enter" 键后，再次选中 N2 单元格，拖放 N2 单元格的填充柄至 N91 单元格。

在 O2 单元格中输入公式 "=SUMXMY2(H2:L2,$U$6:$Y$6)"，按 "Enter" 键后，再次选中 O2 单元格，拖放 O2 单元格的填充柄至 O91 单元格。

在 P2 单元格中输入公式 "=SUMXMY2(H2:L2,$U$7:$Y$7)"，按 "Enter" 键后，再次选中 P2 单元格，拖放 P2 单元格的填充柄至 P91 单元格。

结果如图 64.5 所示。

M	N	O	P
	差平方和		
0	24.49	1.576	23.15
24.49	0	16.06	1.839
1.576	16.06	0	15.11
23.15	1.839	15.11	0
6.571	8.173	2.145	6.444
10.31	5.714	4.957	6.178
8.963	6.219	4.74	4.112
12.13	3.731	5.924	3.908
16.59	3.411	9.798	0.766

图 64.5　计算差平方和

步骤 7：在 Q2 单元格中输入公式 "=MIN(M2:P2)"，按 "Enter" 键后，再次选中 Q2 单元格，拖放 Q2 单元格的填充柄至 Q91 单元格。

在 S9 单元格中输入 "最小化之和"；在 T9 单元格中输入公式 "=SUM(Q2:Q91)"。

步骤 8：单击 "数据" → （"分析"）→ "规划求解" 按钮，打开 "规划求解参数" 对话框，"设置目标" 为 T9 单元格，目标为 "最小值"；设置 "通过更改可变单元格" 为 T4:T7 区域。

单击 "添加" 按钮，打开 "改变约束" 对话框，输入以下三个约束。

第 1 个约束：T4:T7<=90。

第 2 个约束：T4:T7>=1。

第 3 个约束：T4:T7 为整数。

三个约束如图 64.6 所示。

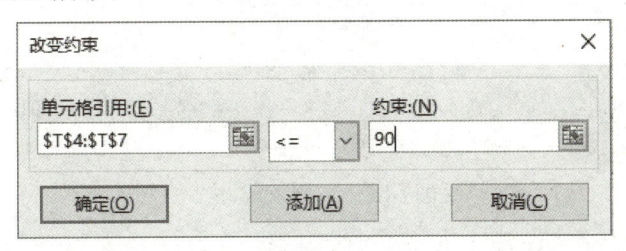

图 64.6　三个约束

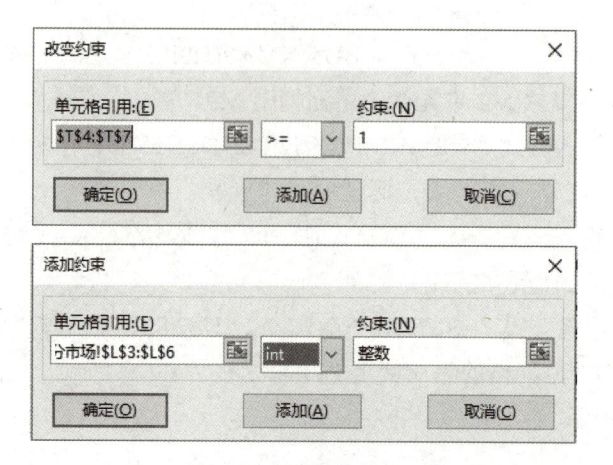

图 64.6　三个约束（续）

每次设置完成后，单击"添加"按钮，最后一次完成后按"确定"按钮。在"规划求解参数"对话框的"选择求解方法"下拉列表中，选择"演化"选项，如图 64.7 所示。单击"求解"按钮，Excel 将花费一段时间进行求解。

图 64.7　选择求解方法

由于复杂程度不同，不同机器的求解时间不同，最终提示求解结束，如图 64.8 所示。单击"确定"按钮，得到结果，如图 64.9 所示。

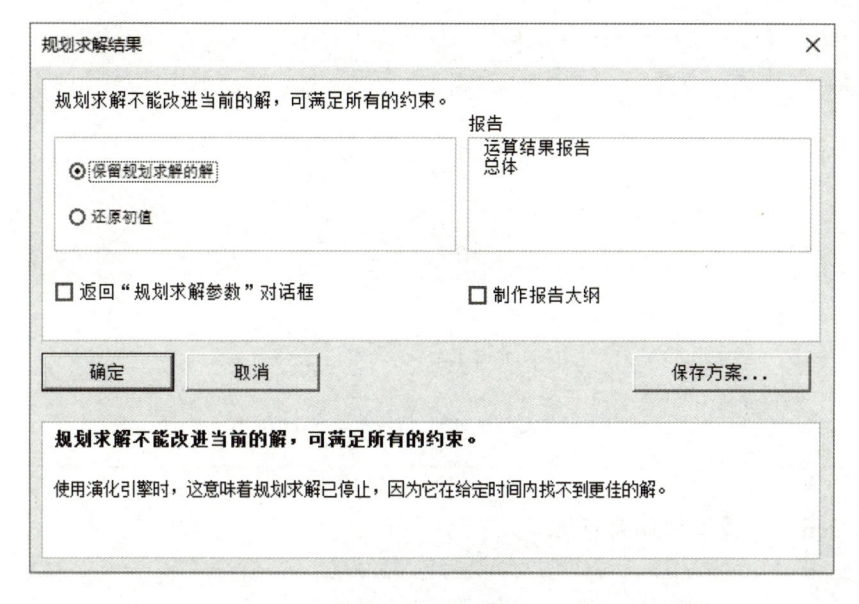

图 64.8 求解结束

S	T	U	V	W	X	Y
		男性	女性	PC订单	手机订单	平均年龄
	平均值	20.6333	14.3556	10.6556	150.389	32.9
	标准差	15.0806	13.2252	11.3109	30.3921	5.17785
细分城市1	83	-0.904	0.95609	-0.6768	-1.1644	-0.3669
细分城市2	54	-0.5062	-0.1025	-0.2348	1.10592	-0.1738
细分城市3	8	1.15159	-1.0099	-0.8537	-0.1773	-0.3669
细分城市4	58	0.35586	-0.0269	1.53343	-0.4076	0.79183
最小化之和	265.95					

图 64.9 得到求解结果

> **提高**　规划求解的过程是不断调整预设的序号的过程。不同的预设值先返回不同的正态化值，计算得到不同的数值差平方和，再通过最小平方和确定分类值，最终得到最小的 L8 单元格的值。

步骤 9：在 R1 单元格中输入"分类"；在 R2 单元格中输入公式"=MATCH(Q2,M2:P2,0)"，得到最优的分类结果。双击 R2 单元格的填充柄，得到 R 列数据，即所有城市细分结果。

步骤 10：观察细分结果。

按住鼠标左键并拖曳，先选中 A、B 列单元格，松开鼠标左键并按住"Ctrl"键，再选中 R 列单元格并右击，在弹出的快捷菜单中选择"复制"命令。

步骤 11：单击工作表标签栏 ⊕ 按钮，新建一个工作表。在新建工作表的 A1 单元格中右击，在弹出的快捷菜单中选择"粘贴"→"数值"命令。

步骤 12：选中 C 列任意单元格，如 C2 单元格，单击"数据"→（"排序和筛选"）→"升序"按钮，观察市场细分的结果，如图 64.10 所示。

A	B	C
序号	城市	分类
1	安阳市	1
3	北京市	1
11	东营市	1
14	广州市	1
15	邯郸市	1
16	杭州市	1
18	衡阳市	1
22	惠州市	1
24	济宁市	1
26	江门市	1
36	南昌市	1

图 64.10　市场细分结果（部分）

作业　多因素细分市场。

子任务 65　根据市场调查图细分市场

市场调查的数据是市场的原始数据，通过市场调查数据可以细分市场。设计如下简单的问卷，可以收集家庭收入和住房支出数据。

先生/女士：

您好，我们正在做一项关于本地房地产市场的调查问卷，想邀请您用几分钟时间帮忙填写这份问卷。本问卷实行匿名制，所有数据只用于统计分析，请您放心填写。题目选项无对错之分，请您按自己的实际情况填写。谢谢您的帮助！

Q1：单选题　您的性别

　A．男

　B．女

Q2：单选题　您的就业状况

　A．学生

　B．在职

　C．失业

　D．离退休

Q3：单选题　您的工作年限是？

　A．1年及以下

　B．2～3年

　C．4～5年

D. 6~9 年

E. 10 年及以上

Q4: 单选题 您家庭成员数量为

A. 1 人

B. 2 人

C. 3 人

D. 4 人

E. 5 人

F. 6 人及以上

Q5: 填空题 您家庭年收入:（单位:万元）

_____万元

Q6: 填空题 您今年预计家庭住房支出是:（单位：万元）

_____万元

Q7: 单选题 您下一步住房目标是:

A. 初次购房

B. 改善性购房

C. 投资性购房

D. 没有购房打算

在问卷中，通过 Q2 问题过滤出在职人员。在房地产市场中，在职人员的贡献度最大。

步骤 1：新建一个工作簿，将有效问卷信息输入工作表中。筛选出在职人员的问卷，分别输入家庭成员数量、收入（万元）和住房支出（万元），如图 65.1 所示。

A	B	C	D
序号	家庭成员数量	收入（万元）	住房支出（万元）
1	1	8	6
2	4	47	9
3	3	51	45
4	3	49	48
5	4	52	12
6	1	6	5
7	2	50	47
8	1	4	9
9	5	43	5
10	6	54	9

图 65.1 问卷调查表

步骤 2：选中 B 列单元格，按住"Ctrl"键的同时选中 D 列单元格，松开"Ctrl"键，选择"插入"→（"图表"）→"散点图"→"散点图"选项，自动绘制散点图，如图 65.2 所示。

由图 65.2 可以看出，根据收入，可以将市场细分为以下两组。

第 1 组：10 万元人群，即家庭年住房支出在 10 万元左右，这组的家庭成员数量无明显特征。

第 2 组：48 万元人群，即家庭年住房支出在 48 万元左右，这组家庭成员数量集中在 2～3 人。

从数据初步来看，房地产市场细分，应关注家庭成员 2～3 人的家庭。

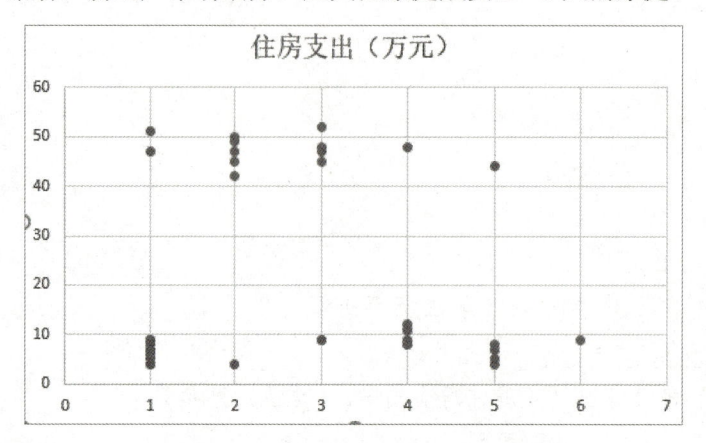

图 65.2　家庭成员与住房支出散点图

步骤 3：选中 C、D 两列单元格，选择"插入"→（"图表"）→"散点图"→"散点图"选项，自动绘制散点图，如图 65.3 所示。

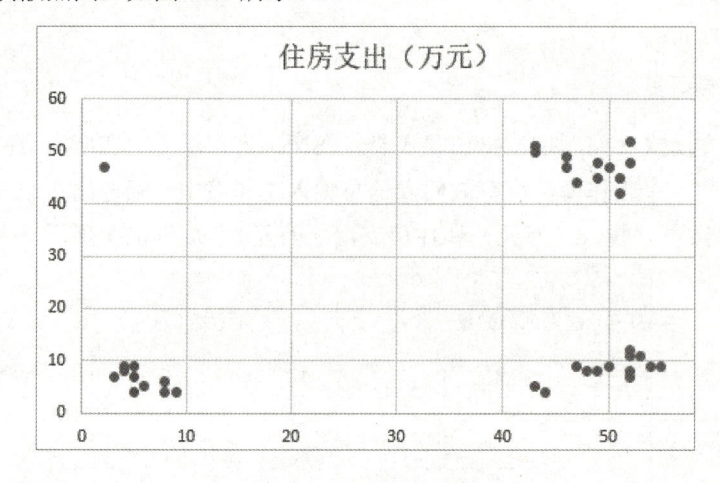

图 65.3　收入与住房支出散点图

图 65.3 中的横坐标表示收入，纵坐标表示住房支出，由图 65.3 中可以看出市场细分为以下三组。

第 1 组：家庭收入低（少于 10 万元/家庭）且住房支出少（年支出低于 10 万元）的市场。

第 2 组：家庭收入高（大于 40 万元/家庭）且住房支出少（年支出低于 10 万元）的市场。

第 3 组：家庭收入高（大于 40 万元/家庭）且住房支出多（年支出高于 40 万元）的市场。

从数据初步来看，房地产市场细分应关注家庭年收入高的家庭。

步骤 4：选中 B 列至 D 列单元格，选择"插入"→（"图表"）→"散点图"→"散点图"选项，如图 65.4 所示。

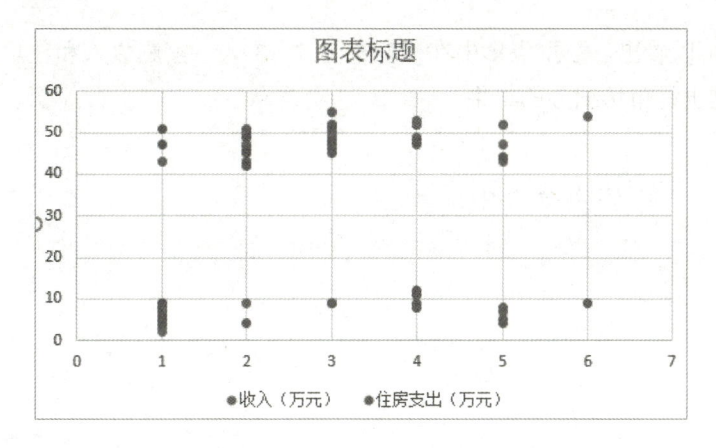

图 65.4 人口与收入、住房支出图

选中图 65.4 中的住房支出数据列并右击，在弹出的快捷菜单中选择"设置数据系列格式"命令，如图 65.5 所示。

打开"设置数据格式"对话框，在"系列选项"区域中，选中"次坐标轴"单选按钮，如图 65.6 所示。设置后的图如 65.7 所示。

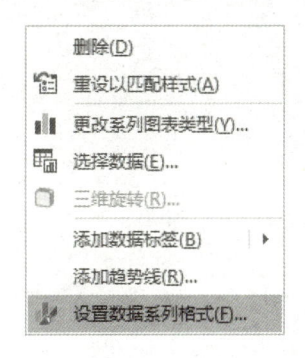

图 65.5 设置数据系列格式　　　　图 65.6 设置次坐标轴

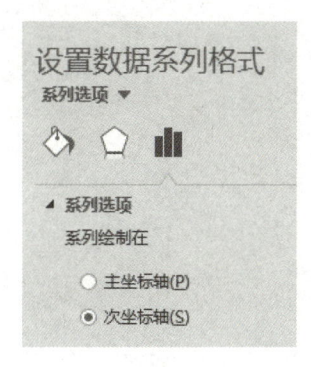

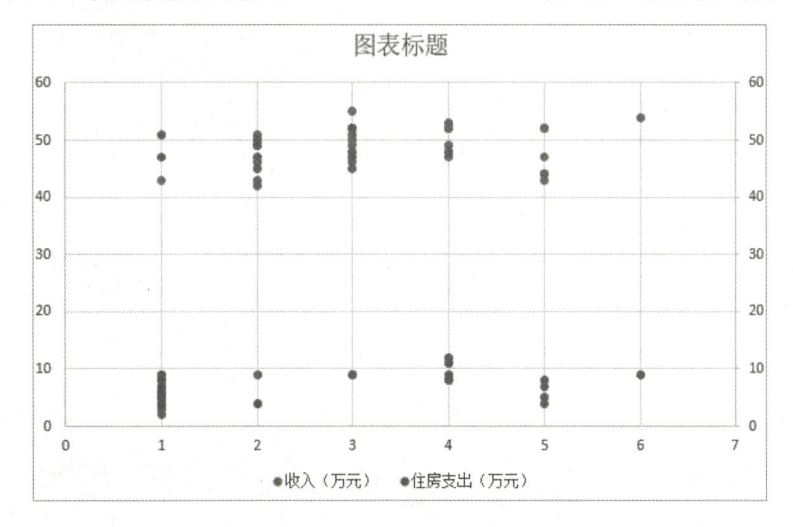

图 65.7 设置后的图

由图 65.7 可以看出，数据点集中在横坐标为 2～3 人、家庭收入和住房支出在 50 万元左右的位置，这也是市场细分的结果。

作业 绘制细分市场图。

任务 12

生产管理数据分析与应用

任务说明

生产管理数据分析与应用是指利用数据分析方法和工具对生产管理相关的数据进行分析，并将分析结果应用于生产管理决策和优化。

生产管理数据分析的目的是通过对生产数据的深入分析，了解生产过程中的瓶颈和问题，为决策提供有价值的信息。通过分析生产数据，可以找出生产效率低下的环节，优化生产流程，提高生产效率。同时，也可以发现生产过程中的异常数据或问题，通过及时采取措施来避免发生生产故障，或者出现质量问题。

常见的生产管理数据分析方法包括以下几种。

（1）生产过程分析：通过分析生产过程中的各环节，找出瓶颈和优化空间。例如，分析各环节的生产时间和效率，找出生产效率低下的环节，采取措施来优化生产流程。

（2）质量分析：通过分析生产品质相关数据，发现产生质量问题的根本原因，并采取措施进行改进。例如，分析不良品率和不合格品率，找出引起品质问题的因素，采取措施改进生产质量。

（3）资源利用分析：通过分析生产资源的利用情况，找出资源浪费的问题，并采取措施进行优化。例如，分析设备的利用率和停机时间，找出设备使用效率低的原因，采取措施提高资源利用率。

（4）生产计划分析：通过对生产计划执行情况的分析，找出生产计划执行中的问题，并采取措施提高生产计划的准确性和可行性。例如，分析生产计划的完成率和延迟情况，找出生产计划制订和执行中的问题，优化生产计划。

通过将生产管理数据分析结果应用于生产管理决策和优化，可以实现以下目标。

（1）提高生产效率：通过找出生产过程中的瓶颈和优化空间，采取措施优化生产流程，提高生产效率。

（2）优化品质：通过分析质量相关数据，找出产生质量问题的根本原因，采取措施改进生产质量。

（3）提高资源利用率：通过分析资源的利用情况，找出资源浪费的问题，采取措施提高资源利用率。

（4）改进生产计划：通过分析生产计划的执行情况，找出生产计划制定和执行中的问题，提高生产计划的准确性和可行性。

本任务通过生产管理数据分析与应用，帮助企业提升生产效率、提高质量、提高资源利用率和改进生产计划，从而提高企业的竞争力和盈利能力。

子任务 66　企业投资决策分析

在企业进行项目投资，特别是固定资产投资论证时，假设项目投资（固定资产购置）后，在期末产生现金流；同时，固定资产也在产生折旧。在一个设定的期限内，项目或固定资产投资是否能产生效益决定了项目是否值得投资，投资决策可以通过净现值与内部收益率来论证。

项目说明：现在准备投资一台设备，总价为 500 万元，利率为 4.9%，自投入之日起（2023 年 1 月 1 日），每半年有一次现金不等的净现金流量，直至 2025 年年底，计算该固定资产投资的净现值。

步骤 1：单击工作表标签"净现值计算"。

步骤 2：选中 C10 单元格，输入净现值公式"=XNPV(B2,C3:C9,B3:B9)"，按"Enter"键后得到结果为 53.18，如图 66.1 所示。

	A	B	C
1	设备总值（万元）	500	
2	年利率	4.90%	
3	购置日期	2023/1/1	-500
4		2023/6/30	80
5		2023/12/31	120
6	预计现金流	2024/6/30	120
7	日期及金额	2024/12/31	100
8		2025/6/30	100
9		2025/12/31	80
10	净现值		¥53.18

图 66.1　通过 XNPV() 函数计算净现值

提高

（1）净现值的数学计算公式为 $\text{XNPV} = \sum_{j=1}^{N} \frac{P_j}{(1+\text{rate})^{\frac{(d_j-d_1)}{365}}}$，其中 d_j 为第 j 个或最后一个支付日期，d_1 为初始投资（也称为第 0 个支付）的日期，P_j 为第 j 个或最后一个支付金额。

> （2）XNPV 函数的格式为 XNPV(利率,系列值,系列日期)，系列值是与系列日期相对应的一系列现金流。首期支付是可选的，并与投资开始时的成本或支付有关。如果第一个值是成本或支付，则它必须是负值，所有后续支付都基于 365 天/年贴现，系列值必须至少包含一个正数和一个负数。

步骤 3：选中 D4 单元格，输入公式"=C4/(1+$B$2)^((B4-$B$3)/365)"，输入完成后按"Enter"键，拖放 D4 单元格的填充柄至 D9 单元格。

单击 D10 单元格，输入公式"=SUM(D3:D9)"，得到结果为 53.18，如图 66.2 所示。

	A	B	C	D
1	设备总值（万元）		500	
2	年利率		4.90%	辅助列
3	购置日期	2023/1/1	-500	-500
4		2023/6/30	80	78.13
5		2023/12/31	120	114.41
6	预计现金流	2024/6/30	120	111.71
7	日期及金额	2024/12/31	100	90.88
8		2025/6/30	100	88.75
9		2025/12/31	80	69.30
10	净现值		¥53.18	53.18

图 66.2　手动计算净现值

> **提高**
> （1）步骤 3 中的公式的意义是（以第 4 行 2023 年 6 月 30 日为例）当前产生 80 万元的现金流，按年利率 4.9%折算到投资之日（2023 年 1 月 1 日），得到的结果为 711.12 万元。
> （2）同理，将各期的现金流都折算到投资之日（2023 年 1 月 1 日）的价值，可以比较这项投资是否值得。
> （3）如果净现值大于零则项目可行，且净现值越大，方案越优，投资效益越好。

步骤 4：单击工作表标签"内部收益率计算"。

> **注意**
> （1）内部收益率是指净现金流为 0 时的利率。
> （2）内部收益率也表示项目操作过程中抗风险能力。例如，内部收益率为 10%，表示该项目操作过程中每年能承受的最大风险为 10%。如果项目操作中需要贷款，则内部收益率可表示最大能承受的利率；如果在项目经济测算中已包含贷款利息，则表示未来项目操作过程中贷款利息的最大上浮值。

步骤 5：选中 C10 单元格，输入公式"=XIRR(C3:C9,B3:B9)"，输入完成后按"Enter"键，得到结果为 11.47%，如图 66.3 所示。

图 66.3　内部收益率

提高

（1）内部收益率的数学计算公式为 $O = \sum_{j=1}^{N} \dfrac{P_j}{(1+\text{rate})^{\frac{(d_j-d_1)}{365}}}$，其中 d_j 为第 j 个或最后一个支付日期，d_1 为初始投资（也称为第 0 个支付）的日期，P_j 为第 j 个或最后一个支付金额。

（2）XIRR()函数的格式为 XIRR(系列值,系列日期,[估计值])，系列值是与系列日期相对应的一系列现金流。首期支付是可选的，并与投资开始时的成本或支付有关。如果第一个值是成本或支付，则其必须是负值；所有后续支付都基于 365 天/年贴现；系列值必须至少要包含一个正数和一个负数；估计值如果省略，则假定为 0.1（10%）。

（3）在 Excel 中使用迭代法计算 XIRR()函数。通过改变收益率（从 GUESS 开始），不断修正计算结果，直至其精度小于 0.000001%。如果 XIRR()函数运算 100 次，仍未找到结果，则返回错误值"#NUM!"。

作业

计算投资的净现值和内部收益率。

子任务 67　企业利润分析

一个企业生产的产品不止一种，每种产品都有各自不同的成本和利润率。假设产品的各类成本与各销售点单位的产品销售利润是固定的，那么在企业可投入金额有限的情况下，常常需要在投入资金前花费很大的精力进行分析。如何分配资金投入或各销售点销售产品比例才能使企业的利润最大化呢？本次任务就是寻找最优销量。

步骤 1：查看数据。

公司的销售成本和利润如图 67.1 所示。（本子任务中产品成本和利润的单位为"元"。）

公司有三种产品分别为 A、B、C；公司有三个销售网点；不同产品在不同网点的销售成本是不一样的；不同网点销售一件产品的利润是固定的，分别为 70 元、90 元、80 元；公司对三种产品投入的销售费用分别为 1500 元、1800 元、2000 元；三种产品的初步设定销售件数为 20 件、30 件、40 件；要求公司投入的费用尽量少，而利润最大。

	A	B	C	D	E
1	公司不同网店不同产品的销售成本				
2		产品A成本	产品B成本	产品C成本	单件产品利润
3	销售点1	30	50	20	70
4	销售点2	50	40	50	90
5	销售点3	30	40	60	80
6	可投入最大销售费用	1500	1800	2000	
7	A销售点销售件数		20		
8	B销售点销售件数		30		
9	C销售点销售件数		40		

图 67.1　公司的销售成本和利润

步骤 2：计算最大利润。

选中 E6 单元格，输入公式"=E3*C7+E4*C8+E5*C9"，得到 7300，这是在当前利润与销量的基础上，得到的最大利润。

步骤 3：规划求解，计算最大利润。

单击"数据"→（"分析"）→"规划求解"按钮，打开"规划求解参数"对话框。

在"规划求解参数"对话框中，设置"设置目标"为 E6 单元格，选中"最大值"单选按钮，设置"通过更改可变单元格"为"C7:C9"，或者直接拖曳鼠标选中 C7:C9 区域。

在"遵守约束"文本框右侧，单击"添加"按钮，打开"添加约束"对话框，设置"引用"为"B6"，"关系"为">=="，"约束"为"B3*C7+B4*C8+B5*C9"，单击"添加"按钮。

添加第二个约束条件。设置引用为 C6，关系为">=="，约束为"C3*C7+C4*C8+C5*C9"，单击"添加"按钮。

添加第三个约束条件。设置引用为 D6，关系为">=="，约束为"D3*C7+D4*C8+D5*C9"，单击"确定"按钮，完成条件添加，如图 67.2 所示。

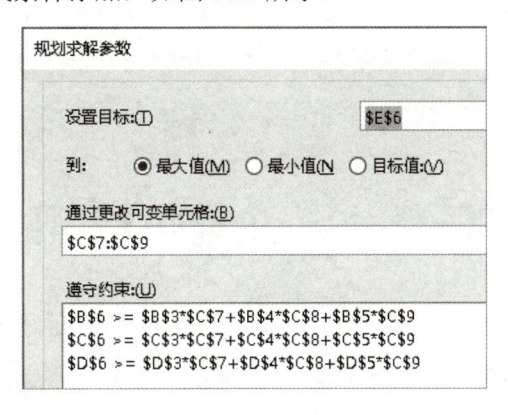

图 67.2　设置条件

在"规划求解参数"对话框，勾选"使无约束变量为非负数"复选框。单击"求解"按钮，打开"规划求解结果"对话框，如图 67.3 所示。

单击"确定"按钮，得到计算结果，如图 67.4 所示。

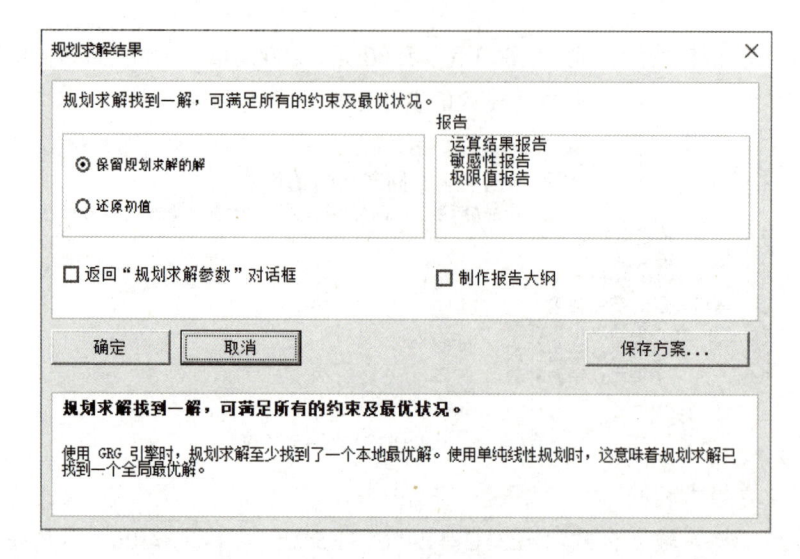

图 67.3 "规划求解结果"对话框

图 67.4 规划求解计算结果

查看求解结果，C7:C9 区域被自动修改。当 A 销售点销售件数为 11、B 销售点销售件数为 11、C 销售点销售件数为 20 时，公司的销售利润最大，最大利润为 3396 元。

作业：企业利润最大化求解。

子任务 68 企业投资风险分析

企业在投资之前，除了要仔细分析效益和利润的问题，还要保证投资的风险率应该在企业可承受的范围内，且尽量小。也就是说，通过确定一个投资各项目的比例构成，使得在该投资组合情况下，总风险率的数值最小。

步骤 1：查看数据。

公司调研的市场风险率与产品分配比例如图 68.1 所示。

公司有五种产品，将这五种产品等比例投放到市场，不同产品的市场风险率是不一样的，市场期望指数也是不一样的。

	A	B	C	D	E	F	G
1	产品风险评估							
2	调研风险率		5%		实际总风险率		
3		产品1	产品2	产品3	产品4	产品5	合计
4	产品构成比	20%	20%	20%	20%	20%	100%
5	产品风险率	45%	30%	25%	85%	75%	
6	市场期望指数	0.64	0.55	0.36	1.07	1.22	
7	加权市场指数						
8	加权风险率						

图 68.1　市场风险率与产品分配比例

步骤 2：计算加权市场指数。

选中 B7 单元格，输入公式"=B4*B6"，得到的结果为"0.128"，拖放 B7 单元格的填充柄至 F7 单元格。

选中 G7 单元格，按"ALT+="组合键，计算出合计数值，如图 68.2 所示。

	A	B	C	D	E	F	G
1	产品风险评估							
2	调研风险率		5%		实际总风险率		
3		产品1	产品2	产品3	产品4	产品5	合计
4	产品构成比	20%	20%	20%	20%	20%	100%
5	产品风险率	45%	30%	25%	85%	75%	
6	市场期望指数	0.64	0.55	0.36	0.98	0.86	
7	加权市场指数	0.128	0.11	0.072	0.196	0.172	0.678
8	加权风险率						

图 68.2　计算加权市场指数及合计数值

步骤 3：计算加权风险率。

选中 B8 单元格，输入公式"=B4*B4*B5"，得到的结果为"0.018"，拖放 B8 单元格的填充柄至 F8 单元格。

选中 G8 单元格，按"ALT+="组合键，计算出合计数值，如图 68.3 所示。

	A	B	C	D	E	F	G
1	产品风险评估							
2	调研风险率		5%		实际总风险率		
3		产品1	产品2	产品3	产品4	产品5	合计
4	产品构成比	20%	20%	20%	20%	20%	100%
5	产品风险率	45%	30%	25%	85%	75%	
6	市场期望指数	0.64	0.55	0.36	0.98	0.86	
7	加权市场指数	0.128	0.11	0.072	0.196	0.172	0.678
8	加权风险率	0.018	0.012	0.010	0.034	0.030	0.104

图 68.3　计算加权风险率及合计数值

步骤 4：计算实际总风险率。

选中 G2 单元格，输入公式"=C2*G7*G7+G8"，得到的结果为"12.7%"。

步骤 5：规划求解计算最低风险率。

单击"数据"→("分析")→"规划求解"按钮,打开"规划求解参数"对话框。

在"规划求解参数"对话框中,设置"设置目标"为 G2 单元格,并选中"最小值"单选按钮。设置"通过更改可变单元格"为"B4、C4、D4、E4、F4",或者直接拖曳鼠标选中 B4:F4 区域。

在"遵守约束"文本框右侧,单击"添加"按钮,打开"添加约束"对话框,设置"引用单元格"为 G4 单元格,关系为"=",约束为"1",单击"添加"按钮。

添加第二个约束条件。设置"引用单元格"为 C2 单元格,关系为"<=",约束为"0.13",单击"添加"按钮。

添加第三个约束条件。设置"引用单元格"为 B4:F4 区域,关系为">==",约束为"0",单击"确定"按钮,完成条件添加,如图 68.4 所示。

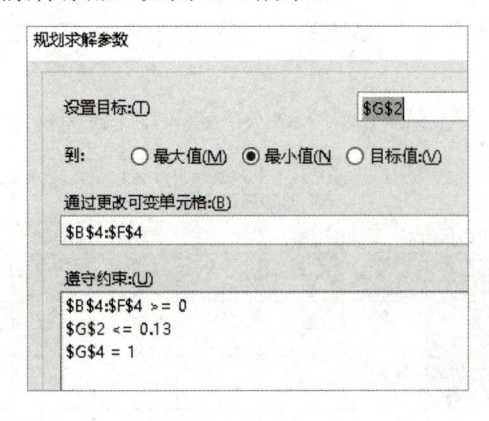

图 68.4 设置条件

在"规划求解参数"对话框,勾选"使无约束变量为非负数"复选框。单击"求解"按钮,打开"规划求解结果"对话框,如图 68.5 所示。

图 68.5 "规划求解结果"对话框

单击"确定"对话框，得到计算结果，如图 68.6 所示。

	A	B	C	D	E	F	G
1	产品风险评估						
2	调研风险率	5%			实际总风险率		9.93%
3		产品1	产品2	产品3	产品4	产品5	合计
4	产品构成比	18%	28%	36%	8%	10%	100%
5	产品风险率	45%	30%	25%	85%	75%	
6	市场期望指数	0.64	0.55	0.36	0.98	0.86	
7	加权市场指数	0.115454	0.153494	0.128301	0.082506	0.085949	0.565704
8	加权风险率	0.015	0.023	0.032	0.006	0.007	0.08328

图 68.6　规划求解计算结果

查看求解结果，B4:F4 区域自动被修改。当五种产品的生产比例分别为 18%、28%、36%、8%、10%时，公司的产品风险最小，风险率为 9.93%。

> **作业**　计算产品风险率。

子任务 69　生产优化分析

在生产管理和经营决策的过程中，经常会遇到一些规划问题。规划分析主要是解决资源的有限性与人的欲望（产值、收益最大化）的无限性之间的矛盾问题，即如何合理地利用有限的人力、物力、财力、时间等资源，得到最佳的经济效果，也就是如何达到产量最大、利润最大、成本最小、耗时最少等目标。

某个生产问题：某工厂有甲、乙两条流水线，可生产 A、B、C 三种产品。假定这两条流水线最多可用于生产的时间分别为 1760 小时和 1800 小时，目前三种产品的生产任务量分别为 800 件、1200 件和 1000 件，且已知两种不同流水线的生产约束表如表 69.1 所示。需要确定如何分配流水线的生产任务，才能既满足生产要求，又使生产费用最低。

表 69.1　两种不同流水线的生产约束表

流水线类型	单位产品所需生产时间（小时）			单位产品的加工费用（元）			可用时间（小时）
	A	B	C	A	B	C	
甲	0.4	1.1	1.0	13	9	10	1760
乙	0.5	1.2	1.3	11	12	8	1800

解决思路：假设在甲流水线上生产 A、B、C 三种产品的产量分别为 X_1、X_2、X_3；在乙流水线上生产 A、B、C 三种产品的产量分别为 X_4、X_5、X_6，则约束条件如下。

$X_1+X_4=800$　………………(1)

$X_2+X_5=1200$　………………(2)

$X_3+X_6=1000$　………………(3)

275

$0.4X_1+1.1X_2+X_3<=1760$ ……………… (4)

$0.5X_4+1.2X_5+1.3X_6<=1800$ ……………… (5)

$X_1, X_2, X_3, X_4, X_5, X_6>=0$ ……………… (6)

最优函数为：

$$Min\ Z=13X_1+9X_2+10X_3+11X_4+12X_5+8X_6$$

步骤1：单击工作表标签"规划求解"。

选择"文件"→"选项"命令，打开"Excel 选项"对话框。在"Excel 选项"对话框中，选择左侧的"加载项"选项，再单击右侧的"转到"按钮，如图69.1所示。

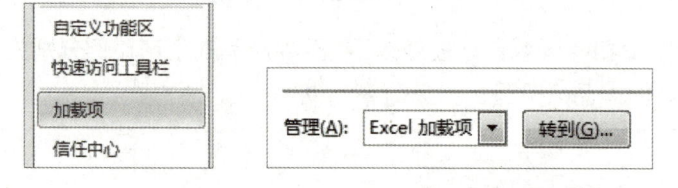

图 69.1 打开加载项

打开"加载宏"对话框，如图 69.2 所示。勾选"规划求解加载项"复选框，单击"确定"按钮。

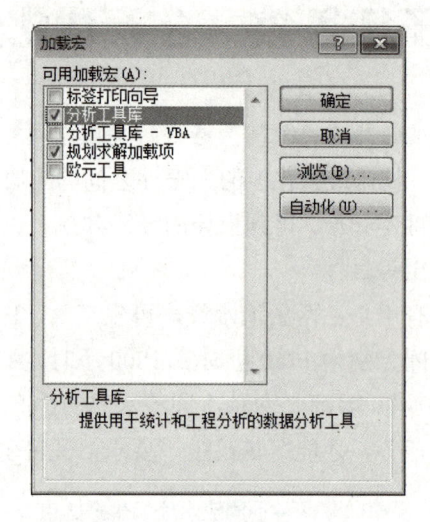

图 69.2 加载规划求解

步骤2：输入最优函数公式。

选中 B1 单元格，输入公式"=13*B4+9*B5+10*B6+11*B7+12*B8+8*B9"，这个公式就是最优函数。

步骤3：输入约束条件公式。

选中 A12 单元格，输入公式"=B4+B7"；选中 B12 单元格，输入"="；选中 C12 单元格，输入"800"；这个区域对应约束条件(1)。

选中 A13 单元格，输入公式"=B5+B8"；选中 B13 单元格，输入"="；选中 C13 单元格，输入"1200"，这个区域对应约束条件(2)。

选中 A14 单元格，输入公式"=B6+B9"；选中 B14 单元格，输入"="；选中 C14 单元格，输入"1000"，这个区域对应约束条件(3)。

选中 A15 单元格，输入公式"=0.4*B4+1.1*B5+B6"；选中 B15 单元格，输入"<="；单击 C15 单元格，输入"1760"；这个区域对应约束条件(4)。

选中 A16 单元格，输入公式"=0.5*B7*1.2*B8+1.3*B9"；选中 B16 单元格，输入"<="；选中 C16 单元格，输入"1800"；这个区域对应约束条件(5)。

步骤 4：单击"数据"→（"分析"）→"规划求解"按钮，打开"规划求解参数"对话框。

在"规划求解参数"对话框中，单击"设置目标"右侧按钮，选中 B1 单元格。单击"通过更改可变单元格"的右侧按钮，选中 B4:B9 区域，如图 69.3 所示。

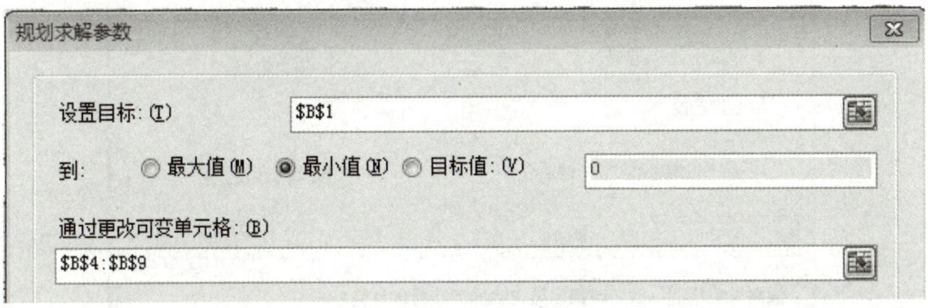

图 69.3　规划求解部分参数

单击"规划求解参数"对话框中的"添加"按钮，打开"添加约束"对话框。在"添加约束"对话框中，单击"单元格引用"的右侧按钮，选中 A12 单元格，设置关系运算为"="，单击"约束"右侧按钮，选中 C12 单元格。至此，第一个条件输入完成，如图 69.4 所示。

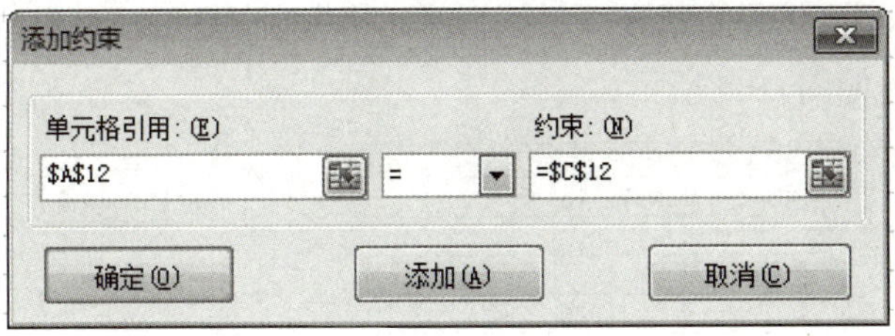

图 69.4　添加条件一

单击"添加"按钮，将条件保存，继续输入剩下的五个约束条件。

步骤 5：最后一个条件输入完成后，单击"添加约束"对话框中的"确定"按钮，返回"规划求解参数"对话框，如图 69.5 所示。

勾选"使无约束变量为非负数"复选框，确保参数为正数。

由于相关参数采用系统默认，所以直接单击"求解"按钮，计算出结果，并打开"规划求解结果"对话框，如图 69.6 所示。

勾选"制作报告大纲"复选框，单击"确定"按钮。

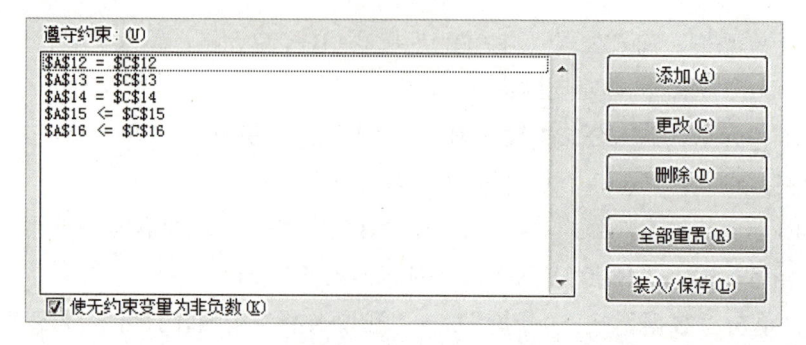

图 69.5　所有的约束条件

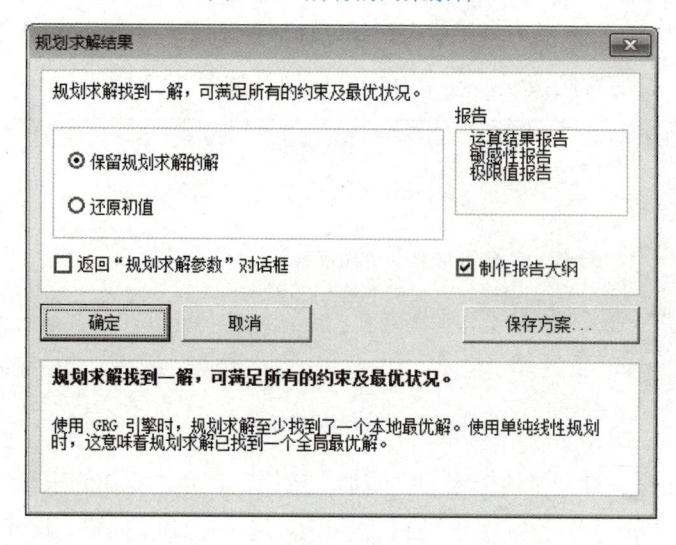

图 69.6　"规划求解结果"对话框

步骤 6：规划求解的结果直接在"目标"单元格 B1 中显示，参数结果在"可变单元格"区域 B4:B9 中显示，如图 69.7 所示。

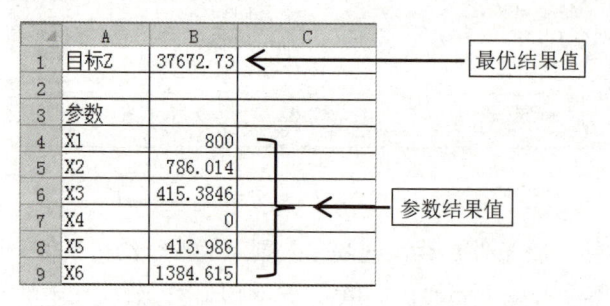

	A	B	C
1	目标Z	37672.73	← 最优结果值
2			
3	参数		
4	X1	800	
5	X2	786.014	
6	X3	415.3846	← 参数结果值
7	X4	0	
8	X5	413.986	
9	X6	1384.615	

图 69.7　规划求解的结果

作业

求生产的最优产量组合。

子任务 70　运输问题分析

在进行生产销售的过程中，经常会遇到如何在许多可行的调运方案中，确定一个总运输费或总运输量最少的方案的问题，即将某种产品从若干个产地调运到若干个销地，已知每个产地的供应量和每个销地的需求量，需要确定一个总运输费或总运输量最少的方案。

例如，某电视机厂有三个分厂，生产同一种彩色电视机，供应该厂在市内的四个门市部销售。已知三个分厂的日生产能力分别为 50、60、50 台，四个门市部的日销量分别为 40、40、60、20 台。从各分厂运往各门市部的运输量表如表 70.1 所示，下面设计一个运费最低的运输计划。

表 70.1　运输量表　　　　　　　　　　　　　　　　　　　　　　单位：元/台

	门市部 1	门市部 2	门市部 3	门市部 4	供应量总计
工厂 1	9	12	9	6	50
工厂 2	7	3	7	7	60
工厂 3	6	5	9	11	50
需求量总计	40	40	60	20	160

解决思路：

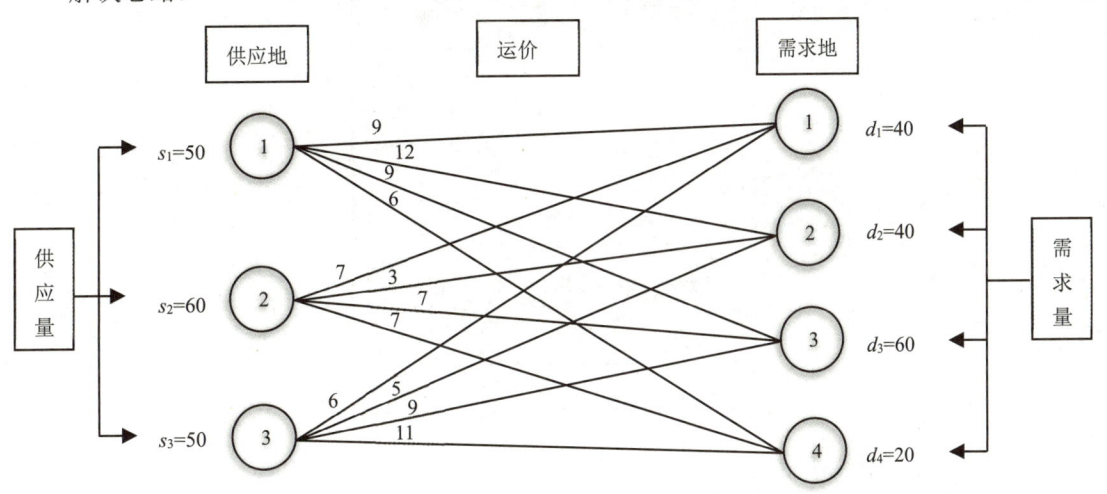

假设 x_{ij} 为由第 i 个工厂运到第 j 个门市部的电视机台数，c_{ij} 为由第 i 个工厂运到第 j 个门市部的运费，则原运输问题的线性规划模型如下。

Min $Z=9x_{11}+12x_{12}+9x_{13}+6x_{14}+7x_{21}+3x_{22}+7x_{23}+7x_{24}+6x_{31}+5x_{32}+9x_{33}+11x_{34}$

s.t.　$x_{11}+x_{12}+x_{13}+x_{14}=50$

　　　$x_{21}+x_{22}+x_{23}+x_{24}=60$

　　　$x_{31}+x_{32}+x_{33}+x_{34}=50$

　　　$x_{11}+x_{21}+x_{31}=40$

　　　$x_{12}+x_{22}+x_{32}=40$

$x_{13}+x_{23}+x_{33}=60$

$x_{14}+x_{24}+x_{34}=20$

$x_{ij} \geq 0$；$i=1,2,3$；$j=1,2,3,4$

步骤 1：单击工作表标签"规划求解"。选择"文件"→"选项"命令，打开"Excel 选项"对话框，选择左侧的"加载项"选项，再单击右侧的"转到"按钮，如图 70.1 所示。

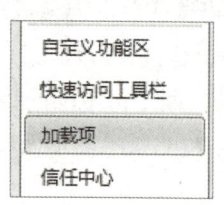

图 70.1　打开加载项

打开"加载宏"对话框，如图 70.2 所示。勾选"规划求解加载项"复选框，单击"确定"按钮。

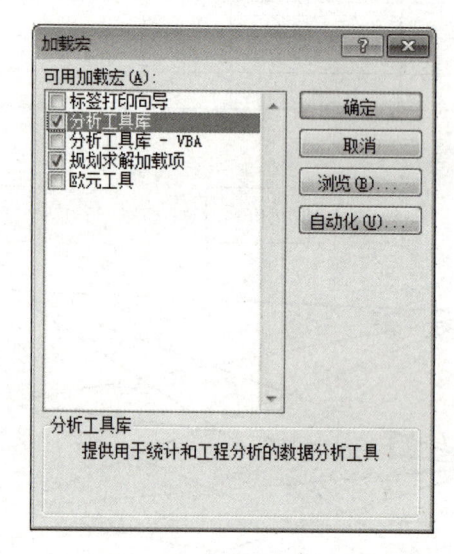

图 70.2　加载规划求解

步骤 2：输入最优函数公式。

选中 C10 单元格，输入公式"=SUMPRODUCT(B2:E4,I2:L4)"，这个公式就是最优函数。

步骤 3：输入约束条件公式。

选中 M2 单元格，输入公式"=I2+J2+K2+L2"；选中 N2 单元格，输入"="；选中 O2 单元格，输入"50"。

选中 M3 单元格，输入公式"=I3+J3+K3+L3"；选中 N3 单元格，输入"="；选中 O3 单元格，输入"60"。

选中 M4 单元格，输入公式"=I4+J4+K4+L4"；选中 N4 单元格，输入"="；选中 O4 单元格，输入"50"。

选中 I5 单元格，输入公式"＝I2+I3+I4"；选中 I6 单元格，输入"＝"；选中 I7 单元格，输入"40"。

选中 J5 单元格，输入公式"＝J2+J3+J4"；选中 J6 单元格，输入"＝"；选中 J7 单元格，输入"40"。

选中 K5 单元格，输入公式"＝K2+K3+K4"；选中 I6 单元格，输入"＝"；选中 K7 单元格，输入"60"。

选中 L5 单元格，输入公式"＝L2+L3+L4"；选中 L6 单元格，输入"＝"；选中 L7 单元格，输入"20"。

步骤 4：单击"数据"→（"分析"）→"规划求解"按钮，打开"规划求解参数"对话框。

在"规划求解参数"对话框中，单击"设置目标"的右侧按钮，选中 C10 单元格；单击"通过更改可变单元格"的右侧按钮，选中 I2:L4 区域，如图 70.3 所示。

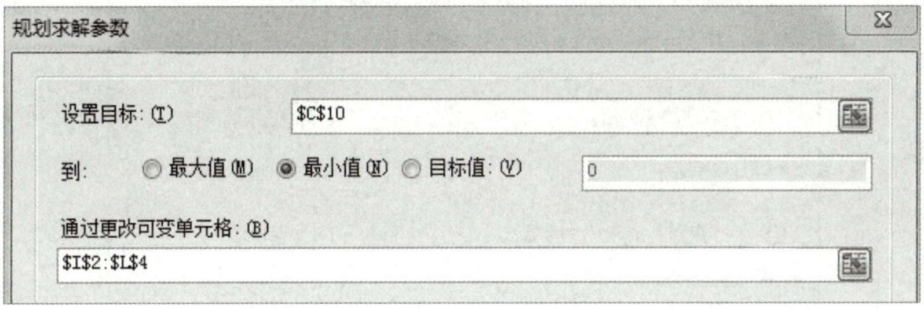

图 70.3 规划求解部分参数

单击"规划求解参数"对话框中的"添加"按钮，打开"添加约束"对话框。在"添加约束"对话框中，单击"单元格引用"的右侧按钮，选中 M2:M4 区域，设置关系运算为"＝"，单击"约束"的右侧按钮，选中 O2:O4 区域。至此，第一个条件输入完成，如图 70.4 所示。

图 70.4 添加条件一

单击"添加"按钮，将条件保存，继续输入剩下的约束条件。

步骤 5：最后一个条件输入完成后，单击"添加约束"对话框中的"确定"按钮，返回"规划求解参数"对话框，如图 70.5 所示。

勾选"使无约束变量为非负数"复选框，确保参数为正数。

图 70.5　所有的约束条件

由于相关参数采用系统默认，所以直接单击"求解"按钮，计算出结果，并打开"规划求解结果"对话框，如图 70.6 所示。

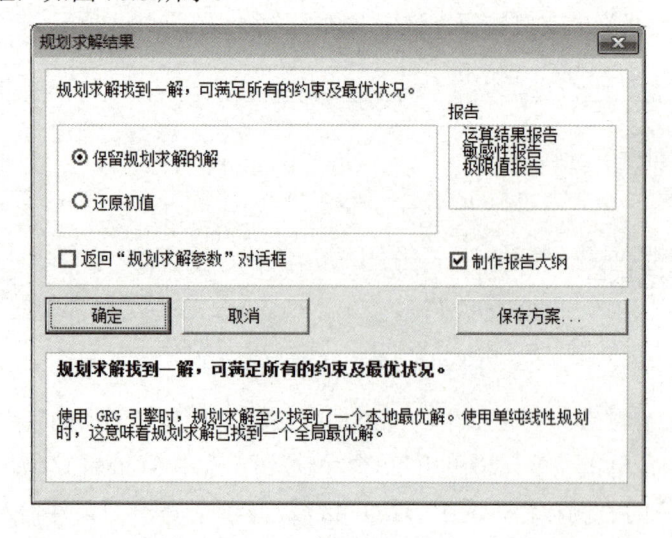

图 70.6　"规划求解结果"对话框

勾选"制作报告大纲"复选框，单击"确定"按钮。

步骤 6：规划求解的最优结果值直接在 C10 单元格中显示，参数结果值在"可变单元格"区域 I2:L4 中显示，如图 70.7 所示。

图 70.7　规划求解的结果

参考文献

[1] Excel Home．Excel 2010 数据透视表应用大全[M]．北京：人民邮电出版社，2013．
[2] Excel Home．Excel 2016 应用大全[M]．北京：人民邮电出版社，2018．
[3] 汪薇，袁胜，朱秀娟．Excel 2010 高效办公实战 228 例[M]．北京：中国青年出版社，2012．
[4] 庄君，黄国芬，王骞．Excel 财务管理与应用精彩 50 例[M]．北京：电子工业出版社，2013．
[5] 赛贝尔资讯．Excel 在市场营销中的典型应用[M]．北京：清华大学出版社，2008．
[6] 杨小丽．Excel 商业数据分析：实战版[M]．北京：中国铁道出版社，2018．
[7] 周庆麟，胡子平．Excel 数据分析思维技术与实践[M]．北京：北京大学出版社，2019．
[8] 中文 Excel 门户网站论坛．
[9] 扬州工业职业技术学院精品课程网站．